한 장으로 끝내는
비즈니스 모델 100

한 장으로 끝내는

비즈니스 모델 100

끌리는 사업, 남다른 혁신, 지속 가능한 수익을 위한 모든 것

곤도 데쓰로 지음 | 김정환 옮김

BUSINESS
MODEL 100

청림출판

한 그루의 나무가 모여 푸른 숲을 이루듯이
청림의 책들은 삶을 풍요롭게 합니다.

머리말

모든 것이 변하는 시대,
새로운 비즈니스 기회를 발견하는 힘

오늘날 비즈니스 세계에서 통용되던 상식은 엄청난 속도로 변화하고 있다. 그 변화는 고민하고 고민해서 어제 이룬 것을 더 낫게 만드는 수준이 아니라 어제 이룬 것이 오늘은 전혀 쓸모없어지는 수준, 어제 좋았던 것이 오늘은 나쁜 것이 되어버릴 만큼 극적이고 파괴적이다. 그 변화를 가장 알기 쉬운 형태로 나타낸 것이 비즈니스 모델이다.

이 책은 그림을 사용해서 훌륭한 비즈니스 모델 100개를 해설한 것이다. 어린 시절에 읽었던 도감처럼 슬쩍 봐도 비즈니스의 큰 틀을 한눈에 파악할 수 있도록 만들었다.

주목받는 스타트업, 해외에서는 유명하지만 일본에서는 의외로 알려져 있지 않은 유니콘 기업(기업 가치가 10억 달러 이상인 비상장 벤처기업-옮긴이), 대기업이 새로 시작한 신규 사업 등 비즈니스 모델을 폭넓게 다루고 있다.

"어떤 시스템을 만들어야 살아남을 수 있을까?"

이것은 모든 비즈니스의 근본적인 물음이다. 또한 기업과 산업의 생사로 직결되는 중대한 문제다. 아무리 우수한 인재를 모아도, 아무리 설비에 거액을 투자해도 시스템이 통용되지 않는다면 그것으로 끝이기 때문이다.

비즈니스 모델은 쓸모가 없다는 비판

최근 들어 비즈니스 모델이나 시스템 지상주의에 대한 부정적인 의견도 수면 위로 떠오르기 시작했다.

자주 볼 수 있는 비판 중 첫 번째는 "비즈니스 모델은 사고를 편향되게 하기 쉽다"는 것이다. 2017년에 발매된 책《비즈니스 모델 증후군: 스타트업의 실패는 왜 반복되는가?》에서 저자 후나미 도시히사和波俊久는 비즈니스 모델이라는 틀 안에 갇혀서 아이디어를 찾는 모습에 대한 우려를 드러냈다. 사고가 고정되고 편향되면 오히려 비즈니스의 성공률이 낮아지지 않겠느냐는 주장이다.

두 번째 비판은 "아무리 훌륭한 비즈니스 모델을 만들어도 남이 금세 따라한다"라는 것이다. 실제로 입식 스테이크 요리점인 이키나리! 스테이크いきなり!ステーキ는 표면적으로는 이 책에서도 소개한 입식 프랑스 요리점 나의 프렌치俺のフレンチ라는 비즈니스 모델을 모방했다.

영원히 통용되는 모델은 없다

- 비즈니스 모델은 사고를 편향되게 하기 쉽다
- 비즈니스 모델은 모방되기 쉽다

이런 의견에는 나도 동의한다. 그렇다면 어떻게 해야 이런 지적을 극복하는 비즈니스 모델을 만들어낼 수 있을까? 그 해답을 한마디로 집약한 것이 이 책이다. 서장에서 자세히 설명하겠지만, 가장 중요한 포인트는 '역설逆說 구조', 즉 '현재 업계의 정설定設을 뒤엎는 요소'를 갖는 것이다.

오늘날 '영원히 계속될 비즈니스를 무無에서 만들어낼 수 있다'는 생각은 환상일 뿐이다. 어느 날 갑자기 천재적인 영감이 떠올라서 메르카리メルカリ(일본의 온라인 중고품 거래 서비스-옮긴이) 같은 비즈니스를 만들어낼 수 있다면 참 좋겠지만, 영감이 떠오르기를 기다리기보다는 직접 비즈니스를 모델을 만들고 적용

해보는 편이 낫다. 만약 그 비즈니스가 시대의 흐름에 따라 '정설'이 되었다면 다음에는 재빨리 그에 대한 '역설'을 만든다. 그런 애자일적 방식이 중요하다고 생각한다(애자일Agile은 처음부터 시간을 들여서 완벽한 것을 만들어내려 하지 말고 일단 시작하고 시행착오를 반복하면서 완성을 향해 나아가는 비즈니스 경영 방법이다-옮긴이).

이 책에서 소개하는 비즈니스 모델 100가지도 영원히 훌륭한 사례일 수는 없다. 어떤 시기에는 그 시점에서 업계의 정설을 뒤엎는 모델이었지만 시간이 흐르면서 정설이 되는 경우도 있다. 계속 한 가지 모델만 붙들고 늘어진다면 배는 침몰하고 만다. 중요한 것은 변화의 흐름 속에서 정설과 역설을 파악하는 안목을 기르는 것이다. 부디 이 책을 그 안목을 갈고닦기 위한 교과서로 이용하기 바란다.

물건, 돈, 정보, 사람: 무엇이 새로운가

이 책은 비즈니스 모델을 '물건, 돈, 정보, 사람'이라는 네 가지 부류로 나누고, 관련해 새로운 관점을 제시한다. 물건, 돈, 정보, 사람은 본래 경영 자원의 4요소인데, 이 중 하나(또는 하나 이상)를 근본부터 바꿈으로써 그전까지 어디에도 존재하지 않았던 시스템을 만들 수 있다.

물건, 돈, 정보, 사람의 카테고리

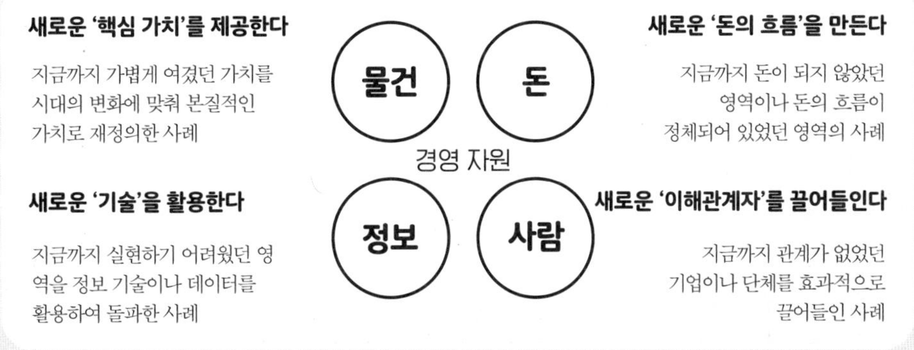

네 가지 대표적인 경영 자원을 축으로 비즈니스 모델을 다시 생각한다

대표적인 경영 자원을 중심으로 살펴보면 '비즈니스 모델에서 모방하기 어려운 부분은 어디인가?', '어떤 경영 자원에 주목해 그 비즈니스를 파악하는 것이 좋은가?'를 발견하기가 쉬워진다.

1장 물건: 새로운 '핵심 가치'를 제공한다

지금까지 가볍게 여겼던 상품·서비스나 공간의 가치를 시대의 변화에 맞춰 본질적인 가치로 재정의한 사례를 모은 장이다. 반품된 온라인 매장의 상품을 자동으로 재출고해 가치 있는 상품으로 바꾼 옵토로Optoro, 회원이 운동하며 몸을 관리하는 곳이었던 피트니스센터를 몸뿐만 아니라 마음까지 지도해주는 곳으로 바꾼 라이잡RIZAP 등 아이디어로 역설을 만들어낸 사례를 소개했다.

2장 돈: 새로운 '돈의 흐름'을 만든다

지금까지 돈이 되지 않았던 영역이나 돈의 흐름이 정체되어 있었던 영역의 사례들을 소개한 장이다. 지금까지는 상품으로 여기지 않았던 '시간'을 사고팔 수 있는 것으로 만든 타임뱅크Timebank, 발송하기 전의 중고품을 즉시 현금화할 수 있는 캐시CASH는 지금까지 본 적 없는 서비스다. 한편 사회에 좋은 일을 하는 회사에만 투자하는 가마쿠라투신鎌倉投信처럼 과거에는 수익 시스템이 성립하기 어려웠던 모델도 있다.

3장 정보: 새로운 '기술'을 활용한다

실현하기 어려웠던 비즈니스 영역을 정보 기술이나 데이터를 활용하여 돌파한 사례를 소개한 장이다. 센싱 기술을 이용한 치수 측정용 보디슈트 조조슈트ZOZOSUIT, 무인 편의점 아마존 고Amazon Go가 비즈니스 모델을 공개한 뒤에도 다른 경쟁사의 추격을 따돌리고 있는 이유는 높은 기술력 덕분이다. 기술로 아이디어를 실현하는 것은 언뜻 간단해 보이지만 장벽이 높으며, 그렇기에 가치가 있다.

4장 사람: 새로운 '이해관계자'를 끌어들인다

지금까지 관계가 없었던 기업이나 단체를 효과적으로 끌어들인 사례들을 모은 장이다. 행정 사업의 초기 투자에 민간 투자자를 끌어들인 소셜 임팩트 본드Social Impact Bond, 탄소배출권을 기업에 판매함으로써 개발도상국 사람들에게 깨끗한 물을 공급하고 있는 라이프스트로LifeStraw 등 사람들이 지금까지 생각하지 못한 창의적인 모델이 많다.

도해로 얻을 수 있는 세 가지 이점

비즈니스 모델 도해를 통해 우리는 세 가지 통찰을 얻을 수 있다.

① 인식: 많은 비즈니스 모델을 검토하여 사고의 폭을 넓힐 수 있다
② 학습: 비즈니스 모델을 그림으로 표현하는 방법을 배울 수 있다
③ 실천: 자신의 업무를 설명할 때 그림을 이용할 수 있다

첫째는 인식이다. 100개나 되는 사례 중에서 자신이 흥미를 느끼는 영역, 자신의 업무와 가까운 영역, 혹은 지금까지 전혀 접한 적 없는 업계의 비즈니스를 발견할 수 있다. 새로운 비즈니스 모델을 보고 느끼는 놀라움은 기존의 상식에 얽매이지 않고 사고의 폭을 넓히도록 돕는다.

'비즈니스 모델을 인식하는 일이 얼마나 큰 도움이 될까?'라고 생각할지 모르지만, 사실 비즈니스가 복잡해지고 있는 오늘날에는 이것이 가장 중요하며 어렵다. 특히 사람이 많은 대기업은 자사가 어떤 비즈니스 모델로 운영되고, 과제는 무엇이며, 어디에 새로운 비즈니스 기회가 있는지 제대로 파악하고 있는 사람이 적다. 경영진도 "비즈니스 모델을 도해로 나타낸 것을 보고 저희 회사 서비스의 강점과 약점을 알게 되었습니다"라고 종종 말한다. 대부분의 문제는 가시화하기만 해도 해결된다.

둘째는 학습이다. 도해의 내용을 반복해서 읽으면 비즈니스 모델을 이해하

는 데 서서히 익숙해진다. 또한 모든 사례의 도해를 3×3이라는 똑같은 '틀'로 만들었으므로('비즈니스 모델 도해 설명서' 부분 참조) 각각의 예를 보고 감탄만 하다 끝나는 것이 아니라, '이 사례와 이 사례는 구조가 닮았는데?'라는 식으로 분석하는 안목이 높아지고 '이 사례는 우리 업계에서 이런 식으로 활용할 수 있겠다'와 같이 아이디어를 응용하는 데도 도움이 된다.

마지막은 실천이다. 직접 도해로 새로운 비즈니스 모델을 만들어내는 단계다. 직업을 가진 사람이라면 여러 업계 또는 직종의 비즈니스와 관계를 맺고 있을 것이다. 먼저 자신이 다니는 회사의 비즈니스 모델을 도해로 만들어볼 것을 권한다. 거래처와 커뮤니케이션을 많이 하는 사람은 거래처에 설명할 때 그 도해를 사용해보기 바란다. 비즈니스 모델 도해를 커뮤니케이션 도구로 활용하기만 해도 대화가 원활해진다. 학생이라면 자신이 취업하고 싶은 기업의 비즈니스 모델을 도해로 만들어보자. 해당 기업과 업계에 대한 이해가 깊어질 것이다. 참고로 비즈니스 모델 도해를 실제로 만들 수 있는 툴킷을 권말에 소개했으니 사용해보기 바란다.

비즈니스 모델 도해의 세 가지 이해 단계

비즈니스 모델 도해를 활용하면 비즈니스 자체를 깊이 이해할 수 있다.

비즈니스 모델, 돈을 버는 시스템, 신규 사업 등 비즈니스와 관련 있는 개념에 선입견이 있는 사람일수록 이 책을 꼭 읽어보기 바란다. 대차대조표라는 용어를 듣기만 해도 거부감이 드는 사람, 비즈니스 모델을 생각해본 적도 없는 사람, 새로운 아이디어를 찾는 크리에이터, 특히 지금부터 사회에 영향력을 발휘할 이들이 읽으면 더욱 도움이 된다.

나는 원래 크리에이티브의 세계에 몸담았던 사람으로서 비즈니스에 대해 아는 것 없이 '돈만 생각하는 세계'라는 편견을 가졌다. 그러나 막상 회사를 세우고 여러 기업의 경영자와 교류하면서 비즈니스의 목적이 돈을 많이 벌거나 수익을 내는 것이 아니라 여러 가지 목표를 세우고 그것을 달성하는 과정에서 의미, 효율, 재미를 실현하는 종합 시스템임을 깨달았다. 특히 잘 만든 비즈니스 시스템은 많은 사람들에게 알려주고 싶을 만큼 놀라웠다.

이 책을 읽고 '비즈니스는 의미 있고 가치 있고 재밌는 것이다'라고 생각하는 사람이 늘어나기를, 그리고 많은 사람에게 '비즈니스 모델 도해'라는 공통의 언어가 생기기를 바란다.

비즈니스와 크리에이티브의 단절

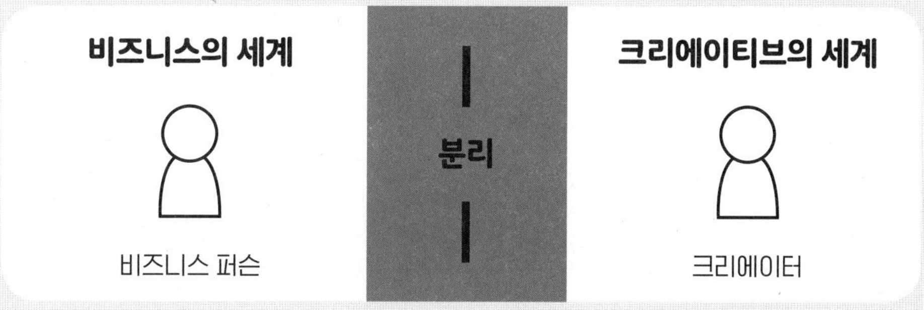

비즈니스 모델이 공통의 언어가 될 수 있다

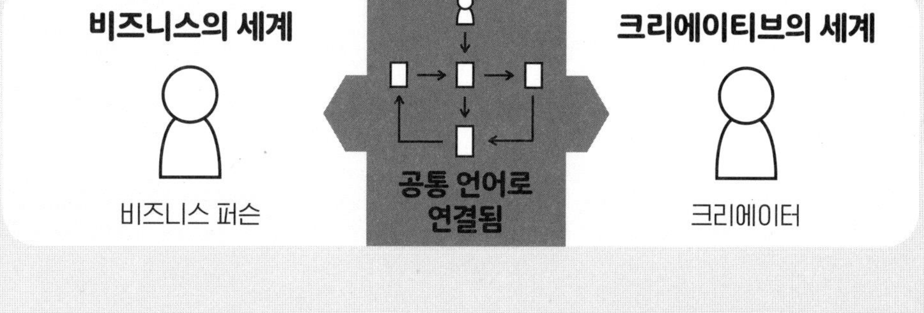

차례

제1장
물건

새로운 핵심 가치를 제공한다

제2장
돈
새로운 돈의 흐름을 만든다

제3장

정보

새로운 기술을 활용한다

제4장

사람

새로운 이해관계자를 끌어들인다

※ 일러두기

자연스러운 이해를 위해 엔화는 100엔 기준 원화 1,000원으로 환율을 적용해 번역했습니다

서장

비즈니스 모델은 왜 지금 더 중요해졌는가?

: '역설 구조'의 모델이 살아남는 시대

다가올 시대의 비즈니스 모델이 갖추어야 할 조건

살아남는 비즈니스 모델에는 '역설 구조'가 있다

이 책에서 소개한 비즈니스 모델 100가지에는 공통된 특징이 있다.

- '역설 구조'가 있다
- '팔방이익'의 구조다
- '수익 시스템'이 있다

100가지 비즈니스 모델의 공통점

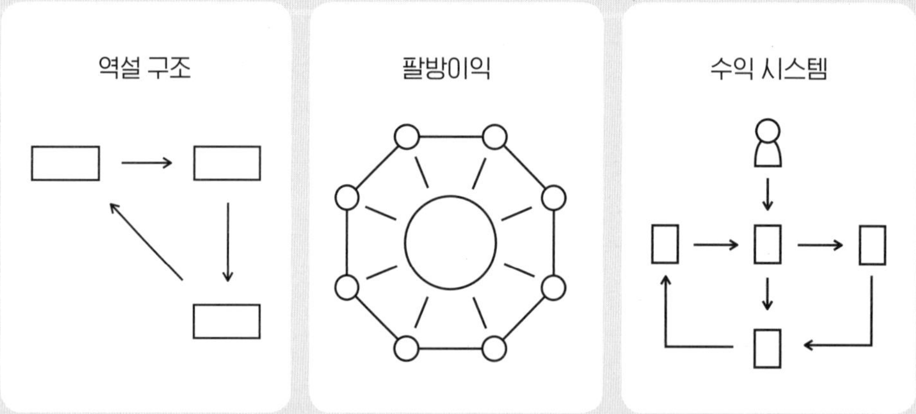

여기에서 다루는 기업들의 비즈니스 모델은 2.0에 해당한다. '비즈니스 모델 1.0'과 '비즈니스 모델 2.0'을 나누는 기준은 위의 세 가지 특징을 전부 지니고 있느냐다. 지금까지의 비즈니스 모델은 '수익을 내기 위한 시스템'으로 해석되는 경우가 많아 경제적 수익만이 강조되는 경향이 있었다. 그러나 다가올 시대에는 '수익을 낼 수만 있다면 어떤 활동을 해도 괜찮다'라고 생각하는 시스템이나 기업은 점점 도태될 것이다. 100가지 비즈니스 모델의 구체적 사례를 살

펴보기 전에 그 이유를 설명하고 넘어가려 한다.

'기점', '정설', '역설'을 생각한다

수익 우선 시스템에서 창조성 발휘 시스템으로 넘어가는 지점에 비즈니스 모델 2.0의 핵심이 있는데 이때 중요한 것이 '그 비즈니스에서 무엇이 창조적인가?'를 생각하기 위한 프레임워크다. 이 프레임워크는 ①기점起點에서 정설을 파악하고, ②역설을 만들어내, ③기점과 역설을 조합하는 구조로 되어 있다.

세 가지 구조 가운데 가장 중요한 것은 '역설 구조'다. 이 구조가 있느냐 없느냐에 따라 비즈니스 모델의 새로움, 즉 창조성이 있느냐 없느냐가 결정된다.

역설 구조란 무엇인가

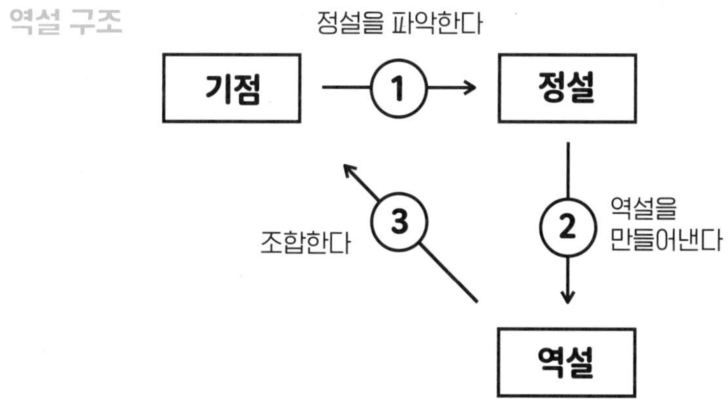

역설을 생각하기 위해서는 기점을 설정해야 한다. 기점이란 '그 비즈니스가 일반적으로 무엇을 제공하고 있는가?' 또는 '주된 사업 영역'을 나타낸다.

정설이란 '기점이 되는 것이 이 세상에서 어떤 이미지인가, 어떤 점이 일반적으로 인식되느냐'다. 이 정설을 어떻게 파악하느냐는 사람에 따라 다르다. 그러나 업계의 정설이라 말할 수 있는 가치를 찾아내려면 그 업계를 잘 알아야 한다.

역설이란 정설에 대해 '무엇이 반대인가?'를 나타내는 것이다. 정설만 제대로 읽어낼 수 있으면 역설을 찾아내기는 어렵지 않다. 다만 역설은 한 가지가 아니다. 한 가지 정설에 대해 여러 개의 역설을 생각할 수도 있다. 역설을 먼저 생각한 다음 정설을 해석하는 방법도 가능하다.

기점, 정설, 역설은 말로 표현하면 생각하기가 쉬워진다.

"기점은 보통 정설이잖아? 하지만 비즈니스 2.0에서 기점은 역설이야."

상대에게 이런 식으로 설명해보면 그 비즈니스의 창의성을 한마디로 전할 수 있다.

역설은 상대에게 설명할 때 사용하는 것

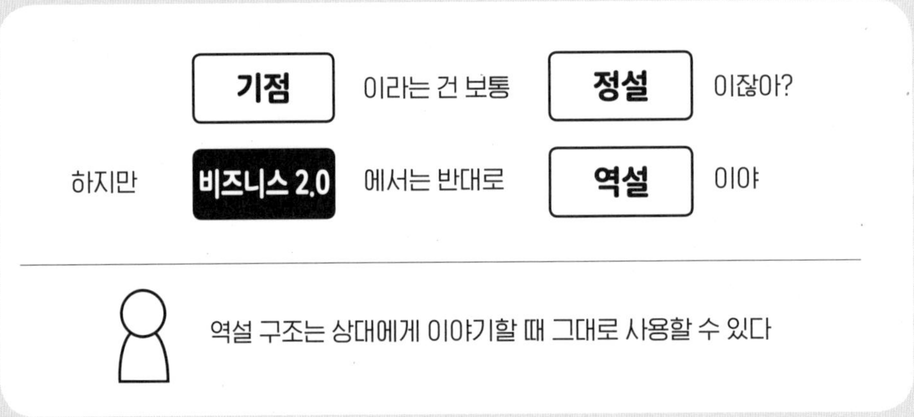

기점
이라는 건 보통
정설
이잖아?
하지만
비즈니스 2.0
에서는 반대로
역설
이야
역설 구조는 상대에게 이야기할 때 그대로 사용할 수 있다

역설 구조의 세 가지 사례

쉽게 이해할 수 있도록 다음의 세 가지 사례의 역설 구조를 소개하겠다.

① 나의 프렌치

② 팝 팀 에픽

③ 휴머니움

고급 요리를 부담 없는 가격에 제공하는 입식 레스토랑인 나의 프렌치 비즈니스 모델을 역설 구조로 표현하면 다음과 같다.

'나의 프렌치'의 역설 구조

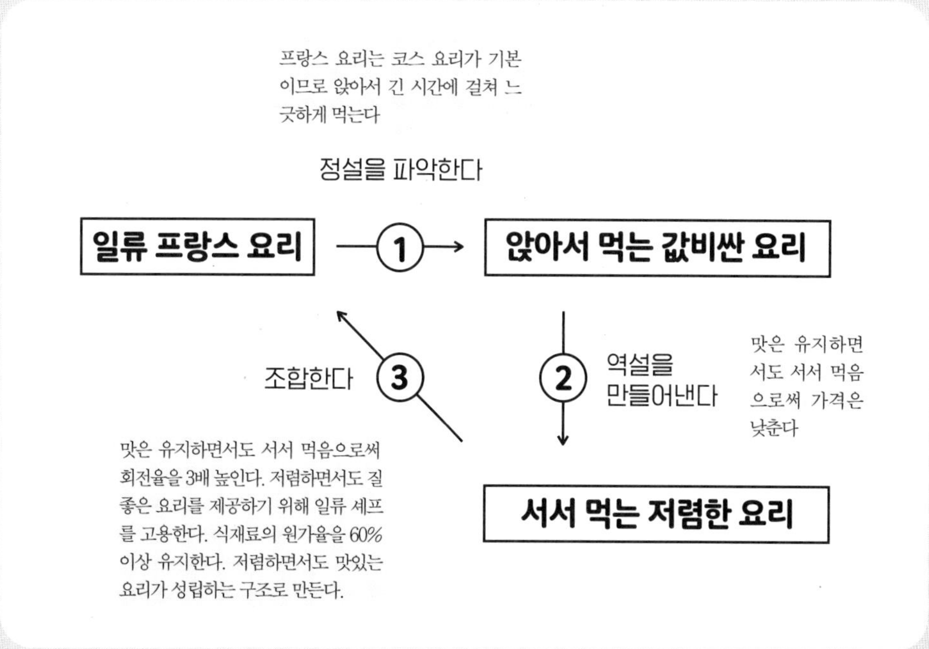

프랑스 요리는 코스 요리가 기본이므로 앉아서 긴 시간에 걸쳐 느긋하게 먹는다
정설을 파악한다
일류 프랑스 요리
1
앉아서 먹는 값비싼 요리
2
역설을 만들어낸다
맛은 유지하면서도 서서 먹음으로써 가격은 낮춘다
서서 먹는 저렴한 요리
3
조합한다
맛은 유지하면서도 서서 먹음으로써 회전율을 3배 높인다. 저렴하면서도 질 좋은 요리를 제공하기 위해 일류 셰프를 고용한다. 식재료의 원가율을 60% 이상 유지한다. 저렴하면서도 맛있는 요리가 성립하는 구조로 만든다.

지금까지 '일류 프랑스 요리'(기점)는 '앉아서 먹는 값비싼 요리'(정설)라는 것이 일반적이었다. 그러나 나의 프렌치는 그것을 '서서 먹는 저렴한 요리'(역설)로 만들었다. 가격을 낮췄지만 서서 먹는 시스템을 도입함으로써 일반적인 프렌치 레스토랑보다 회전율을 세 배 정도 높여 손님을 세 배나 많이 받아들일 수 있게 했다. 그렇게 해서 비즈니스가 가능하도록 만든 것이다. 이와 같이 역설 구조에 대입하면 나의 프렌치라는 비즈니스 모델의 강점이 보인다.

다음으로, 상식을 깨는 애니메이션으로서 대히트를 기록한 팝 팀 에픽ポプテピピック을 살펴보자. 팝 팀 에픽의 역설 구조를 들여다보면 아래의 그림과 같다. 현재 '심야 애니메이션'(기점)은 '복수 출자 방식으로 제작'(정설)한다. 즉 여러 출자자가 비용을 분담하면서 콘텐츠를 제작한다. 그러나 팝 팀 에픽은 이것을 '단독 출자 방식으로 제작'(역설)했다. 이렇게 함으로써 책임 소재가 명확해지고 자유로운 시도가 가능해져 파격적인 콘텐츠를 담을 수 있게 되었다. 그리하여 수많은 패러디를 낳았고 결과적으로 큰 인기를 끌었다.

'팝 팀 에픽'의 역설 구조

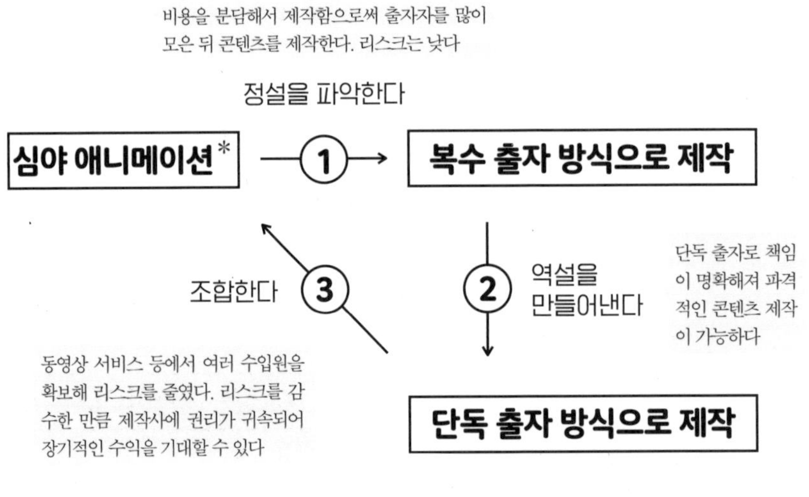
비용을 분담해서 제작함으로써 출자자를 많이 모은 뒤 콘텐츠를 제작한다. 리스크는 낮다
정설을 파악한다
심야 애니메이션*
1
복수 출자 방식으로 제작
2
역설을 만들어낸다
단독 출자로 책임이 명확해져 파격적인 콘텐츠 제작이 가능하다
단독 출자 방식으로 제작
3
조합한다
동영상 서비스 등에서 여러 수입원을 확보해 리스크를 줄였다. 리스크를 감수한 만큼 제작사에 권리가 귀속되어 장기적인 수익을 기대할 수 있다

* 23시 이후 방영되는 성인 대상의 애니메이션. 강렬하고 자극적인 연출이 특징이다

불법적인 총으로 만든 금속을 재활용하여 판매하는 휴머니움Humanium의 역설 구조는 아래의 그림과 같다. '압수한 불법 총기'(기점)는 보통 '처분하지 않고 방치'(정설)한다. 처분하는 데 비용이 들기 때문에 경찰로서는 처분하는 것이 이익이 되지 않기 때문이다. 그래서 총 자체를 재활용해 '처분하지 않고 수익화'(역설)한 것이 휴머니움의 재밌는 점이다. 이를 통해 불법 총기를 단속하는 사람에게도 장려금을 줌으로써 결과적으로 위험한 총기를 사회에서 없애는 데 기여한다. 또한 휴머니움이 시계나 자전거로 재활용되고 소비자는 그 상품을 사서 사회에 기여할 수 있다.

'휴머니움'의 역설 구조

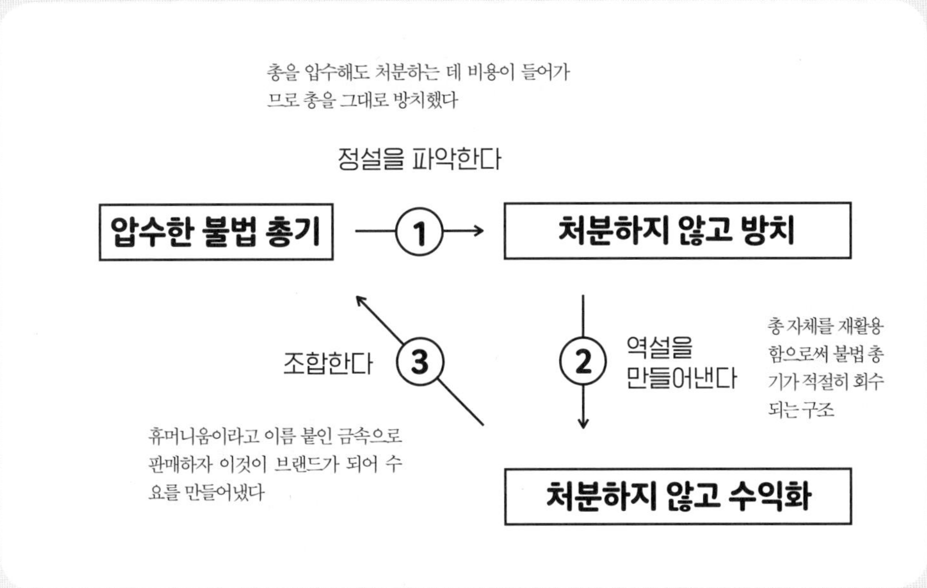
총을 압수해도 처분하는 데 비용이 들어가므로 총을 그대로 방치했다
정설을 파악한다
압수한 불법 총기
1
처분하지 않고 방치
2
역설을 만들어낸다
총 자체를 재활용함으로써 불법 총기가 적절히 회수되는 구조
3
조합한다
휴머니움이라고 이름 붙인 금속으로 판매하자 이것이 브랜드가 되어 수요를 만들어냈다
처분하지 않고 수익화

'비현실적 상상'을 어떻게 현실로 만들 것인가

역설이 강할수록 고도의 시스템이 요구된다

여기에서 중요한 포인트는 '역설이 강할수록 그 비즈니스는 비상식적'이라는 것이다. 따라서 역설과 기점을 조합하려면 정교하게 설계된 시스템이 필요하다. 당연한 말이지만, 역설이 비상식적일수록 그것은 성립되기가 어렵다. 그럼에도 이 세상에는 역설을 가능하게 한 시스템이 존재한다.

다만 정설은 시대가 변하면서 바뀐다. 계속 같은 정설에 입각한 역설을 가지고 비즈니스를 할 수는 없다. 따라서 그 시대의 '기점이 정설로 바뀌는 지점'을 읽어야 한다. 이 프레임워크를 제대로 사용하려면 시대를 파악하는 독해력이 필요하다.

오늘의 역설도 내일은 정설

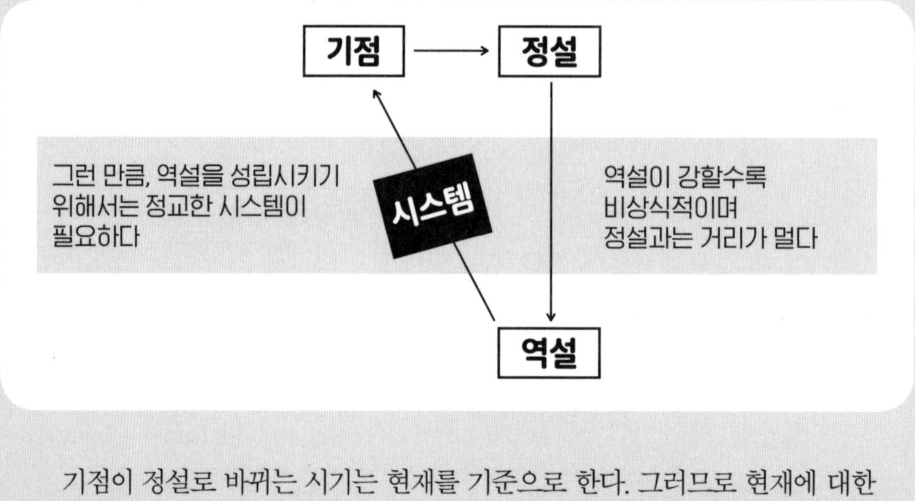

기점
정설
그런 만큼, 역설을 성립시키기 위해서는 정교한 시스템이 필요하다
시스템
역설이 강할수록 비상식적이며 정설과는 거리가 멀다
역설

기점이 정설로 바뀌는 시기는 현재를 기준으로 한다. 그러므로 현재에 대한 역설의 시간 축은 미래가 된다. 역설은 비상식적이며 기본적으로 세상에 실현되어 있지 않은 것이기 때문이다. 그러나 미래를 예측했던 역설도 시대가 변하

면 당연하게 받아들여지고 정설이 되어간다. 즉 과거의 역설은 현재의 정설이 되며, 비즈니스를 키우려면 끊임없이 '현재 정설의 반대', 즉 역설을 찾아낼 필요가 있다. 비즈니스란 시대의 변화에 맞춰서 정설과 역설을 수없이 반복해서 찾아내고 만들어가는 일이라고도 할 수 있다.

정설은 현재적이고 역설은 미래적

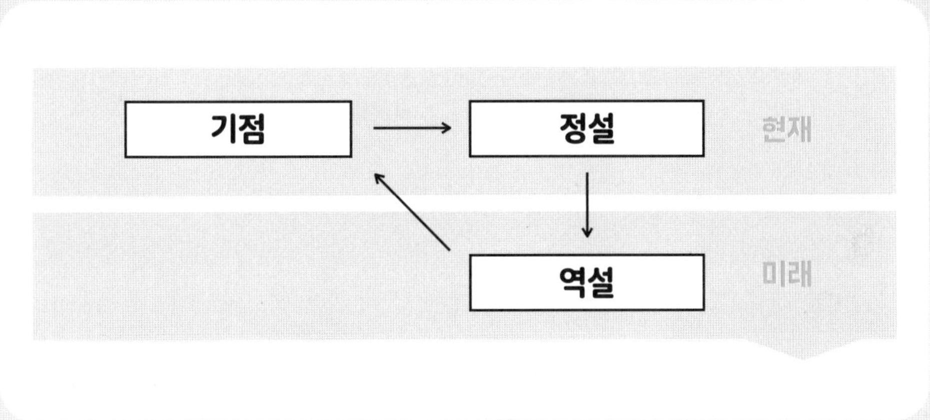

정설과 역설은 반복된다

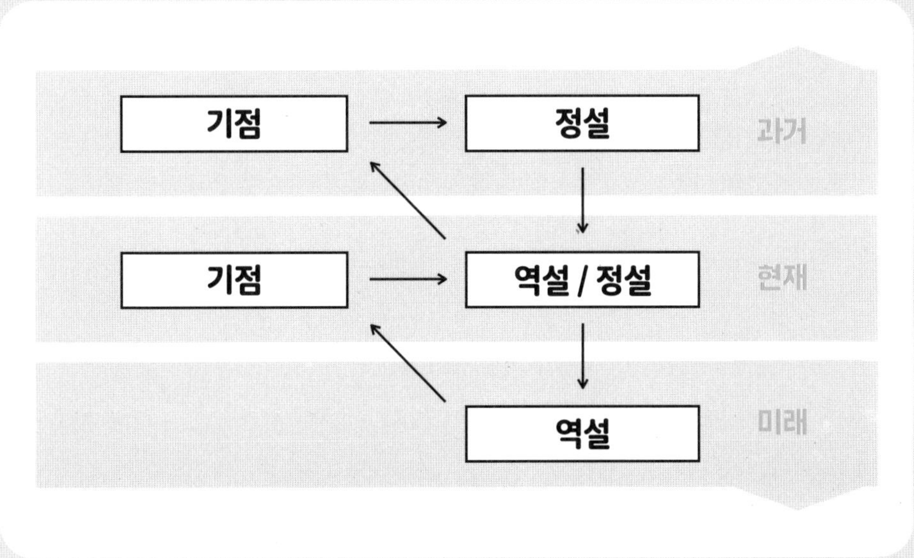

역설은 미래의 정설

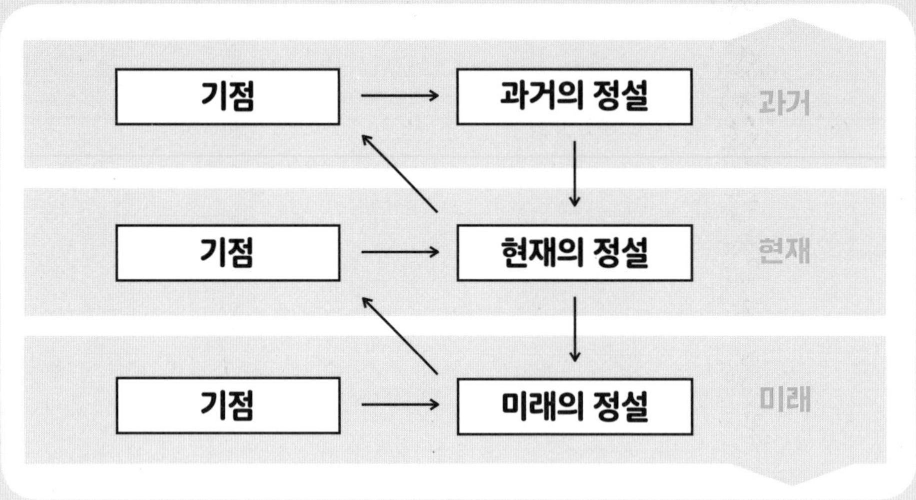

역설의 궁극적인 형태가 이노베이션

나는 역설의 '역逆'이 가장 강한 상태가 바로 이노베이션이라고 생각한다. 이노베이션은 '기술 혁신'으로 번역될 때가 많은데, 본질적인 의미는 좀 더 넓다. 정확히는 '혁신을 창조하는 것'을 가리킨다.

역설과 이노베이션은 관계가 깊다. 다음과 같은 예를 생각해보자.

- 기점: 우산
- 정설: 한손으로 들고 있어야 하며 몸의 일부가 비에 젖는다
- 역설: 양손이 자유로우면서도 몸이 절대 비에 젖지 않는다

우산을 사용하는 목적은 비를 피하는 것, 몸이 비에 젖지 않는 것이다. 그러나 우산을 쓰더라도 몸 전체를 비로부터 보호할 수는 없으며, 다리 등 몸의 일부는 젖을 때가 많다. 이 문제를 해결하기 위해 레인코트 등의 파생 상품도 나와 있지만 레인코트를 입고 다니는 사람은 적다. 목적에 비추어봤을 때 불완전한 우산이라는 제품이 더 높은 점유율을 차지하고 있다.

그렇다면 '양손이 자유로운 상태에서도 몸이 절대 비에 젖지 않는 우산'을 만들어낸다면 아주 편리하지 않을까? 게다가 시야가 확 트여 있고 다른 사람에게 방해도 되지 않으며 가격도 저렴한 제품이 있다면 반드시 잘 팔릴 것이다. 현 시점에서는 어떻게 해야 실현할 수 있을지 감이 잡히지 않지만, 이 정도면 이노베이션이라고 생각한다.

현실의 사례를 예로 든다면, 세탁물을 자동으로 개켜주는 세계 최초의 기기인 런드로이드Laundroid는 이노베이션으로 볼 수 있다. 빨래의 과정 중 '세탁', '건조'까지는 자동화가 진행되었지만 그 다음 단계인 '개키기'는 자동화가 이루어지지 못했다. 의복의 종류나 크기가 제각각이고 개키는 방법도 저마다 다르기 때문이다. 그래서 사람들이 개키기 자동화는 불가능할 것이라 생각하고 있던 차에 전자동으로 세탁물을 개켜주는 기기가 개발되었다. 불가능하다고 생각되었던 것이 현실화된 것이다. 정설이 강할수록 역설이 실현되었을 때의 영향력은 크다.

가장 이상적인 비즈니스 모델을 찾는 법

역설만으로는 성공하는 비즈니스 모델이 탄생하지 못한다

역설이 있는 비즈니스는 창조적이며 재미있다. 그러나 역설 구조가 있다고 해서 반드시 성공하지는 않는다. 앞에서 소개한 나의 프렌치 같은 음식 사업을 생각해보자. 만약 나의 프렌치가 다음과 같은 비즈니스를 했다면 그래도 감동적일까?

- 고객만족도를 높이기 위해 직원에게 야근을 강요하고 휴가도 없이 일을 시켰다면?
- 식재료의 품질을 떨어뜨리지 않으면서 최대한 저렴한 가격에 매입하기 위해 지구 환경에 나쁜 영향을 주는 원재료를 사들였다면?

어디까지나 예를 들기 위한 가정이지만, 만약에 이런 사실이 드러나면 그래도 고객들이 변함없이 지지를 보낼까?

역설 구조만 있으면 고객을 감동시킬 수 있는가?

어떤 비즈니스에서

고객만족도를 높이기 위해 직원의 야근을 강요하고 휴가도 없이 일을 시켰다면?

악덕 기업……?

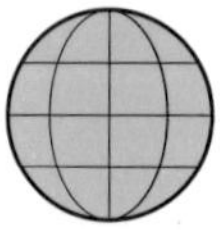

고품질의 식재료를 최대한 저렴한 가격에 매입하기 위해 지구 환경에 나쁜 영향을 주는 걸 알면서도 사들였다면?

환경 파괴……?

'팔방이익'이라는 개념이 필요하다

내가 이런 문제를 생각하고 있을 때 만난 것이 '팔방이익'이다. 이것은 사회성을 중시하는 가마쿠라투신의 창업자 중 한 명인 아라이 가즈히로新井和宏가 쓴 《지속 가능한 자본주의》라는 책에 소개된 개념이다.

원래 일본에는 '삼방이익'이라는 말이 있다. 이것은 '파는 사람, 사는 사람, 세상'이라는 세 관계자에 대해 공통의 가치를 만들어낸다는 오미(현재의 사가현에 해당하는 옛 행정 구역이다. 오미 상인은 일본의 3대 상인으로, 버는 것만 생각하지 않고 장사를 통해 사회에 공헌해야 한다는 철학을 갖고 있다. 이런 정신이 일본 경영에 자연스럽게 녹아들었다-옮긴이) 상인의 사업철학이다.

팔방이익의 개념

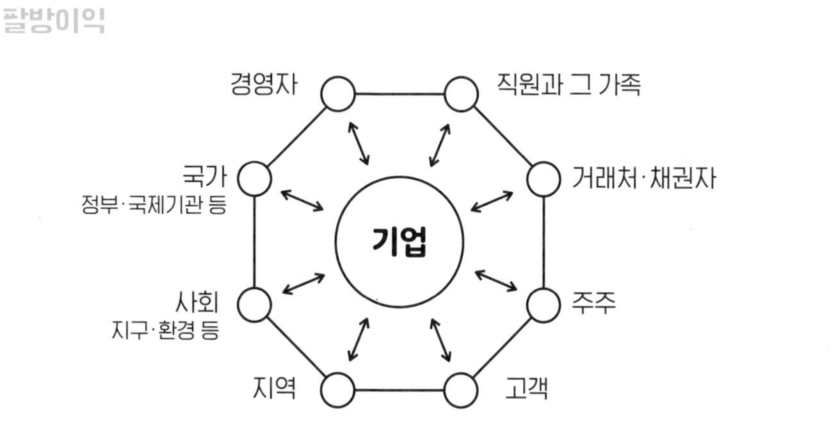

기업을 경영할 때 고려해야 할 이해관계자는 많다

저서에서 아라이는 오늘날 사회가 복잡해지면서 기업을 둘러싼 이해관계자가 확대되고 있다고 지적하고 팔방이익이라는 개념을 제창했다.

오늘날의 비즈니스 환경은 '파는 사람, 사는 사람, 세상'이라는 대략적인 분류로는 제대로 파악할 수 없을 만큼 이해관계자가 많아졌다. 이 팔방이익이라는 틀에 앞의 예를 대입하면 다음 페이지의 그림과 같다.

이해관계자가 희생해야 하는 비즈니스는 팔방이익이 아니다

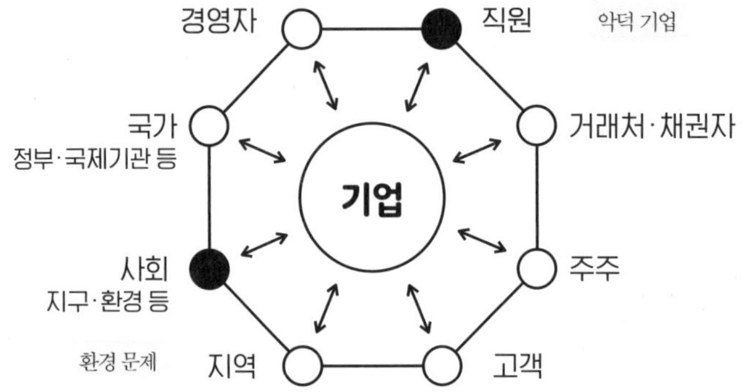

이해관계자가 희생해야 성립하는 비즈니스는 지속되기 어렵다

직원을 희생시켜서 성립하는 비즈니스, 사회를 희생시켜서 성립하는 비즈니스……. 이처럼 팔방 중 한 주체의 희생을 바탕으로 성립하는 비즈니스는 괴로움이나 불이익을 전제로 성립하는 것이기 때문에 지속하기 어려워진다.

앞으로 살아남을 비즈니스 모델의 특징

지금까지의 이야기를 정리하면 아래의 그림과 같다.

소셜, 비즈니스, 크리에이티브

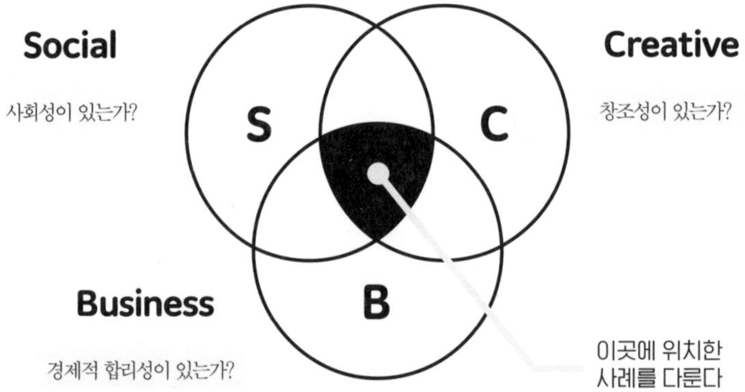

소셜Social, 비즈니스Business, 크리에이티브Creative라는 세 원이 겹치는 한가운데에 위치한 사례야말로 앞으로의 시대에 살아남을 비즈니스 모델의 특징이다.

소셜은 '사회성이 있는가?', 비즈니스는 '경제적 합리성(수익성)이 있는가?', 크리에이티브는 '창조성이 있는가?'를 묻는 것이다. 그리고 소셜, 비즈니스, 크리에이티브라는 세 가지 관점(이하 머리글자를 따서 SBC라고 부르겠다)은 비즈니스 모델 2.0의 세 가지 규칙과 연동된다. 이 책에서는 가급적 SBC의 세 원이 전부 겹치는 부분에 위치한 비즈니스 모델을 도해했다.

소셜	사회성이 있는가?	팔방이익을 생각한다
비즈니스	경제적 합리성이 있는가?	비즈니스 모델(수익 시스템)을 생각한다
크리에이티브	창조성이 있는가?	역설 구조를 생각한다

다만 사회성을 측정하는 팔방이익의 경우는 판단하기가 어렵다. '팔방이익을 충족시킨다'라는 것 자체가 대단히 어려운 일이고, '어떻게 해야 충족시켰다고 말할 수 있는가?'에 대한 해석도 사람마다 제각각이다. 따라서 현재로서는 네거티브 체크 정도로만 사용하며, 어떤 이유에서라도 팔방이익을 충족시키지 못했다고 판단했을 경우는 도해를 공개하지 않고 있다.

팔방이익, 비즈니스 모델, 구조의 관계성

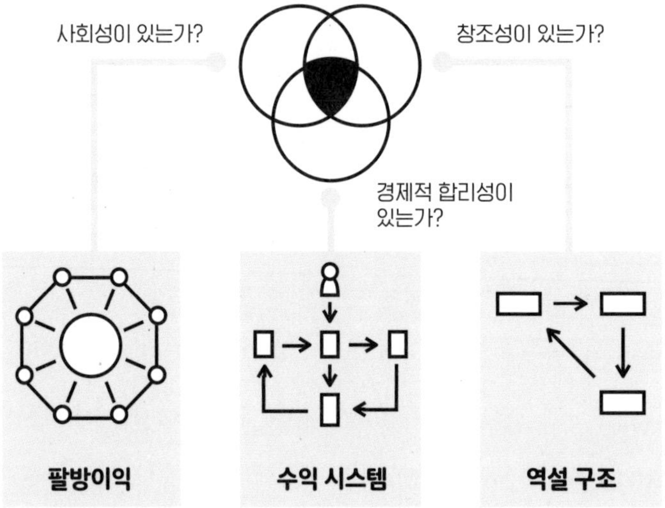

이 세 가지를 충족시키는 사례를 살펴본다

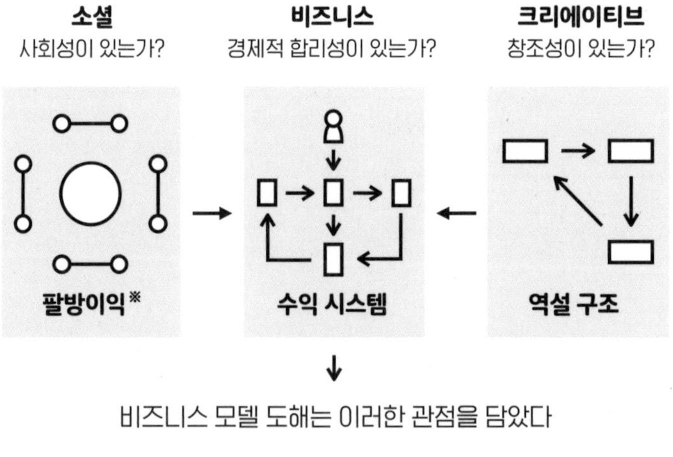

※ 사회성을 측정하는 일은 가장 어려울 뿐만 아니라 대표적인 방법도 확립되어 있지 않다.
그래서 팔방이익의 개념은 어디까지나 네거티브 체크 정도에만 사용하며, 필수 조건으로는 삼지 않는다

대차대조표에 실리지 않은 가치가 중요하다

왜 사회성과 창조성이 요구되는가?

경제적 합리성(비즈니스)은 기업이 살아남기 위해서는 꼭 살펴야 할 중요한 관점이다. 그러나 앞으로 다가올 시대는 경제적 합리성만을 절대시하지 않는다.

기업의 모든 활동은 기업 가치를 높이고 사회에 긍정적인 영향을 끼치는 데 역할을 해야 한다. 기업 가치를 측정하는 도구로 대차대조표B/S가 있다. 이것은 재무제표 중 하나로, 회계 분야에서 사용된다. 대차대조표는 '밸런스 시트Balance Sheet'라고도 불리며, 기업의 재무 상태를 보는 표다. 원리는 간단하다.

대차대조표로 생각한다

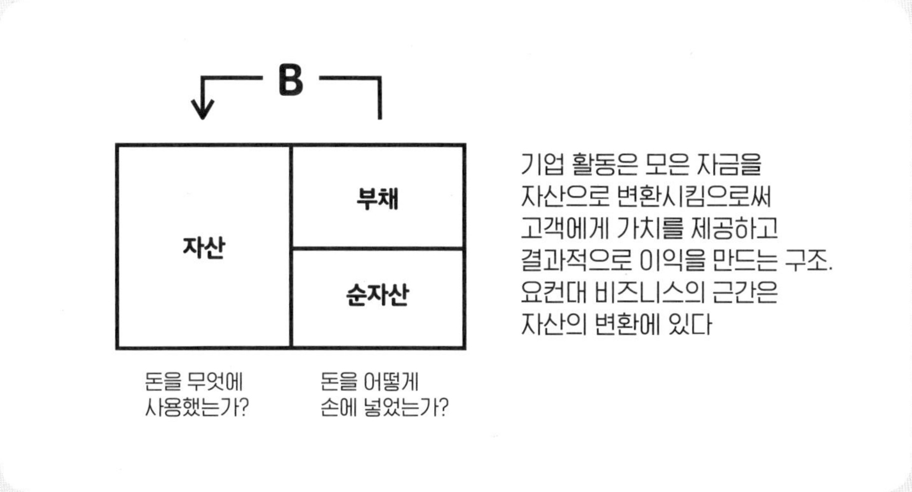

대차대조표의 오른쪽에는 부채와 순자산이 나열된다. 이것은 '돈을 어떻게 손에 넣었는가?'를 나타낸다. 예를 들어 은행에서 빌린 5,000만 원과 자신의 돈 5,000만 원을 투자해서 회사를 만들었다면 합계 1억 원의 돈을 두 가지 수

단으로 준비한 셈이 된다. 회사의 규모가 더욱 커지면 '자신이 출자한 돈', '주주가 출자한 돈'이 추가된다. 또한 상장을 하면 더 많은 사람에게서 돈을 모을 수 있다.

한편, 39쪽 그림의 왼쪽에 있는 자산은 앞의 예를 들어서 설명하면 '1억 원을 무엇에 사용했는가?'를 나타내는 것이다. 상품을 만드는 자금으로 쓰거나 매장을 내기 위해 쓴 비용 등, 비즈니스에 맞춰서 여러 가지 용도로 사용된 자산을 왼쪽에 기재한다. 현금 상태로 보유할 수도 있다.

비즈니스는 '모은 돈을 자산으로 바꾼다'라는 말로 간단하게 설명할 수 있다. 그 결과 고객에게 가치를 제공할 수 있으며, 가치를 제공함으로써 매출이 오르고 이익이 나서 지속적으로 활동할 수 있게 된다.

창조성은 어디에서 오는가

이제 창조성(크리에이티브) 이야기로 넘어가자. 자본을 자산으로 변환시키는 것이 비즈니스라면 창조성은 어디에서 발휘될까?

답은 무형 자산이다. 무형 자산은 브랜드나 신용, 인재, 아이디어, 노하우 등 일반적으로 대차대조표에 기재되지 않는 자산을 가리키는데, 이러한 무형 자산이 지금 크게 주목받고 있다. 기업 가치에 관한 책인《밸류에이션 교과서》를 보면 "기업 가치의 본질은 이 무형 자산을 만들어내는 힘에 있다"라고 적혀 있다.

일반적인 자산은 돈만 있다면 살 수 있다. 그러나 무형 자산은 돈이 있다고 해서 얻을 수 있는 것이 아니다. 브랜드 가치를 창출하거나 우수한 인재를 채용하고 노하우를 축적하는 것은 온갖 창의적 고민의 결과물이다. 이와 같은 무형 자산을 만들어내기 위해서는 크리에이티브, 즉 창조성이 요구된다.

창조성이야말로 무형 자산이다

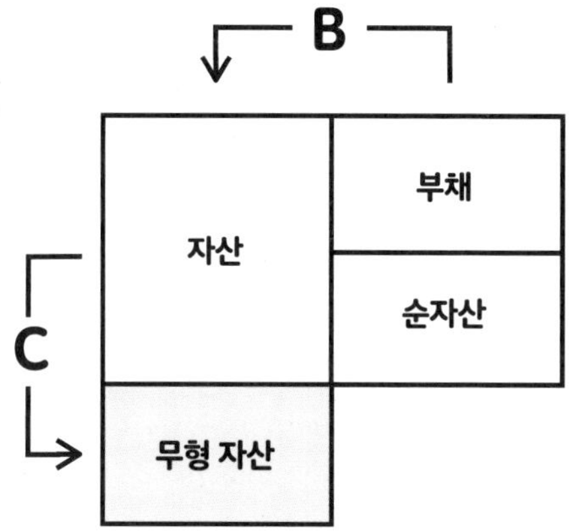

무형 자산은 브랜드나 신용, 인재, 아이디어, 노하우 등 대차대조표에 기재되지 않는 자산이다. 이것이야말로 기업 가치를 만드는 원천이다. 크리에이티브의 진정한 역할은 자산을 무형 자산으로 바꾸는 것이다

숫자로 나타낼 수 없는 가치가 자산이 된다

마지막은 사회성(소셜)이다. 사회성을 추구하는 것은 아직 재무 정보에 나타나지 않는 미래의 리스크에 접근하는 것이며, 비非재무의 영역을 좀 더 효율성 있게 (무형) 자산으로 변환시켜 나가는 것이다.

무형 자산이 증가하면 시가 총액이 오른다

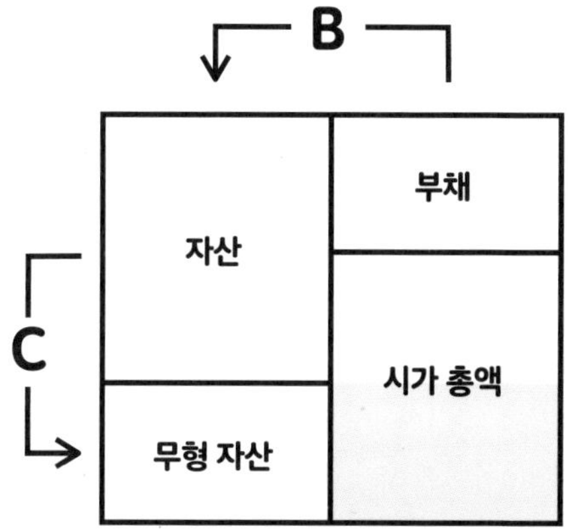

무형 자산이 증가하면 시장의 기대치가 높아지며 시가 총액도 상승한다

※ 다만 시가 총액은 일반적으로 주식 공개 혹은 M&A가 동반되지 않으면 정량화되지 않는다

사회성 추구는 미래의 잠재력에 접근하는 것

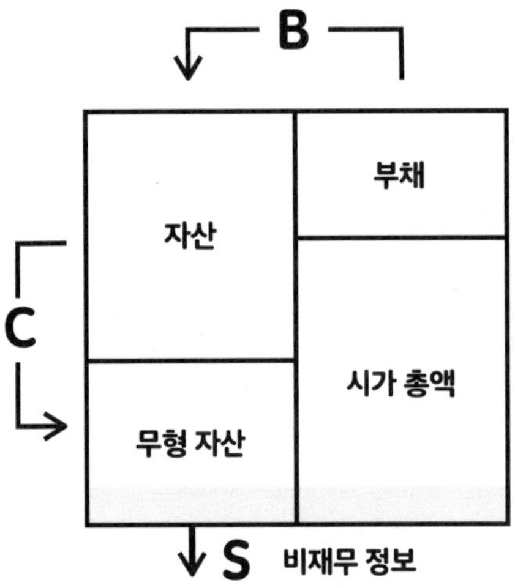

사회성을 추구하는 것은 아직 재무 정보에 나타나 있지 않은 미래의 잠재력과 리스크(비재무적 정보)에 접근하는 것이다. 비재무적 영역을 좀 더 효율적으로 무형 자산으로 변환시켜 나가는 것은 기업 가치의 상승으로 이어진다

비재무 정보라는 것은 재무적인 숫자로는 나타낼 수 없는 정보를 뜻한다. 이를테면 리스크 정보, 지속 가능성을 위한 과제에 대한 대응, 직원에 관한 정보 등인데, 이 가운데 일부가 CSR(기업의 사회적 책임) 보고서나 유가 증권 보고서 등에 기재된다. 오늘날 비재무 영역이 주목받고 있는 이유는 기업 경영에서 중장기적인 관점이 서서히 요구되고 있기 때문이다.

구체적인 예로, 유엔은 2015년에 SDGs를 채택하고 기업에 이에 대한 대응을 촉구했다. SDGs는 '지속 가능한 발전 목표Sustainable Development Goals'의 약자로, 빈곤이나 굶주림 등의 문제에 대한 17가지 목표를 정한 것이다. 이것의 본질적인 의미는 SDGs에 규정된 세계적인 과제를 해결하려면 공공기관뿐만 아니라 민간기업의 협력도 필요하다는 것이다. 그만큼 세계 전체의 과제는 거대하며 간과할 수 없는 상태가 되었다.

사회에 공헌하지 않으면 돈이 모이지 않는다

'ESG 투자'라는 말을 들어 본 적이 있는가? ESG는 환경Environment, 사회Social,

기업 통치Governance의 약자로, 투자자가 이 세 가지를 고려하는 기업에 적극적으로 투자한다는 말이다.

ESG란 무엇인가?

2006년에 제창된 이 내용을 '책임투자원칙(PRI)'이라고 부른다
유엔
ESG 투자를 하자!
투자자
ESG 투자란? 다음의 세 가지를 고려한 투자
E
S
G
Environment (환경)
Social (사회)
Governance (기업 통치)
사회에 좋은 영향력을 끼치는 일(ESG를 고려)을 하지 않으면
기업이 돈을 모을 수 없는 세상이 된다

간단히 말하면 기업은 환경과 사회에 대해 책임감을 가져야 한다. 이를 위해 기업 내부에서 문제가 되는 행동(분식 회계 등)을 하지 않는 체제를 만들어야 한다는 것이다.

ESG 투자라는 조금 어려운 이야기를 꺼낸 이유는 이것이 기업 경영에서의 사회성과 밀접하게 연결되어 있기 때문이다. 일본의 연금을 1,000조 원 규모로 운용해 세계 최대의 기관투자자로 불리는 GPIF(연금적립금 관리 운용 독립행정법인)가 2017년부터 ESG 투자를 운용하기 시작했을 만큼 일본에서도 ESG가 주목을 받고 있다. '투자자가 ESG를 신경 쓴다'는 사실은 투자자에게서 돈을 모아야 하는 기업으로서도 절대 강 건너 불구경하듯 바라볼 수 없는 문제다. 앞으로는 ESG를 신경 쓰지 않으면 투자자의 돈을 모을 수 없게 될 것이기 때문이다.

나도 처음에는 왜 GPIF 같은 기관투자자가 ESG 투자를 하는지 이해하지 못했다. ESG 투자는 쉽게 말해서 착한 회사에 투자하는 것인데, 그런 회사는 사회성은 있을지언정 경제적 합리성이 부족하다고 생각했기 때문이다.

그러나 짧은 생각이었다. 1,000조 원이나 되는 규모를 운용하면 한 회사의 주가 등락보다 일본 경제 전체에 투자하는(정확히는 일본만이 아니지만) 것이 바람직하다. 따라서 확실한 수익을 내기 위해서는 나라의 경제 전체를 뒤흔들 수 있는 리스크를 피하는 방향으로 투자할 수밖에 없다. 요컨대 환경 문제나 사회 문제, 그런 문제에 대처하는 기업 운영 상황 같은 리스크를 고려하면서 투자하는 것이 장기적으로 봤을 때 수익의 확보로 이어진다는 말이다. 뒤집어서 생각하면 환경 문제나 사회 문제가 그만큼 무시할 수 없는 문제가 되었다는 뜻이기도 하다. 여기에서도 사회성을 중시해야 하는 이유를 엿볼 수 있다.

세계적으로 SDGs나 ESG 같은 움직임이 나타나면서 기업은 좀 더 중장기적으로 사회에 도움이 되는 존재가 되어야 한다는 압력을 받고 있다. 즉, 사회성은 점점 더 기업에 중요한 과제가 될 것이다.

일본에서 ESG가 주목받게 된 계기

1,000조 원 이상을 운용하는 세계 최대의 기관투자자로 불린다

일본에서는 2017년에

GPIF가 **ESG 투자**를 시작했다!

왜 GPIF 같은 투자자가 ESG 투자를 하는 것일까?

GPIF는 투자자인 이상 당연히 수익을 내야 한다.
그런 GPIF가 착한 기업에 투자하는 것은
경제적 합리성이 있는 행위일까?

왜 GPIF는 ESG 투자를 하는 것일까?

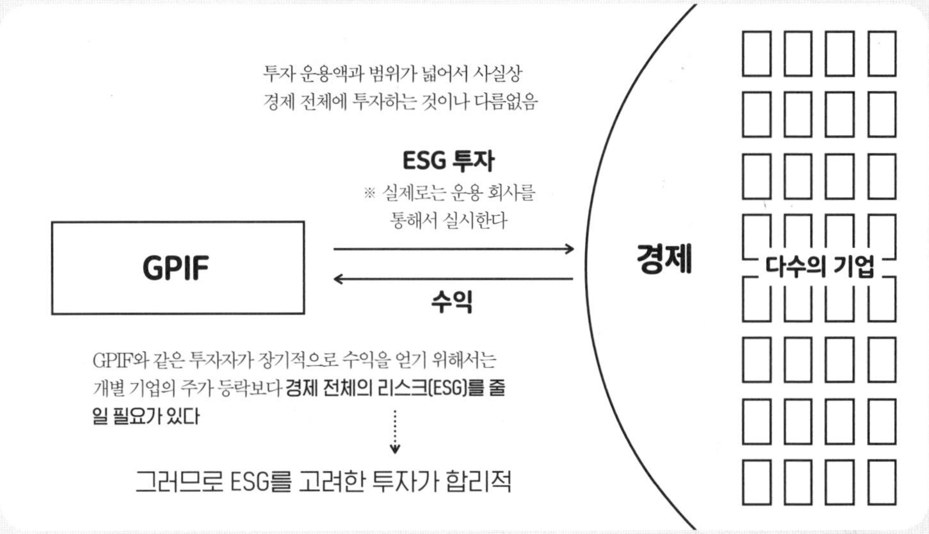
투자 운용액과 범위가 넓어서 사실상
경제 전체에 투자하는 것이나 다름없음
ESG 투자
※ 실제로는 운용 회사를
통해서 실시한다
GPIF
수익
경제
다수의 기업
GPIF와 같은 투자자가 장기적으로 수익을 얻기 위해서는
개별 기업의 주가 등락보다 경제 전체의 리스크(ESG)를 줄
일 필요가 있다
그러므로 ESG를 고려한 투자가 합리적

기업은 앞으로 더더욱 사회성을 갖춰야 한다

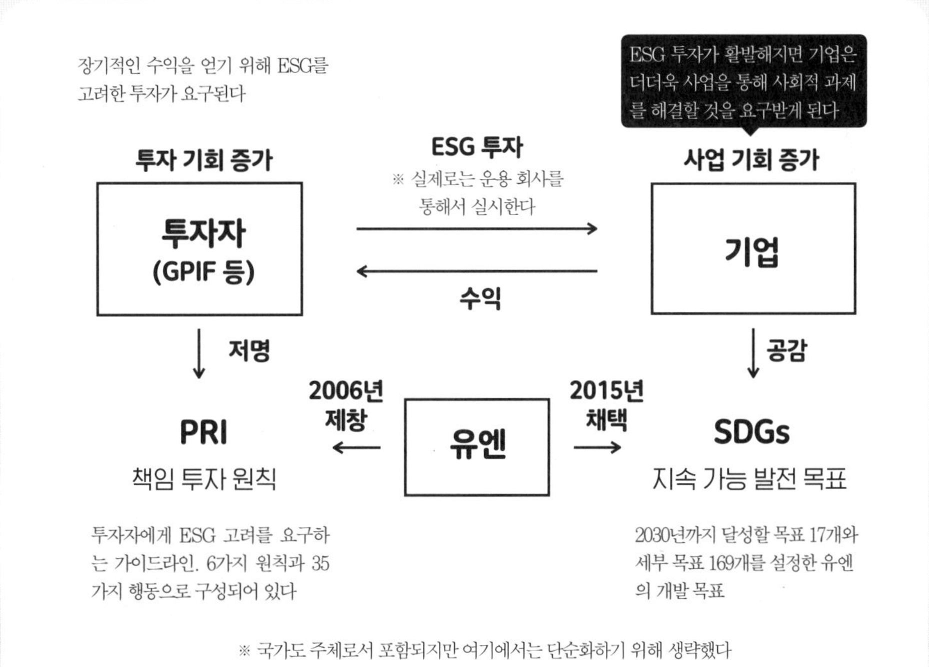
장기적인 수익을 얻기 위해 ESG를
고려한 투자가 요구된다
ESG 투자가 활발해지면 기업은
더더욱 사업을 통해 사회적 과제
를 해결할 것을 요구받게 된다
투자 기회 증가
ESG 투자
※ 실제로는 운용 회사를
통해서 실시한다
사업 기회 증가
투자자
(GPIF 등)
수익
기업
저명
공감
2006년
제창
2015년
채택
PRI
책임 투자 원칙
유엔
SDGs
지속 가능 발전 목표
투자자에게 ESG 고려를 요구하
는 가이드라인. 6가지 원칙과 35
가지 행동으로 구성되어 있다
2030년까지 달성할 목표 17개와
세부 목표 169개를 설정한 유엔
의 개발 목표
※ 국가도 주체로서 포함되지만 여기에서는 단순화하기 위해 생략했다

그림 참고: GPIF 공식 사이트

이상의 이야기를 정리하면 다음과 같다.

① 경제적 합리성은 자본에서 자산으로 바뀐다
② 창조성은 자산에서 무형 자산으로 바뀐다
③ 사회성은 비재무 정보에서 무형 자산으로 바뀐다

즉, 기업 가치를 높이기 위해서는 이 세 가지 관점을 균형 있게 적용할 필요가 있다.

이런 이야기는 자칫하면 이상론에 빠지기 쉬운데, 좋은 일을 하는 것만으로는 비즈니스가 성립되지 않는다. 주변에 비영리 단체나 사회기업가 지인이 '당면한 사회적 문제 해결에 기여하자'는 생각으로 사업을 시작했지만 채산이 맞지 않아 오래 지속하지 못한 사례도 많이 목격했다. '사회성만을 중시해야 한다'거나 '창조성이 가장 중요하다'가 아니라 'SBC를 전부 충족시키는 것'이 중요하다.

SBC를 균형 있게 충족시켜야 기업 가치가 상승

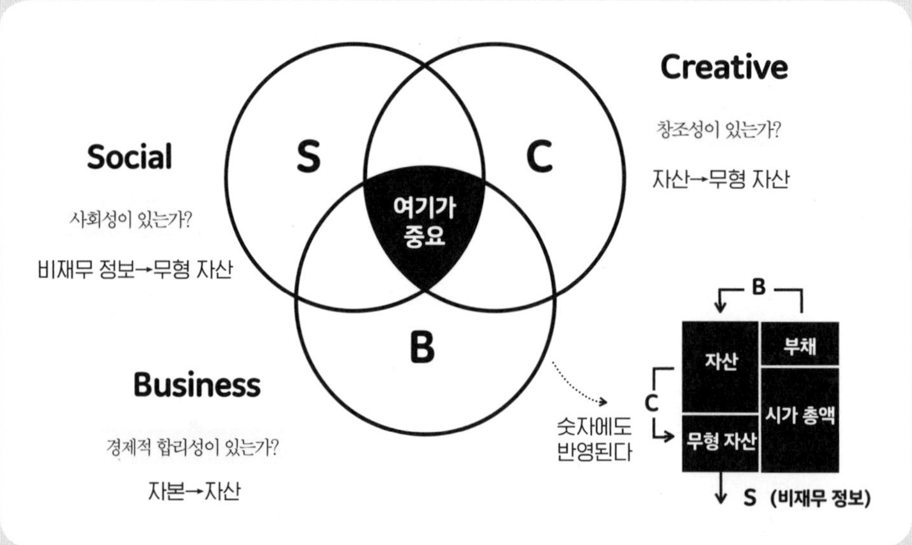

SBC의 개념에 가까운 경영을 하는 기업의 사례

이번에는 기업의 실제 경영 사례를 예로 들어보겠다. 미쓰비시케미컬홀딩스는 '카이테키 경영(KAITEKI는 일본어로 '쾌적'이라는 뜻-옮긴이)'이라는 키워드로 기업 가치를 높이기 위한 세 가지 축을 설정했다(이것은 개별적인 사업 전략이 아니라 기업 전체의 경영 전략에 관한 이야기이기에 이 책에서 소개하는 사업 전략 층위의 비즈니스 모델과는 전제가 다름을 미리 말해둔다).

① MOS Management of Sustainability: 지속 가능성의 향상을 지향한다
② MOE Management of Economics: 자본의 효율화를 중시한다
③ MOT Management of Technology: 이노베이션 창출을 추구한다

재미있는 점은 시간축이 정해져 있다는 것이다. 각각을 100년 단위Century, 10년 단위Decade, 사분기Quarter 시간축으로 파악한다. 이 세 개의 축은 각각 SBC에 대응한다고 생각할 수 있다.

① MOS: 소셜
② MOE: 비즈니스
③ MOT: 크리에이티브

나는 미쓰비시케미컬홀딩스 회장의 강연을 듣고 SBC의 세 가지 관점이 실제로 경영에 도입되었음을 알게 되었다. 여기에 100년, 10년, 사분기라는 시간축의 개념을 추가함으로써 더욱 굳건한 프레임으로 만든 것에 경외심을 느꼈다.

MOS 같은 장기적인 관점과 MOE 같은 단기적인 관점은 서로 경쟁하는 경우가 많으며, 지속 가능성을 얻기 위해서는 단기적인 이익을 줄어야 한다. 이것이 일반적인 인식이다. 그러나 미쓰비시케미컬홀딩스는 이것들을 동시에

이루어내려 하고 있다. 실제로 MOS의 미션 달성률과 MOE의 영업 이익은 비례한다.

앞으로는 '비즈니스 2.0'의 시대

다가오는 시대에 기업 가치를 높이려면 경제적 합리성뿐만 아니라 사회성과 창조성도 반드시 필요하다. 앞으로 새로운 사업을 시작하거나 창업을 하려는 사람은 처음부터 이 세 가지를 고려하며 비즈니스 모델을 고민해야 한다.

지금까지의 비즈니스 모델은 '수익을 낼 수 있는 시스템인가 아닌가?'라는 측면이 강했던 까닭에 아무래도 경제적 합리성만이 주목받는 구조가 되기 쉬웠다. 그러나 앞으로는 팔방이익의 구조로 '사회성'을 파악하고, 역설 구조로 '창조성'을 파악하고, 비즈니스 모델 도해로 '경제적 합리성'을 파악하면서 SBC에 입각한 비즈니스 모델을 구축해야 할 것이다. 이것이야말로 경제적 성공과 더불어 앞으로의 사회가 요구할 기업의 바람직한 모습이 아닐까 싶다.

비즈니스 모델 도해 설명서

좀 더 간단하고 이해하기 쉽게 설명할 수 있도록 몇 가지 규칙을 지키며 비즈니스 모델 도해를 만들었다. 여기에서는 그 기본적인 규칙을 소개한다. 이 책에서 소개하는 100가지 사례는 전부 이 규칙에 따라서 만든 것이다.

주체

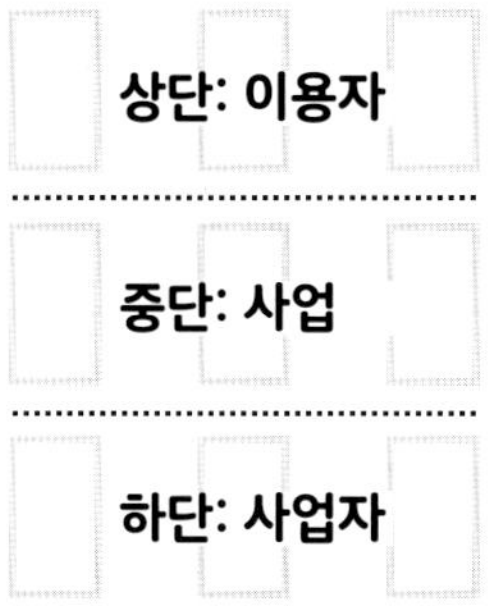

3×3으로 구성

'주체'란 비즈니스의 중요 관계자·제품을 가리킨다. 이 주체를 '3×3'의 구조 안에 담도록 규칙화했다. 상단, 중단, 하단은 각각 이용자, 사업, 사업자다. 자세한 내용은 젖힌 페이지에서 해설한다.

화살표

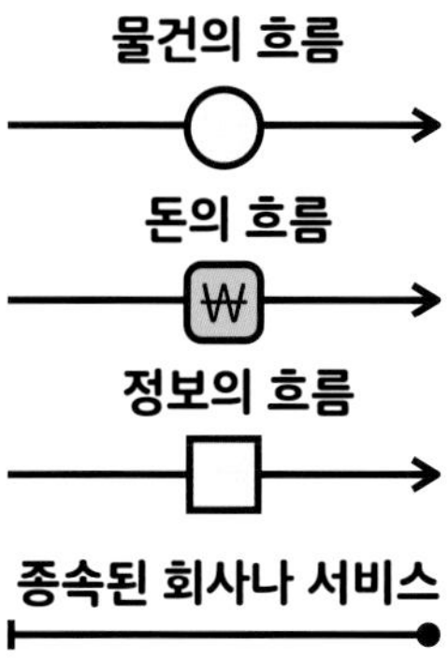

물건·돈·정보의 흐름

화살표는 주체와 주체 사이를 흐르는 중요한 관계성을 가리킨다. 물건·돈·정보의 흐름을 구별하기 위해 표시가 되어 있다. 종속된 회사나 서비스의 경우는 작은 쪽에 ●가 붙는다. 반드시 존재하는 것이 아닌 흐름에는 점선을 사용한다.

보충

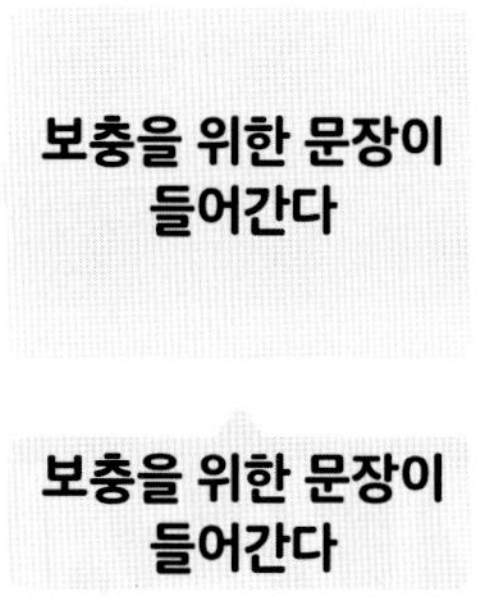

말풍선을 이용한 보충

보충은 주체나 화살표만으로는 온전히 나타낼 수 없는 중요한 정보를 가리킨다. '왜 이 주체가 있는가?', '왜 이 화살표가 있는가?' 등 이유를 표시할 때도 사용한다. 보충에 대한 설명이 들어갈 때도 있다.

BUSINESS MODEL 100

BUSINESS MODEL 100 BUSINESS MODEL 100 BUSINESS MODEL 100
BUSINESS MODEL 100 BUSINESS MODEL 100 BUSINESS MODEL 100 BUSINESS MODEL 100

제1장

물건

새로운 핵심 가치를 제공한다

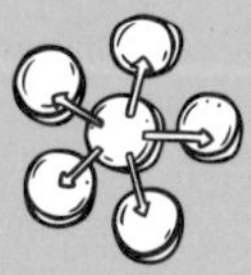

지금까지 당연시되었던 상품이나 서비스도 새로운 아이디어나 기술을 적용하면 새롭게 재탄생할 수 있다. 간과되어온 상품 또는 서비스, 공간의 가치를 시대 배경의 변화에 맞춰 '본질적인 가치'로서 재정의한 사례를 소개한다.

불레틴

온라인 스토어의 오프라인 매장 공유법

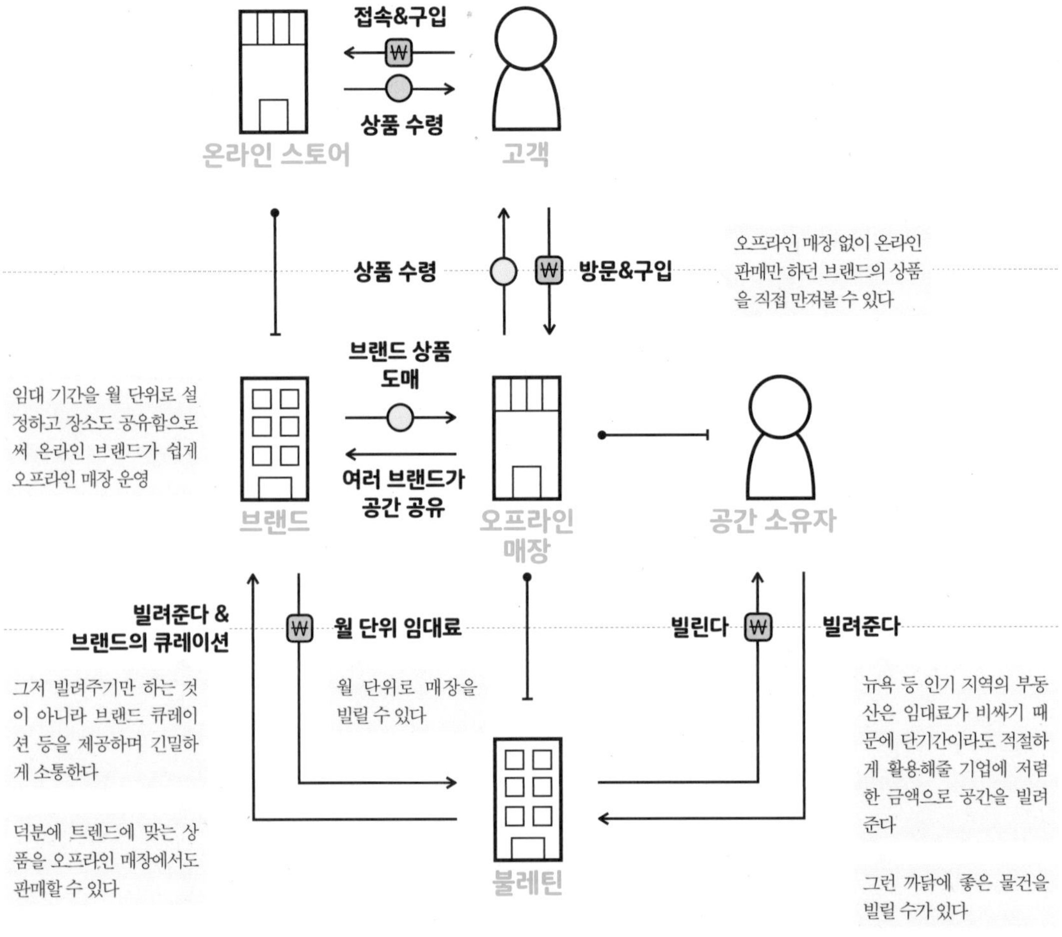
접속&구입
상품 수령
온라인 스토어
고객
상품 수령
방문&구입
오프라인 매장 없이 온라인 판매만 하던 브랜드의 상품을 직접 만져볼 수 있다
브랜드 상품 도매
여러 브랜드가 공간 공유
임대 기간을 월 단위로 설정하고 장소도 공유함으로써 온라인 브랜드가 쉽게 오프라인 매장 운영
브랜드
오프라인 매장
공간 소유자
빌려준다 & 브랜드의 큐레이션
월 단위 임대료
빌린다
빌려준다
그저 빌려주기만 하는 것이 아니라 브랜드 큐레이션 등을 제공하며 긴밀하게 소통한다
덕분에 트렌드에 맞는 상품을 오프라인 매장에서도 판매할 수 있다
월 단위로 매장을 빌릴 수 있다
뉴욕 등 인기 지역의 부동산은 임대료가 비싸기 때문에 단기간이라도 적절하게 활용해줄 기업에 저렴한 금액으로 공간을 빌려준다
그런 까닭에 좋은 물건을 빌릴 수가 있다
불레틴

소매점의 판매 매장 **기점**

정설 교외에 있는 매장 전체를 연 단위로 임대

역설 도심 매장의 일부를 월 단위로 임대

인기 지역의 매장을 저렴하게 공유하다

불레틴Bulletin은 온라인 브랜드도 오프라인 매장에서 판매할 수 있도록 공간을 제공하는 플랫폼이다. 현재 뉴욕의 소호SOHO 지구와 윌리엄스버그 등지에서 공간을 빌려주고 있다.

언뜻 생각하면 단순한 편집숍 같지만 공간을 다양한 크기로 나눠서 공유할 뿐만 아니라 임대기간도 월 단위로 선택할 수 있도록 세분화한 것이 특징이다. 이것이 기존 상식을 깨는 '역설'의 핵심이다.

뉴욕처럼 땅값이 비싼 곳은 매장을 빌려 쓰던 사람이 나가면 다음에 들어올 사람을 찾기까지 시간이 오래 걸려 그사이 매장이 공실이 되는 경우가 많다. 불레틴은 이 사실에서 아이디어를 얻어 단기간이라도 오프라인 매장을 활용할 수 있는 시스템을 만들었다. 건물주 역시 짧은 기간에도 매장을 비우지 않는 게 이득이기 때문에 저렴한 가격에 빌려준다.

한편 온라인 브랜드 입장에서도 매장을 보유하려 할 때 걸림돌이 되었던 '좋은 입지', '높은 임대료'라는 과제를 해결할 수 있다. 좋은 입지에서라면 상품을 판매할 때 더 큰 효과를 기대할 수 있으며, 월 단위로 출점이 가능하다. 팝업 스토어(빈 매장 등에 출점했다가 일정 기간이 지나면 사라지는 매장-옮긴이)로서 홍보에 활용할 수도 있다. 직접 상품을 만져보고 싶지만 만져볼 수 없었던 고객에게 접근할 수 있다는 점도 매력적이다.

불레틴은 시간과 장소를 잘게 나눔으로써 건물주의 니즈와 브랜드 측의 니즈를 모두 효과적으로 충족시켰다. 게다가 자신들을 '위워크WeWork(창업가에게 협업 공간을 제공하는 미국의 기업. 2019년 더 위 컴퍼니로 사명 변경-옮긴이)의 소매 버전'이라고 표현하며 공유 경제 트렌드에 효과적으로 올라탄 것도 성공 포인트다.

옵토로

반품만 팔아서 유니콘 기업이 되다

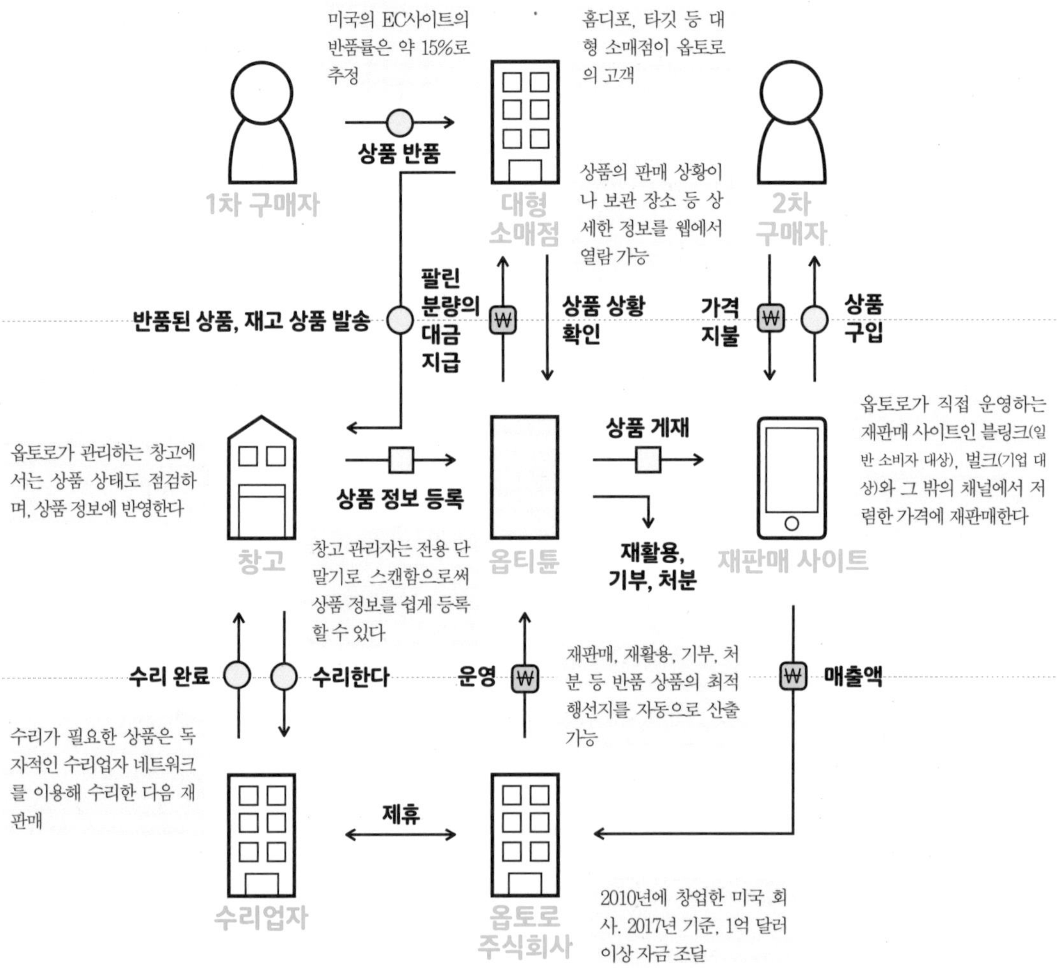
미국의 EC사이트의 반품률은 약 15%로 추정
홈디포, 타깃 등 대형 소매점이 옵토로의 고객
상품 반품
1차 구매자
대형 소매점
상품의 판매 상황이나 보관 장소 등 상세한 정보를 웹에서 열람 가능
2차 구매자
반품된 상품, 재고 상품 발송
팔린 분량의 대금 지급
상품 상황 확인
가격 지불
상품 구입
옵토로가 직접 운영하는 재판매 사이트인 블링크(일반 소비자 대상), 벌크(기업 대상)와 그 밖의 채널에서 저렴한 가격에 재판매한다
옵토로가 관리하는 창고에서는 상품 상태도 점검하며, 상품 정보에 반영한다
상품 정보 등록
상품 게재
재활용, 기부, 처분
창고
옵티튠
재판매 사이트
창고 관리자는 전용 단말기로 스캔함으로써 상품 정보를 쉽게 등록할 수 있다
수리 완료
수리한다
운영
재판매, 재활용, 기부, 처분 등 반품 상품의 최적 행선지를 자동으로 산출 가능
매출액
수리가 필요한 상품은 독자적인 수리업자 네트워크를 이용해 수리한 다음 재판매
제휴
수리업자
옵토로 주식회사
2010년에 창업한 미국 회사. 2017년 기준, 1억 달러 이상 자금 조달

전자상거래의 반품 처리

기점		
	정설	반품된 상품은 처리 비용이 든다
	역설	반품된 상품도 재판매할 수 있다

반송 시스템의 혁신을 보여주다

온라인 쇼핑 시장이 확대되면서 반품된 상품이나 팔리지 않고 남은 상품이 소매 사업자에게 큰 손해를 끼치고 있다. 실제 미국 전자상거래 사이트의 반품률은 15퍼센트 정도로, 이것은 고스란히 기업의 손실이 된다. 게다가 이런 재고 상품을 폐기할 경우 환경에도 악영향을 준다.

2010년에 창업한 미국 기업 옵토로Optoro는 이런 상황에 주목해 좀 더 이로운 소비 문화를 만들고자 전자상거래EC 사이트에서 반품된 상품을 취급하는 물류 서비스를 시작했다. 자원 낭비를 줄인다는 의미에서 친환경적이라는 점도 시대 트렌드에 잘 맞는다.

이 회사의 옵티튠Optitune이라는 서비스의 놀라운 점은 반품된 상품을 자동으로 선별해서 최적의 재판매처를 결정한다는 데 있다. 여기에 이 회사의 기술력이 집약되어 있다.

상품 재판매만 하는 것은 아니다. 필요에 따라서는 수리를 하기도 하고(수리업자의 네트워크도 보유하고 있다), 재활용이나 기부를 하기도 한다. 언뜻 보면 폐품 회수 업자에 가깝지만, 최신 기술을 활용해 현대적인 방법으로 폐품을 재활용하고 있는 것이 특징이다. 서비스 소개 영상 속 “넥스트 베스트 홈에 전달한다”는 카피는 옵토로의 서비스와 이념을 알기 쉽게 표현한 말이라고 할 수 있다.

옵토로는 일반 소비자를 대상으로 하는 블링크Blinq와 기업을 대상으로 하는 벌크BULQ라는 재판매 사이트를 직접 운영해 재고를 처리하려는 이들을 위한 선택지도 준비해놓았다.

2010년에 창업한 옵토로는 2017년 기준, 직원이 500명이 넘으며 1억 달러가 넘는 자금을 조달하는 등 ‘차세대 유니콘 기업’으로 평가받을 정도로 성장했다.

나의 프렌치

일류 셰프의 요리를 저렴한 가격에 제공할 수 있는 비결

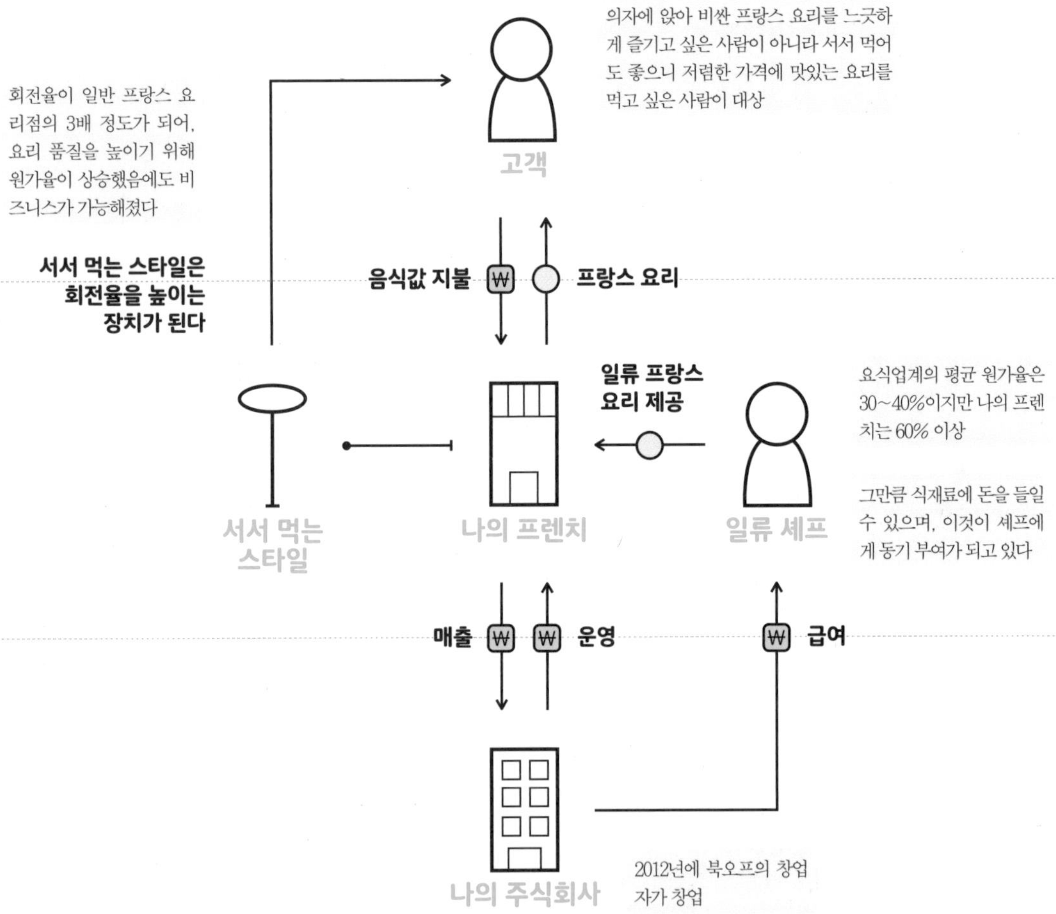

회전율이 일반 프랑스 요리점의 3배 정도가 되어, 요리 품질을 높이기 위해 원가율이 상승했음에도 비즈니스가 가능해졌다
서서 먹는 스타일은 회전율을 높이는 장치가 된다
의자에 앉아 비싼 프랑스 요리를 느긋하게 즐기고 싶은 사람이 아니라 서서 먹어도 좋으니 저렴한 가격에 맛있는 요리를 먹고 싶은 사람이 대상
고객
음식값 지불
프랑스 요리
일류 프랑스 요리 제공
요식업계의 평균 원가율은 30~40%이지만 나의 프렌치는 60% 이상
그만큼 식재료에 돈을 들일 수 있으며, 이것이 셰프에게 동기 부여가 되고 있다
서서 먹는 스타일
나의 프렌치
일류 셰프
매출
운영
급여
나의 주식회사
2012년에 북오프의 창업자가 창업

일류 프랑스 요리 — 기점 — 정설: 앉아서 먹는 값비싼 요리

역설: 서서 먹는 저렴한 요리

'서서 먹는 프랑스 요리'라는 발상으로 회전율을 높이다

2012년에 창업한 요식업 체인 나의 주식회사僕の株式会社가 운영하는 나의 프렌치俺のフレンチ는 일류 레스토랑에서 활약하던 셰프들이 고급 요리를 고객에게 부담 없는 가격으로 제공하는 입식 레스토랑이다. 또한 중고서적 거래 체인인 북오프Book Off의 창업자 사카모토 다카시坂本孝가 시작한 새로운 형태의 음식점으로도 유명하다(70세가 넘은 시점에 창업했다).

'프랑스 요리를 서서 먹는다'라는 콘셉트는 그야말로 파격적이다. 보통 프랑스 요리는 의자에 앉아서 느긋하게 먹는 방식이며, 가격도 비싼 것이 일반적이다. 그러나 나의 프렌치는 서서 먹는 방식을 적용해 고객 회전율을 일반 프랑스 요리점의 세 배로 높이고 1인당 점유 공간을 줄임으로써 요리 가격을 저렴하게 낮춰도 비즈니스가 가능하도록 만들었다. 그 결과 꽃게 토마토 크림 파스타 7,800원, 피자 마르게리타 5,800원 등 놀라운 가격에 요리를 제공한다.

일반적으로 요식업계의 원가율은 30~40퍼센트 정도지만 나의 프렌치의 원가율은 60퍼센트가 넘는다. 일류 셰프를 모집하기 위해 "원하는 재료를 원하는 만큼 써도 됩니다"라고 약속했기 때문이다. 셰프에게 열심히 일할 동기를 부여하면서 요리의 품질을 유지하고, 서서 먹는 스타일로 회전율을 높이는 시스템이 이를 뒷받침한다.

창업 당시 '요리 학교를 나온 사람이 10년 뒤에도 요식업에 몸담고 있을 확률은 10퍼센트도 안 된다'는 사실을 안 사카모토는 우수한 요리인의 살길을 여는 동시에 패스트푸드가 증가하는 오늘날에도 '질 좋고 맛있는 요리를 저렴한 가격에 제공하고 싶다'는 생각에서 나의 프렌치를 시작했다고 한다.

2018년 기준, 나의 주식회사는 '나의 스패니시', '나의 일본 요리' 등 다양한 업태를 만들어내고 있다. 일본에 30개 이상, 다른 아시아 지역에도 두 개의 매장을 냈다. 현재는 서서 먹는 매장뿐만 아니라 앉아서 먹는 매장도 열고 있다.

서말리 포켓

쓰지 않는 물건을 보관해주거나 팔아준다

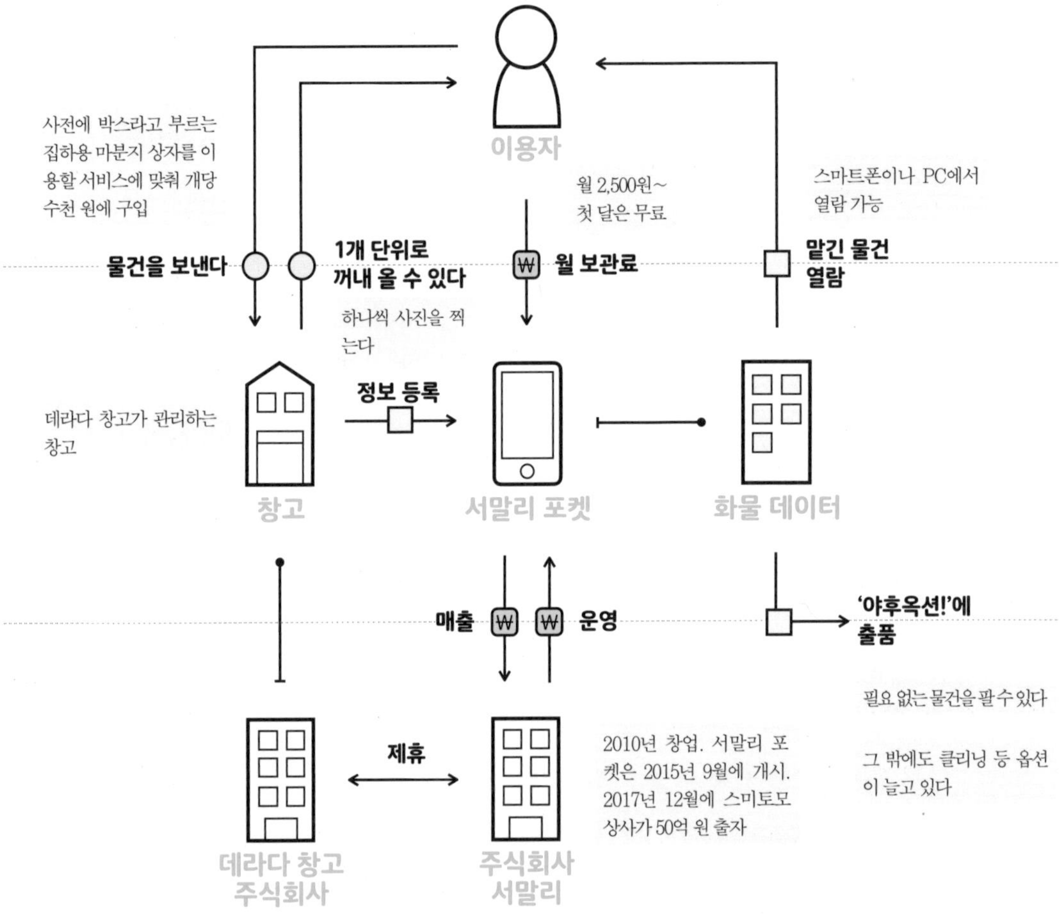

이용자
사전에 박스라고 부르는 집하용 마분지 상자를 이용할 서비스에 맞춰 개당 수천 원에 구입
물건을 보낸다
1개 단위로 꺼내 올 수 있다
하나씩 사진을 찍는다
월 2,500원~ 첫 달은 무료
₩ 월 보관료
스마트폰이나 PC에서 열람 가능
맡긴 물건 열람
데라다 창고가 관리하는 창고
정보 등록
창고
서말리 포켓
화물 데이터
매출
운영
'야후옥션!'에 출품
필요 없는 물건을 팔 수 있다
그 밖에도 클리닝 등 옵션이 늘고 있다
제휴
2010년 창업. 서말리 포켓은 2015년 9월에 개시. 2017년 12월에 스미토모 상사가 50억 원 출자
데라다 창고 주식회사
주식회사 서말리

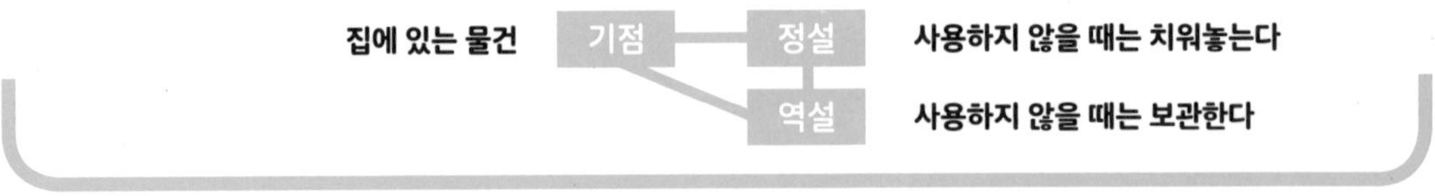

집에 있는 물건
기점
정설
사용하지 않을 때는 치워놓는다
역설
사용하지 않을 때는 보관한다

물품 보관부터 판매까지 가능한 현실판 클라우드 저장소

서말리 포켓Sumally Pocket은 2015년에 서비스를 시작한 클라우드 수납 서비스다. 2017년 12월에 스미토모 상사住友商事가 50억 원을 출자했다고 발표했다.

집에 물건을 놓아두면 보관비용이 발생한다. 그 물건이 차지하는 바닥 넓이만큼의 임대료가 물건을 보관하는 비용이 된다는 말이다. 넓은 집으로 이사해도 짐이 많으면 사용할 수 있는 공간은 줄어들며, 그만큼 비싼 보관비용을 치르는 셈이다. 미니멀 라이프를 실천해서 안 쓰는 짐을 버릴 수 있다면 좋겠지만 1년에 한 번밖에 안 써도 없으면 곤란한 물건도 있기 때문에 무작정 처분하기는 어렵다.

서말리 포켓은 쓰지 않는 물건을 맡길 수 있는 서비스(보관료는 1개월 2,500원부터)다. 데라다 창고寺田倉庫와 제휴를 맺어, 창고로 보낸 물건은 온도와 습도가 관리되는 환경에서 안전하게 보관된다. 이것도 이용자가 안심할 수 있는 요소다.

이 서비스의 가장 큰 특징은 맡은 물건을 하나하나 사진으로 찍어 올려놔 이용자가 인터넷상에서 언제라도 볼 수 있게 했다는 점이다. 그야말로 '현실판' 클라우드 저장소다. 무엇보다 놀라운 점은 추가 옵션인 '야후옥션! 출품 서비스'다. 맡겨놓은 물건이 필요 없어지면 간단한 절차를 거쳐 '야후옥션!'에 등록할 수 있다. 쓸지 안 쓸지 판단하기 어려운 물건을 일단 맡겨놓았다가 나중에 팔아서 수익을 얻을 수도 있다는 것이다.

'소유에서 이용으로'라는 슬로건 아래 최근 들어 공유 경제가 활발해지고 있지만 이렇게까지 서비스를 통해서 직접적으로 실현하는 사례는 좀처럼 발견하기 힘들다. 거액의 출자를 받은 서말리는 부동산 업계를 중심으로 2019년 현재 100개 이상의 기업과 제휴하며 사업을 키우고 있다.

필팩

제약 시장의 흐름을 바꾸는 차세대 온라인 약국

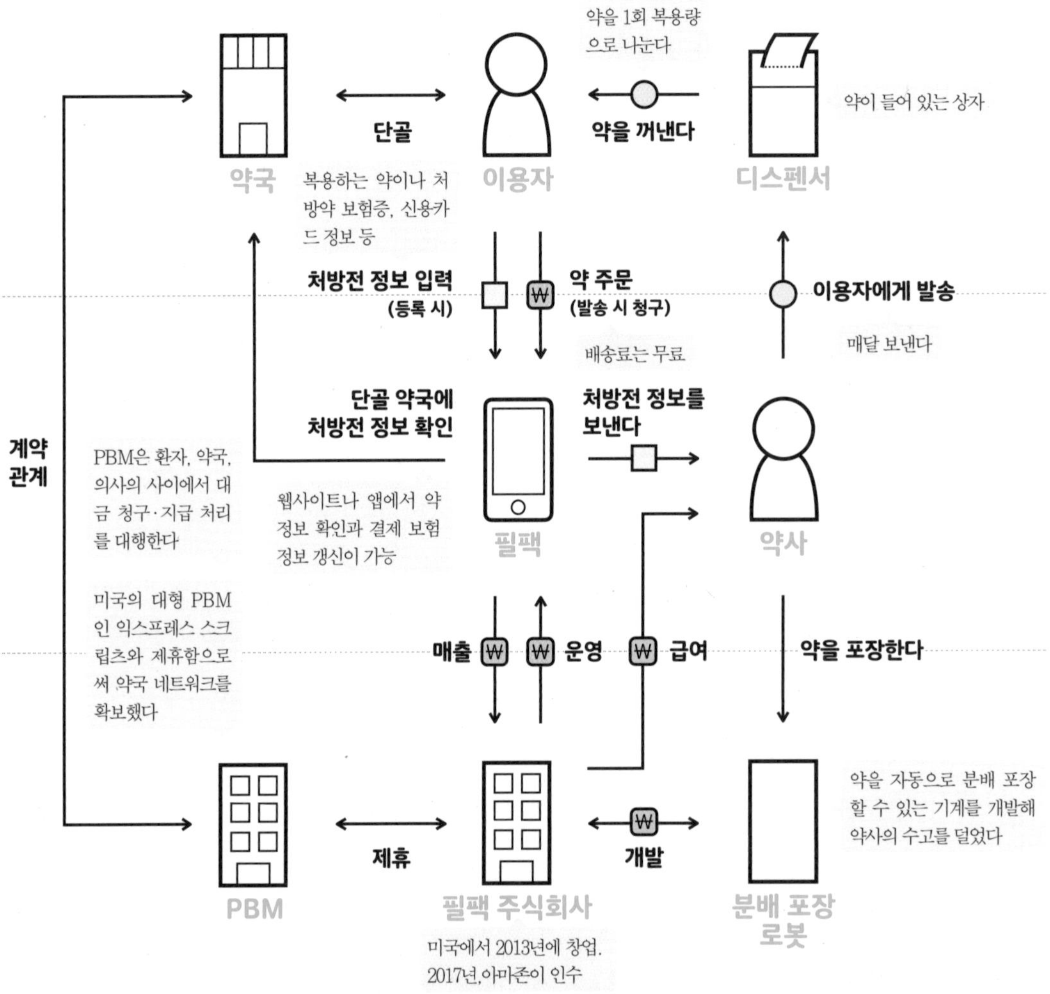
약을 1회 복용량
으로 나눈다
약이 들어 있는 상자
단골
약을 꺼낸다
약국
이용자
디스펜서
복용하는 약이나 처방약 보험증, 신용카드 정보 등
처방전 정보 입력
(등록 시)
약 주문
(발송 시 청구)
이용자에게 발송
배송료는 무료
매달 보낸다
단골 약국에
처방전 정보 확인
처방전 정보를
보낸다
계약
관계
PBM은 환자, 약국, 의사의 사이에서 대금 청구·지급 처리를 대행한다
웹사이트나 앱에서 약 정보 확인과 결제 보험 정보 갱신이 가능
필팩
약사
미국의 대형 PBM인 익스프레스 스크립츠와 제휴함으로써 약국 네트워크를 확보했다
매출
운영
급여
약을 포장한다
약을 자동으로 분배 포장할 수 있는 기계를 개발해 약사의 수고를 덜었다
제휴
개발
PBM
필팩 주식회사
분배 포장
로봇
미국에서 2013년에 창업.
2017년, 아마존이 인수

고령자의 약 복용

기점 → 정설	약의 오용이 발생하기 쉽다
기점 → 역설	약의 오용이 발생하기 어렵다

빠르게 디지털화되고 있는 제약 산업에 주목하라

미국에서 2013년에 창업한 필팩PillPack은 온라인에서 제조 약국과 같은 서비스를 제공하는 기업이다.

필팩은 매달 이용자에게 약을 보낸다. 이 서비스에서 가장 인상적인 것은 1회 복용 분량의 약을 꺼낼 수 있는 디스펜서(약이 들어 있는 상자)다. 개별 포장된 약이 나오므로 약을 잘못 복용할 일이 없다. 미국에서는 매년 상당수의 사람이 약물 오용으로 사망하고 있기 때문에 '약물 오용을 막아준다'는 경험 자체가 특별한 가치가 된다.

필팩에서는 온라인으로 약을 주문할 수 있을 뿐만 아니라 약의 추가나 보험 정보의 갱신도 가능하다. 등록할 때 처방전 정보를 입력하면 필팩이 고객의 단골 약국에 연락해 처방전 정보를 확인한다. 또한 대량의 온라인 주문을 처리하기 위해 약을 자동으로 분배 포장하는 로봇을 자사가 개발함으로써 약사의 수고를 덜어준 것도 강점이다.

기존의 약국 입장에서 보면 필팩은 강력한 라이벌이다. 그럼에도 이용자가 온라인으로 넘어가는 것을 약국이 돕는 배경에는 PBMPharmacy Benefit Manager(약제비 관리)이 있다. PBM은 약사나 약국 등 이해관계자들 사이에서 대금 지급, 청구 대행 등을 실시하는 미국 의료업계 특유의 조직인데, 필팩은 이 PBM과 제휴함으로써 약국 네트워크를 이용하는 대신 자사 이익 중 일부를 PBM에 지불한다.

현재 일본은 약국에서만 환자에게 약을 전달할 수 있도록 규정되어 있다. 때문에 온라인 약국 운영에는 법률적인 장애물이 있다. 그러나 필팩의 비즈니스 모델과 사업 가치는 쉽게 넘길 수 없다. 실제로 2018년 6월, 아마존은 필팩을 10억 달러에 인수했으며 이는 제약 산업의 서비스화와 디지털화가 빠르게 다가오고 있음을 보여준다.

006

미래식당

자신의 기분이나 몸 상태에 맞춘 반찬을 주문할 수 있는 식당

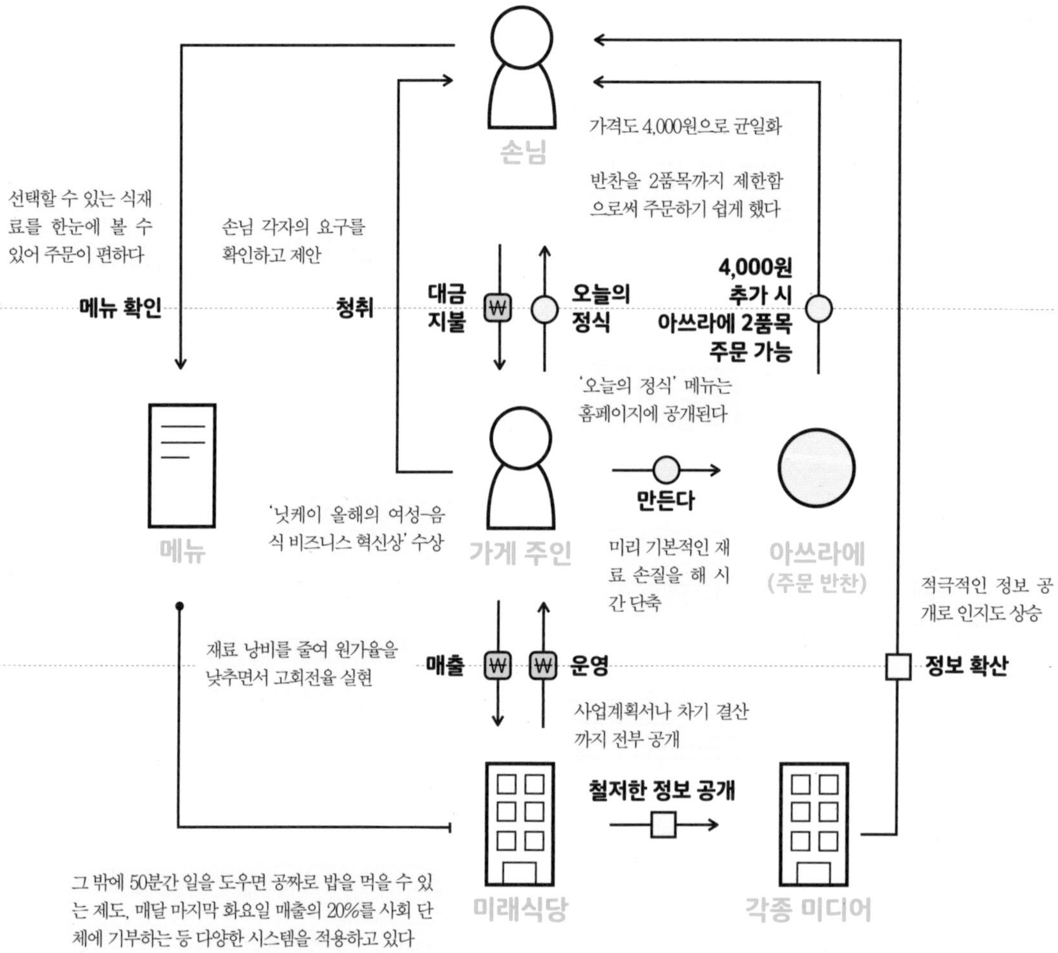
손님
가격도 4,000원으로 균일화
반찬을 2품목까지 제한함으로써 주문하기 쉽게 했다
선택할 수 있는 식재료를 한눈에 볼 수 있어 주문이 편하다
손님 각자의 요구를 확인하고 제안
메뉴 확인
청취
대금 지불
오늘의 정식
4,000원 추가 시 아쓰라에 2품목 주문 가능
'오늘의 정식' 메뉴는 홈페이지에 공개된다
메뉴
'닛케이 올해의 여성-음식 비즈니스 혁신상' 수상
가게 주인
만든다
미리 기본적인 재료 손질을 해 시간 단축
아쓰라에 (주문 반찬)
적극적인 정보 공개로 인지도 상승
재료 낭비를 줄여 원가율을 낮추면서 고회전율 실현
매출
운영
정보 확산
사업계획서나 차기 결산까지 전부 공개
철저한 정보 공개
그 밖에 50분간 일을 도우면 공짜로 밥을 먹을 수 있는 제도, 매달 마지막 화요일 매출의 20%를 사회 단체에 기부하는 등 다양한 시스템을 적용하고 있다
미래식당
각종 미디어

정식 식당	기점	정설	누가 주문하든 같은 메뉴를 제공한다
		역설	주문한 사람에게 맞춘 메뉴를 제공한다

손님 한 사람의 요구도 정성스럽게 반영한다

미래식당未来食堂은 자신의 기분이나 몸 상태에 맞는 반찬을 주문할 수 있는 '아쓰라에(일본어로 부탁하다, 주문하다라는 의미-옮긴이)'라는 방식을 도입한 정식定食 식당이다. 아쓰라에는 거의 주문 제작 요리이기 때문에 손님의 희망 사항을 들어야 하고 조리에도 시간이 더 걸리는 등 비효율적인 부분이 있는데, 이것을 체계적인 시스템으로 해결한 것이 미래식당의 강점이다.

예를 들어 식재료의 가짓수에 욕심 부리기보다 조미료나 간단한 작업을 통해서 다양한 요리가 가능하도록 했다. 기본적인 재료 손질은 사전에 하고, '오늘의 정식' 메뉴는 미리 정해두고 저녁에도 메뉴를 고정해 효율적으로 조리한다. 또한 메뉴를 쉽게 주문할 수 있도록 가격은 4,000원으로 통일하고 '아쓰라에는 두 품목까지'라는 제한을 뒀다. 그리고 선택 가능한 식재료를 한눈에 볼 수 있게 메뉴에 표기해놓는 등 손님이 주문할 때 스트레스를 받지 않도록 신경 썼다.

저렴한 가격이 세일즈 포인트인 음식점에서는 누가 언제 주문을 하더라도 똑같은 음식을 빠르게 내놓을 수 있도록 미리 메뉴를 정해놓기 마련이다. 손님 한 사람 한 사람의 요구에 맞추는 방식은 비효율적이기 때문에 적용하기 어려웠다. 그러나 미래식당은 "당신의 '보통'을 주문할 수 있습니다"라는 콘셉트로 요식업계의 상식을 깼다. 그 결과 매출원가를 25퍼센트 전후로 줄이면서도 피크 시간인 점심 때에 최대 일곱 번 회전이라는 높은 회전율을 실현했다.

게다가 사업계획서나 월간 결산 같은 경영 정보를 전부 철저하게 공개하고 있는 점도 대단하다. 이에 따라 언론에서도 미래식당의 정보를 쉽게 다룰 수 있었고, 그 결과 손님들이 늘어나 가게가 더욱 인기를 끄는 선순환이 이뤄졌다. '정보 공개가 이익을 만드는' 현대적인 구조다. 2017년에는 '닛케이 올해의 여성-음식 비즈니스 혁신상'을 수상했다.

스페셔스

영업 전의 레스토랑을 업무 공간으로 쓴다

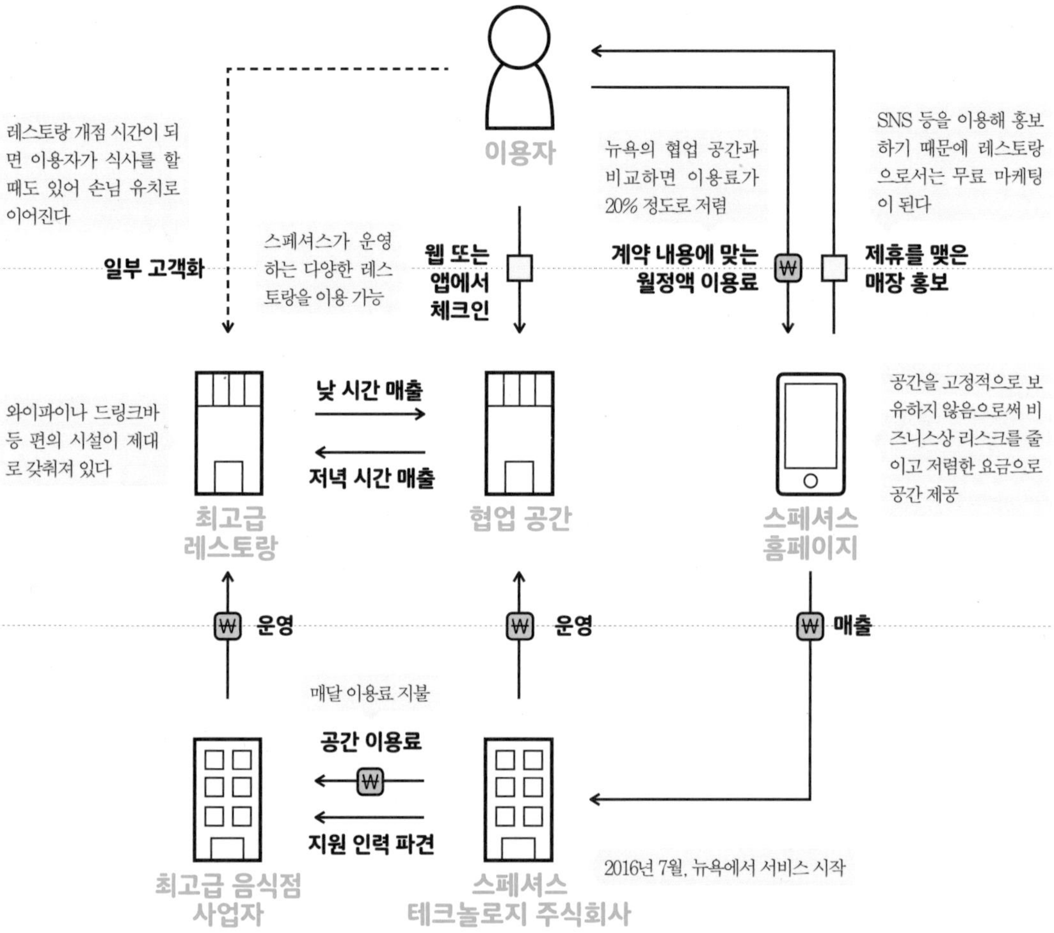

이용자
레스토랑 개점 시간이 되면 이용자가 식사를 할 때도 있어 손님 유치로 이어진다
일부 고객화
스페셔스가 운영하는 다양한 레스토랑을 이용 가능
웹 또는 앱에서 체크인
뉴욕의 협업 공간과 비교하면 이용료가 20% 정도로 저렴
계약 내용에 맞는 월정액 이용료
SNS 등을 이용해 홍보하기 때문에 레스토랑으로서는 무료 마케팅이 된다
제휴를 맺은 매장 홍보
와이파이나 드링크바 등 편의 시설이 제대로 갖춰져 있다
낮 시간 매출
저녁 시간 매출
공간을 고정적으로 보유하지 않음으로써 비즈니스상 리스크를 줄이고 저렴한 요금으로 공간 제공
최고급 레스토랑
협업 공간
스페셔스 홈페이지
운영
운영
매출
매달 이용료 지불
공간 이용료
지원 인력 파견
최고급 음식점 사업자
스페셔스 테크놀로지 주식회사
2016년 7월, 뉴욕에서 서비스 시작

협업 공간 사업 — 기점

정설: 자기 소유의 대여 공간이 있어야 한다

역설: 자기 소유의 대여 공간이 없어도 된다

공간을 소유하지 않아도 대여해줄 수 있다

스페셔스Spacious는 영업 시간 전의 레스토랑을 협업 공간으로 제공하는 서비스다. 2016년 7월에 뉴욕에서 서비스를 시작했으며, 2018년 기준, 뉴욕에 14개 매장, 샌프란시스코에 4개 매장을 보유하며 순조롭게 사업을 확대하고 있다.

협업 공간 사업은 더 위 컴퍼니를 비롯해 수많은 업체가 생기고 있지만, 대부분은 업체에서 공간을 직접 마련한다. 게다가 최근에는 세련된 공간을 디자인·연출함으로써 차별화를 꾀하고자 앞다투어 리노베이션하고 있기 때문에 비용이 증가하고 있다.

그런 시장 환경에서 스페셔스는 개점하기 전 손님이 없는 레스토랑을 활용한다. 스페셔스가 협업 공간으로 제공하는 장소는 주로 최고급 레스토랑이다. 최고급 레스토랑일수록 런치 메뉴로 채산을 맞추기가 어려운데(사람들이 점심식사에 지출하는 돈과 요리의 질이 일치하지 않기 때문에), 스페셔스에 레스토랑 공간을 제공하면 매달 이용료를 받을 수 있다. 게다가 그 레스토랑을 스페셔스가 홍보해줄 뿐만 아니라, 공간 이용자가 일을 마친 뒤 식사를 함으로써 손님이 되는 경우도 있다. 레스토랑으로서는 이점이 적지 않다.

스페셔스 역시 편의 공간을 제공함에 있어 와이파이나 음료수 등을 직접 준비하는 데 비용을 들이지 않아도 되므로 큰 이점이다. 또한 이용자는 스페셔스가 제휴를 맺은 레스토랑이라면 어디라도 자유롭게 이용할 수 있어서, 자신의 니즈에 맞는 다양한 공간에서 일할 수 있다. 월정액 95달러라는 저렴하고 합리적인 가격에 이용할 수 있다는 것도 매력적이다.

라이스코드

벼 그림으로 사라질 위기에 처한 지방을 살리다

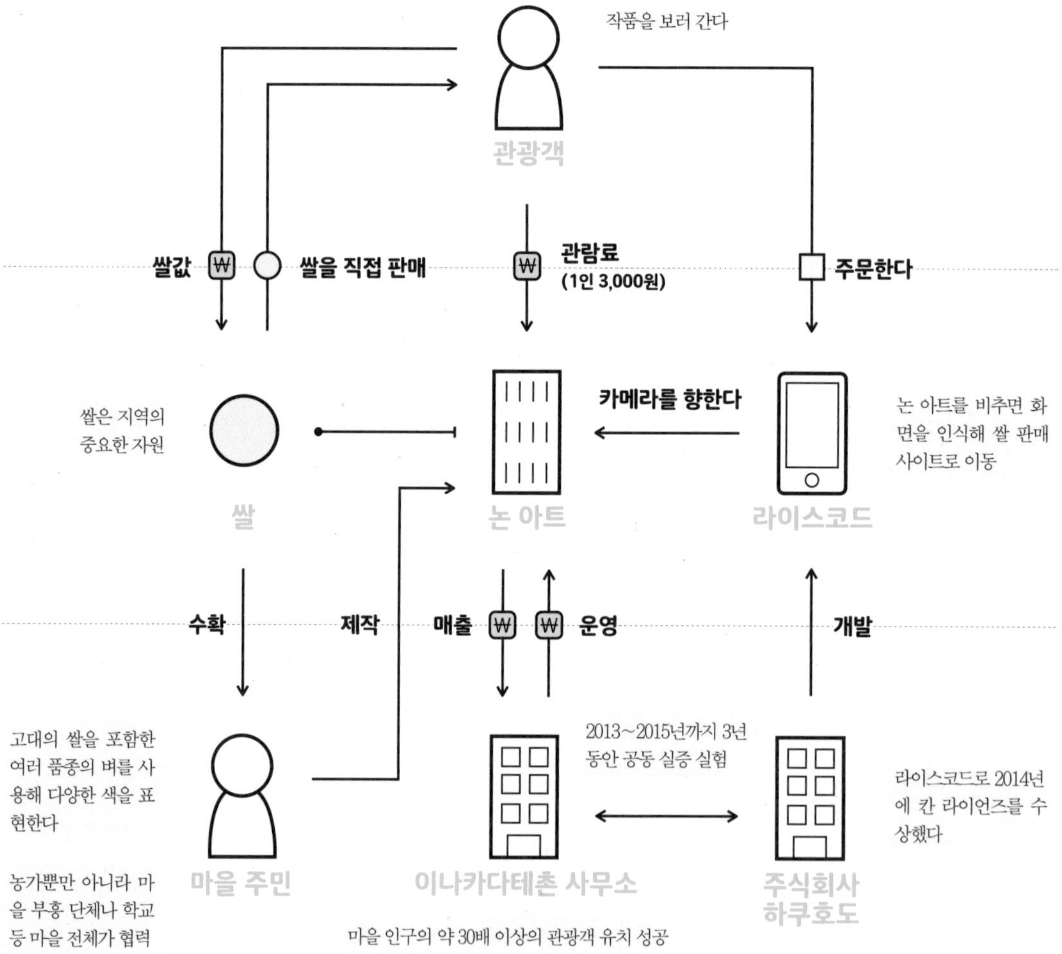

관광객
작품을 보러 간다
쌀값
쌀을 직접 판매
관람료
(1인 3,000원)
주문한다
쌀은 지역의
중요한 자원
쌀
카메라를 향한다
논 아트
논 아트를 비추면 화
면을 인식해 쌀 판매
사이트로 이동
라이스코드
수확
제작
매출
운영
개발
고대의 쌀을 포함한
여러 품종의 벼를 사
용해 다양한 색을 표
현한다
농가뿐만 아니라 마
을 부흥 단체나 학교
등 마을 전체가 협력
마을 주민
2013~2015년까지 3년
동안 공동 실증 실험
이나카다테촌 사무소
라이스코드로 2014년
에 칸 라이언즈를 수
상했다
주식회사
하쿠호도
마을 인구의 약 30배 이상의 관광객 유치 성공

벼 재배

- 기점 — 정설: **보는 것이 아니라 먹기 위한 것**
- 기점 — 역설: **그저 먹기 위한 것이 아니라 보기 위한 것**

인구 7,900명의 농촌에 30배 이상의 관광객이 몰려든 이유

높은 곳에서 논을 내려다보면 그림처럼 보이는 '논 아트'. 논을 캔버스 삼아 색이 다른 벼를 재배해서 거대한 그림이나 문자를 만들어내는 이 프로젝트는 현재 일본 각지에서 실시되고 있다. 논 아트를 스마트폰 앱으로 읽으면 해당 지역에서 생산된 쌀을 살 수 있는 서비스가 있다. 그리고 이 시스템의 중심을 담당하고 있는 것이 광고 대행사인 하쿠호도가 개발한 라이스코드rice-code라는 앱이다.

무대가 된 아오모리현 이나카다테촌은 쌀의 명산지다. 그러나 고령화와 인구 감소 같은 요인들로 쌀의 매출이 해마다 줄어들었고, 이를 극복하고자 벼를 활용한 논 아트 홍보에 힘을 써왔지만 쌀 판매로는 이어지지 않았다. 그래서 논 자체가 그대로 매장이 되는 새로운 시도를 시작했다. 자신도 모르게 사진을 찍고 싶어지는 멋진 풍경을 만들어놓고 스마트폰의 카메라를 논으로 향하면 쌀을 구입할 수 있는 사이트로 이동하는 시스템을 설계한 것이다.

논 아트와 라이스코드 덕분에 이나카다테촌은 마을 인구의 30배가 넘는 25만 명이나 되는 관광객을 유치하는 데 성공했다. 그뿐만 아니라 2014년에는 칸 라이언즈라는 국제 크리에이티비티 페스티벌에서 PR 부문과 아웃도어 부문 금상을 받았다.

2013~2015년까지 3년 동안의 실증 실험을 마친 뒤에도 논 아트는 매년 계속되고 있다. 관람객의 수도 2017년에 약 27만 명을 기록했으며, 관람료 수입은 약 7억 3,000만 원에 이르렀다. 지방 경제 활성화를 위한 시도로서 주목할 만하다.

사카나밧카

산지에서 직접 가져와 판매까지, 유통의 틀을 깨다

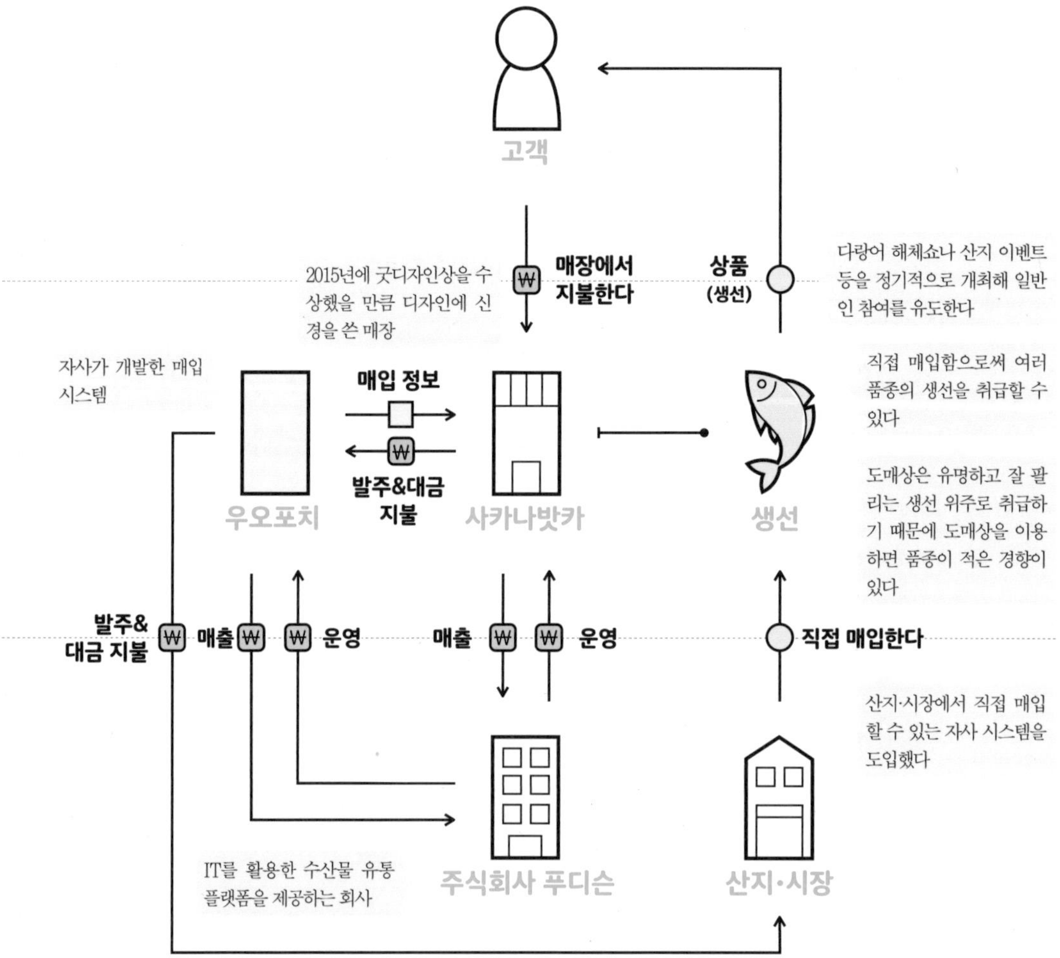
고객
2015년에 굿디자인상을 수상했을 만큼 디자인에 신경을 쓴 매장
매장에서 지불한다
상품 (생선)
다랑어 해체쇼나 산지 이벤트 등을 정기적으로 개최해 일반인 참여를 유도한다
자사가 개발한 매입 시스템
매입 정보
발주&대금 지불
우오포치
사카나밧카
생선
직접 매입함으로써 여러 품종의 생선을 취급할 수 있다
도매상은 유명하고 잘 팔리는 생선 위주로 취급하기 때문에 도매상을 이용하면 품종이 적은 경향이 있다
발주& 대금 지불
매출
운영
매출
운영
직접 매입한다
산지·시장에서 직접 매입할 수 있는 자사 시스템을 도입했다
IT를 활용한 수산물 유통 플랫폼을 제공하는 회사
주식회사 푸디슨
산지·시장

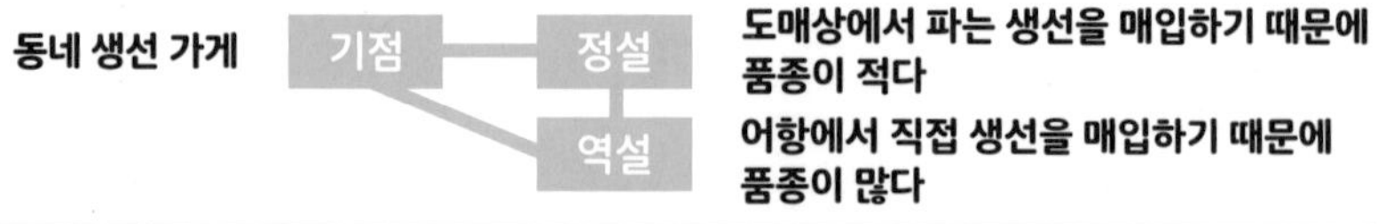
동네 생선 가게
기점
정설
도매상에서 파는 생선을 매입하기 때문에 품종이 적다
역설
어항에서 직접 생선을 매입하기 때문에 품종이 많다

'생선 가게' 이미지를 바꾸는 카페 같은 매장

사카나밧카sakana bacca를 처음 봤을 때, 나는 일반적인 생선 가게의 이미지와 너무 다른 모습에 놀랐다. 가게의 이름에 사카나(물고기)라는 말이 들어가 있지 않았다면 세련된 카페나 다른 가게로 착각했을지도 모른다. 2015년에 굿디자인상을 받을 만큼 매장 디자인에 신경을 쓴 것은 주요 고객층이 30대 여성이라는 점과도 관련이 있다.

상품에도 신경을 쓰고 있어서, 슈퍼마켓에서는 보기 힘든 종류의 생선도 취급한다. 이것이 소비자가 생선에 흥미를 느끼게 만든다.

농림수산성이 2016년에 발표한 통계에 따르면 일본의 어업 종사자는 매년 감소하고 있으며 10년 전에 비해 24.7퍼센트나 줄어들었다고 한다. 그런 가운데 사카나밧카에서는 산지에서 직접 생선을 매입하는 시스템을 도입했다.

일반적으로 도매상은 잘 팔리는 생선 위주로 취급하기 때문에 품종의 수가 적을 수밖에 없다. 그러나 산지에서 직접 생선을 매입하면 여러 품종의 생선을 취급할 수 있다. 또한 대중적이지 않은 어종을 가공해 유통함으로써 상품 가치를 만들어내 시장을 활성화시킨다는 목표도 있다.

자사에서 개발한 매입 시스템이자 IT를 활용한 수산물 유통 플랫폼인 우오포치uopochi를 다른 음식점도 사용할 수 있게 한 것도 시장 활성화를 위한 방책의 일환이다. 2018년 7월 기준, 1,500종 이상의 수산물을 누계 1만 개 이상의 등록 매장에 도매로 공급하고 있다. 일반 소비자를 대상으로 하는 사카나밧카와 사업자를 대상으로 하는 우오포치가 각각 수산업의 구조적인 과제를 해결하기 위한 중요한 역할을 담당하고 있는 것이다.

010

세이코마트

대형 편의점 체인을 압도하는 지역 편의점

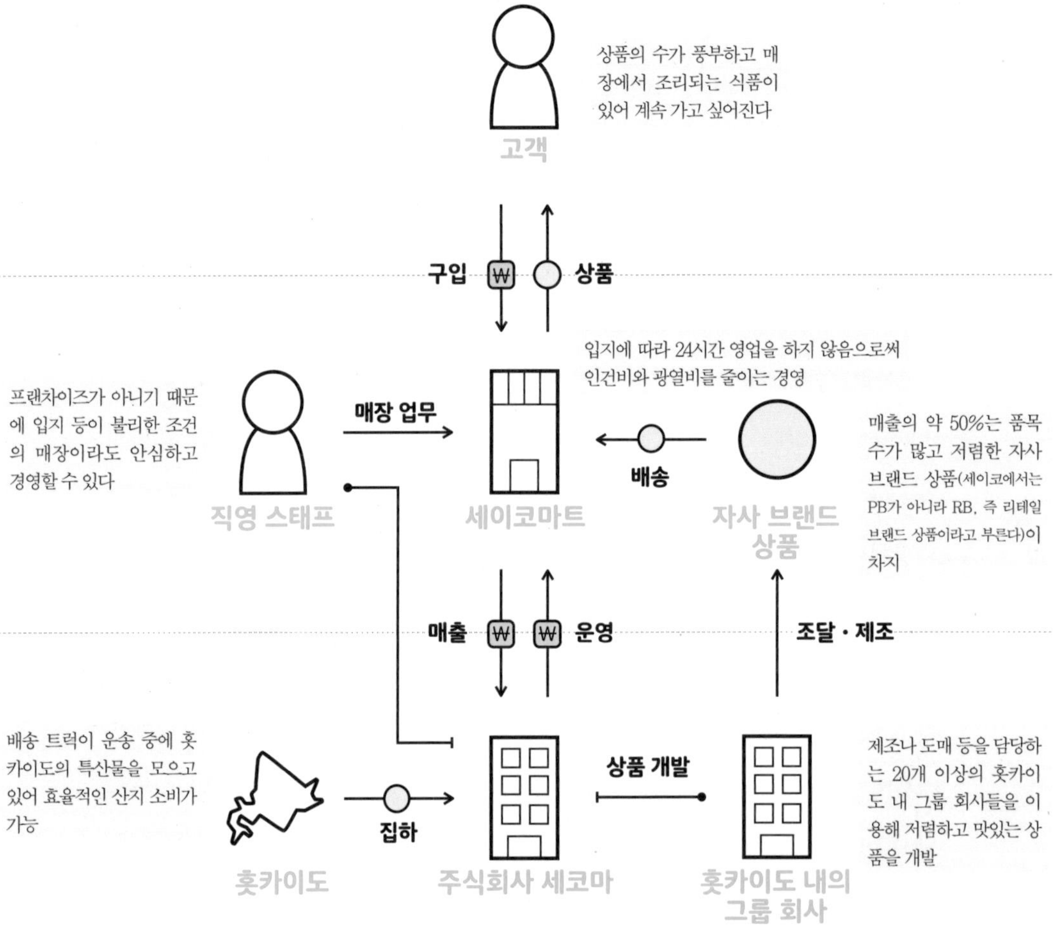
상품의 수가 풍부하고 매장에서 조리되는 식품이 있어 계속 가고 싶어진다
고객
구입
상품
입지에 따라 24시간 영업을 하지 않음으로써 인건비와 광열비를 줄이는 경영
프랜차이즈가 아니기 때문에 입지 등이 불리한 조건의 매장이라도 안심하고 경영할 수 있다
매장 업무
배송
매출의 약 50%는 품목 수가 많고 저렴한 자사 브랜드 상품(세이코에서는 PB가 아니라 RB, 즉 리테일 브랜드 상품이라고 부른다)이 차지
직영 스태프
세이코마트
자사 브랜드 상품
매출
운영
조달 · 제조
배송 트럭이 운송 중에 홋카이도의 특산물을 모으고 있어 효율적인 산지 소비가 가능
상품 개발
제조나 도매 등을 담당하는 20개 이상의 홋카이도 내 그룹 회사들을 이용해 저렴하고 맛있는 상품을 개발
집하
홋카이도
주식회사 세코마
홋카이도 내의 그룹 회사

편의점 기점 — 정설: **전국 규모의 프랜차이즈**

역설: **지역 중심의 직영 업체**

홋카이도의 인기 편의점으로는 세이코마트セイコーマート가 제일 먼저 언급된다. 전국적으로 운영되는 매장이 아니지만 세븐일레븐 등 대형 편의점 체인을 제치고 2016년과 2017년에 고객 만족도 1위를 차지했다.

세이코마트는 대형 편의점 체인과 비교했을 때 색다른 점이 많다. 상품의 가짓수가 풍부하고, 매장에서 조리한 도시락이 있으며, 홋카이도산 PB(자사 브랜드) 상품이 많고, 24시간 영업을 하지 않는 매장이 많다는 점 등인데, 이러한 시도는 이 회사의 자체 해결 시스템에서 이유를 찾을 수 있다.

각 매장이 이익을 내며 경쟁해야 하는 프랜차이즈와 달리 직영점이 약 80퍼센트인 세이코마트는 매장뿐만 아니라 제조부터 배송까지 모든 흐름을 자사가 담당함으로써 각 매장이 매출을 경쟁하지 않아도 부문 전체의 수익으로 메울 수 있는 구조다.

예를 들어 제조 부문은 홋카이도의 질 좋은 식재료를 저렴한 가격에 직접 조달하여 상품별 가격대를 고르게 맞출 수 있다. 자체 해결 시스템이 아니면 가격대에 편차가 생기며 인기가 없는 상품을 구비하기가 어려워져, 결과적으로 고객의 선택지가 줄어든다는 것이 이 회사의 생각이다.

지역에 뿌리를 내린 직영점도 강점이다. 매장 주변에 주민이 900명 정도밖에 없고 그중 40퍼센트가 65세 이상의 고령자인 지역에서는 13시간만 영업을 해서 인건비와 광열비를 줄이고 있으며, 다양한 상품을 제공함으로써 주민들의 재이용률을 높여 흑자 운영을 실현했다. 입지 조건이 나쁜 매장에 무리한 매출 요구를 하지 않는 경영 방침도 지속적인 매장 운영을 가능케 하는 비결이다.

홋카이도의 매력을 파악하고 지역에 뿌리를 내림으로써 대형 프랜차이즈 편의점은 실현할 수 없는 비즈니스 모델을 만들었다는 점이 흥미롭다. 같은 업종이라도 다양한 경영 전략이 있음을 깨닫게 해준다.

듀플

빈손으로 이동하는 출장과 여행

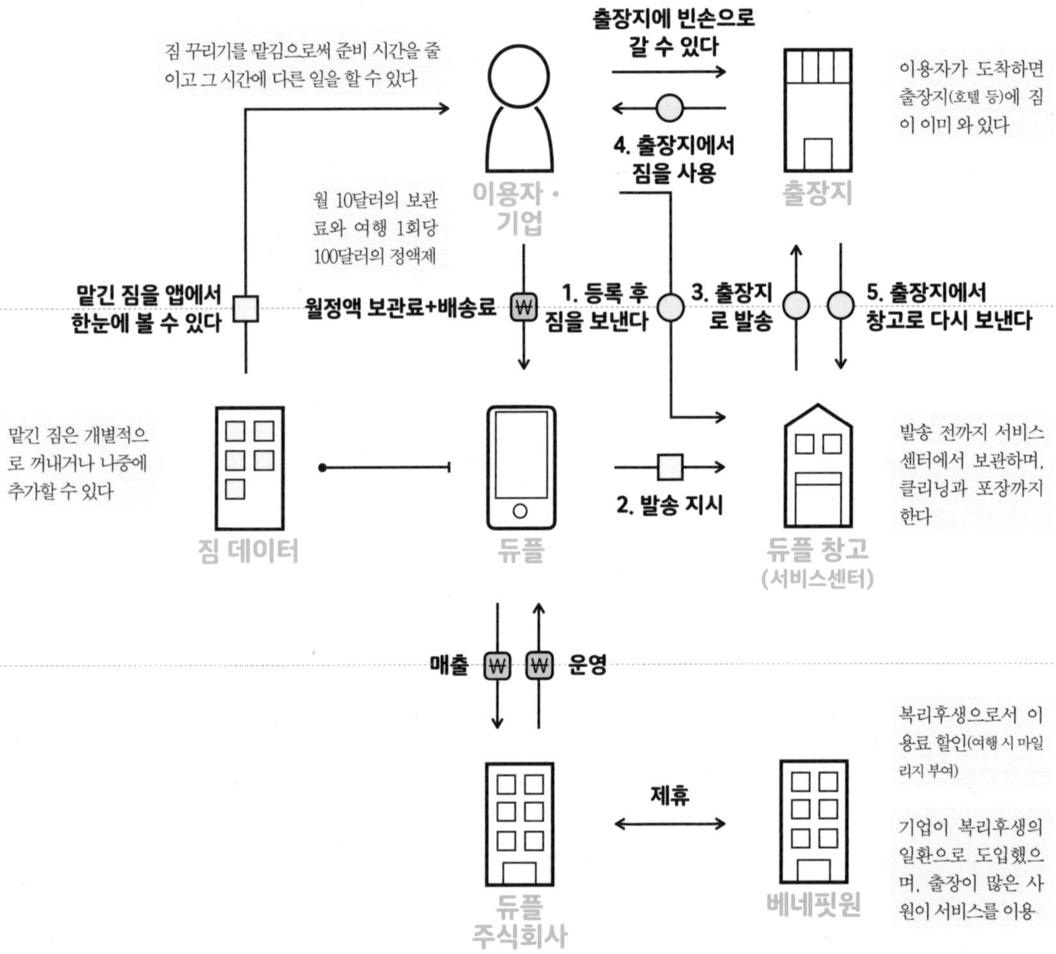

집 꾸리기를 맡김으로써 준비 시간을 줄이고 그 시간에 다른 일을 할 수 있다
출장지에 빈손으로 갈 수 있다
이용자가 도착하면 출장지(호텔 등)에 짐이 이미 와 있다
4. 출장지에서 짐을 사용
이용자 · 기업
출장지
월 10달러의 보관료와 여행 1회당 100달러의 정액제
맡긴 짐을 앱에서 한눈에 볼 수 있다
월정액 보관료+배송료
1. 등록 후 짐을 보낸다
3. 출장지로 발송
5. 출장지에서 창고로 다시 보낸다
맡긴 짐은 개별적으로 꺼내거나 나중에 추가할 수 있다
발송 전까지 서비스센터에서 보관하며, 클리닝과 포장까지 한다
2. 발송 지시
짐 데이터
듀플
듀플 창고 (서비스센터)
매출
운영
복리후생으로서 이용료 할인(여행 시 마일리지 부여)
제휴
기업이 복리후생의 일환으로 도입했으며, 출장이 많은 사원이 서비스를 이용
듀플 주식회사
베네핏원

출장이나 여행할 때 짐 처리

기점		
정설	짐을 꾸려서 직접 들고 가야 한다
역설	짐을 꾸릴 필요 없이 빈손으로 이동한다

짐 꾸리기를 대신 해주는 새로운 복리후생 서비스

출장이나 여행을 갈 때 커다란 짐을 준비하거나 들고 가지 않아도 된다. 짐은 숙박할 호텔로 보내주므로 빈손으로 가거나 서류 가방만 들고 가면 된다. 이런 서비스가 듀플DUFL이다.

듀플은 미쓰비시상사三菱商事 출신의 츠카모토 신지塚本信二 등 창업자 네 명이 오랫동안 해결되지 못했던 여행 스트레스인 짐 문제를 해소하고 싶다는 생각에서 만든 서비스다. 2015년에 미국에서 처음 시작했는데, 현재는 기업 임원이 주요 고객이며 99퍼센트라는 높은 서비스 지속률을 자랑한다.

듀플의 시스템은 다음과 같다. 서비스에 등록하면 슈트케이스가 오는데, 고객은 출장지에서 사용할 짐을 슈트케이스에 담아 보낸다. 듀플은 그 짐을 드라이클리닝 등 세탁된 상태로 창고에 보관한다. 고객은 앱을 통해 짐을 관리할 수 있으며, 여행이나 출장을 갈 때 출장지에서 사용할 짐을 선택하면 그 짐이 슈트케이스에 담겨 숙박 예정 호텔로 배송된다. 짐은 호텔로 도착하므로 공항에서 바로 업무를 보러 가거나 빈손으로 이동할 수 있다.

또한 각 나라의 수요에 맞춰 서비스에 변화를 주는데, 예를 들어 일본에서는 골프 여행에 초점을 맞춘 서비스를 제공하고 있다. 골프 클럽이나 골프 슈즈를 창고에 보관하면서 배송뿐만 아니라 청소와 유지 관리까지 해준다. 골프 용품을 집에 보관하면 장소도 많이 차지하고 청소나 유지 관리도 번거로운데 그런 스트레스까지 전부 해결해주는 것이다. 미국의 대형 호텔이나 컨설팅 회사, 금융기관 등이 복리후생의 일환으로 듀플 서비스를 도입하고 있다고 한다. 일본에서는 복리후생 서비스를 제공하는 기업인 베네핏원Benefit One과 제휴를 맺고 있다.

앞으로는 온라인 쇼핑 사이트에서 구입한 상품을 앱의 옷장에 추가하거나 필요한 의류 등을 판매하는 업체에서 빌릴 수 있도록 하는 서비스 등을 새로 도입할 예정이라고 한다.

머드 진

패션도 구입하지 않고 빌려 입는 시대가 온다

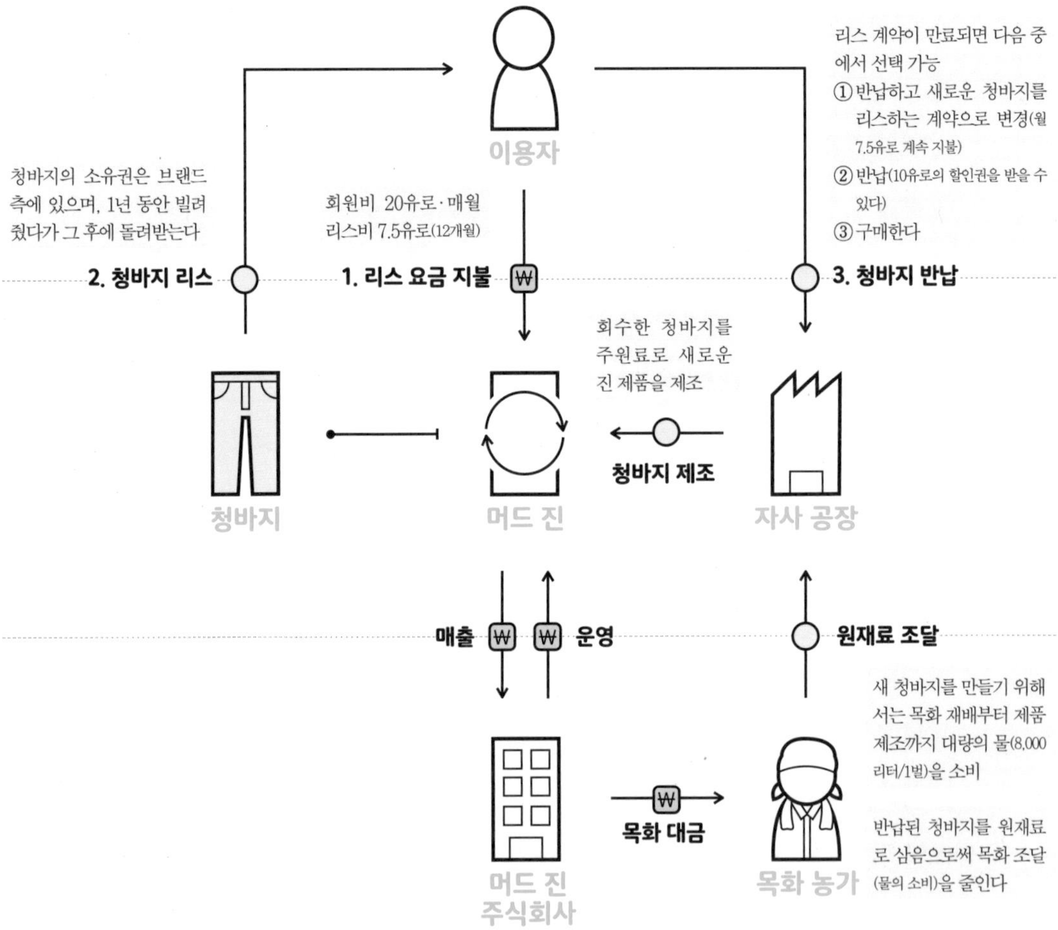
리스 계약이 만료되면 다음 중 에서 선택 가능
①반납하고 새로운 청바지를 리스하는 계약으로 변경(월 7.5유로 계속 지불)
②반납(10유로의 할인권을 받을 수 있다)
③구매한다
이용자
청바지의 소유권은 브랜드 측에 있으며, 1년 동안 빌려줬다가 그 후에 돌려받는다
회원비 20유로·매월 리스비 7.5유로(12개월)
2. 청바지 리스
1. 리스 요금 지불
3. 청바지 반납
회수한 청바지를 주원료로 새로운 진 제품을 제조
청바지 제조
청바지
머드 진
자사 공장
매출
운영
원재료 조달
새 청바지를 만들기 위해서는 목화 재배부터 제품 제조까지 대량의 물(8,000리터/1벌)을 소비
반납된 청바지를 원재료로 삼음으로써 목화 조달(물의 소비)을 줄인다
목화 대금
머드 진 주식회사
목화 농가

청바지	기점	정설	사서 소유하는 것이다
		역설	빌려서 입는 것이다

'구입'이 아닌 '리스'를 통해서 만드는 새로운 소비 문화

머드 진MUD Jeans은 네덜란드에서 탄생한 청바지(진) 브랜드다. 고객에게 구입보다 리스를 추천함으로써 '소유'에서 '이용'으로 소비의 개념을 바꾸고 있다.

네덜란드는 청바지 소유량이 1인당 다섯 벌로 세계 평균인 1인당 한 벌을 크게 웃도는 청바지 대국이다. 그만큼 질려서 입지 않고 두는 청바지도 많다. 머드 진에 따르면 목화를 재배해서 청바지 한 벌을 만드는 데 약 8,000리터나 되는 물이 사용된다고 한다.

입지 않을 청바지를 위해 대량의 물을 목화 재배에 사용하는 것은 문제라는 생각에서 머드 진은 반납된 청바지를 주원료로 새로운 청바지를 만드는 선택을 했다. 이를 통해 불필요한 원재료 조달을 피하고 환경도 보호하는 순환 시스템을 설계했다. 이용자와 청바지의 관계를 '사서 소유한다'가 아니라 '빌려서 이용한다(반납한다)'로 변화시킨 것이다. 그 결과 머드 진은 물 사용량을 약 78퍼센트나 절감했다.

이용자는 회원비 20유로와 함께 매달 7.5유로의 리스비를 지급하는 형태로 머드 진에서 청바지를 1년 동안 리스한다. 원단 소유자는 회사이기 때문에 리스 기간 중의 수선비는 무료다. 1년 동안의 리스 기간이 종료되면 이용자는 다음 세 가지 선택지 중 하나를 선택할 수 있다. ① 반납하고 새로운 청바지를 빌린다(매달 7.5유로를 계속 지불), ② 반납하고 다음에 계약할 때 이용할 수 있는 10유로 할인권을 받는다, ③ 구매한다. 반납된 청바지는 재처리해 새로운 청바지로 다시 태어나 새로운 이용자에게 대여된다.

이 같은 시도가 높은 평가를 받아, 환경·사회를 생각하는 사업 활동에 부여되는 민간 인증인 B-코퍼레이션B-Corporation 인증도 취득했다. 이 비즈니스 모델이 대량 소비형 문화를 지속 가능한 순환형으로 바꿀 수 있을지 귀추가 주목된다.

리페이지

매장도 주방도 없는 온라인 푸드 서비스

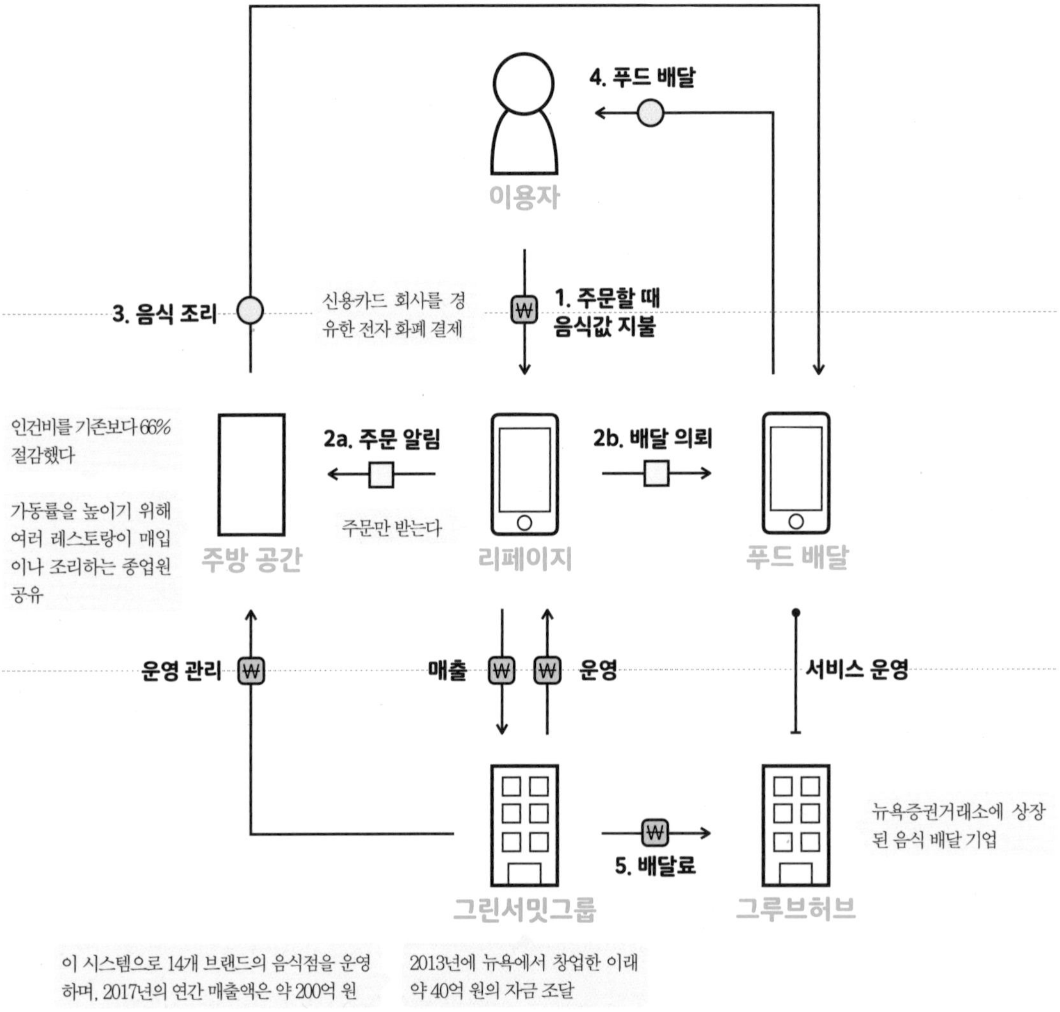
4. 푸드 배달
이용자
3. 음식 조리
신용카드 회사를 경유한 전자 화폐 결제
1. 주문할 때 음식값 지불
인건비를 기존보다 66% 절감했다
가동률을 높이기 위해 여러 레스토랑이 매입이나 조리하는 종업원 공유
2a. 주문 알림
주문만 받는다
2b. 배달 의뢰
주방 공간
리페이지
푸드 배달
운영 관리
매출
운영
서비스 운영
뉴욕증권거래소에 상장된 음식 배달 기업
5. 배달료
그린서밋그룹
그루브허브
이 시스템으로 14개 브랜드의 음식점을 운영하며, 2017년의 연간 매출액은 약 200억 원
2013년에 뉴욕에서 창업한 이래 약 40억 원의 자금 조달

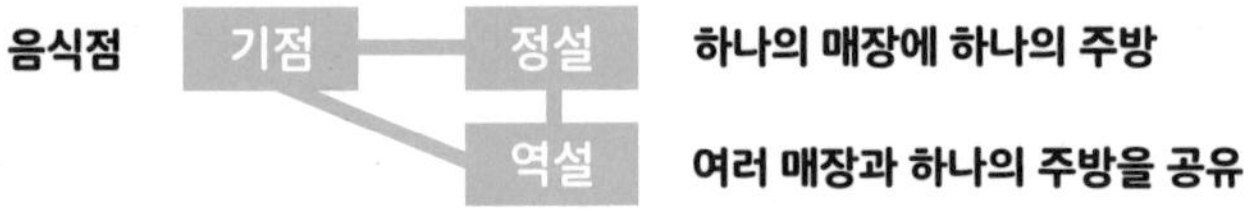
음식점
기점
정설
역설
하나의 매장에 하나의 주방
여러 매장과 하나의 주방을 공유

임대료와 인건비 문제에서 자유로워진다

음식점이라고 하면 보통 손님이 가게를 찾아와서 식사하는 곳을 떠올린다. 그런데 리페이지LEAFAGE와 같은 가상 레스토랑, 고스트 레스토랑이라고 불리는 푸드 서비스는 손님이 찾아갈 가게가 없다. 즉 오프라인 매장이 없다.

리페이지는 2013년에 뉴욕에서 시작된 서비스다. 이용자가 홈페이지나 앱을 통해 주문하면 주문한 요리를 지정된 장소로 보내준다. 일반적인 음식 배달 서비스와 비슷해 보이지만, 그 뒤에 숨어 있는 시스템은 남다르다.

먼저 온라인 주문을 받으면 공업 단지나 지하에 있는 영업용 임대 주방에 주문대로 조리하도록 알림을 보낸다. 동시에 제휴를 맺은 음식 배달 기업 그루브허브Grubhub에 배달을 요청한다. 이렇게 해서 임대 주방에서 조리된 요리를 배달을 통해 고객에게 전달한다.

운영 회사는 임대 주방 사용료와 배달 위탁료를 지불한다. 임대 주방은 여러 음식점이 공유하며, 개중에는 10개 매장이 공유하는 곳도 있다고 한다. 요컨대 온라인에서는 별개의 음식점으로 소개되지만 조리되는 장소도, 조리하는 스태프도 동일한 경우가 있다는 말이다.

지금까지 외식업계에서는 임대료나 인건비 등 고정비 때문에 경영 상황이 악화되는 경우가 많았다. 그러나 이렇게 매장이나 주방을 보유하지 않고 주문이 들어왔을 때만 외부의 주방과 음식 배달 서비스를 이용함으로써 경비를 최소한으로 절감할 수 있게 되었다.

미국 음식 배달 서비스의 시장 규모는 2020년에는 250조 원 이상이 될 것으로 전망된다. 실제로 미국 점유율 1위인 그루브허브는 2018년 1사분기 결산에서 2,550억 원의 매출을 기록해 전년 동기 대비 49퍼센트 증가라는 급성장을 보였다.

라이잡

처음부터 끝까지 모든 걸 책임지는 피트니스 센터

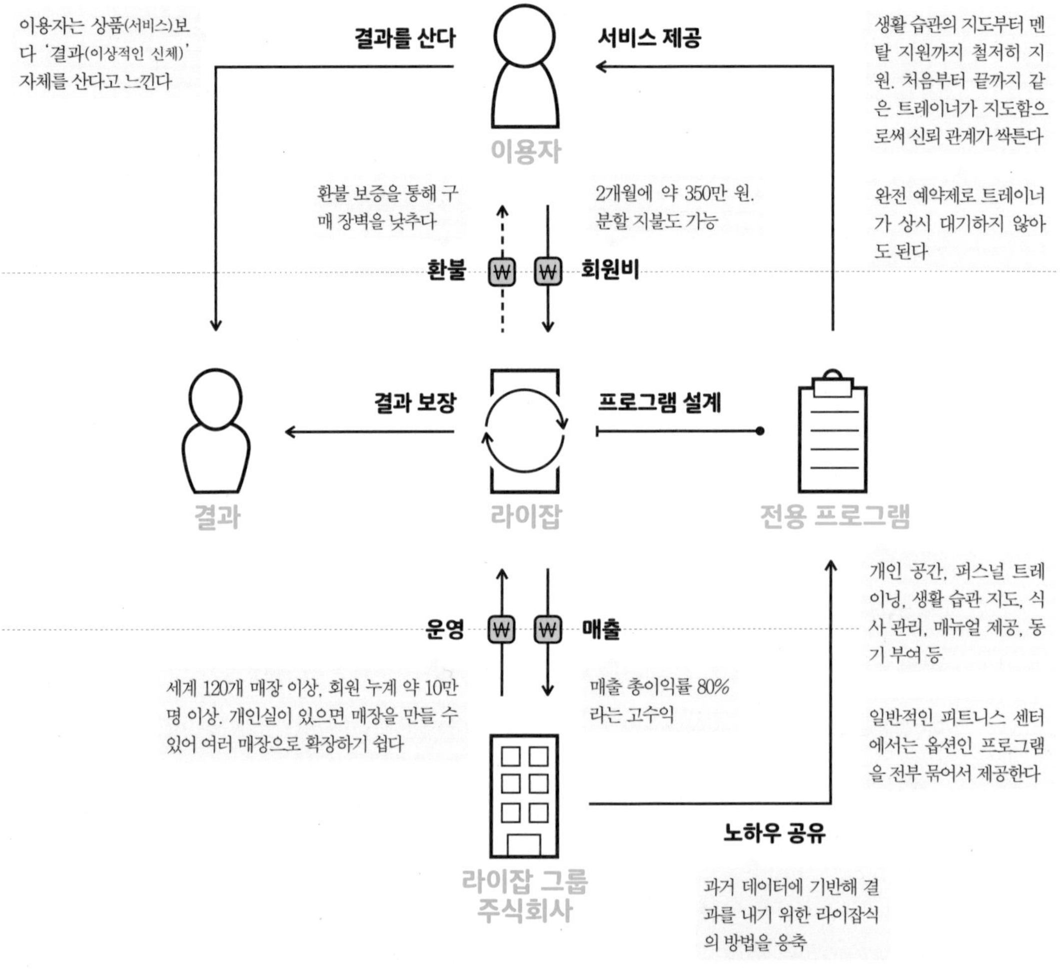
이용자는 상품(서비스)보다 '결과(이상적인 신체)' 자체를 산다고 느낀다
결과를 산다
이용자
서비스 제공
생활 습관의 지도부터 멘탈 지원까지 철저히 지원. 처음부터 끝까지 같은 트레이너가 지도함으로써 신뢰 관계가 싹튼다
완전 예약제로 트레이너가 상시 대기하지 않아도 된다
환불 보증을 통해 구매 장벽을 낮춘다
2개월에 약 350만 원. 분할 지불도 가능
환불
회원비
결과 보장
프로그램 설계
결과
라이잡
전용 프로그램
개인 공간, 퍼스널 트레이닝, 생활 습관 지도, 식사 관리, 매뉴얼 제공, 동기 부여 등
일반적인 피트니스 센터에서는 옵션인 프로그램을 전부 묶어서 제공한다
운영
매출
세계 120개 매장 이상, 회원 누계 약 10만 명 이상. 개인실이 있으면 매장을 만들 수 있어 여러 매장으로 확장하기 쉽다
매출 총이익률 80%라는 고수익
노하우 공유
라이잡 그룹 주식회사
과거 데이터에 기반해 결과를 내기 위한 라이잡식의 방법을 응축

피트니스 센터 | 기점 | 정설 | 자기가 관리하며 이상적인 몸을 만드는 장소
| | | 역설 | 자기가 관리를 하지 않아도 이상적인 몸을 만들 수 있는 장소

피트니스 업계의 상식을 뒤엎은 '환불 보증'

일반적으로 피트니스 센터는 이용료를 내고 관리를 받으며 이상적인 몸을 만들고자 하는 곳이다. 그러나 라이잡RIZAP은 "결과를 보장한다"라는 홍보 문구를 내걸고 독자적인 트레이닝 방법을 제공하고 있다. 이용자는 2개월에 약 350만 원이라는 상당히 높은 금액을 낸다(분할 지불도 가능). 라이잡은 운동 지도는 물론이고 생활 습관 지도부터 동기 부여 면에서도 이용자에게 밀착해 철저하게 지원한다. 또한 처음부터 끝까지 같은 트레이너가 지도하기 때문에 이용자와 신뢰 관계를 형성하며, 이것은 이용자의 의욕을 북돋는 결과로 이어진다.

요금은 기본적으로 횟수에 따라 적용되며 서비스의 내용은 같다. 퍼스널 트레이닝, 생활 습관 지도, 식사 관리, 매뉴얼 제공, 동기 부여 등 일반적인 피트니스 센터에서는 옵션인 서비스를 묶어서 제공한다. 완전 예약제이고 별도의 개인 공간에서 서비스를 제공하기 때문에 이용자는 자신의 시간에 맞춰서 스트레스 없이 운동에만 집중할 수 있다.

이러한 시스템은 높은 수익성과 규모의 성장으로도 이어지고 있다. 도쿄 도내의 아파트나 빌딩에 방을 가지고 있으면 별도의 개인 공간을 만들기가 쉽다. 현재 매장의 수는 전 세계에 120개 이상이며 회원 수는 누계 10만 명을 돌파했다. 또한 일반적인 피트니스센터는 영업 시간 중에는 트레이너가 계속 머물러 있어야 하지만, 라이잡은 완전 예약 시스템 덕분에 그러지 않아도 된다.

이용자의 가입을 유도하는 결정적 서비스는 '환불 보증'이다. 다른 피트니스 센터는 트레이닝이 시작되면 환불이 불가능하기 때문에 이용자가 가입을 꺼리는 경향이 있다. 그러나 라이잡은 이용자가 목표로 삼았던 결과를 2개월 내에 달성하지 못했을 경우 전액을 환불해준다. 요컨대 이용자는 피트니스 센터의 서비스가 아니라 이상적인 몸이라는 결과를 사는 것이다. 이렇게 생각하면 2개월에 약 350만 원이라는 금액이 저렴하게 느껴진다.

시티즌M

새로운 가치관을 지닌 여행자에 맞는 공유형 호텔

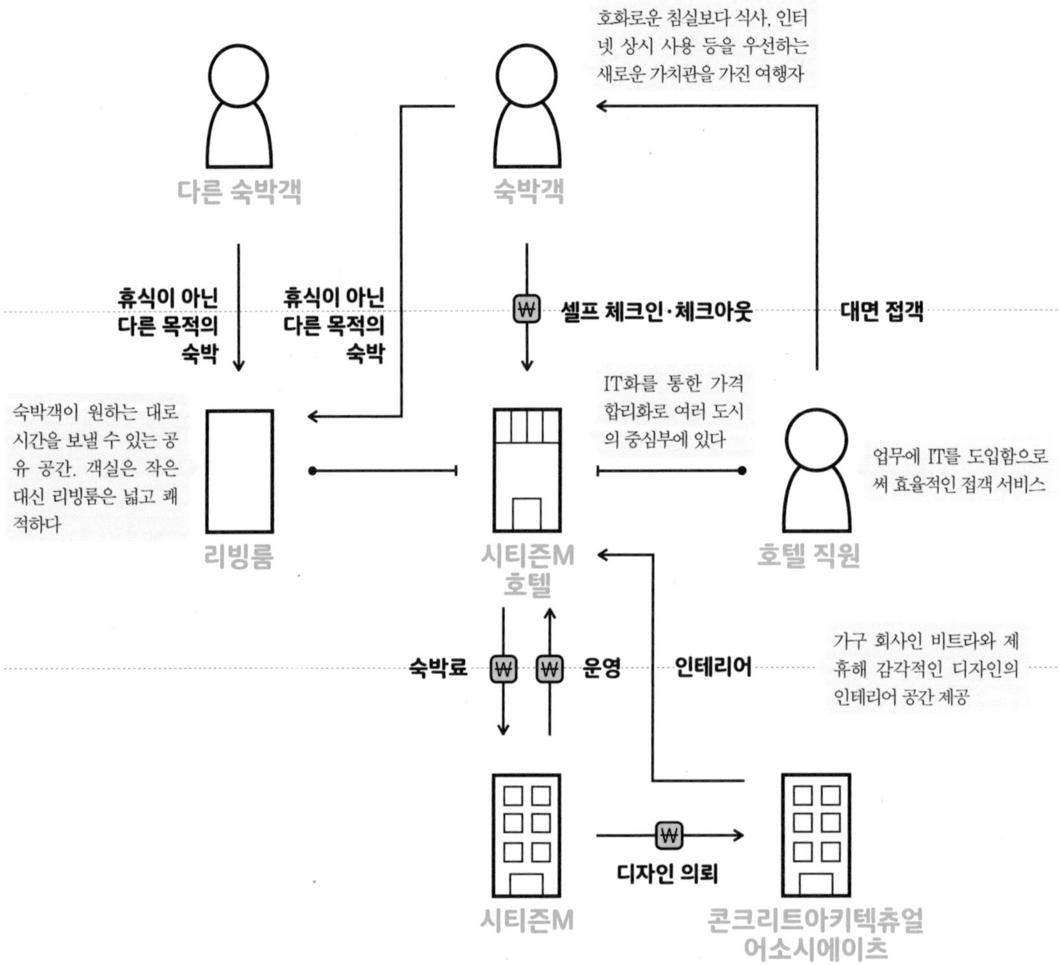
호화로운 침실보다 식사, 인터넷 상시 사용 등을 우선하는 새로운 가치관을 가진 여행자
다른 숙박객
숙박객
휴식이 아닌 다른 목적의 숙박
휴식이 아닌 다른 목적의 숙박
셀프 체크인·체크아웃
대면 접객
IT화를 통한 가격 합리화로 여러 도시의 중심부에 있다
숙박객이 원하는 대로 시간을 보낼 수 있는 공유 공간. 객실은 작은 대신 리빙룸은 넓고 쾌적하다
업무에 IT를 도입함으로써 효율적인 접객 서비스
리빙룸
시티즌M 호텔
호텔 직원
가구 회사인 비트라와 제휴해 감각적인 디자인의 인테리어 공간 제공
숙박료
운영
인테리어
디자인 의뢰
시티즌M
콘크리트아키텍츄얼 어소시에이츠

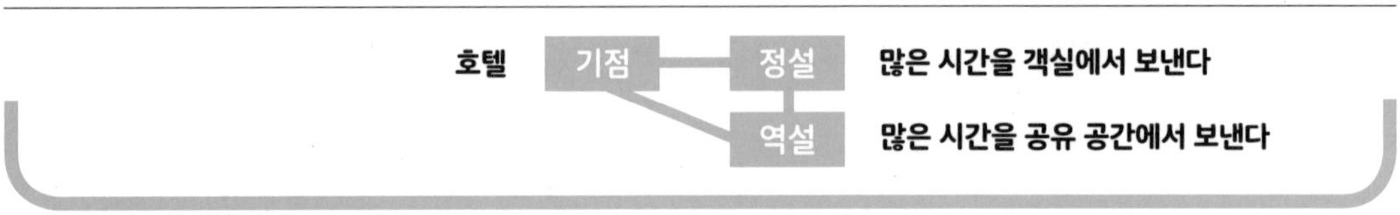
호텔
기점
정설
많은 시간을 객실에서 보낸다
역설
많은 시간을 공유 공간에서 보낸다

객실에서 나와 호텔 안에서 시간을 보낸다

시티즌M citizenM은 새로운 스타일의 호텔이다. 창업자 중 한 명인 라탄 차드하 Rattan Chadha는 이 사업을 시작하기 전에 세계를 돌아다니며 비즈니스를 하는 사람들을 만나는 과정에서 새로운 여행자 유형을 만났다. 라탄 차드하는 앞으로의 여행자는 '호화로운 인테리어와 침실보다 언제라도 네트워크를 이용할 수 있는 환경에서 카푸치노를 마시는' 새로운 유형의 사치를 추구하리라고 보았다. 그래서 공적·사적으로 전 세계의 도시를 빈번하게 이동하는 이런 유형의 사람들을 '모바일 시티즌 mobile citizen'이라고 규정하고 다음 사항을 호텔의 콘셉트에 적용했다.

① 오랜 시간을 보낼 수 있는 리빙룸과 키친

② 셀프 체크인과 카드키를 이용한 객실·식사 인증

③ 쾌적하고 넓은 침대

④ 태블릿을 이용한 실내 조작 버튼의 단순화

⑤ 형식적인 안내가 아닌, 상황에 맞춰 유연하게 대응하는 직원

특히 독특한 것은 리빙룸이다. 입구에 들어서면 체크인을 위한 카운터가 없는 대신 넓은 리빙룸에 다양한 유형의 테이블과 의자, 카페가 있어서 편안한 시간을 보낼 수 있다. 숙박객은 잠을 자고 몸단장을 할 때를 제외하고는 대부분의 시간을 이곳에서 보낸다.

유럽과 미국을 중심으로 확장하고 있는 시티즌M은 2018년 기준, 13곳에 매장이 있으며, 최근에는 대만에도 진출했다. IT를 이용해 체크인을 간소화하고 리빙룸의 충실화를 꾀하는 한편, 침실과 서비스를 효율화함으로써 부담 없는 가격대를 실현해 이용자의 큰 호응을 얻고 있다.

에버레인

모든 원가를 공개하는 패션 브랜드

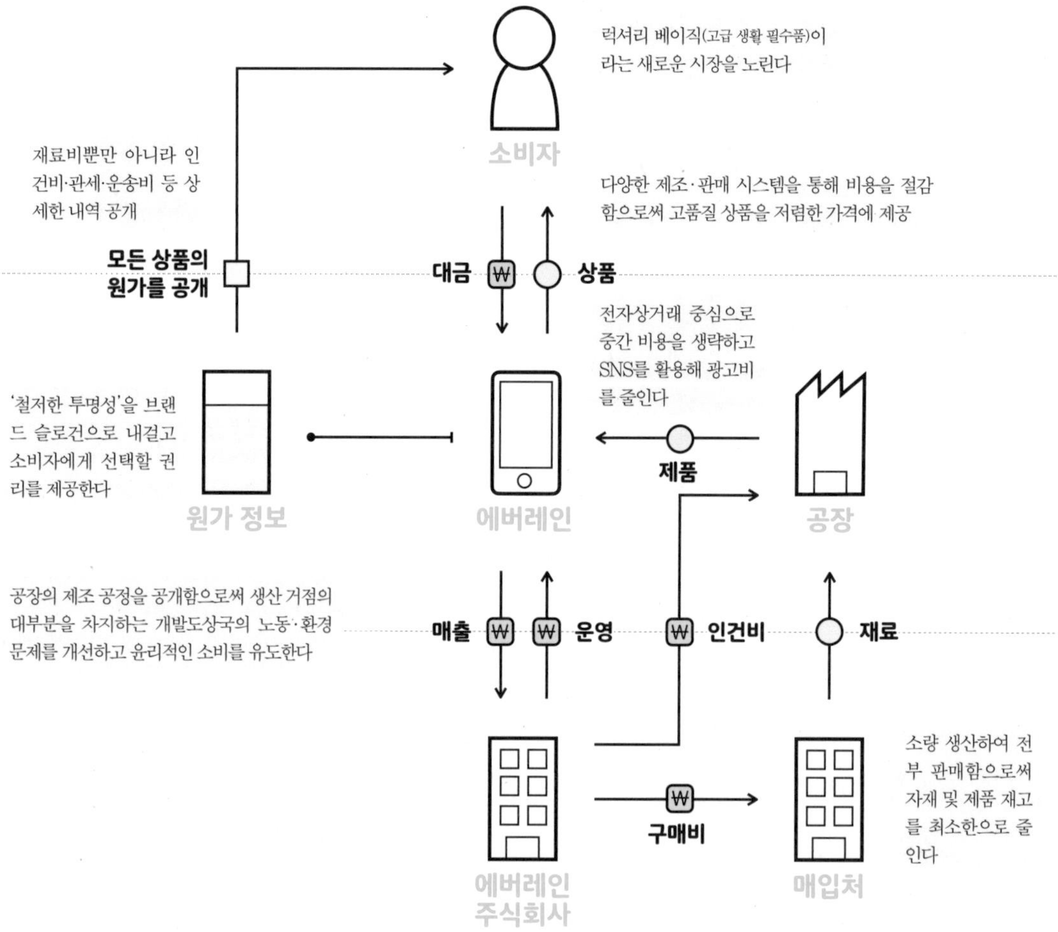

럭셔리 베이직(고급 생활 필수품)이 라는 새로운 시장을 노린다
소비자
재료비뿐만 아니라 인건비·관세·운송비 등 상세한 내역 공개
다양한 제조·판매 시스템을 통해 비용을 절감함으로써 고품질 상품을 저렴한 가격에 제공
모든 상품의 원가를 공개
대금
상품
전자상거래 중심으로 중간 비용을 생략하고 SNS를 활용해 광고비를 줄인다
'철저한 투명성'을 브랜드 슬로건으로 내걸고 소비자에게 선택할 권리를 제공한다
제품
원가 정보
에버레인
공장
공장의 제조 공정을 공개함으로써 생산 거점의 대부분을 차지하는 개발도상국의 노동·환경 문제를 개선하고 윤리적인 소비를 유도한다
매출
운영
인건비
재료
소량 생산하여 전부 판매함으로써 자재 및 제품 재고를 최소한으로 줄인다
구매비
에버레인 주식회사
매입처

패션 브랜드 비즈니스

기점		
	정설	원가나 제조 과정은 비공개
	역설	원가나 제조 과정을 공개

업계의 금기를 깸으로써 소비자에게 공감을 얻다

2010년 미국 샌프란시스코에서 창업한 에버레인EVERLANE은 제조·판매하는 모든 상품의 원가를 공개하는 독특한 패션 브랜드다. 천, 금속 장식, 지퍼 같은 재료의 원가는 물론이고 공장의 인건비, 관세, 운송비 내역도 철저하게 공개한다. 게다가 원가와 함께 기존의 소매점에서 판매하는 가격도 공개하는데, 놀랍게도 에버레인은 대부분의 상품을 그 가격의 절반 정도에 판매하고 있다.

이러한 가격이 가능한 이유는 이 회사의 비즈니스 모델 덕분이다. 중심가에 대형 매장을 내 대량 생산·대량 판매로 '규모의 경제'를 추구해온 기존 브랜드와 달리, 에버레인은 판매 채널을 전자상거래로 특화함으로써 중간 비용을 절감했다. 또한 제품 라인업을 생활필수의류로 좁히고 소량 생산해 전부 파는 방식으로 생산 관리를 함으로써 자재·제품 재고를 최소한으로 줄였다.

에버레인이 공개하는 것은 가격만이 아니다. 의류 업계의 대량 생산을 도급받는 개발도상국의 열악한 노동 환경이 문제시되는 가운데, 생산을 위탁한 공장에서 무엇을 어떻게 생산하고 있는지 그 생산 과정을 공개한다. 더 나아가 현지 직원의 사진, 거래를 시작하기까지의 일화 등도 자세하게 전하고 있다. 이러한 방침은 생산 거점의 대부분을 차지하는 개발도상국의 노동·환경 문제 대책에 대한 공감을 얻고 있으며, 그 결과 거의 광고비를 들이지 않고도 입소문과 소개를 통해 고객을 모으고 있다.

생산 과정, 원가, 경쟁 상품의 가격을 공표하고 기존 소매점의 가격 절반에 제품을 제공하는 시스템. 기존 브랜드의 시각에서는 금기와 다름없는 방침이지만, 에버레인이 내건 슬로건은 '철저한 투명성'이다. 그것이 이 회사의 가장 큰 강점이다.

네이버

사용하지 않는 집 안의 공간으로 수익을 낸다

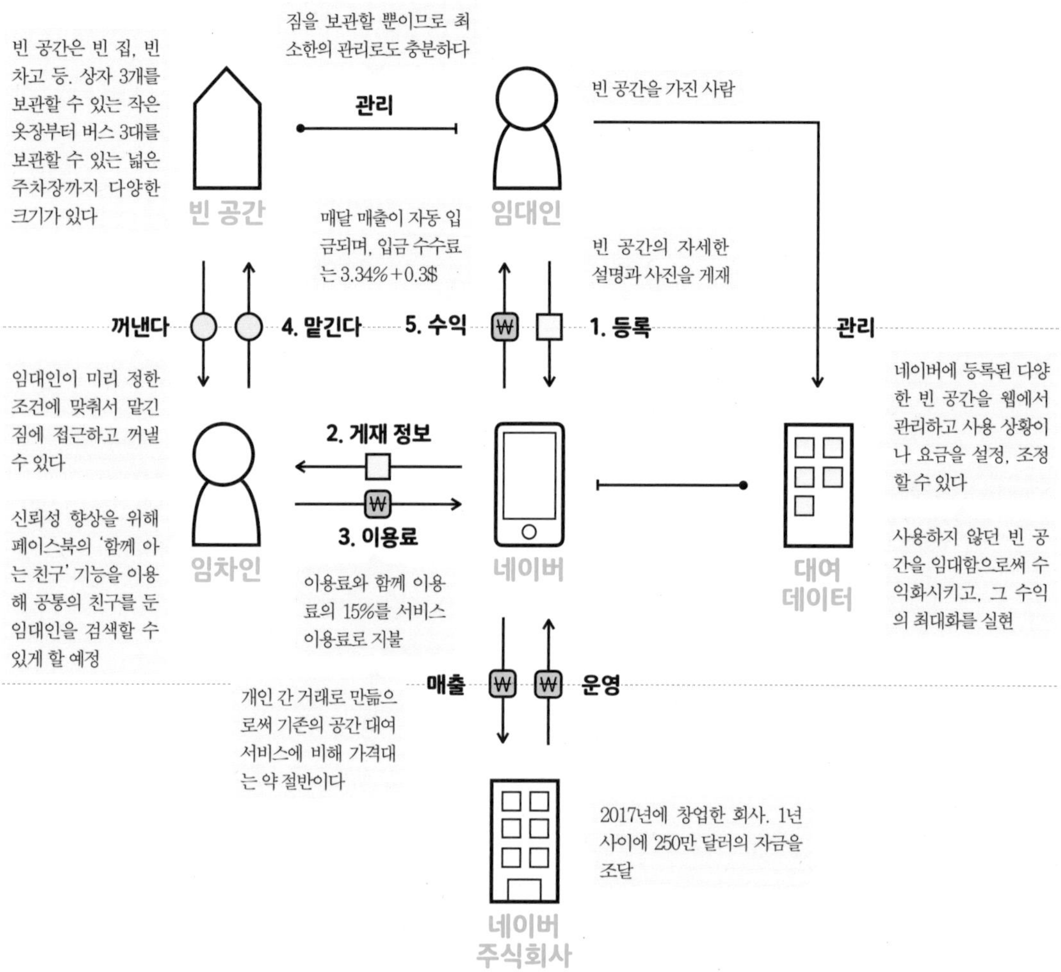
빈 공간은 빈 집, 빈 차고 등. 상자 3개를 보관할 수 있는 작은 옷장부터 버스 3대를 보관할 수 있는 넓은 주차장까지 다양한 크기가 있다
짐을 보관할 뿐이므로 최소한의 관리로도 충분하다
관리
빈 공간을 가진 사람
빈 공간
임대인
매달 매출이 자동 입금되며, 입금 수수료는 3.34%+0.3$
빈 공간의 자세한 설명과 사진을 게재
꺼낸다
4. 맡긴다
5. 수익
₩
1. 등록
관리
임대인이 미리 정한 조건에 맞춰서 맡긴 짐에 접근하고 꺼낼 수 있다
2. 게재 정보
네이버에 등록된 다양한 빈 공간을 웹에서 관리하고 사용 상황이나 요금을 설정, 조정할 수 있다
신뢰성 향상을 위해 페이스북의 '함께 아는 친구' 기능을 이용해 공통의 친구를 둔 임대인을 검색할 수 있게 할 예정
3. 이용료
임차인
네이버
대여 데이터
사용하지 않던 빈 공간을 임대함으로써 수익화시키고, 그 수익의 최대화를 실현
이용료와 함께 이용료의 15%를 서비스 이용료로 지불
매출
운영
개인 간 거래로 만듦으로써 기존의 공간 대여 서비스에 비해 가격대는 약 절반이다
2017년에 창업한 회사. 1년 사이에 250만 달러의 자금을 조달
네이버 주식회사

집에 있는 빈 공간 — 기점

- 정설: 있어도 쓰지 않는 곳
- 역설: 유료로 빌려줄 수 있는 곳

빈 공간을 빌려주는 에어비앤비의 창고 버전

차를 주차하기 위해 사용하던 차고, 독립한 자녀가 사용했던 방 등, 집 안에는 사용하지 않는 빈 공간이 의외로 많다. 그런 빈 공간을 수익화하는 서비스가 네이버Neighbor다. 네이버는 2017년에 미국 솔트레이크시티에서 창업해 불과 1년 만에 250만 달러나 되는 자금을 조달하는 데 성공한 미국의 스타트업이다.

빈 공간을 소유한 사람과 짐을 보관할 장소를 찾는 사람을 연결하는 플랫폼인 네이버는 '에어비앤비의 창고 버전'으로 불린다.

임대인은 이 회사의 웹사이트에 빈 공간에 대한 상세한 설명과 사진을 올린다. 그러면 임차인은 장소나 넓이를 기준으로 자신에게 맞는 빈 공간을 찾을 수 있다. 빈 공간을 숙박 이용자에게 빌려주는 에어비앤비는 이용자가 묵을 수 있도록 준비하고 청소도 해야 하지만, 네이버는 짐을 보관하기만 하면 되므로 최소한의 관리만 해도 문제가 없다. 일단 짐이 도착하면 보관만 해줘도 매달 수익을 얻을 수 있다.

임차인은 임대인이 제시한 이용료와 서비스 이용료(이용료의 15퍼센트)를 매달 지불한다. 개인 간 거래이므로 가격대는 기존의 공간 대여 서비스의 절반 수준이다. 짐을 꺼내고 싶을 때는 임대인이 미리 정한 조건(365일 24시간 가능, 평일 낮에만 가능, 24시간 전까지 예약 등)에 맞춰서 짐을 꺼낼 수 있다.

네이버는 페이스북의 '함께 아는 친구' 기능을 이용해 공통의 친구가 있는 임대인을 검색할 수 있는 기능도 추가할 예정이며, 이용자 사이의 신뢰성을 높이기 위한 노력도 적극적으로 하고 있다.

카고

카풀 서비스를 통해 확대되는 차 안의 편의점

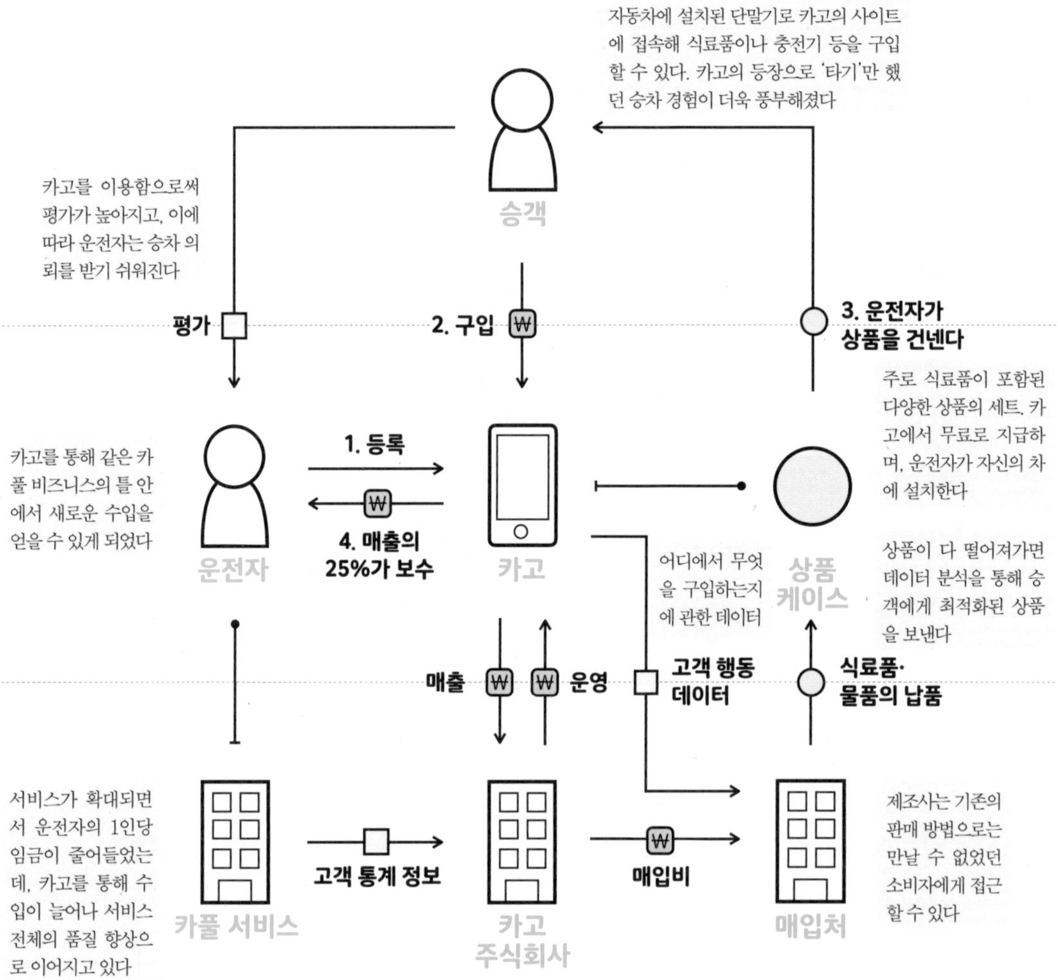

자동차에 설치된 단말기로 카고의 사이트에 접속해 식료품이나 충전기 등을 구입할 수 있다. 카고의 등장으로 '타기'만 했던 승차 경험이 더욱 풍부해졌다
승객
카고를 이용함으로써 평가가 높아지고, 이에 따라 운전자는 승차 의뢰를 받기 쉬워진다
평가
2. 구입
3. 운전자가 상품을 건넨다
주로 식료품이 포함된 다양한 상품의 세트. 카고에서 무료로 지급하며, 운전자가 자신의 차에 설치한다
카고를 통해 같은 카풀 비즈니스의 틀 안에서 새로운 수입을 얻을 수 있게 되었다
1. 등록
4. 매출의 25%가 보수
운전자
카고
어디에서 무엇을 구입하는지에 관한 데이터
상품 케이스
상품이 다 떨어져가면 데이터 분석을 통해 승객에게 최적화된 상품을 보낸다
매출
운영
고객 행동 데이터
식료품·물품의 납품
서비스가 확대되면서 운전자의 1인당 임금이 줄어들었는데, 카고를 통해 수입이 늘어나 서비스 전체의 품질 향상으로 이어지고 있다
고객 통계 정보
매입비
제조사는 기존의 판매 방법으로는 만날 수 없었던 소비자에게 접근할 수 있다
카풀 서비스
카고 주식회사
매입처

카풀 서비스 제공자 — 기점 — 정설: 승차 운임으로 돈을 번다

역설: 승차 운임 외 수입도 얻는다

운전자는 운임 이외의 수입원을 얻는다

카고CARGO는 우버Uber나 리프트Lyft 등 카풀 서비스를 제공하는 운전자의 차내에 설치하는 편의점 서비스다. 카고가 충전기나 식료품이 들어 있는 상품 세트를 운전자에게 무료로 보내면 운전자는 그것을 차내에 설치한다. 승객은 상품 케이스에 붙어 있는 코드로 카고의 전자상거래 사이트에 접속해 상품을 구입할 수 있으며, 그 매출의 25퍼센트가 운전자에게 지급되는 시스템이다.

이러한 서비스가 탄생한 이유는 무엇일까? 그것은 미국 카풀 서비스 시장을 살펴보면 알 수 있다. 미국에는 카풀 서비스를 단순한 용돈벌이용이 아니라 주된 수입원으로 삼는 사람이 많다. 그래서 여러 카풀 서비스에 등록한 운전자가 전체의 66퍼센트에 이르며, 승객에게 좋은 평가를 받아서 다른 승객의 선택을 받고자 무상으로 식료품 등을 제공하는 운전자도 적지 않다. 이런 상황에서 운전자가 부담 없이 시작할 수 있는 서비스로 카고가 지지를 받게 된 것이다.

이 비즈니스 모델의 주목할 만한 점은 지금까지 승차 운임으로만 수익을 올렸던 운전자에게 별도의 수고를 들이지 않고도 새로운 수익원을 제시한 것이다. 게다가 카풀 서비스 이용자가 전자상거래 사이트를 이용해 상품을 구입하게 함으로써 전자상거래 사이트에서 얻을 수 있는 통계 자료와 카풀 서비스에서 얻는 행동 데이터(장소·이동 거리 등)를 결합할 수 있다. 이 데이터는 카고뿐만 아니라 상품 제조사에도 전송되어 새로운 소비자 채널을 만드는 데 활용된다. 여기에 카풀 서비스를 제공하는 회사는 운전자의 수입원이 늘어남에 따라 서비스의 품질 향상이라는 이익을 얻었다.

요컨대 카고가 카풀 서비스를 도입한 결과, 카고는 물론이고 카풀 서비스, 운전자, 승객, 제조사 모두 이익을 얻는 관계가 만들어진 것이다. 카고는 2018년 기준, 870만 달러의 자금을 조달했으며, 앞으로도 공유 경제의 활성화와 함께 사업이 확대될 것으로 기대되고 있다.

블루시드백

지진을 계기로 탄생한 새로운 비즈니스 모델

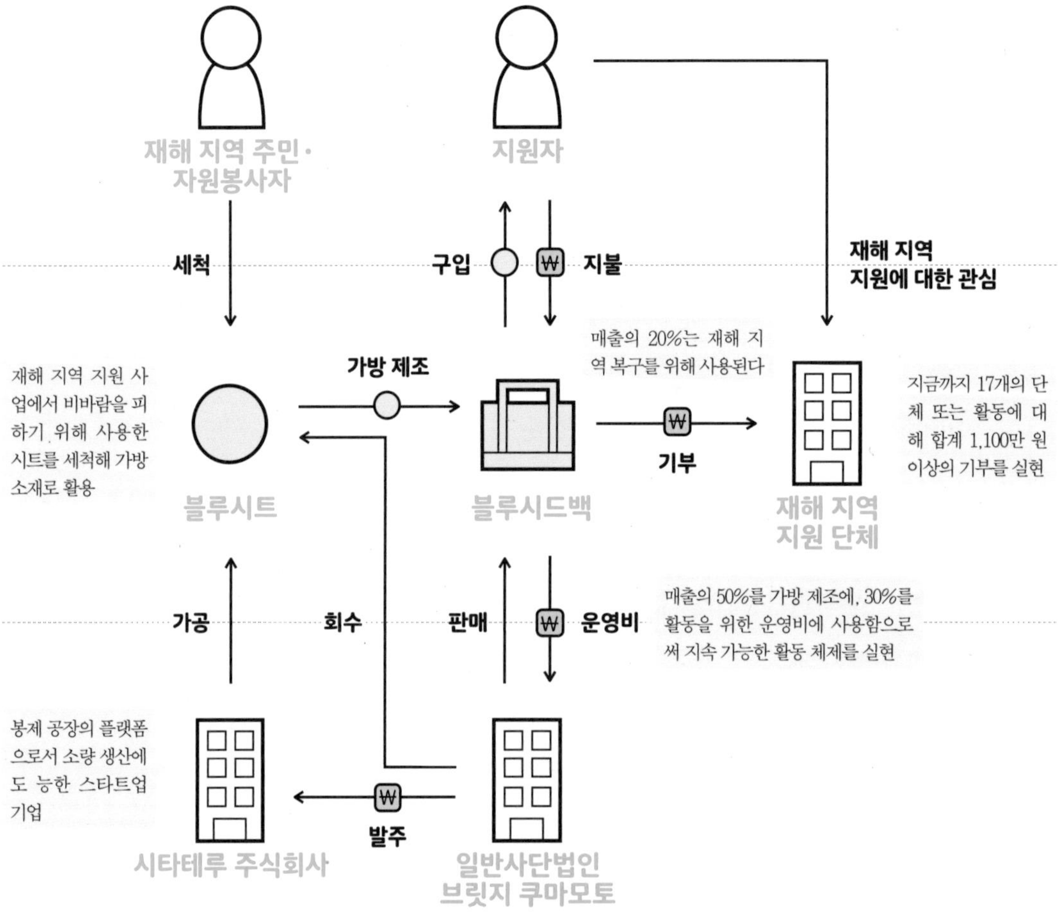
재해 지역 주민·
자원봉사자
지원자
세척
구입
지불
재해 지역
지원에 대한 관심
재해 지역 지원 사업에서 비바람을 피하기 위해 사용한 시트를 세척해 가방 소재로 활용
가방 제조
매출의 20%는 재해 지역 복구를 위해 사용된다
기부
지금까지 17개의 단체 또는 활동에 대해 합계 1,100만 원 이상의 기부를 실현
블루시트
블루시드백
재해 지역
지원 단체
가공
회수
판매
운영비
매출의 50%를 가방 제조에, 30%를 활동을 위한 운영비에 사용함으로써 지속 가능한 활동 체제를 실현
봉제 공장의 플랫폼으로서 소량 생산에도 능한 스타트업 기업
발주
시타테루 주식회사
일반사단법인
브릿지 쿠마모토

재해 지역 지원 | 기점 | 정설 | 시간이 흐르면 관심이 약해진다

역설 | 경제 활동을 통해 관심을 지속시킨다

폐기되는 블루시트가 가방으로 재탄생하다

블루시드백BLUE SEED BAG은 2016년에 일어난 구마모토 지진을 계기로 생긴 사업이다. 지진이 일어나서 주택의 벽이나 천장이 무너지면 비바람에 노출되지 않도록 블루시트(천막지)를 사용하는 경우가 있다. 사용이 끝난 시트는 달리 활용할 곳이 없어 대량 폐기물이 되는데, 재해 지역을 지원하는 데 이 블루시트를 사용해보자고 생각한 것이 블루시드백의 시작이다.

폐기될 자원을 효과적으로 활용할 수 있을 뿐만 아니라 실제로 재해 지역 복구에 사용된 소재를 사용함으로써 재해 지역이 아닌 다른 지역 사람들에게도 재해 지역을 응원하는 메시지를 전할 수 있다. 그래서 '재건의 씨앗'이라는 의미를 담아 이 가방에 블루시드백이라는 이름을 붙였다.

이 사업의 독특한 점은 상품 개발과 제조가 재해 지역에서 실시된다는 것이다. 다 쓴 블루시트를 활용하기 때문에 재료비에는 비용이 들지 않으며, 재해의 흔적이 남아 있기에 시트 한 장 한 장의 감촉이 저마다 조금씩 다르다. 재해 지역 지원에 사용된 시트를 깨끗하게 세척해 상품에 적합한 상태로 만드는 작업도 자원봉사자의 도움을 받고 있고, 소량 생산을 전문으로 하는 현지 스타트업 기업인 시타테루シタテル의 협력으로 품질이 높으면서 소량 생산도 가능한 체제를 실현했다.

투명성을 높이기 위해 판매로 얻은 매출액의 사용 내역을 공개하고 있는 점도 훌륭하다. 매출액의 50퍼센트는 가방 제조, 30퍼센트는 활동을 위한 운영비로 사용하며, 나머지 20퍼센트는 지원 단체에 기부한다고 한다. 활동을 지속하려면 운영 자금과 협력자들의 활동 자금이 필요한데, 이 프로젝트는 매출의 대부분을 재해 지역인 구마모토현과 오이타현을 위해 사용하고 있다. 매출액을 재해 지역 재건을 위해 사용함으로써 구매자·지원자들의 높은 지지를 얻고 있다.

보노보스

제품을 팔지 않는 매장으로 더 큰 수익을 내는 법

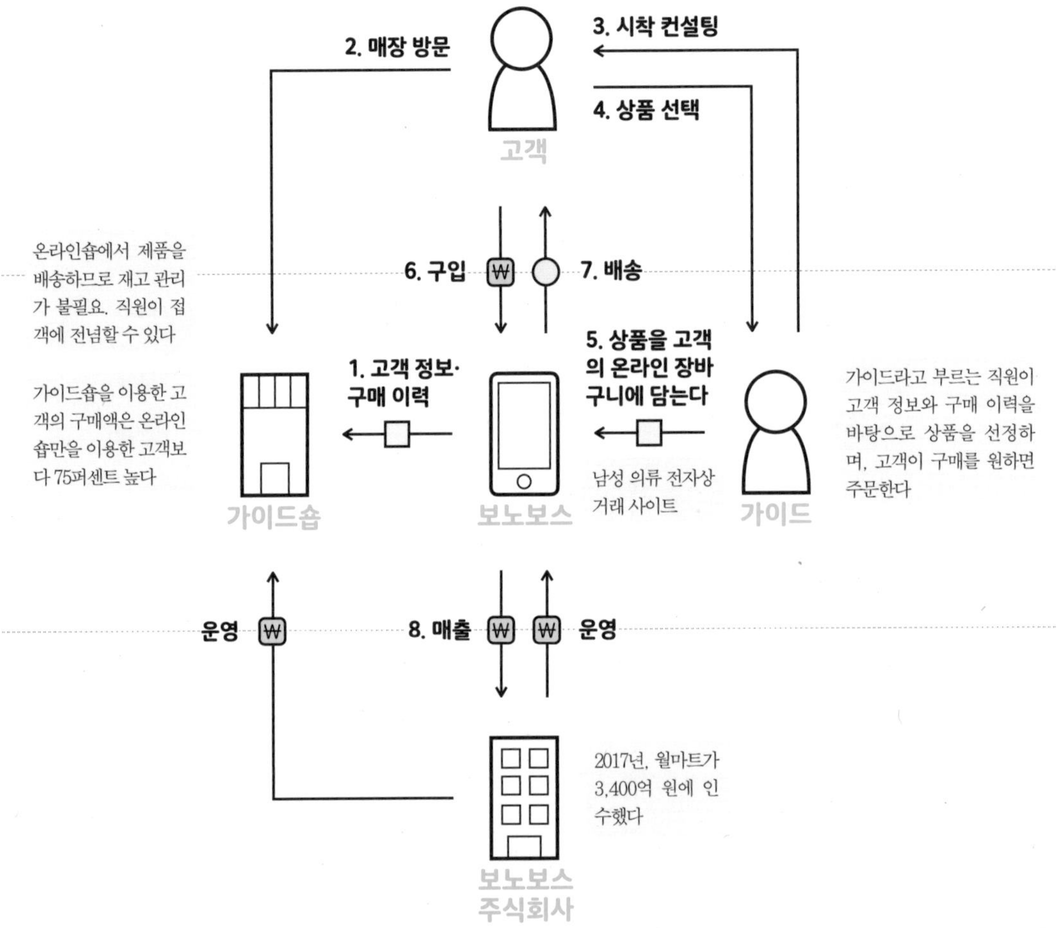

2. 매장 방문
3. 시착 컨설팅
4. 상품 선택
고객
6. 구입
7. 배송
온라인숍에서 제품을 배송하므로 재고 관리가 불필요. 직원이 접객에 전념할 수 있다
가이드숍을 이용한 고객의 구매액은 온라인숍만을 이용한 고객보다 75퍼센트 높다
1. 고객 정보·구매 이력
5. 상품을 고객의 온라인 장바구니에 담는다
가이드라고 부르는 직원이 고객 정보와 구매 이력을 바탕으로 상품을 선정하며, 고객이 구매를 원하면 주문한다
남성 의류 전자상거래 사이트
가이드숍
보노보스
가이드
운영
8. 매출
운영
2017년, 월마트가 3,400억 원에 인수했다
보노보스 주식회사

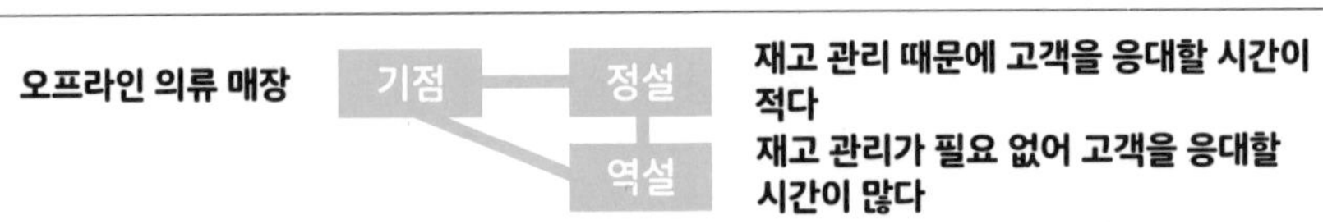

오프라인 의류 매장
기점
정설
역설
재고 관리 때문에 고객을 응대할 시간이 적다
재고 관리가 필요 없어 고객을 응대할 시간이 많다

계산대도 재고도 없어 고객에게만 집중할 수 있다

미국에서 탄생한 남성 의류 브랜드 보노보스BONOBOS는 '가이드숍'이라고 부르는 쇼룸형 매장을 운영하고 있다. 이 매장에는 시착을 위한 최소한의 상품만이 전시되어 있을 뿐 재고는 갖춰져 있지 않다. 고객은 온라인으로 예약을 하고 가이드숍을 방문해 가이드에게 일대일로 시착 컨설팅을 받으며, 상품이 마음에 들면 가이드의 태블릿으로 온라인 장바구니에 상품을 추가한 다음 온라인숍에서 결제할 수 있다.

일반적인 의류 브랜드의 판매 매장에서는 직원이 상품 계산과 재고 관리도 해야 하기 때문에 고객을 상대할 시간이 줄어들 수밖에 없다. 그러나 가이드숍의 직원들은 판매를 하지 않아 상품 계산도 재고 관리도 할 필요가 없다. 따라서 고객 응대에만 전념할 수 있다. 상품 정보와 고객 정보가 표시되는 태블릿을 활용해 사이즈, 선호하는 스타일, 내점 이력 등의 정보를 바탕으로 고객에 따라 맞춤 응대를 한다. 가이드숍을 경유한 고객의 구매액은 온라인숍 고객보다 75퍼센트나 높다고 하는데, 이것은 일대일 맞춤 응대가 고객의 서비스 만족도를 향상시켰다는 의미다.

원래 보노보스는 하의의 다양성이 부족한 남성들에게 다채롭고 편안한 상품을 제공하고 싶다는 생각에서 탄생했다. 그리고 의류 쇼핑에 부담감을 느끼는 남성이 많다는 데 착안해 '쇼핑의 고통을 철저히 줄인다'는 콘셉트로 고객 만족도의 향상에 힘을 쏟고 있다.

또한 2017년 6월에 3,400억 원이라는 액수로 월마트에 인수되어 앞으로 규모가 더욱 확대될 것으로 기대된다.

와메이징

외국인 관광객의 불편을 해소해드립니다

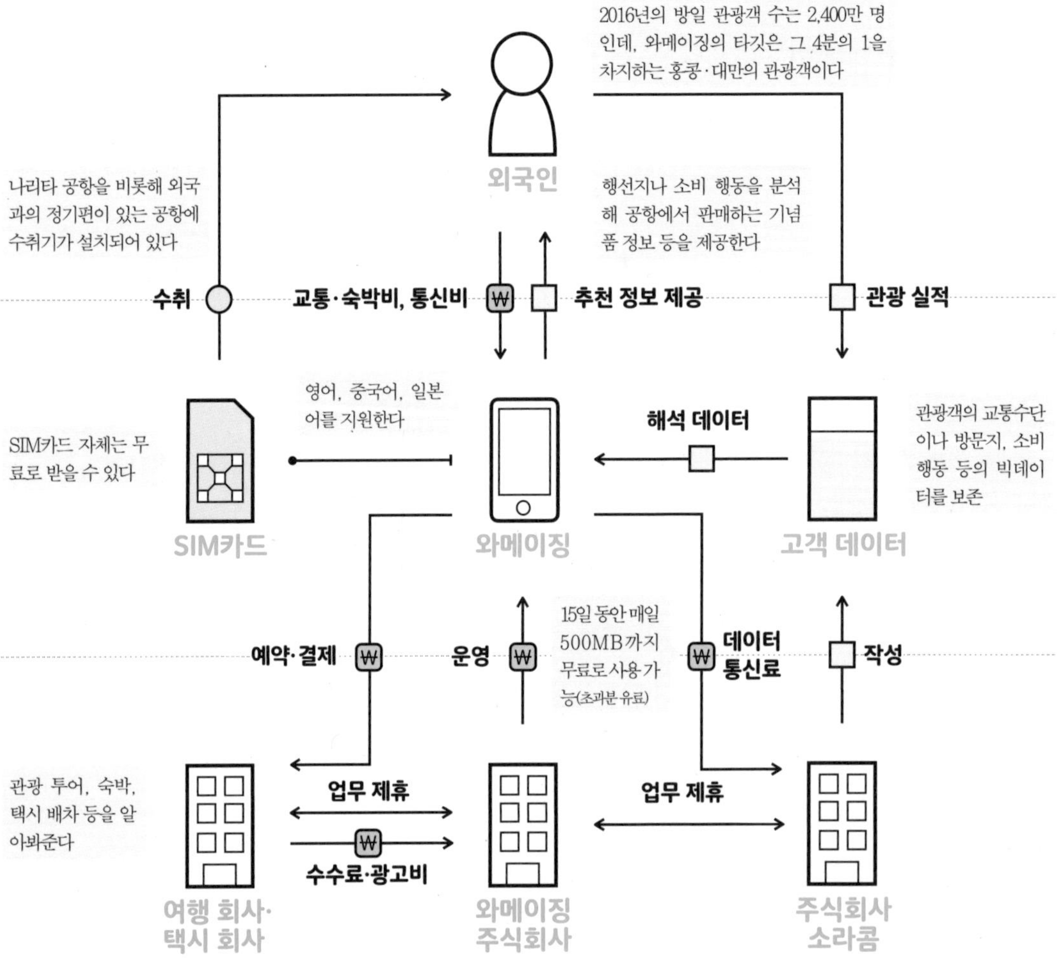
2016년의 방일 관광객 수는 2,400만 명인데, 와메이징의 타깃은 그 4분의 1을 차지하는 홍콩·대만의 관광객이다
외국인
나리타 공항을 비롯해 외국과의 정기편이 있는 공항에 수취기가 설치되어 있다
행선지나 소비 행동을 분석해 공항에서 판매하는 기념품 정보 등을 제공한다
수취
교통·숙박비, 통신비
추천 정보 제공
관광 실적
영어, 중국어, 일본어를 지원한다
SIM카드 자체는 무료로 받을 수 있다
해석 데이터
관광객의 교통수단이나 방문지, 소비 행동 등의 빅데이터를 보존
SIM카드
와메이징
고객 데이터
15일 동안 매일 500MB까지 무료로 사용 가능(초과분 유료)
예약·결제
운영
데이터 통신료
작성
관광 투어, 숙박, 택시 배차 등을 알아봐준다
업무 제휴
수수료·광고비
업무 제휴
여행 회사·택시 회사
와메이징 주식회사
주식회사 소라콤

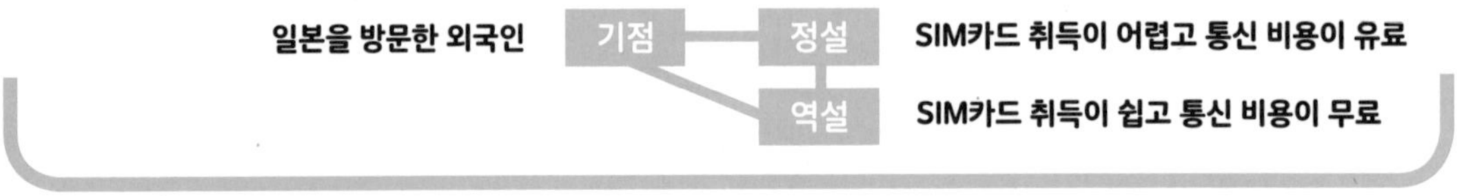
일본을 방문한 외국인
기점
정설
역설
SIM카드 취득이 어렵고 통신 비용이 유료
SIM카드 취득이 쉽고 통신 비용이 무료

무료 심(SIM)카드로 통신과 결제에 대한 스트레스를 없앤다

해외여행을 해본 사람이라면 현지에서 통신 수단과 이동 수단이 확보되지 않아 불편했던 경험이 한두 번쯤 있을 것이다. 최근에 일본을 방문하는 외국인 여행자들도 와이파이 환경 등 무선 통신 인프라 부족과 이동 시 의사소통 문제를 해결 과제로 지적하고 있다. 실제로 총무성과 관광청이 실시한 조사에 따르면 일본을 방문한 외국인 여행자가 여행 중에 겪은 어려움으로 가장 많이 꼽은 것은 '무료로 이용 가능한 공공 무선 랜LAN의 부족'이었다고 한다. 또한 일본을 방문하기 전에는 이용할 예정이었으나 방문했을 때 실제로 이용하지 못한 것으로 'SIM카드 구입'을 가장 많이 꼽았다.

와메이징WAmazing은 이러한 불편과 불만을 무료 배포 SIM카드로 전부 해결해주는 앱 서비스다. 일본을 방문할 예정인 사람은 출발 전에 앱을 다운로드하고 신용카드를 등록해놓으면 일본 전국의 공항에서 무료 SIM카드를 받아 무료 통신, 택시·관광 투어 예약, 결제 등을 한꺼번에 해결할 수 있다. SIM카드에 여행 경로가 저장되기 때문에 기념품 사는 것을 깜빡한 여행자를 위해 귀국하는 공항에서 판매하는 기념품을 맞춤 추천해주기도 한다.

현재는 방일 외국인의 약 4분의 1을 차지하는 대만과 홍콩 관광객을 타깃으로 서비스를 제공하고 있다. 서비스를 시작한 지 불과 반년 만에 1만 2,000명이 이용했으며, 총액 100억 원의 자금을 조달하는 데 성공했다. 2020년까지 500만 명이 이용하는 플랫폼을 목표로 하고 있다.

지금은 일본에 방문하는 외국인 여행자를 대상으로 하고 있지만 장기적으로는 일본 내국인 관광객에게 지방의 매력을 알리는 등 관광객의 범위를 넓힘으로써 관광 사업을 활성화하여 지방 경제를 부흥시킨다는 계획도 세우고 있다.

022

와비파커

집에서 써본 뒤에 구입하는 안경

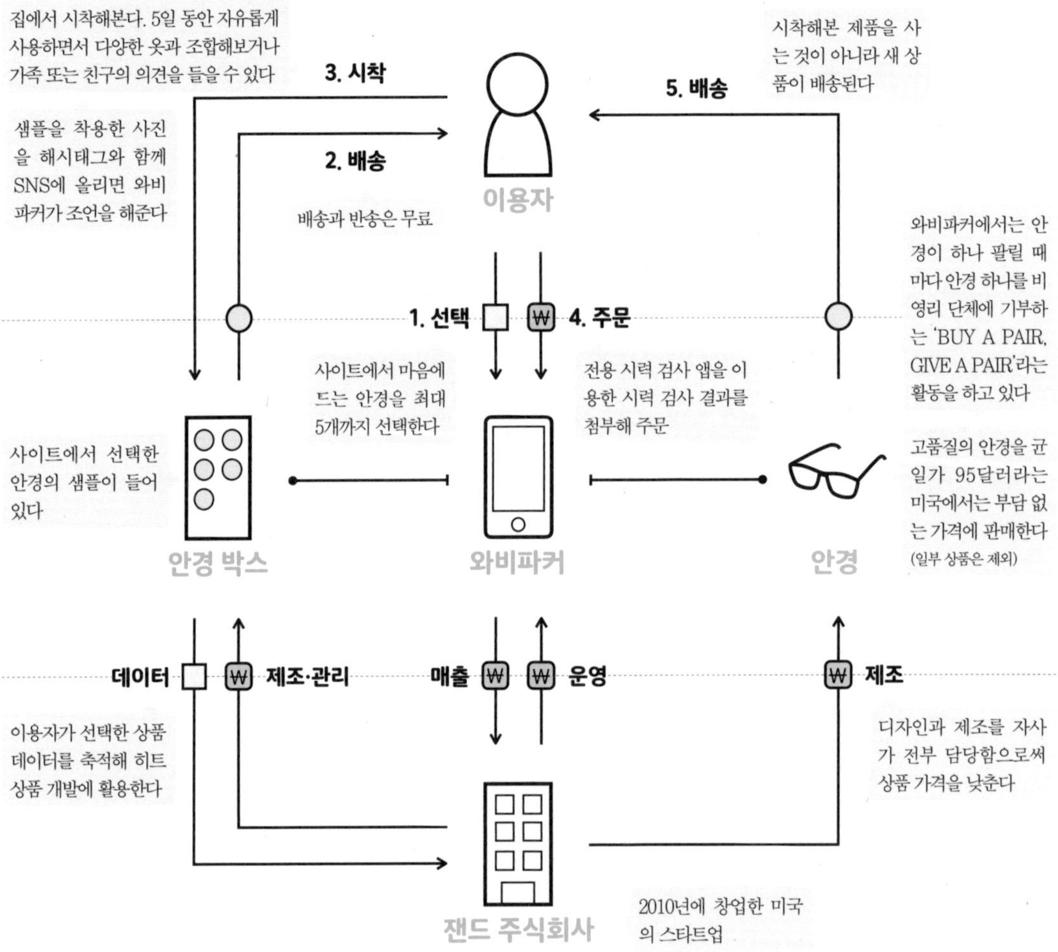

집에서 시착해본다. 5일 동안 자유롭게 사용하면서 다양한 옷과 조합해보거나 가족 또는 친구의 의견을 들을 수 있다
3. 시착
샘플을 착용한 사진을 해시태그와 함께 SNS에 올리면 와비파커가 조언을 해준다
2. 배송
배송과 반송은 무료
이용자
5. 배송
시착해본 제품을 사는 것이 아니라 새 상품이 배송된다
와비파커에서는 안경이 하나 팔릴 때마다 안경 하나를 비영리 단체에 기부하는 'BUY A PAIR, GIVE A PAIR'라는 활동을 하고 있다
1. 선택
4. 주문
사이트에서 마음에 드는 안경을 최대 5개까지 선택한다
전용 시력 검사 앱을 이용한 시력 검사 결과를 첨부해 주문
사이트에서 선택한 안경의 샘플이 들어 있다
고품질의 안경을 균일가 95달러라는 미국에서는 부담 없는 가격에 판매한다 (일부 상품은 제외)
안경 박스
와비파커
안경
데이터
제조·관리
매출
운영
제조
이용자가 선택한 상품 데이터를 축적해 히트 상품 개발에 활용한다
디자인과 제조를 자사가 전부 담당함으로써 상품 가격을 낮춘다
잰드 주식회사
2010년에 창업한 미국의 스타트업

안경			
기점	정설	가게에서 써보고 구입한다
	역설	집에서 껴보고 온라인으로 구입할 수 있다

시력 검사도 앱으로 간단하게 끝낸다

'안경을 샀는데 잘 어울리지 않는다…….'

안경을 사용하는 사람이라면 누구나 한 번쯤은 해본 경험이 아닐까? 사이즈 조정은 안경 가게로 가져가면 해주지만, 안경 가게까지 가야 한다는 점이 번거롭다. 그래서 이런 문제를 해결하기 위해 등장한 것이 구입 전에 집에서 시착해볼 수 있는 안경 회사 와비파커Warby Parker다. 이 회사는 2010년에 창업해 2억 1,500만 달러의 자금을 조달한 미국의 대형 스타트업으로, 미국 각지에 매장을 두고 있지만 고객이 매장을 찾아오지 않더라도 매장에 방문한 것과 동일한 서비스나 그 이상의 시착 체험을 할 수 있는 시스템을 갖추고 있다.

와비파커 사이트를 방문한 이용자는 간단한 설문조사에 응답한다. 그러면 응답 내용에 맞춰서 이용자의 취향에 맞는 안경을 추천받는데, 그중에서 마음에 드는 안경을 다섯 개까지 선택할 수 있다. 안경을 선택하면 샘플이 집으로 무료 배송되며, 시착을 포함해 5일 동안 사용할 수 있다. 집에서 주위 사람들의 눈을 신경 쓰지 않고 여러 가지 옷을 입으며 조합해볼 수도 있고, 밖으로 갖고 나갈 수도 있다. 또한 샘플을 시착한 사진을 찍어서 해시태그를 달아 SNS에 올리면 와비파커가 조언해주는 시스템도 갖췄다. 요컨대 안경을 시착한 이용자가 브랜드의 광고 채널이 되어주는 것이다.

최종적으로 마음에 드는 안경을 하나 선택했으면 전용 시력 검사 앱을 이용해서 계측한 시력 검사 결과를 첨부해 주문한다. 샘플 안경은 무료로 반품할 수 있으며, 이용자에게는 새 상품이 배송된다.

구매 전에 집에서 써볼 수 있게 함으로써 안경을 살 때의 불안감을 줄였을 뿐만 아니라 SNS를 통한 홍보도 동시에 하고 있다. 또한 최종적으로 선택한 상품의 데이터를 축적함으로써 다음 상품 개발이나 재고 관리에도 활용할 수 있다. 데이터를 바탕으로 자사가 디자인과 제조를 모두 담당함으로써 고품질의 안경임에도 균일가 95달러라는 저렴한 가격까지 실현했다.

023

필 컴퍼니

주차장 위에 건물을 지어 토지를 효과적으로 활용하다

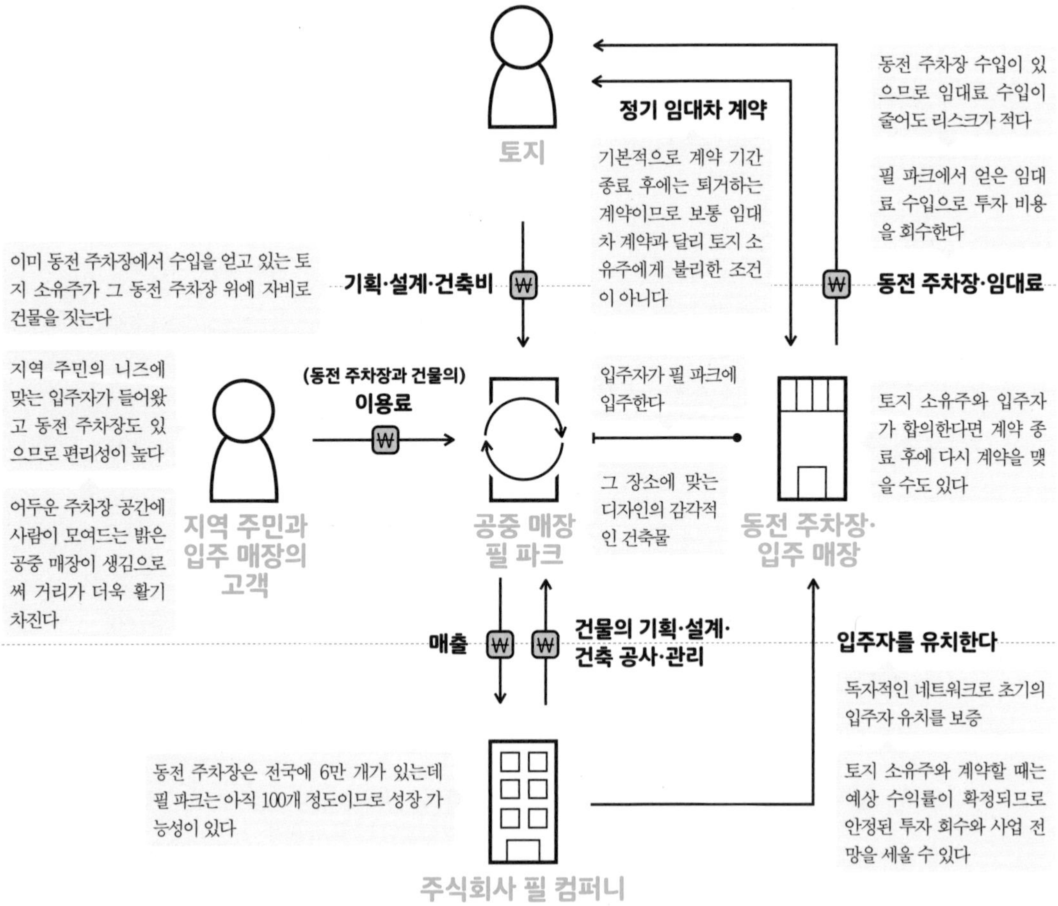

토지
정기 임대차 계약
기본적으로 계약 기간 종료 후에는 퇴거하는 계약이므로 보통 임대차 계약과 달리 토지 소유주에게 불리한 조건이 아니다
동전 주차장 수입이 있으므로 임대료 수입이 줄어도 리스크가 적다
필 파크에서 얻은 임대료 수입으로 투자 비용을 회수한다
이미 동전 주차장에서 수입을 얻고 있는 토지 소유주가 그 동전 주차장 위에 자비로 건물을 짓는다
기획·설계·건축비 ₩
₩ 동전 주차장·임대료
지역 주민의 니즈에 맞는 입주자가 들어왔고 동전 주차장도 있으므로 편리성이 높다
어두운 주차장 공간에 사람이 모여드는 밝은 공중 매장이 생김으로써 거리가 더욱 활기차진다
(동전 주차장과 건물의) 이용료 ₩
입주자가 필 파크에 입주한다
그 장소에 맞는 디자인의 감각적인 건축물
토지 소유주와 입주자가 합의한다면 계약 종료 후에 다시 계약을 맺을 수도 있다
지역 주민과 입주 매장의 고객
공중 매장 필 파크
동전 주차장· 입주 매장
매출 ₩ ₩ 건물의 기획·설계· 건축 공사·관리
입주자를 유치한다
독자적인 네트워크로 초기의 입주자 유치를 보증
토지 소유주와 계약할 때는 예상 수익률이 확정되므로 안정된 투자 회수와 사업 전망을 세울 수 있다
동전 주차장은 전국에 6만 개가 있는데 필 파크는 아직 100개 정도이므로 성장 가능성이 있다
주식회사 필 컴퍼니

빈 토지의 효과적 활용

- 기점 — 정설: 동전 주차장을 만들거나 건물을 세운다
- 기점 — 역설: 동전 주차장 위에 건물을 세운다

독자적인 네트워크로 입주자도 찾아준다

토지 소유주가 효과적인 토지 투자를 고려할 때 선택지는 '주거용 부동산을 짓는다', '사업용 부동산을 짓는다', '동전 주차장을 만든다'가 아닐까 싶다. 이 가운데 사업용 부동산(임대 빌딩, 상업 시설 등)은 건설할 때 거액의 초기 비용이 발생하기 때문에 이 비용을 회수할 수 있느냐가 가장 관건이다. 또한 일단 지으면 쉽게 철거할 수 없는 까닭에 건축할 때 장기적인 계획이 필요하다.

한편 동전 주차장은 초기 투자비가 적어도 되므로 투자할 때 심리적인 장벽이 낮다. 또한 경우에 따라서는 나중에 빈터로 매각하거나 건물을 짓는 등 운용의 유연성이 높다는 이점도 있다. 단점은 수입이 많지 않아 수입원으로서는 안정적이지 못하다는 것이다. 결국 기존의 토지 활용법들은 토지 소유자에게 딜레마를 준다.

이에 주식회사 필 컴퍼니フィル・カンパニー는 이미 있는 주차장 위에 건물을 지음으로써 토지를 이중으로 활용해 수입 상승을 기대할 수 있는 '공중 매장 필 파크'라는 사업을 시작했다. 디자인이 뛰어난 세련된 건물을 주차장이 입지한 장소에 맞춰서 기획·설계하고 제안한다. 그 밖에도 비용을 낮추기 위해 엘리베이터를 설치하지 않아도 되는 구조를 만들거나 공유 공간을 최대한 줄임으로써 토지 소유주의 경제적 부담을 낮추고 있다.

건물의 설계·시공뿐만 아니라 입주자 유치까지 해주는 것도 특징이다. 건물을 지었는데 입주자가 들어오지 않는 상황을 막기 위해 필 파크가 독자적인 네트워크로 초기 입주자를 확보해주기 때문에 토지 소유주는 안심하고 투자할 수 있다.

024

일본환경설계

재활용을 '해야 한다'에서 '하고 싶다'로

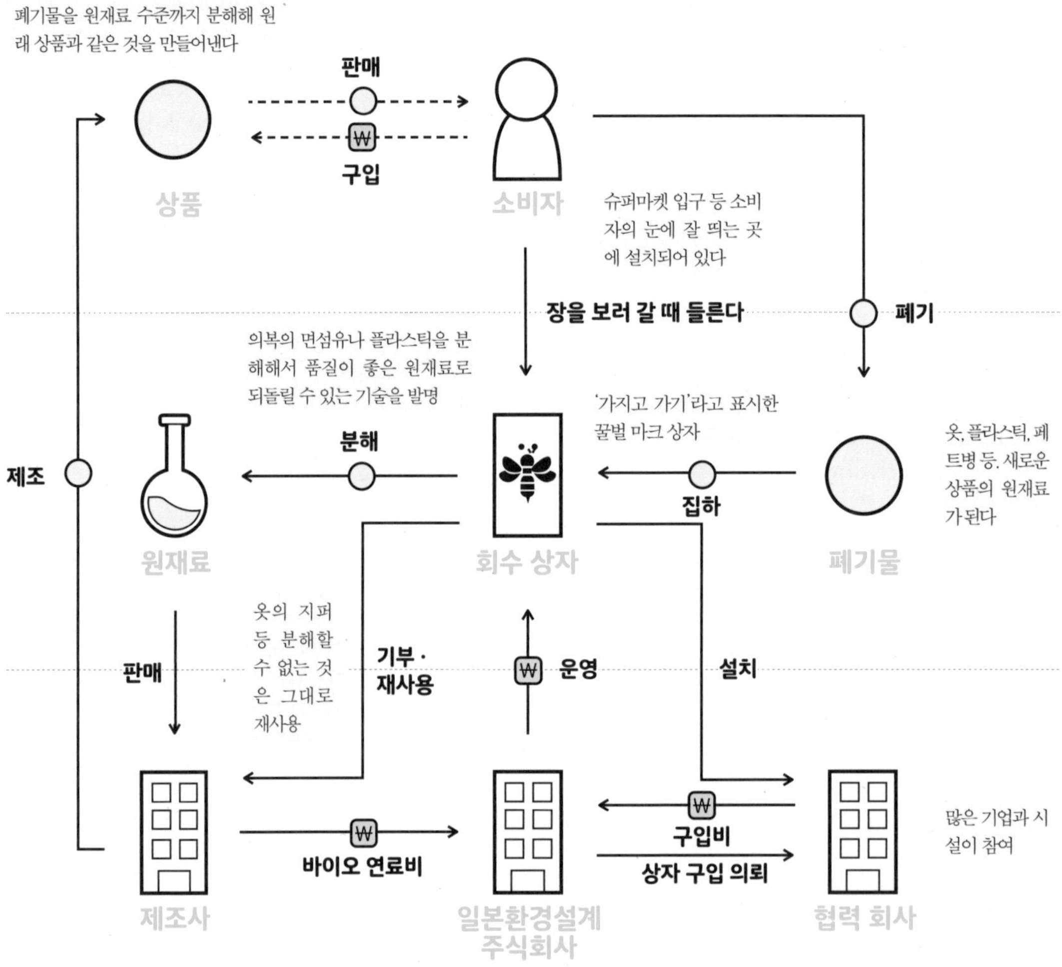

폐기물을 원재료 수준까지 분해해 원래 상품과 같은 것을 만들어낸다
판매
구입
상품
소비자
슈퍼마켓 입구 등 소비자의 눈에 잘 띄는 곳에 설치되어 있다
장을 보러 갈 때 들른다
폐기
의복의 면섬유나 플라스틱을 분해해서 품질이 좋은 원재료로 되돌릴 수 있는 기술을 발명
'가지고 가기'라고 표시한 꿀벌 마크 상자
분해
제조
집하
옷, 플라스틱, 페트병 등. 새로운 상품의 원재료가 된다
원재료
회수 상자
폐기물
옷의 지퍼 등 분해할 수 없는 것은 그대로 재사용
판매
기부·재사용
운영
설치
바이오 연료비
구입비
상자 구입 의뢰
많은 기업과 시설이 참여
제조사
일본환경설계 주식회사
협력 회사

재활용 상품
기점
정설
역설
다른 상품으로 새롭게 태어난다
같은 상품으로 새롭게 태어난다

재활용의 개념을 완전 바꾸어 세계를 놀라게 하다

일본환경설계日本環境設計는 독자적인 기술 개발과 주위 사람들이 협력하고 싶어지는 시스템으로 새로운 재활용 시스템을 구축한 회사다. 지금까지 재활용은 자원 활용이나 환경 보호 등 '해야 한다'라는 의무감에 기반을 둔 활동이었다. 그러나 이 회사는 자신도 모르게 '하고 싶다'라고 느끼게 만드는 시스템을 구축하는 데 성공했다.

일반적인 재활용은 대부분이 버려진 물건과는 다른 형태로 새롭게 태어난다. 그러나 이 회사는 면섬유나 플라스틱 등을 원료 수준까지 분해하는 기술을 개발함으로써 원래와 같은 물건을 만들어낼 수 있게 했다.

흥미로운 점은 그 수익원이다. 일본환경설계는 재활용의 원료가 되는 의류나 플라스틱 등을 회수하는 상자를 지금까지 200개가 넘는 기업과 시설에 판매했다. '기업이나 기관은 모두 환경에 도움이 되는 활동을 하고 싶어 한다. 환경에 기여하는 데 지출되는 비용은 투자로 연결된다'라는 기업 심리에 착안해 기업과 소비자의 윈-윈 관계를 구축하는 데 성공한 것이다.

창업자 중 한 명인 이와모토 미치히코岩元美智彦는 소비자를 기점으로 한 서비스에 관심을 기울였다. 가정 쓰레기와 산업 쓰레기의 양을 생각하면 당연히 기업을 대상으로 서비스를 실시하는 편이 규모를 더 키울 수 있다. 그러나 어떤 기업이 환경에 이로운 활동을 했다고 해도 소비자에게는 별로 와 닿지 않는다. 그래서 소비자 각자가 '내가 환경 운동에 참여한다'라고 느끼게 하고 '그런 활동이 모여 하나의 문화를 만든다'는 목표를 세웠다.

재활용을 엔터테인먼트와 연결해 세계적인 이슈를 불러일으킨 것은 이러한 노력의 결정판이었다. 일본환경설계는 영화 〈백투더퓨처 2〉에서 쓰레기를 연료로 하는 자동차형 타임머신 '드로리안'을 재현한 'Go! 드로리안 프로젝트'를 개최해 커다란 관심을 불러일으켰다.

프라이탁

폐품이 '세상에 단 하나뿐인 가방'으로 바뀐다

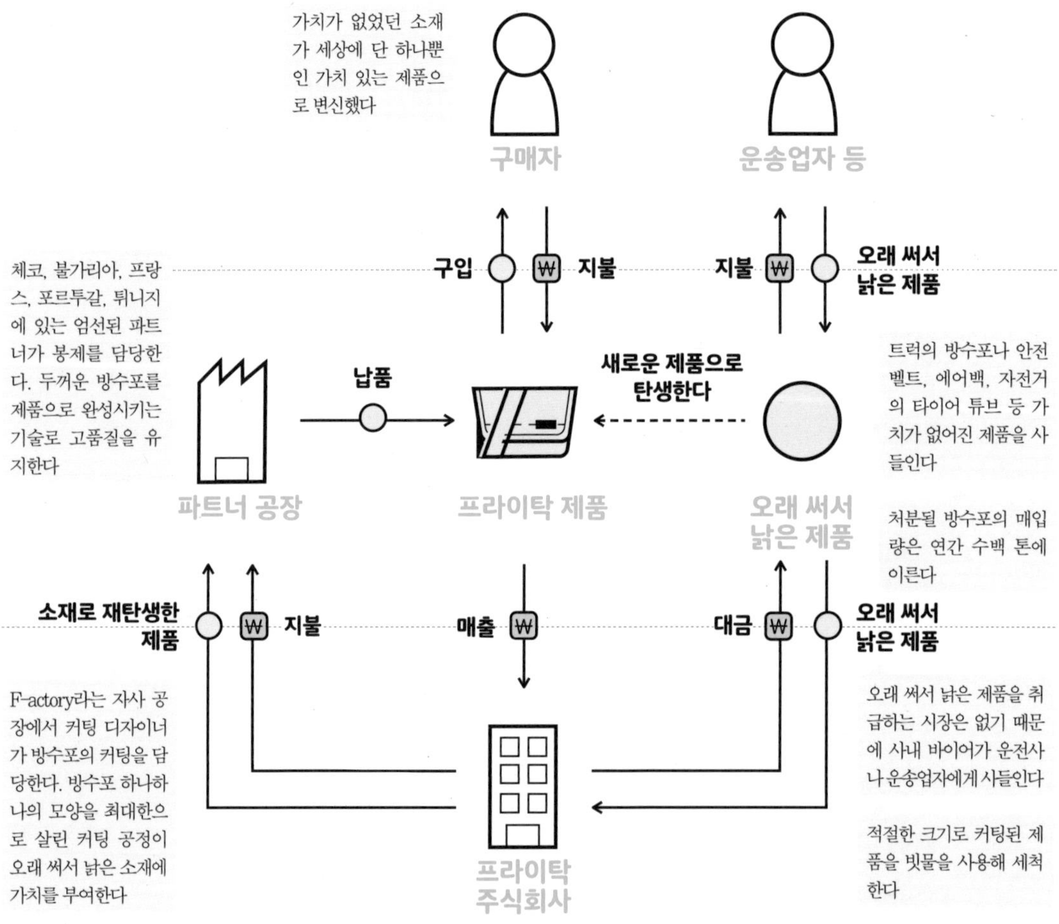
가치가 없었던 소재가 세상에 단 하나뿐인 가치 있는 제품으로 변신했다
구매자
운송업자 등
체코, 불가리아, 프랑스, 포르투갈, 튀니지에 있는 엄선된 파트너가 봉제를 담당한다. 두꺼운 방수포를 제품으로 완성시키는 기술로 고품질을 유지한다
구입
지불
지불
오래 써서 낡은 제품
납품
새로운 제품으로 탄생한다
트럭의 방수포나 안전벨트, 에어백, 자전거의 타이어 튜브 등 가치가 없어진 제품을 사들인다
파트너 공장
프라이탁 제품
오래 써서 낡은 제품
처분될 방수포의 매입량은 연간 수백 톤에 이른다
소재로 재탄생한 제품
지불
매출
대금
오래 써서 낡은 제품
F-actory라는 자사 공장에서 커팅 디자이너가 방수포의 커팅을 담당한다. 방수포 하나하나의 모양을 최대한으로 살린 커팅 공정이 오래 써서 낡은 소재에 가치를 부여한다
오래 써서 낡은 제품을 취급하는 시장은 없기 때문에 사내 바이어가 운전사나 운송업자에게 사들인다
적절한 크기로 커팅된 제품을 빗물을 사용해 세척한다
프라이탁 주식회사

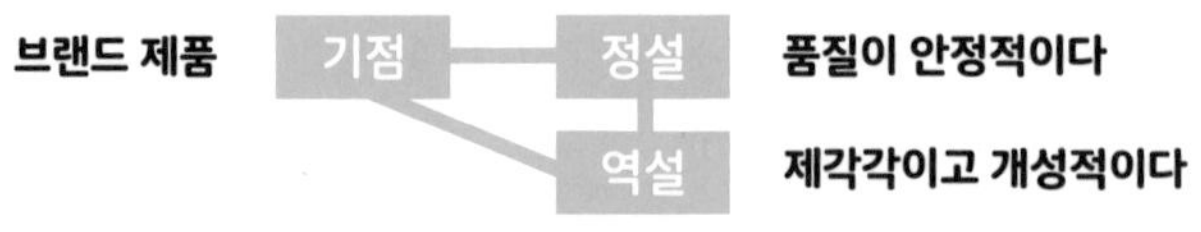
브랜드 제품
기점
정설
품질이 안정적이다
역설
제각각이고 개성적이다

오래 써서 낡은 방수포나 타이어 튜브에서 단 하나뿐인 가방으로

1993년에 스위스의 취리히에서 탄생한 프라이탁FREITAG은 오래 써서 낡은 제품을 소재로 만든 가방 제조 브랜드다. 보통 높은 가격의 브랜드 제품은 사용하는 재료에도 안정적인 품질이 요구된다. 그런데 프라이탁은 고품질을 유지하면서 낡은 소재가 지닌 개성(불균일함)을 '세상에 단 하나뿐인 상품의 가치'로 이미지화함으로써 브랜드의 명성을 높였다.

처음에는 오래 사용해서 낡은 트럭의 방수포, 처분된 자전거의 타이어 튜브, 자동차의 안전벨트를 소재로 메신저백을 만들었다. 지금은 제품의 종류가 40종(전부 가방)으로 늘어났으며, 연간 제조량은 약 40만 개에 이른다. 전부 오래 써서 낡은 제품으로 만든 제품이다. 낡은 방수포나 안전벨트를 트럭 운전사나 운송업자에게 직접 사들이는 까닭에 재료 조달의 흐름이 안정적이지 않은데, 그래서 '트럭 스포터truck spotters'라는 사내 바이어가 재료 매입을 위해 분주히 뛰어다닌다.

또 다른 중요한 공정은 재단이다. 가방 디자이너가 이 공정을 진행하는데, 틀과 커터, 그리고 디자이너 자신의 감성을 총동원해 방수포 하나하나의 모양을 최대한 활용함으로써 낡은 소재를 유일무이한 제품으로 재탄생시킨다. 그리고 그 소재는 체코나 불가리아, 프랑스, 포르투갈, 튀니지 등의 협력 공장에서 높은 기술력으로 봉제되어 고품질의 상품이 된다. 원래 폐기되었어야 할 방수포 390톤이 재활용된 것은 환경 보호 면에서도 의미가 크다.

일반적으로 브랜드 제품은 안정된 품질이 요구되는데, 제품 하나하나를 고품질이면서도 개성적으로 만들어서 새롭게 가치를 창출한 것이 이 비즈니스 모델의 특징이다.

사이제리야

좋은 식재료를 고집하지만 가격은 싼 이유

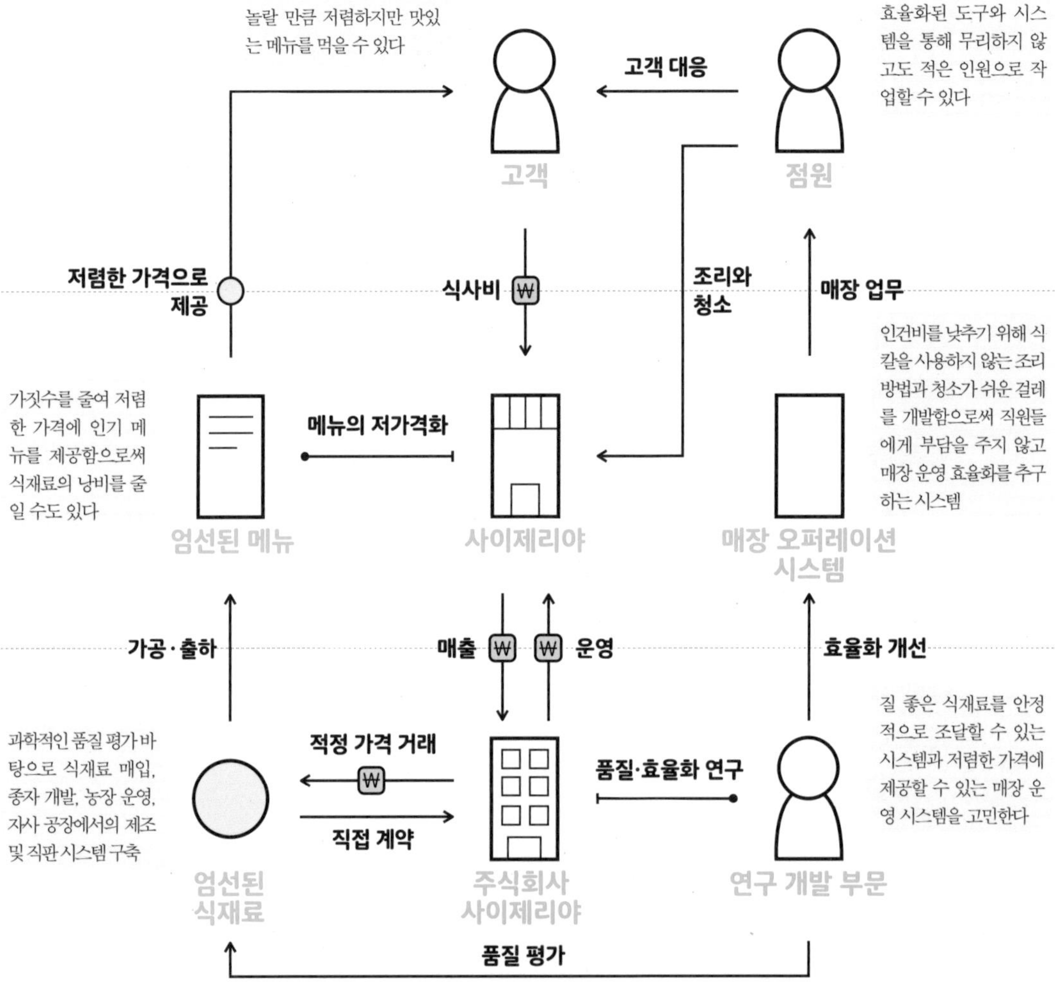
놀랄 만큼 저렴하지만 맛있는 메뉴를 먹을 수 있다
고객 대응
효율화된 도구와 시스템을 통해 무리하지 않고도 적은 인원으로 작업할 수 있다
고객
점원
저렴한 가격으로 제공
식사비
조리와 청소
매장 업무
인건비를 낮추기 위해 식칼을 사용하지 않는 조리 방법과 청소가 쉬운 걸레를 개발함으로써 직원들에게 부담을 주지 않고 매장 운영 효율화를 추구하는 시스템
가짓수를 줄여 저렴한 가격에 인기 메뉴를 제공함으로써 식재료의 낭비를 줄일 수도 있다
메뉴의 저가격화
엄선된 메뉴
사이제리야
매장 오퍼레이션 시스템
가공·출하
매출
운영
효율화 개선
질 좋은 식재료를 안정적으로 조달할 수 있는 시스템과 저렴한 가격에 제공할 수 있는 매장 운영 시스템을 고민한다
과학적인 품질 평가 바탕으로 식재료 매입, 종자 개발, 농장 운영, 자사 공장에서의 제조 및 직판 시스템 구축
적정 가격 거래
직접 계약
품질·효율화 연구
엄선된 식재료
주식회사 사이제리야
연구 개발 부문
품질 평가

패밀리 레스토랑 기점 — 정설: **종류가 다양하고 가격은 비싼 메뉴를 제공**

기점 — 역설: **엄선된 식재료를 사용한 인기 메뉴를 저렴한 가격에 제공**

맛을 정확히 내기 위해 과학적인 시스템 적용

부침이 심한 외식 프랜차이즈 체인 업계에서 꾸준히 성장하고 있는 기업이 있다. 바로 사이제리야サイゼリヤ. 가본 사람은 대부분 저렴한 가격에 놀란다. 사이제리야의 고객 단가는 다른 패밀리 레스토랑보다 1,000원 이상 낮다. 이탈리아 요리 전문가들은 "좋은 식재료를 사용해서 만든 맛있는 메뉴를 어떻게 이 가격에 제공할 수 있지?"라며 놀란다고 한다. 그 이유는 크게 두 가지다.

첫째는 지금까지 해온 일을 재검토해 경비는 줄이고 이익률을 높이기 위한 노력을 철저히 하고 있기 때문이다. 사이제리야는 메뉴를 줄여가면서 인기 메뉴를 하나라도 더 파는 데 주력하고 있다(2,990원짜리 밀라노 도리아는 대표 인기 메뉴가 되었다). 이렇게 하면 결과적으로 식재료 낭비가 줄어들고 작업 효율도 높아진다. 낭비를 줄임으로써 생긴 이익의 일부를 고객에게 돌려주기 위해 가격을 다시 인하한다. 이런 흐름으로 고객에게 만족을 주는 동시에 매장도 이익이 나는 구조를 만든 것이다.

둘째는 식재료에 대한 고집이다. 사이제리야는 가격이 아닌 품질에 하한선을 정해놓고 식재료를 매입한다. 생햄이나 살라미 등은 이탈리아의 식품 회사에서 직접 매입하고 있으며, 쌀과 작물의 일부는 자사가 소유한 밭에서 키운 것을 사용한다. 이렇게까지 식재료에 신경을 쓰는 이유에 대해 사이제리야 회장은 "맛의 80퍼센트는 식재료가 결정하기 때문"이라고 말한다.

사이제리야에는 음식업계로서는 보기 드물게 이과 출신의 직원이 많으며, 연구 개발 부문에 특히 신경을 쓴다. 맛을 정량적으로 판단하기 위해 과학적인 품질 평가 시스템을 만들고, 매장을 효율적으로 운영하기 위해 전용 조리 기구와 청소 용구 등도 개발한다. 이렇게 해서 식재료의 품질에 신경을 쓰는 동시에 낭비를 줄임으로써 맛있는 인기 메뉴를 저렴한 가격에 제공한다. 이것이 다른 패밀리 레스토랑과는 다른 사이제리야의 강점이다.

b8ta

제품의 베타테스트를 위한 소매점

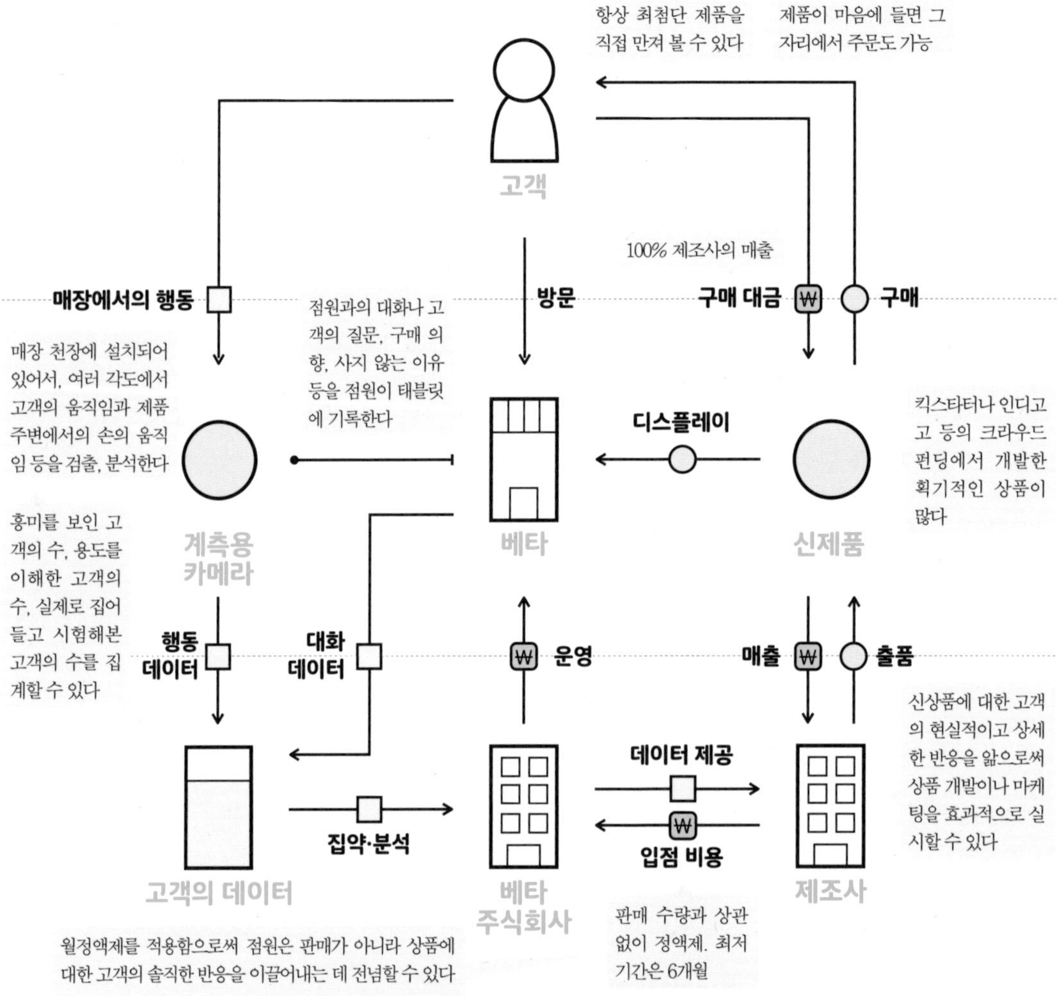

항상 최첨단 제품을 직접 만져 볼 수 있다
제품이 마음에 들면 그 자리에서 주문도 가능
고객
100% 제조사의 매출
매장에서의 행동
방문
구매 대금
구매
점원과의 대화나 고객의 질문, 구매 의향, 사지 않는 이유 등을 점원이 태블릿에 기록한다
매장 천장에 설치되어 있어서, 여러 각도에서 고객의 움직임과 제품 주변에서의 손의 움직임 등을 검출, 분석한다
디스플레이
킥스타터나 인디고고 등의 크라우드 펀딩에서 개발한 획기적인 상품이 많다
계측용 카메라
베타
신제품
흥미를 보인 고객의 수, 용도를 이해한 고객의 수, 실제로 집어 들고 시험해본 고객의 수를 집계할 수 있다
행동 데이터
대화 데이터
운영
매출
출품
신상품에 대한 고객의 현실적이고 상세한 반응을 앎으로써 상품 개발이나 마케팅을 효과적으로 실시할 수 있다
데이터 제공
집약·분석
입점 비용
고객의 데이터
베타 주식회사
제조사
판매 수량과 상관없이 정액제. 최저 기간은 6개월
월정액제를 적용함으로써 점원은 판매가 아니라 상품에 대한 고객의 솔직한 반응을 이끌어내는 데 전념할 수 있다

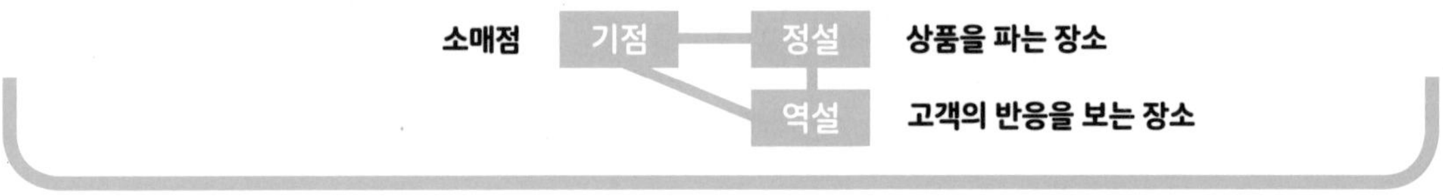

소매점
기점
정설
역설
상품을 파는 장소
고객의 반응을 보는 장소

제품을 적극적으로 팔지 않아도 장사가 된다

베타b8ta는 제품을 판매하면서 '베타테스트', 즉 미리 제품 사용을 할 수 있는 소매점이다. 미국 서해안의 샌프란시스코 등지에 매장 아홉 개가 있는데, 점내에는 킥스타터Kickstarter나 인디고고Indiegogo 같은 크라우드펀딩 사이트에서 탄생한 획기적인 제품이 많이 진열되어 있다. VR(가상현실)을 체험할 수 있는 고글, 드론, 전동 스케이트보드 등이 가득하다.

고객은 새로 나온 최첨단 제품을 직접 만져볼 수 있으며, 제품이 마음에 들면 그 자리에서 구매할 수도 있다. 매장 천장에는 카메라가 설치되어 있어서, 시선을 계측하는 아이트래킹이나 영상 분석 등의 기술을 통해 여러 각도에서 이용자의 움직임과 제품을 만지는 손의 움직임 등을 분석하고 '흥미를 느끼고', '용도를 이해하고', '실제로 집어들어 시험해본' 고객의 수를 집계한다.

일반적인 의류 매장에서 옷을 사려고 상품을 둘러보고 있으면 점원이 다가와 상품을 추천할 것이다. 그러나 베타의 점원은 먼저 고객에게 말을 거는 일이 거의 없다. 적극적으로 상품을 추천하지 않아도 장사가 된다. 제조사의 주된 목적이 제품을 판매해서 이익을 얻는 것보다 이용객의 자연스러운 질문, 구매 의향, 사지 않는 이유 같은 정보를 얻는 것이기 때문이다. 베타에서는 제조사로부터 제품의 입점 비용을 월정액으로 받고 있어 점원들은 손님에게 상품을 권할 필요가 없다.

매장에서 얻은 양질의 데이터는 채팅 툴을 통해서 24시간 이내에, 정량 데이터는 웹 시스템을 통해서 거의 실시간으로 제조사에 전달된다. 베타에 제품을 입점한 제조사는 이 데이터를 이용해 상품을 개량하거나 마케팅을 효과적으로 실시할 수 있다. 베타의 시스템은 높은 평가를 받고 있다. 스타트업뿐만 아니라 대기업도 제품을 입점시키고 있으며, 소프트뱅크가 휴머노이드 로봇 페퍼Pepper를 미국에 선보였을 때 마케팅에 활용하기도 했다.

베이케이션 스테이

법이 달라지면 새로운 시장이 열린다

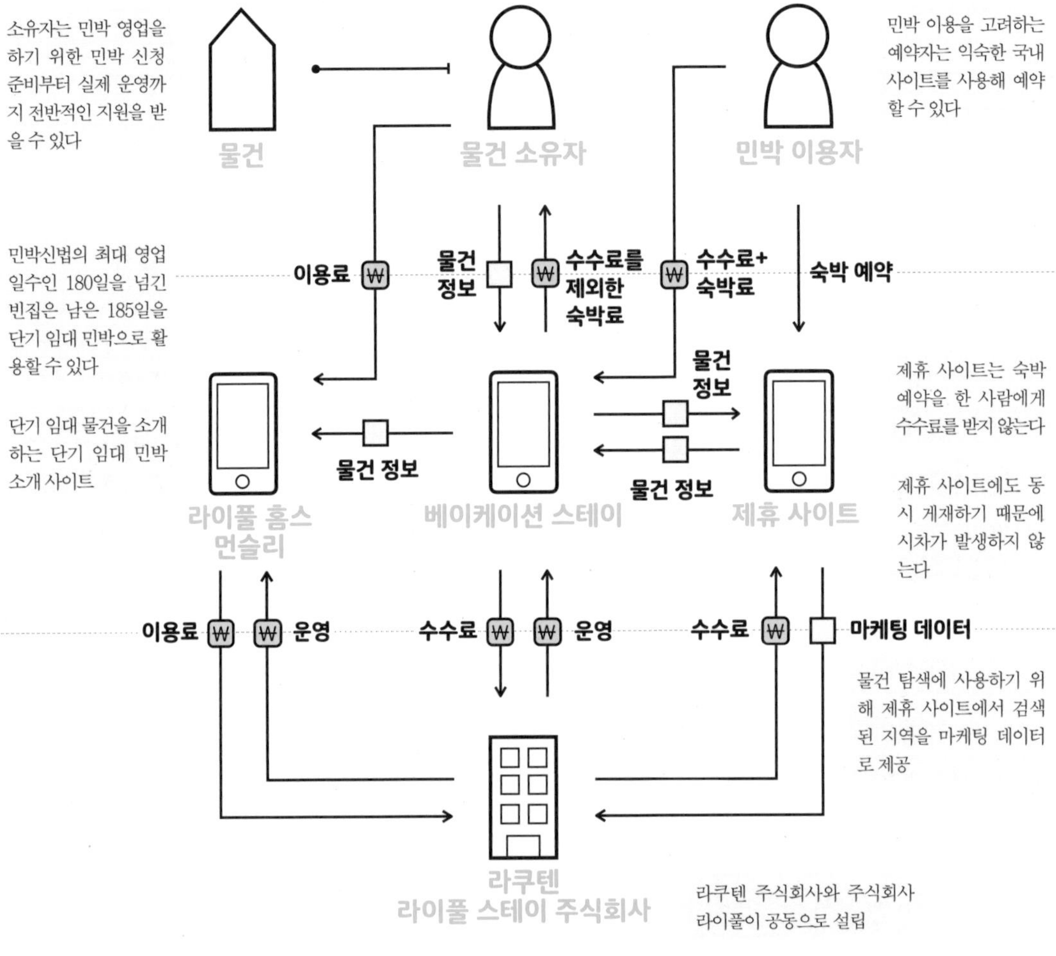
소유자는 민박 영업을 하기 위한 민박 신청 준비부터 실제 운영까지 전반적인 지원을 받을 수 있다
물건
물건 소유자
민박 이용자
민박 이용을 고려하는 예약자는 익숙한 국내 사이트를 사용해 예약할 수 있다
민박신법의 최대 영업일수인 180일을 넘긴 빈집은 남은 185일을 단기 임대 민박으로 활용할 수 있다
이용료
물건 정보
수수료를 제외한 숙박료
수수료+ 숙박료
숙박 예약
물건 정보
단기 임대 물건을 소개하는 단기 임대 민박 소개 사이트
제휴 사이트는 숙박 예약을 한 사람에게 수수료를 받지 않는다
물건 정보
물건 정보
제휴 사이트에도 동시 게재하기 때문에 시차가 발생하지 않는다
라이풀 홈스 먼슬리
베이케이션 스테이
제휴 사이트
이용료
운영
수수료
운영
수수료
마케팅 데이터
물건 탐색에 사용하기 위해 제휴 사이트에서 검색된 지역을 마케팅 데이터로 제공
라쿠텐 라이풀 스테이 주식회사
라쿠텐 주식회사와 주식회사 라이풀이 공동으로 설립

민박 중개 사이트 기점 — 정설: 물건을 1년 중 반년밖에 빌려주지 못한다

— 역설: 물건을 1년 내내 빌려줄 수 있다

에어비앤비와의 차별화를 노리다

베이케이션 스테이Vacation STAY는 부동산 소유자와 민박(일반주택을 숙박용으로 빌려줌) 이용자를 연결하는 중개 사이트다. 이 사이트는 대표적인 민박 중개 사이트라 할 수 있는 에어비앤비와는 조금 다른 서비스를 제공함으로써 차별화를 꾀하고 있다.

2013년, 일본의 빈집은 820만 호로 전체 주택 일곱 채 중 하나인 셈이었다. 일본 내 빈집은 매년 늘고 있어 문제가 상당히 심각하다. 민박은 빈집 문제를 해소할 효과적인 방법으로 주목받고 있지만, 2018년 6월에 주택 숙박 사업법(민박신법)이 제정됨에 따라 민박으로 빌려줄 수 있는 기간이 1년에 180일까지로 제한되었다. 남은 절반 이상의 기간을 어떻게 활용할 것이냐 하는 과제를 단기 임대 형식으로 해결한 것이 이 서비스의 핵심이다. 즉 '단기라면 1년 내내 빌려줄 수 있다'는 말이다. 또한 물건 소유자와 민박 이용자에게 수수료를 받아서 운영하는 비즈니스이기에 많은 물건을 확보하고 이용자를 늘리는 것이 중요한데, 이 사이트는 이 점에서도 강점이 있다.

물건 확보에 관해서는 주식회사 라이풀LIFULL이 보유한 네트워크를 이용한다. 라이풀은 베이케이션 스테이를 운영하는 라쿠텐 라이풀 스테이 주식회사의 주주로, 부동산·주택 정보 사이트를 운영하는 회사다. 일본에 800만 건이 넘는 물건을 취급하고 있어 정보량에서 업계 최고를 자랑하는 이 회사의 데이터에 접근할 수 있다는 것은 매우 큰 강점이다.

한편 더 많은 이용자를 끌어들이기 위해 외국의 숙박 예약 사이트와 제휴를 맺어 베이케이션 스테이에 정보를 올리면 외국 사이트에도 동시에 올라가는 시스템을 적용했다. 2018년 7월 기준, 제휴 해외 사이트는 부킹닷컴Booking.com과 홈어웨이HomeAway, 투지아途家, 에이시아요AsiaYo, 야놀자, 이렇게 다섯 개 회사다. 물건 정보를 더 빨리, 그리고 많은 사람에게 보여줄 수 있는 점에서 경쟁력을 갖추고 있다.

에크보클록

가게의 빈 공간이 나의 코인로커가 된다

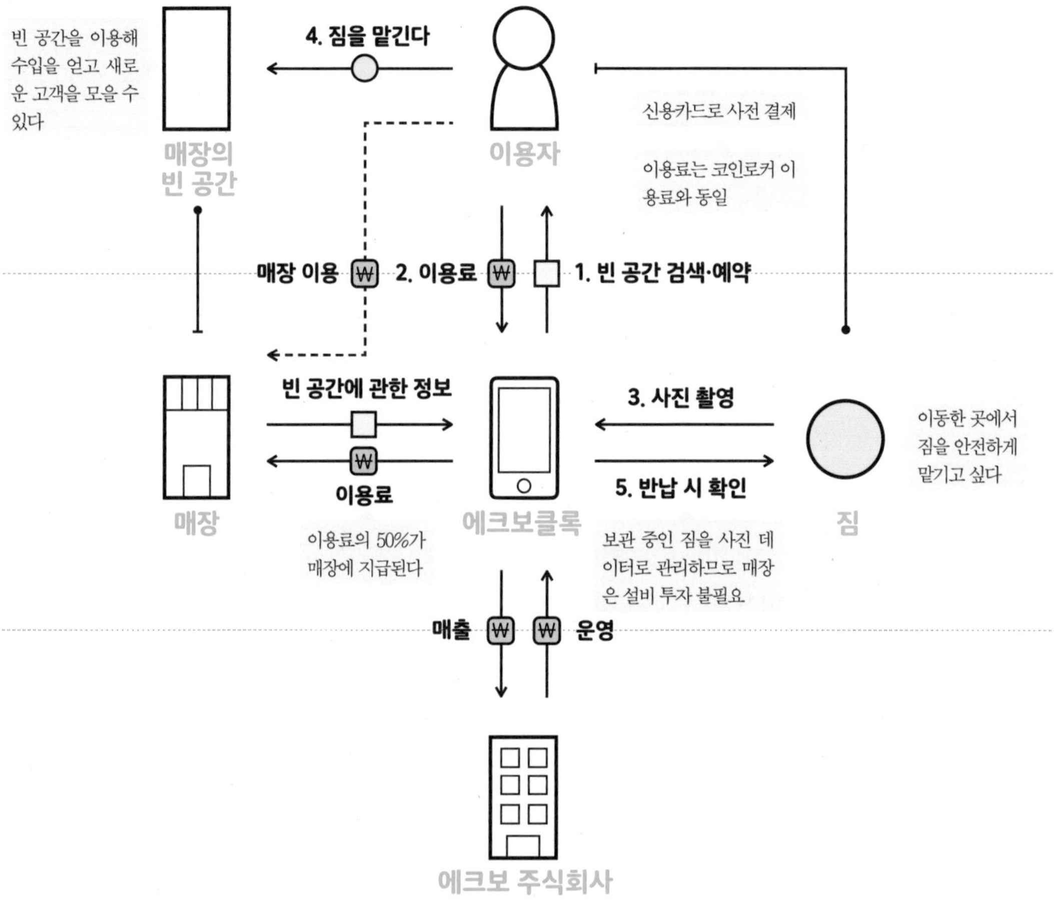
빈 공간을 이용해 수입을 얻고 새로운 고객을 모을 수 있다
4. 짐을 맡긴다
매장의 빈 공간
이용자
신용카드로 사전 결제
이용료는 코인로커 이용료와 동일
매장 이용
2. 이용료
1. 빈 공간 검색·예약
빈 공간에 관한 정보
이용료
3. 사진 촬영
5. 반납 시 확인
이동한 곳에서 짐을 안전하게 맡기고 싶다
매장
이용료의 50%가 매장에 지급된다
에크보클록
보관 중인 짐을 사진 데이터로 관리하므로 매장은 설비 투자 불필요
짐
매출
운영
에크보 주식회사

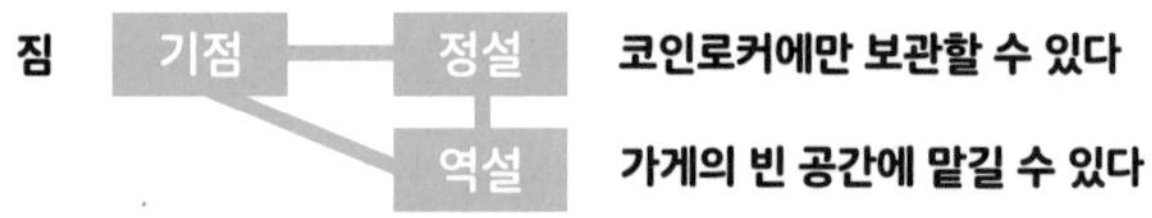
짐
기점
정설
역설
코인로커에만 보관할 수 있다
가게의 빈 공간에 맡길 수 있다

새로운 투자 없이 빈 공간만 있으면 된다

여행을 가거나 외출을 했을 때, 들고 있는 짐이 무거워서 짐을 맡긴 코인로커를 찾느라 몸은 몸대로 지치고 시간은 시간대로 허비한 적은 없는가? 에크보클록echo cloak은 그런 문제를 해결해준다.

에크보클록은 카페나 소매점 등에 있는 빈 공간을 이용해서 짐을 맡아주는 서비스다. 사용법도 간단해서, 짐을 맡기고 싶은 사람은 맡길 장소를 찾아서 예약만 하면 끝이다. 결제도 신용카드로 미리 지불할 수 있다. 요금은 코인로커와 같은 수준으로, 일반 가방 크기는 하루에 3,000원(세금 포함)이며 슈트케이스 크기는 하루에 6,000원(세금 포함)이다.

이용자는 당일에 예약한 가게에 가서 짐을 맡기면 된다. 짐을 맡기면 짐의 사진이 첨부된 증명 메일이 오며, 맡겼던 짐을 되찾을 때는 그 메일을 보여주면 된다.

기존의 코인로커처럼 열쇠를 갖고 다닐 필요도 없다. 수납 공간의 크기가 정해져 있는 코인로커에는 맡길 수 없는 악기나 스키 용품, 유모차도 맡길 수 있다. 매장도 비어 있는 공간을 이용해서 수입을 늘릴 수 있을 뿐만 아니라 가게를 이용하는 손님도 늘어나니 일석이조다. 새로운 설비 투자 없이 빈 공간만 활용하면 되므로 부담 없이 시작할 수도 있다. 가게 측은 이용료의 50퍼센트를 받는다.

최근에는 JR(일본철도)이나 일본우편과도 제휴를 시작해 짐을 맡길 수 있는 장소가 더욱 늘어났다(JR의 이용 요금은 6,000원부터). 일본 여행을 가는데 짐을 맡길 수 있는 곳이 마땅치 않다면 꼭 이용해보기 바란다.

오이식스

생산자와 소비자 모두가 좋아하는 신선 식품 배달 서비스

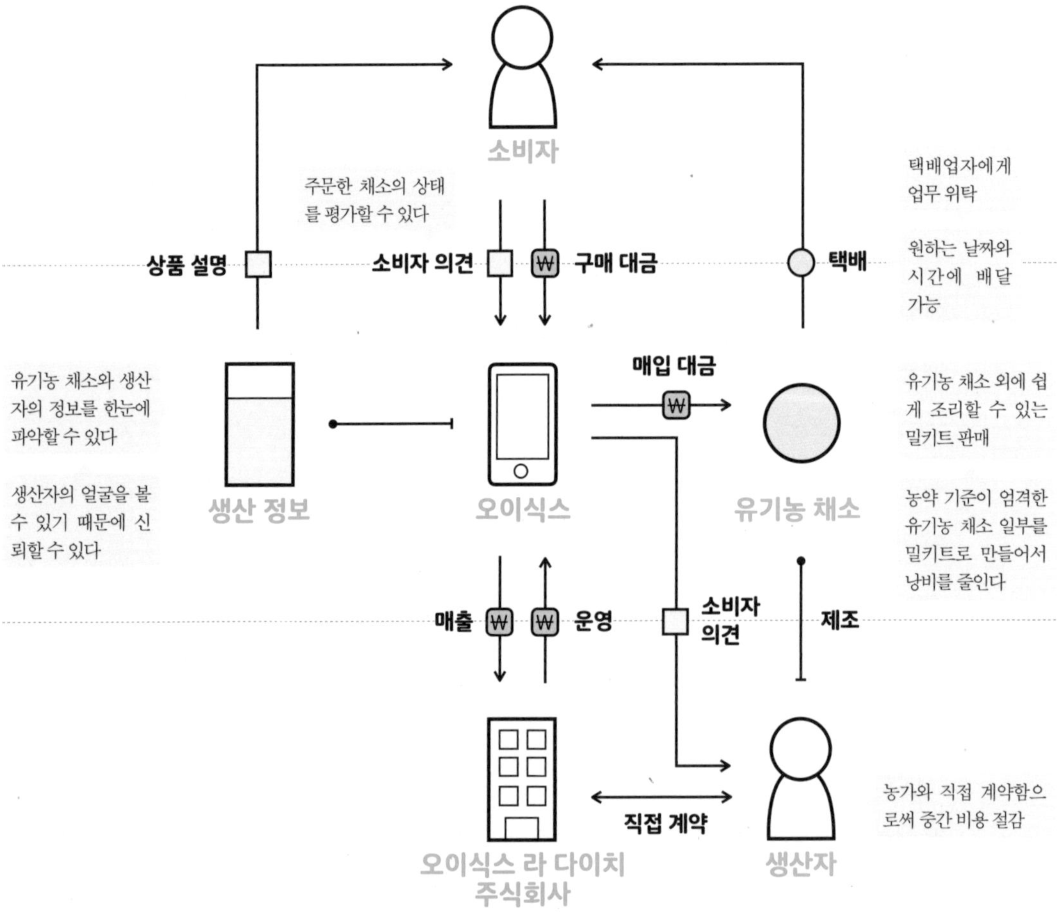
소비자
주문한 채소의 상태를 평가할 수 있다
택배업자에게 업무 위탁
상품 설명
소비자 의견
구매 대금
택배
원하는 날짜와 시간에 배달 가능
유기농 채소와 생산자의 정보를 한눈에 파악할 수 있다
생산자의 얼굴을 볼 수 있기 때문에 신뢰할 수 있다
매입 대금
유기농 채소 외에 쉽게 조리할 수 있는 밀키트 판매
생산 정보
오이식스
유기농 채소
농약 기준이 엄격한 유기농 채소 일부를 밀키트로 만들어서 낭비를 줄인다
매출
운영
소비자 의견
제조
농가와 직접 계약함으로써 중간 비용 절감
직접 계약
오이식스 라 다이치 주식회사
생산자

유기농 채소 배달

기점	정설	모양이 일정하지 않아서 불안하다
	역설	모양이 일정하지 않아도 안심할 수 있다

생산자의 얼굴을 알고 상품을 구매한다

오이식스Oisix를 통해 일본 최초로 신선 제품 택배 판매를 시작한 오이식스 라 다이치Oisix ra daichi는 '소비자와 생산자를 연결한다', '생산자가 노력에 걸맞은 보상을 받고 자부심을 느낄 수 있는 시스템을 구축한다' 등의 기업 철학을 내세워 소비자와 생산자로부터 높은 평가를 받고 있는 회사다. 최근 들어 경쟁자였던 '대지를 지키는 모임大地を守る会', '래디시보야らでぃっしゅぼーや'를 인수하며 성장에 더욱 박차를 가하고 있다.

지금까지 유기농 채소는 모양이 일정하지 않은 경우가 많아 소비자가 실제 상품을 보지 못하고 택배로 받아야 하는 구매 방식을 꺼리는 일이 많았다.

그러나 오이식스는 생산자가 재배한 상품에 대한 설명과 생산자의 프로필을 한눈에 확인할 수 있도록 사이트에 올려두었다. 그래서 실물을 보지 않고도 안심하고 상품을 선택해 구입할 수 있다. 또한 자녀가 있는 30대 여성을 주 타깃으로 삼아 유기농 채소뿐만 아니라 단시간에 요리를 즐길 수 있는 밀키트(간편 조리 세트)인 '키트 오이식스'도 제공하고 있다. 키트 오이식스는 종류도 다양하고 쉽게 만들 수 있으며 맛도 있어서 호평을 받고 있다. 택배도 업무 위탁함으로써 소비자의 세세한 니즈에 부응할 수 있도록 했다.

이 회사의 서비스는 소비자뿐만 아니라 생산자에게도 큰 이익을 준다. 주문한 상품을 소비자가 평가할 수 있어서 소매점에서는 듣기 힘든 구매자의 목소리를 직접 들을 수 있으며, 필요에 따라서는 생산자가 재배한 채소나 과일에 대한 마케팅이나 상품화도 지원하고 있다. 날로 먹어도 달고 맛있는 순무를 '복숭아순무'라는 이름으로 판매해 매출을 확대하고, 농약을 쓸 수 없어서 일정하지 않은 모양으로 자란 채소도 밀키트로 만들어 판매함으로써 낭비를 절감하고 있다.

요코하마 DeNA 베이스타스

지역 주민의 다양한 문화 공간이 된 야구장

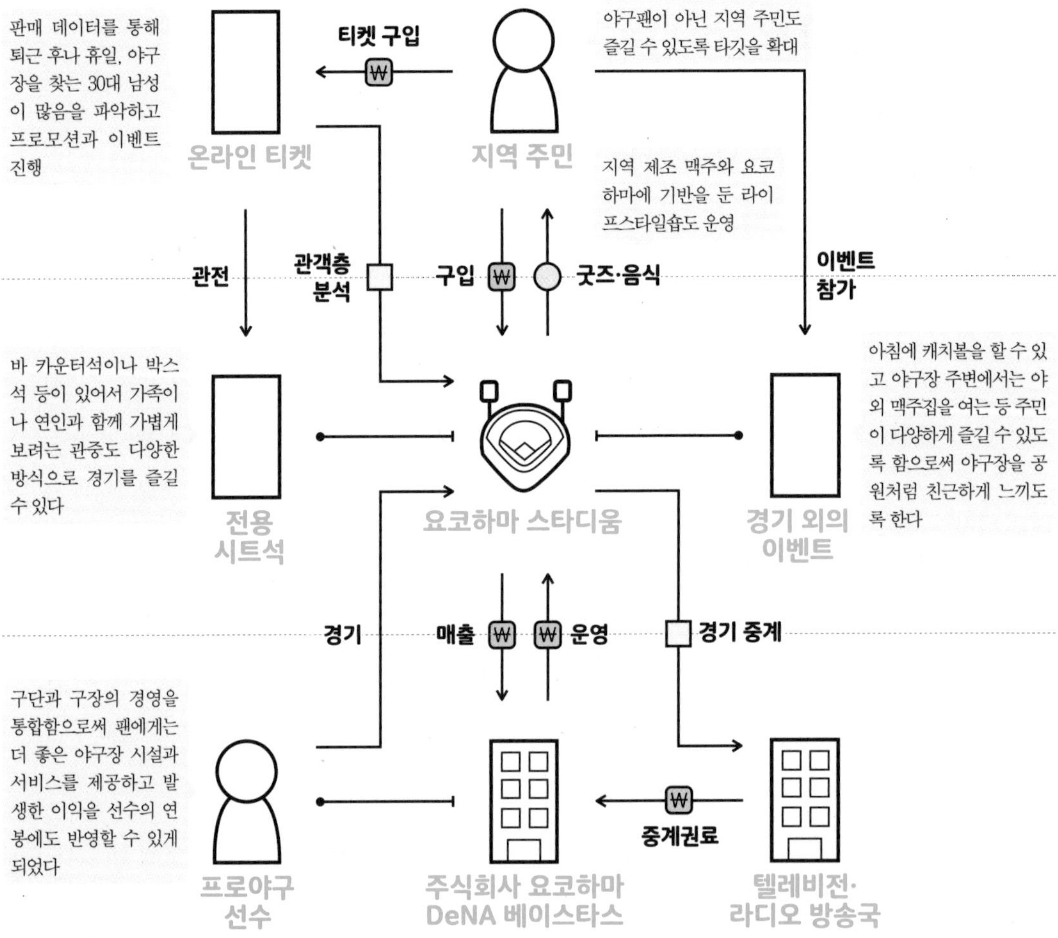
판매 데이터를 통해 퇴근 후나 휴일, 야구장을 찾는 30대 남성이 많음을 파악하고 프로모션과 이벤트 진행
티켓 구입
야구팬이 아닌 지역 주민도 즐길 수 있도록 타깃을 확대
온라인 티켓
지역 주민
지역 제조 맥주와 요코하마에 기반을 둔 라이프스타일숍도 운영
관전
관객층 분석
구입
굿즈·음식
이벤트 참가
바 카운터석이나 박스석 등이 있어서 가족이나 연인과 함께 가볍게 보려는 관중도 다양한 방식으로 경기를 즐길 수 있다
아침에 캐치볼을 할 수 있고 야구장 주변에서는 야외 맥주집을 여는 등 주민이 다양하게 즐길 수 있도록 함으로써 야구장을 공원처럼 친근하게 느끼도록 한다
전용 시트석
요코하마 스타디움
경기 외의 이벤트
경기
매출
운영
경기 중계
구단과 구장의 경영을 통합함으로써 팬에게는 더 좋은 야구장 시설과 서비스를 제공하고 발생한 이익을 선수의 연봉에도 반영할 수 있게 되었다
중계권료
프로야구 선수
주식회사 요코하마 DeNA 베이스타스
텔레비전·라디오 방송국

야구장 — 기점 — 정설: 야구 경기를 보러 가는 곳

야구장 — 기점 — 역설: 야구를 계기로 다양한 즐거움을 느낄 수 있는 곳

열성적인 야구팬이 아닌 사람도 즐길 수 있게 한다

프로야구팀 요코하마 디엔에이DeNA 베이스타스의 연간 관중 수는 2011년에 116만 명이었지만, 5년 후인 2016년에는 193만 명으로 1.7배라는 급성장을 이루었다. 지금도 요코하마 스타디움은 연일 매진 사례가 계속되고 있으며, 팀의 순위도 이에 보답이라도 하듯이 최근 수년 동안 꾸준히 높아지고 있다.

관중 수가 이렇게까지 늘어난 큰 이유는 열성적인 야구팬뿐만 아니라 가벼운 마음으로 회사 동료, 연인, 가족끼리 오는 관중들도 야구장으로 끌어들인 데 있다. 베이스타스는 요코하마 주민과의 거리를 좀 더 좁히고자 야구 경기 관람 이외에도 야구장을 찾을 수 있도록 접점을 만들고 있다. 그중 하나가 아침에 그라운드에서 캐치볼을 할 수 있는 날을 마련한 것인데, 출근 전에 가볍게 운동을 하고 싶은 직장인이나 프로야구 선수를 동경하는 아이들에게는 좋은 이벤트다. 그 밖에도 캠프 이벤트와 야외 맥주집 등을 개최함으로써 지역 주민이 야구장을 친숙하게 느끼도록 했다. 이러한 이벤트 등을 통해 자연스럽게 야구 경기를 보러 가기 위해 야구장을 찾은 사람도 많을 것이다.

경기를 보러 가면 가족이 모여서 함께 응원할 수 있는 박스석이나 술을 마시면서 경기를 볼 수 있는 입석 바 테이블 등 다양한 방식으로 즐길 수 있는 독특한 관중석이 준비되어 있다. 또한 야구장에서만 마실 수 있는 지역 제조 맥주나 야구팬이 아니더라도 일상생활에서 사용할 수 있는 굿즈도 판매하는 등, 라이트팬 층도 즐길 수 있는 요소를 가득 담았다.

이러한 노력으로 수익성이 높아져서 구단의 경영 상황이 좋아지면 결과적으로 그 수익을 선수의 연봉에 반영한다. 자연스럽게 팀의 단결력과 사기도 높아져 관중도 더 재미있는 경기를 즐길 수 있게 된다. 다양한 방법으로 야구장을 통해 선수와 지역 주민이 서로 관계를 맺으며 야구 문화를 활성화시키는 것이다.

‘물건’의 비즈니스 모델 정리

이번 장에서 소개한 사례는 ‘상품의 어떤 점이 새로운가?’에 따라 시공간, 제품·서비스, 유통의 세 가지로 분류할 수 있다.

물건

시공간

공간·시간을 공유해 새로운 가치를 만들어낸 사례

제품 · 서비스

전에 없었던 가치나 의미를 만든 사례

유통

물건이 이동하는 경로나 구조를 바꾼 사례

시공간을 활용한 기업

불레틴	리페이지
시티즌M	필 컴퍼니
스페셔스	나의 프렌치
네이버	에크보클록
카고	

‘스페셔스’는 낮에 비어 있는 레스토랑을 협업 공간으로 만들었다. ‘필 컴퍼니’는 동전 주차장 위의 빈 공간을 매장으로 바꿨다. ‘에크보클록’은 매장의 빈 공간을 짐을 보관하는 장소로 활용했다.

제품·서비스에 혁신을 만든 기업

필팩 / 오이식스 / 라이스코드 / 사카나밧카 / 에버레인 / 미래식당 / 와비파커 / 블루시드백 / 라이잡 / 프라이탁 / 베이케이션 스테이 / 요코하마 DeNA 베이스타스

‘에버레인’은 제품의 원가를 전부 공개함으로써 고객을 늘렸고, ‘필팩’은 약을 1회분씩 포장함으로써 약품 오용을 줄였다.

유통 흐름을 바꾼 기업

옵토로	서말리 포켓
듀플	머드 진
보노보스	일본환경설계
세이코마트	b8ta
사이제리야	와메이징

‘옵토로’는 반품된 상품을 재판매하는 루트를 만들어냈다. ‘일본환경설계’는 쓰레기를 재활용하는 흐름을 만들었다. ‘b8ta’는 매장에서 제품을 베타테스트하는 흐름을 만들었다.

제2장

돈

새로운 돈의 흐름을 만든다

가지고 있는 물건을 바로 현금화하는 법, 가상 화폐를 활용하는 법, 부담 없이 투자하는 법 등 지금까지 돈이 되지 않았던 영역이나 돈의 흐름이 막혀 있었던 영역에서 새로운 비즈니스 방식을 만들어낸 사례를 소개한다.

레모네이드

잉여금을 기부할 수 있는 인공지능 보험사

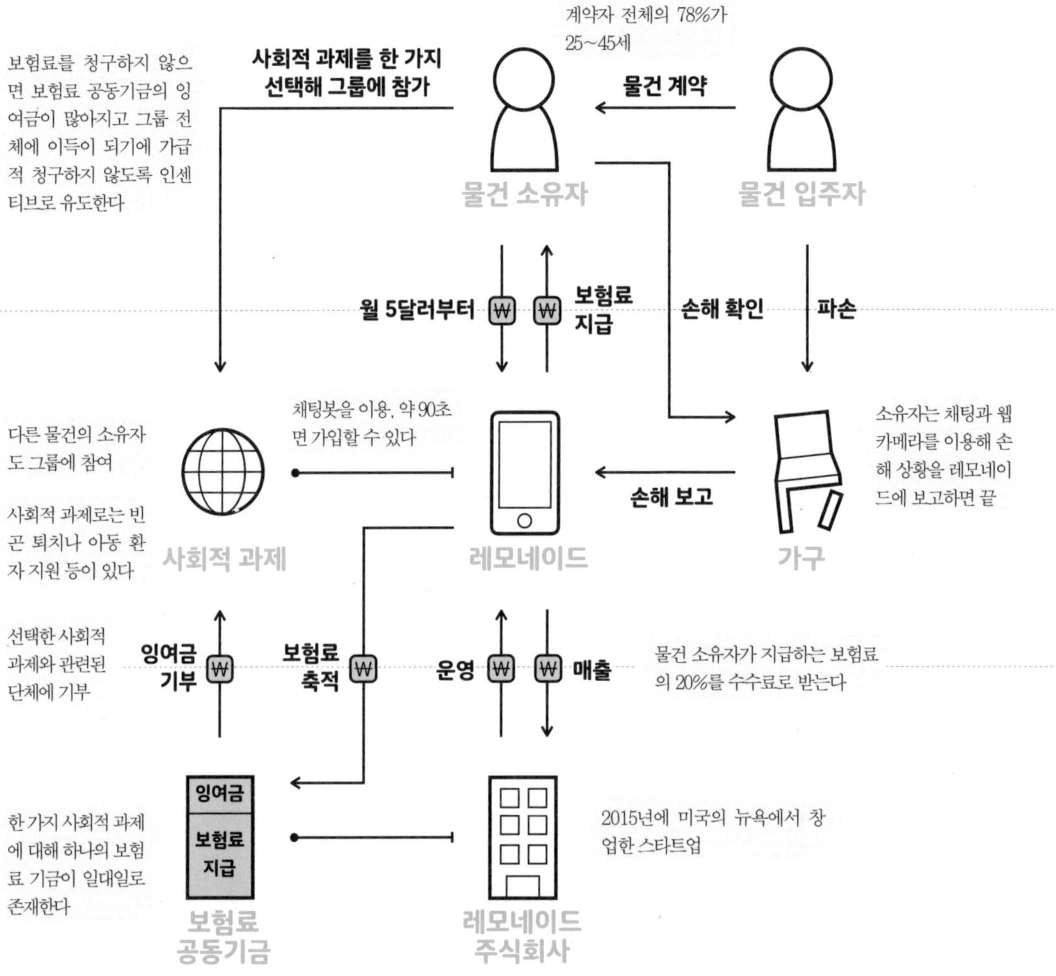
계약자 전체의 78%가 25~45세
보험료를 청구하지 않으면 보험료 공동기금의 잉여금이 많아지고 그룹 전체에 이득이 되기에 가급적 청구하지 않도록 인센티브로 유도한다
사회적 과제를 한 가지 선택해 그룹에 참가
물건 계약
물건 소유자
물건 입주자
월 5달러부터
보험료 지급
손해 확인
파손
채팅봇을 이용, 약 90초면 가입할 수 있다
다른 물건의 소유자도 그룹에 참여
사회적 과제로는 빈곤 퇴치나 아동 환자 지원 등이 있다
사회적 과제
레모네이드
손해 보고
가구
소유자는 채팅과 웹 카메라를 이용해 손해 상황을 레모네이드에 보고하면 끝
선택한 사회적 과제와 관련된 단체에 기부
잉여금 기부
보험료 축적
운영
매출
물건 소유자가 지급하는 보험료의 20%를 수수료로 받는다
잉여금
보험료 지급
한 가지 사회적 과제에 대해 하나의 보험료 기금이 일대일로 존재한다
보험료 공동기금
2015년에 미국의 뉴욕에서 창업한 스타트업
레모네이드 주식회사

보험의 잉여금 — 기점 — 정설: 보험사의 이익이 된다
— 역설: 공감하는 사회적 과제에 기부된다

보험에 AI와 행동경제학을 도입하다

2015년에 미국의 뉴욕에서 창업한 레모네이드Lemonade는 물건 소유자를 대상으로 한 물건 보험 서비스다. 보험료는 월 5달러부터며, 앱으로 가입이 가능해서 90초 정도면 가입을 마칠 수 있는 간편함이 강점이다.

보험업계와는 관계가 없는 일을 하던 두 사람이 창업한 회사여서 기존의 보험 회사와는 다른 요소가 많으며, 비즈니스 모델에 AI와 행동경제학을 도입한 것이 특징이다.

가장 큰 특징은 물건 소유자가 자신이 관심 있는 사회적 과제의 그룹에 참가한다는 것이다. 사회적 과제로는 빈곤 퇴치나 아동 환자 지원 등이 있으며, 나아가 그룹별로 공동기금이 준비되어 있다. 일반적으로 보험료의 잉여금은 보험사의 이익이 되는데, 레모네이드의 경우 잉여금이 사회적 과제와 관련된 단체에 기부되도록 설계되어 있다. 따라서 물건 소유자가 보험금을 청구하지 않으면 잉여금이 쌓여서 더 많은 돈을 기부할 수 있게 된다. 이것은 같은 그룹에 소속된 다른 물건 소유자도 마찬가지다. 요컨대 가구가 파손되어도 잉여금이 줄지 않도록 가급적 보험금을 청구하지 않도록 인센티브로 유도한다. 공감하는 사회적 문제 해결을 위해 기부하는 방식이 사회적 문제에 관심이 많은 밀레니얼 세대(미국에서 2000년대에 성인 혹은 사회인이 된 세대)에게 효과적으로 접근하고 있는 것이다.

2018년 7월 기준, 레모네이드는 뉴욕과 캘리포니아 등 20개 주에서 보험 서비스를 제공하고 있다. 또한 일본의 소프트뱅크가 1억 2,000만 달러를 출자해 화제가 되기도 했다.

폴카

친구에게 돈을 지원받는 크라우드펀딩

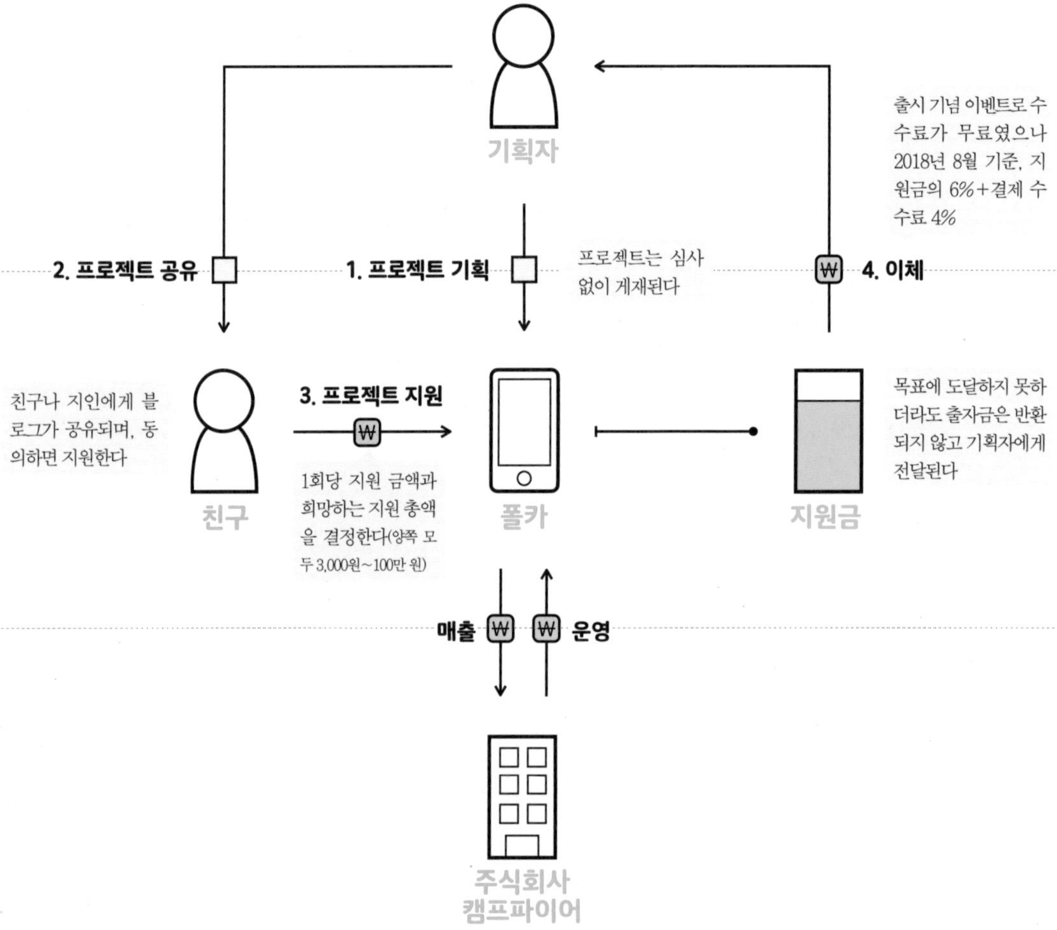
기획자
출시 기념 이벤트로 수수료가 무료였으나 2018년 8월 기준, 지원금의 6%+결제 수수료 4%
2. 프로젝트 공유
1. 프로젝트 기획
프로젝트는 심사 없이 게재된다
₩
4. 이체
친구나 지인에게 블로그가 공유되며, 동의하면 지원한다
3. 프로젝트 지원
₩
목표에 도달하지 못하더라도 출자금은 반환되지 않고 기획자에게 전달된다
친구
1회당 지원 금액과 희망하는 지원 총액을 결정한다(양쪽 모두 3,000원~100만 원)
폴카
지원금
매출
₩
₩
운영
주식회사 캠프파이어

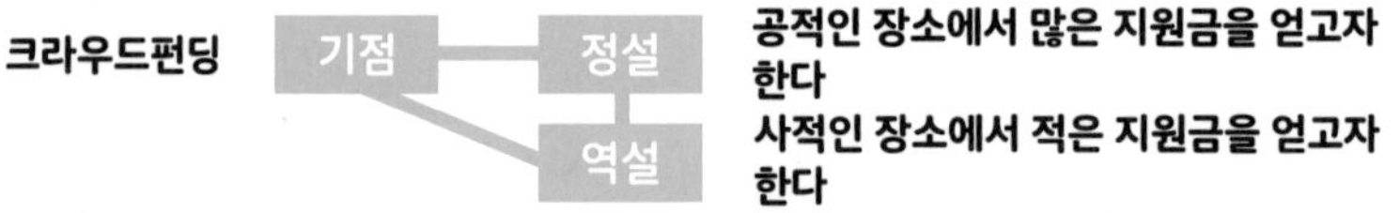
크라우드펀딩
기점
정설
역설
공적인 장소에서 많은 지원금을 얻고자 한다
사적인 장소에서 적은 지원금을 얻고자 한다

단돈 3,000원에 심사 없이 진행되는 크라우드펀딩

폴카polca는 크라우드펀딩으로 유명한 주식회사 캠프파이어CAMPFIRE의 새로운 서비스다. 친구에게 최소 3,000원부터 최대 100만 원까지 투자받을 수 있다. 펀딩해준 사람에게 보상을 제공하는 것은 일반적인 크라우드펀딩과 같지만, 친구에게서 자금을 조달한다고 해서 '프렌드펀딩Friend+Funding'이라고 부른다.

이 서비스의 핵심은 3,000원이라는 소액으로도 펀딩할 수 있게 하고 프로젝트 심사를 없앤 것이다. 그래서 펀딩을 바라는 이용자는 아이디어가 떠오르면 곧바로 프로젝트를 시작할 수 있다. 이와 같은 특징은 '돈을 좀 더 원활하게, 돈으로 좀 더 원활하게, 돈이 커뮤니케이션과 함께하는 세계를 지향하며'라는 기업 이념에서도 그대로 드러난다.

폴카의 서비스를 지켜보면 "컴퓨터가 망가져서 새로운 맥북을 사고 싶다" 같은 노골적으로 사적인 프로젝트에는 거의 지원금이 모이지 않음을 알 수 있다. '개인적으로 필요하면 자신의 돈으로 해결해야 한다'라고 생각하는 사람이 많기 때문인지도 모른다. 한편 비영리 단체 등이 하는 이타적인 프로젝트에는 비교적 지원금이 쉽게 모이기 때문에 최근에는 폴카를 이용하는 비영리 단체가 빠르게 등장하고 있다. 또한 "고기를 먹고 싶으니 돈 좀 보내 줘" 같은 사적이지만 재미로 하는 의도가 명백한 프로젝트에 의외로 지원금이 잘 모인다는 점도 흥미롭다. 소액으로 지원할 수 있는 서비스이기에 나타나는 현상일 것이다.

아무래도 지원 자체보다는 '지원자와 느슨하게 연결될 수 있다'는 점이 이용자의 관심을 끄는 듯하다. 폴카는 2017년에 서비스를 시작한 지 1개월 만에 이용자가 3만 명을 돌파하는 등 인기를 모으고 있다.

타임뱅크

이제 시간도 사고파는 시대가 온다

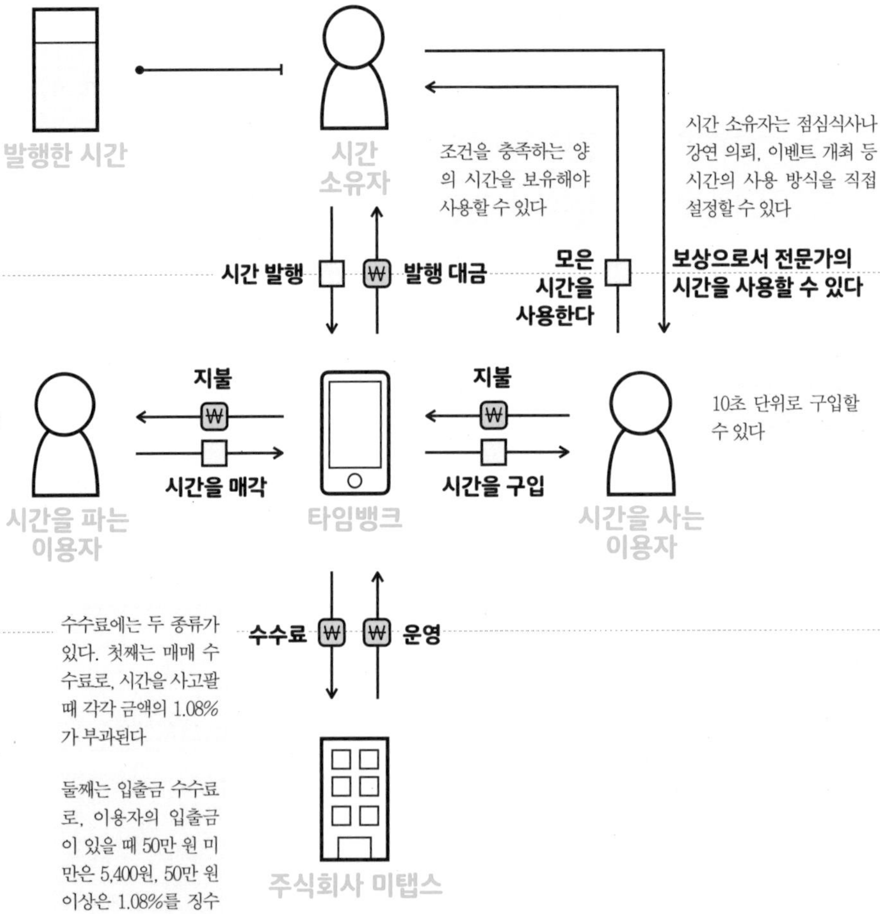

심사를 통과한 사람만이 시간을 발행할 수 있다

SNS 계정 등을 미탭스가 심사해 어느 정도 영향력이 있다고 판단되면 시간 소유자가 될 수 있다

조건을 충족하는 양의 시간을 보유해야 사용할 수 있다

시간 소유자는 점심식사나 강연 의뢰, 이벤트 개최 등 시간의 사용 방식을 직접 설정할 수 있다

이용자는 보유한 시간을 사고팔 수 있다

개인의 시간이나 기술을 사고팔 수 있는 서비스는 그 밖에도 있지만, 타임뱅크에서는 이용자가 다른 이용자의 시간을 거래할 수 있다는 점이 크게 다르다

10초 단위로 구입할 수 있다

수수료에는 두 종류가 있다. 첫째는 매매 수수료로, 시간을 사고팔 때 각각 금액의 1.08%가 부과된다

둘째는 입출금 수수료로, 이용자의 입출금이 있을 때 50만 원 미만은 5,400원, 50만 원 이상은 1.08%를 징수한다

시간 — 기점 — 정설: 돈으로 사고팔 수 없다

시간 — 기점 — 역설: 돈으로 사고팔 수 있다

유명인을 만나거나 시간을 팔아 이익을 남긴다

타임뱅크Timebank는 개인의 시간을 사고팔 수 있는 플랫폼 서비스다. 전자 결제와 데이터 솔루션 사업을 하는 주식회사 미탭스Metaps가 운영하고 있다.

옛날부터 '시간은 돈으로 살 수 없는 것'으로 여겨져왔지만, 타임뱅크는 이 상식을 뒤엎었다. 지금까지와는 다른 의미에서 '시간은 돈'이라는 가치를 실현한 놀라운 서비스다.

먼저, 경영자나 운동선수 등 유명인 또는 전문가가 '시간 발행'을 신청한다. 시간 발행은 일반 기업의 주식 상장과 같은 역할로, 기업과 마찬가지로 심사를 받아야 한다. 타임뱅크에서는 '영향력 점수'를 판단 기준으로 삼는다. 구체적인 산정법은 알려져 있지 않지만, 신청자의 SNS 팔로워 수나 SNS에 올린 글의 내용을 기준으로 판단하는 듯하다.

이용자는 심사에 통과한 유명인들의 시간을 10초 단위로 사고팔 수 있다. 시간을 구입함으로써 이용자가 얻는 이익 중 하나는 '보상'이다. 보상은 10초 단위로 사고팔 수 있는 시간을 일정량 이상 모은 이용자가 얻는 권리다. '경영자에게 컨설팅을 받을 권리', '가수의 라이브를 사적으로 들을 권리' 등 종류는 다양하다. 보고 싶은 유명인을 만나기 위해서 시간을 사는 이용자도 분명히 있을 것이다.

또 한 가지 이익은 '시간 매매'다. 이 매매 시스템은 타임뱅크가 다른 서비스와 차별화되는 점이다. 컨설팅이나 집안일 대행을 해주는 서비스는 시중에 많지만, 그런 서비스들은 어디까지나 돈과 서비스가 직접 연결되어 있다. 돈을 내면 서비스를 받는 방식이다. 반면 타임뱅크에서는 시간을 사더라도 서비스(보상)를 반드시 받을 필요는 없다. 그 시간을 원하는 다른 사람이 있다면 그 사람과 거래해서 차익을 챙길 수도 있다. 물론 거래도 하지 않고 보상도 받지 않은 채 그저 보유만 해도 된다.

캐시

사진을 찍어 올리는 것만으로 갖고 있는 물건이 현금화된다

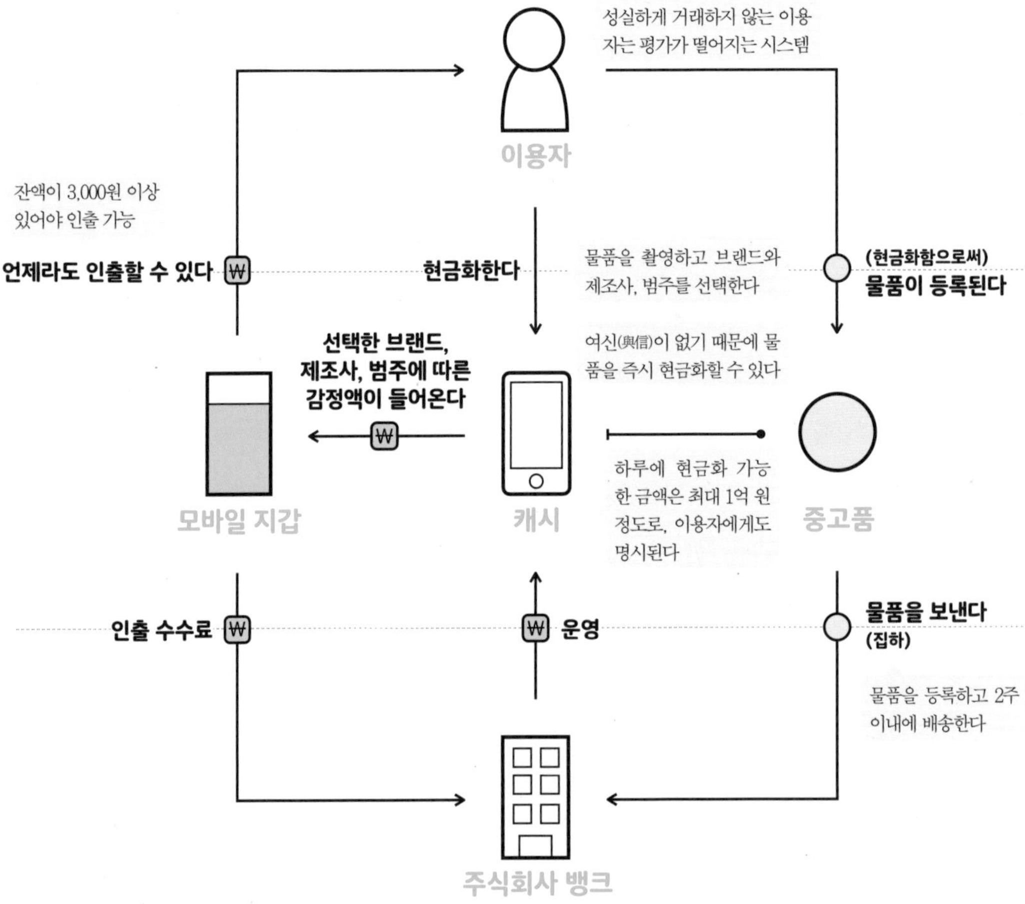

성실하게 거래하지 않는 이용자는 평가가 떨어지는 시스템
이용자
잔액이 3,000원 이상 있어야 인출 가능
언제라도 인출할 수 있다
현금화한다
물품을 촬영하고 브랜드와 제조사, 범주를 선택한다
(현금화함으로써)
물품이 등록된다
선택한 브랜드, 제조사, 범주에 따른 감정액이 들어온다
여신(與信)이 없기 때문에 물품을 즉시 현금화할 수 있다
하루에 현금화 가능한 금액은 최대 1억 원 정도로, 이용자에게도 명시된다
모바일 지갑
캐시
중고품
인출 수수료
운영
물품을 보낸다
(집하)
물품을 등록하고 2주 이내에 배송한다
주식회사 뱅크

중고품을 판다 | 기점 | 정설 | 물건을 보내고 돈을 받는다

역설 | 돈부터 받고 물건을 보낸다

인간에 대한 신뢰를 바탕으로 돈을 먼저 준다

갖고 있는 물품을 팔아서 돈을 마련하고 싶지만 그럴 시간조차 없을 만큼 급하게 돈이 필요한 상황이 있다. 캐시CASH는 이런 상황에서도 즉시 현금을 구할 수 있는 시스템을 구축한 앱이다. 자신이 갖고 있는 물품을 즉시 현금화할 수 있는 이 서비스의 시스템은 단순하면서도 훌륭하다. 다음의 세 단계를 거치면 완료된다.

① 대상 물품의 사진을 찍는다
② 물품의 브랜드/제조사/범주를 선택하면 감정을 거쳐 현금화된다
③ 물품을 2주 이내에 배송한다

물품을 촬영한 사진만으로 즉시 현금화가 가능한 이유는 물품의 브랜드와 제조사, 범주를 기준으로 감정하는 시스템 덕분이다. 감정액이 모바일 지갑으로 들어오고, 이용자는 즉시 현금을 인출할 수 있다. 물품 배송도 앱을 통해서 간단하게 설정할 수 있다는 점 또한 시간이 없는 현대인에게 매력적인 요소일 것이다.

기본 시스템은 기존에도 있었던 중고품 거래 서비스이지만, '먼저 돈을 받고 나서 상품을 보낸다'라는 역설을 실현했다. 누군가가 이 시스템을 먼저 떠올렸더라도 리스크가 너무 큰 까닭에 실현하기는 어려웠을 것이다. 그러나 '인간에 대한 신뢰를 바탕으로 기존 시스템을 바꾼다'라는 과감한 결단이 있었기에 서비스를 시작한 지 불과 16시간 만에 30억 원 이상이 현금화되고, 2017년 11월에 합동회사 DMM.com이 700억 원에 인수할 정도의 파급력을 만들어낼 수 있었다.

알리스

신뢰할 수 있는 글과 사람을 알 수 있는 미디어 플랫폼

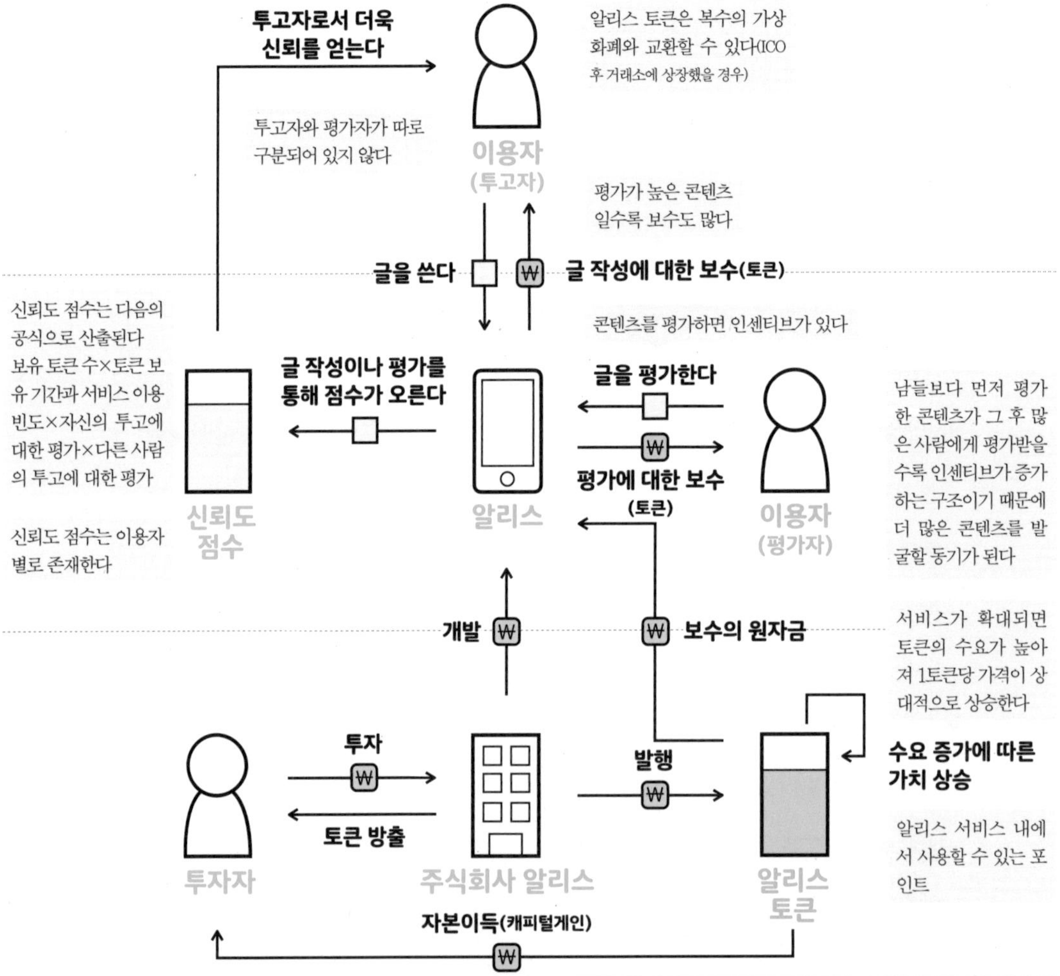
투고자로서 더욱 신뢰를 얻는다
알리스 토큰은 복수의 가상 화폐와 교환할 수 있다(ICO 후 거래소에 상장했을 경우)
투고자와 평가자가 따로 구분되어 있지 않다
이용자 (투고자)
평가가 높은 콘텐츠일수록 보수도 많다
글을 쓴다
글 작성에 대한 보수(토큰)
신뢰도 점수는 다음의 공식으로 산출된다
보유 토큰 수×토큰 보유 기간과 서비스 이용 빈도×자신의 투고에 대한 평가×다른 사람의 투고에 대한 평가
신뢰도 점수는 이용자별로 존재한다
콘텐츠를 평가하면 인센티브가 있다
글 작성이나 평가를 통해 점수가 오른다
글을 평가한다
평가에 대한 보수 (토큰)
남들보다 먼저 평가한 콘텐츠가 그 후 많은 사람에게 평가받을수록 인센티브가 증가하는 구조이기 때문에 더 많은 콘텐츠를 발굴할 동기가 된다
신뢰도 점수
알리스
이용자 (평가자)
개발
보수의 원자금
서비스가 확대되면 토큰의 수요가 높아져 1토큰당 가격이 상대적으로 상승한다
투자
토큰 방출
발행
수요 증가에 따른 가치 상승
알리스 서비스 내에서 사용할 수 있는 포인트
투자자
주식회사 알리스
알리스 토큰
자본이득(캐피털게인)

미디어의 비즈니스 모델

기점	
정설	페이지 뷰를 기준으로 한 광고 수익에 의존한다
역설	광고 수익에 의존하지 않는 평가주의로 이익을 창출한다

기사를 평가하는 사람에게도 인센티브가 있다

최근 들어 인터넷에 올라오는 콘텐츠의 질과 신뢰도가 낮아 문제되고 있는데, 알리스ALIS는 신뢰할 수 있는 글과 사람을 알 수 있는 미디어다.

이 서비스는 '인터넷 미디어는 광고 수익 모델에 의존하면 페이지뷰PV에 얽매일 수밖에 없게 된다'라는 문제의식에서 출발했다. 페이지뷰에 인센티브가 걸려 있기 때문에 페이지뷰를 올리기 위해 자극적인 콘텐츠를 양산함으로써 결국 콘텐츠의 질이 떨어지기 쉽다는 것이다.

알리스는 이러한 구조적 문제를 시스템을 통해 해결하려는 미디어 플랫폼이다. 그래서 글을 쓴 사람에게 금전적인 인센티브가 있을 뿐만 아니라 기사를 평가하는 사람에게도 금전적인 인센티브가 발생한다. 게다가 훌륭한 콘텐츠를 남들보다 일찍 발굴하면 받는 인센티브는 더욱 높아진다. 이는 더 좋은 콘텐츠를 발굴하려는 동기를 자극한다.

글을 투고한 사람은 그 글의 평가가 높을수록 많은 보수를 받는다. 기사 작성이나 평가를 통해 신뢰도 점수가 높아져 투고자로서도 신뢰를 얻을 수 있다. 그렇다면 인센티브 자금은 어디에서 나올까? 이는 가상 화폐를 통한 자금조달ICO로 해결했다. 알리스가 가상 화폐 거래소에 상장된 뒤에는 글을 투고하거나 평가해서 확보한 보수(토큰)를 자유롭게 복수의 가상 화폐와 교환할 수 있게 된다.

기존 광고 수익 모델에 의지하지 않고 더 나은 콘텐츠가 높은 평가를 받는 생태계를 만들고 있다는 점이 이 미디어가 기존의 미디어와 차별화되는 부분이자 최대의 강점이다.

모바이크

신용 점수를 바탕으로 한 자전거 공유 서비스

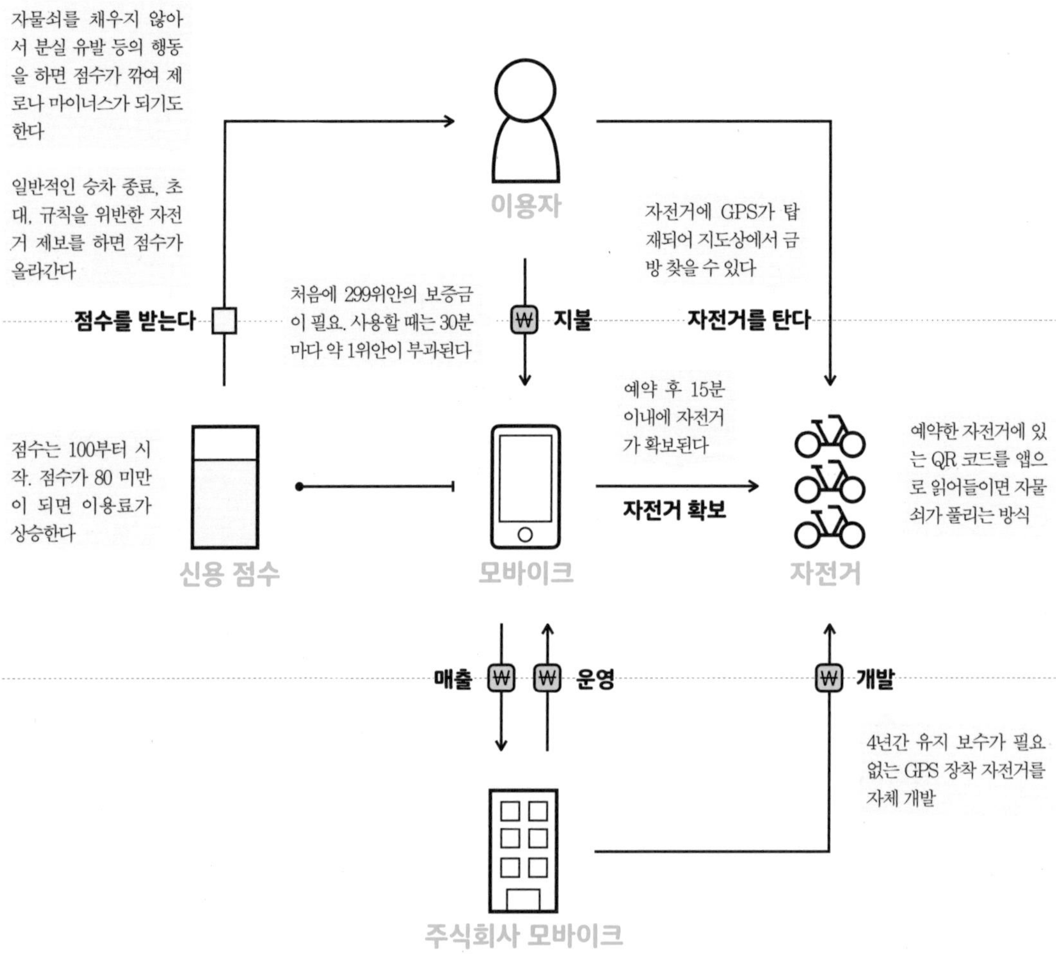
자물쇠를 채우지 않아서 분실 유발 등의 행동을 하면 점수가 깎여 제로나 마이너스가 되기도 한다
일반적인 승차 종료, 초대, 규칙을 위반한 자전거 제보를 하면 점수가 올라간다
이용자
자전거에 GPS가 탑재되어 지도상에서 금방 찾을 수 있다
점수를 받는다
처음에 299위안의 보증금이 필요. 사용할 때는 30분마다 약 1위안이 부과된다
₩ 지불
자전거를 탄다
예약 후 15분 이내에 자전거가 확보된다
점수는 100부터 시작. 점수가 80 미만이 되면 이용료가 상승한다
자전거 확보
예약한 자전거에 있는 QR 코드를 앱으로 읽어들이면 자물쇠가 풀리는 방식
신용 점수
모바이크
자전거
매출 ₩
₩ 운영
₩ 개발
4년간 유지 보수가 필요 없는 GPS 장착 자전거를 자체 개발
주식회사 모바이크

공유 자전거 — 기점 — 정설: 이용 매너와 상관없이 사용료가 일정하다

공유 자전거 — 기점 — 역설: 이용 매너에 따라 사용료가 다르다

모바이크Mobike는 2016년 4월에 상하이에서 시작된 자전거 공유 서비스다. 2018년 기준, 세계 200개 이상 도시에서 서비스를 제공하고 있으며, 2억 명이 넘는 등록자가 800만 대의 자전거를 최대 3,000만 회 이용하고 있다. 지금까지 자동차 124만 대분의 이산화탄소를 절감한 만큼 친환경적이다.

이 서비스는 이용 매너에 따라 사용료가 달라지는 특징을 가지고 있다. 지금까지 자전거 대여 서비스가 없었던 것은 아니지만, 자전거가 반납되지 않거나 도난당하거나 망가지는 등의 문제가 있었다. 요컨대 사용자의 높은 윤리의식이 요구되어 사업화하기가 상당히 어려웠다. 모바이크는 자전거 공유 서비스 특유의 과제를 신용 점수에 기반을 둔 인센티브와 패널티를 통해 해결하고 있다. 신용 점수는 이용자 확대에도 이용되어, 이용자가 친구를 모바이크에 초대하면 점수를 받을 수 있다.

모바이크는 위챗WeChat(중국의 메신저 앱)을 통해서 이용할 수 있고, 결제도 위챗 페이WeChat Pay라는 스마트폰 결제 플랫폼을 이용할 수 있다. 모바이크를 타기까지의 장벽을 상당히 낮춘 점도 훌륭하다.

이용료 외의 수입으로는 보증금이 있다. 1인당 약 299위안의 보증금이 1,000만 명분이나 있으므로 몇 퍼센트 수익률로 운용하기만 해도 상당한 수입이 된다. 모바이크는 일본에도 상륙했는데, 삿포로를 시작으로 전국으로 확대될 예정이다(한국에서도 2018년 1월에 수원에서 서비스를 시작했다-옮긴이). 2017년 12월에 모바이크 재팬과 라인LINE이 자본 업무 제휴를 체결했다.

도코모 바이크셰어나 메르카리, 편의점 업계도 자전거 공유 사업에 뛰어드는 등, 이 시장은 서서히 레드오션이 되어 가고 있다. 각국의 이용 매너와 문화, 설치 장소의 다양함, 앱을 통한 자전거의 이용 편의성, 결제의 원활함 등이 사업 확대의 열쇠가 될 것으로 보인다.

038

펀드박스

핀테크로 자금 조달의 어려움을 해결하다

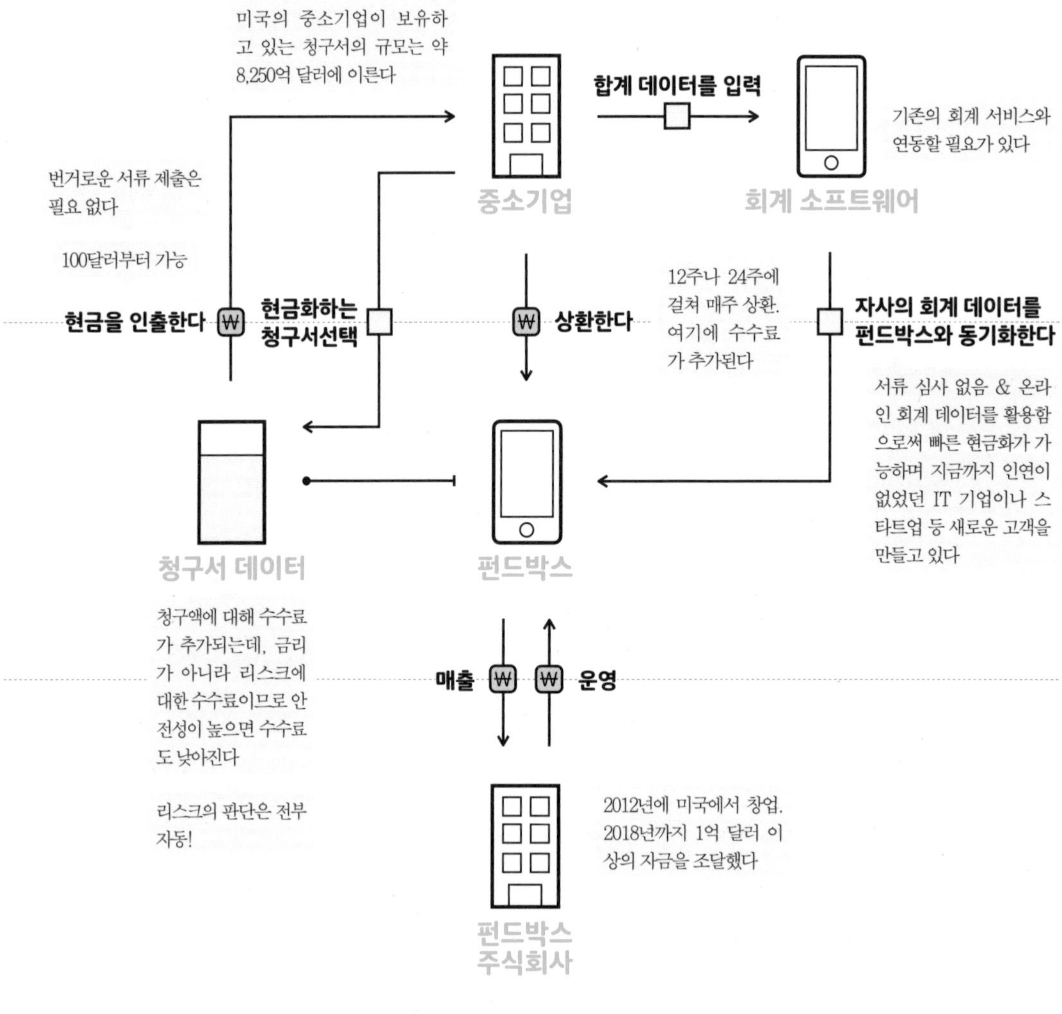
미국의 중소기업이 보유하고 있는 청구서의 규모는 약 8,250억 달러에 이른다
합계 데이터를 입력
기존의 회계 서비스와 연동할 필요가 있다
번거로운 서류 제출은 필요 없다
중소기업
회계 소프트웨어
100달러부터 가능
12주나 24주에 걸쳐 매주 상환. 여기에 수수료가 추가된다
현금을 인출한다
현금화하는 청구서선택
상환한다
자사의 회계 데이터를 펀드박스와 동기화한다
서류 심사 없음 & 온라인 회계 데이터를 활용함으로써 빠른 현금화가 가능하며 지금까지 인연이 없었던 IT 기업이나 스타트업 등 새로운 고객을 만들고 있다
청구서 데이터
펀드박스
청구액에 대해 수수료가 추가되는데, 금리가 아니라 리스크에 대한 수수료이므로 안전성이 높으면 수수료도 낮아진다
매출
운영
리스크의 판단은 전부 자동!
2012년에 미국에서 창업. 2018년까지 1억 달러 이상의 자금을 조달했다
펀드박스 주식회사

팩토링 서비스
(외상 매출 채권을 매각하여 현금화)
기점
정설
서류 심사가 번거롭다
역설
서류 심사가 없다

채권을 서류 심사 없이 즉시 현금화할 수 있다

다른 회사의 외상 매출 채권을 사들인 뒤 그 돈을 회수하는 금융 서비스를 '팩토링factoring'이라고 부른다. 2012년에 창업한 펀드박스Fundbox는 현재 이 분야에서 엄청난 기세로 성장하고 있는 미국 기업으로, 벌써 1억 달러가 넘는 자금을 조달했다. 수요가 증가하거나 딱히 새로운 영역도 아닌데 어떻게 빠른 성장과 거액의 자금 조달을 이루어낼 수 있었을까?

일반적으로 팩토링에서는 서류 심사가 필수다. 외상 매출 채권을 사들일 때 리스크를 최대한 정확히 판단해야 하기 때문이다. 그런데 이것이 매우 번거로운 절차여서, 기업 입장에서는 서류 제출 등에 상당한 시간과 수고가 들어간다. 그러나 펀드박스에는 서류 심사가 전혀 없다. 온라인 회계 소프트웨어와의 연동을 필수화함으로써 무심사를 가능케 했다. 여기에서 기업의 회계 데이터를 읽어들여 자동으로 리스크를 산출한 뒤 리스크에 대한 수수료를 추가하는 것이다.

중소기업 등 소규모 비즈니스의 경우, 은행에서 융자를 받는 것 자체가 어려워 자금 조달 문제를 해결할 방법이 많지 않은데, 그럴 때 외상 매출 채권을 현금화할 수 있다. 게다가 번거로운 서류 제출 절차 등을 거칠 필요 없이 회계 데이터를 동기화시키면 즉시 현금을 인출할 수 있다. 지금까지 자금 조달에 어려움을 겪어도 팩토링을 이용하지 않았던 스타트업 기업을 비롯해 이미 10만 개가 넘는 기업이 이 서비스를 이용했다고 한다.

펀드박스는 현재 유행하고 있는 핀테크 기업이지만, 기술력과 새로운 시장을 찾은 안목이 높은 평가를 받고 있다. 현재는 다양한 유사 서비스가 등장했지만 자금 조달에 어려움을 겪는 기업을 위한 선택지는 많을수록 좋을 것이다.

캔셀

호텔 예약을 취소하는 대신 판매한다

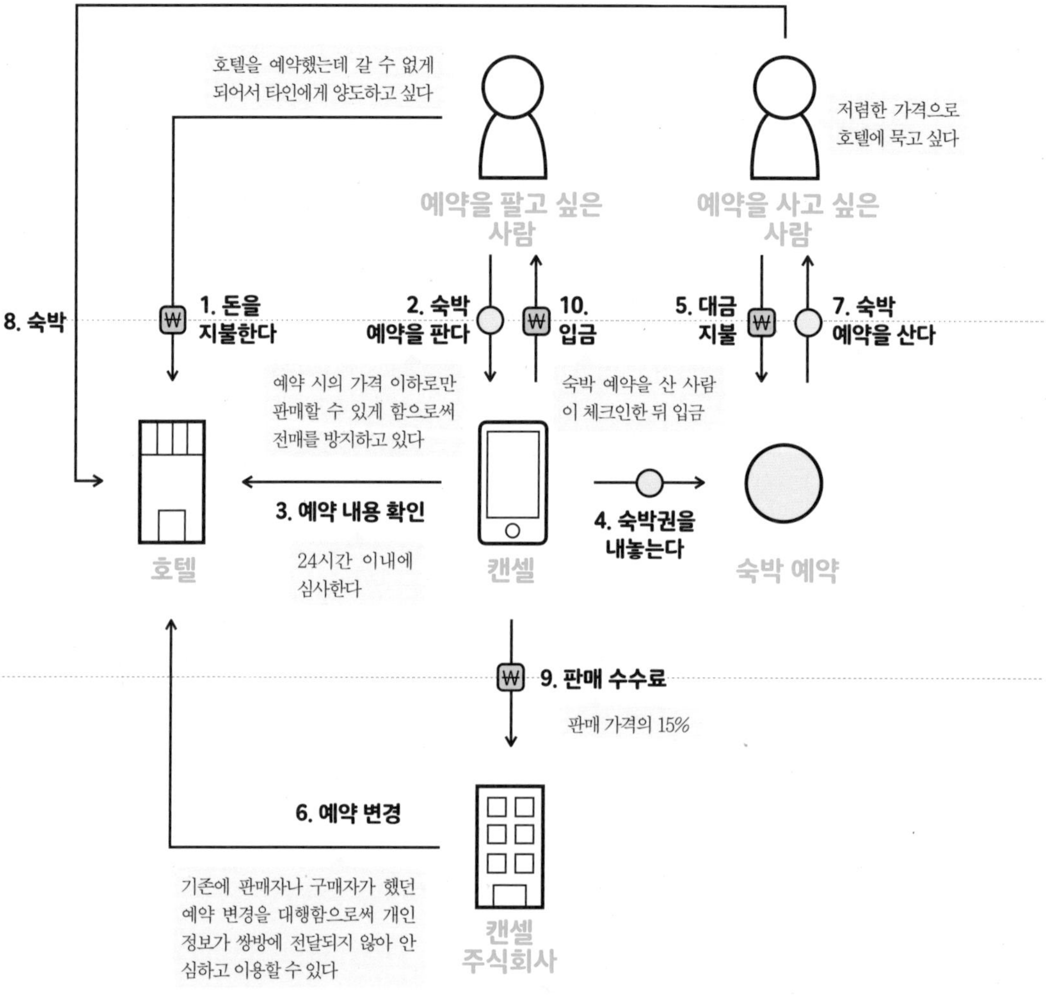

취소할 수밖에 없는 숙박 예약 | 기점 — 정설 | 수수료를 내고 취소한다

역설 | 숙박 권리를 누군가에게 팔 수 있다

기존보다 저렴한 가격으로 호텔에 묵을 수 있다

호텔을 예약했는데 갑자기 일이 생겨서 갈 수 없게 되었다. 이럴 때 예약을 취소하면 보통은 취소 수수료가 발생하기 마련이다. 그러나 취소 수수료를 물지 않는 방법이 생겼다. 2016년 9월에 공개된 웹 서비스 캔셀Cansell을 이용하면 자신의 숙박 예약을 팔 수 있다. 즉 숙박 예약의 권리를 사고팔 수 있다는 것이 이 서비스의 큰 특징이다.

호텔에 저렴하게 묵고 싶은 사람도 캔셀을 통해 숙박 예약을 할 수 있다. 개중에는 70퍼센트나 할인하는 경우도 있다. 숙박 예약 내역을 산 사람이 체크인을 하면 숙박 예약을 판 사람에게 돈이 입금된다. 다만 이와 같은 서비스의 경우 이익을 남기기 위한 고액 전매 문제가 일어날 수 있는데, 캔셀에는 이 문제를 막기 위해 반드시 예약 가격 이하로만 거래할 수 있게 하는 시스템이 갖춰져 있다.

2018년 3월에는 법인을 대상으로 이용자가 무단으로 예약을 취소할 경우 발생하는 취소 수수료를 보증하는 서비스를 시작했다. 지금까지는 호텔과 직접 연계되지 않는 서비스였지만 캔셀을 이용하는 고객이 늘어남에 따라 호텔도 리스크를 줄이게 되었다.

캔셀과 호텔의 제휴가 강화되는 추세는 사업 기반의 확대로 이어질 것이다. 이렇게 되면 캔셀은 단순한 숙박 권리를 사고파는 시장에서 더 영역을 넓힐 수 있다. 호텔로서도 고객이 객실을 예약했다가 취소할 때 발생할 수 있는 손실을 최소화함으로써 서로 공존하는 숙박 비즈니스로 진화할 것이다.

유니포스

함께 일하는 동료가 나의 성과급을 주는 시스템

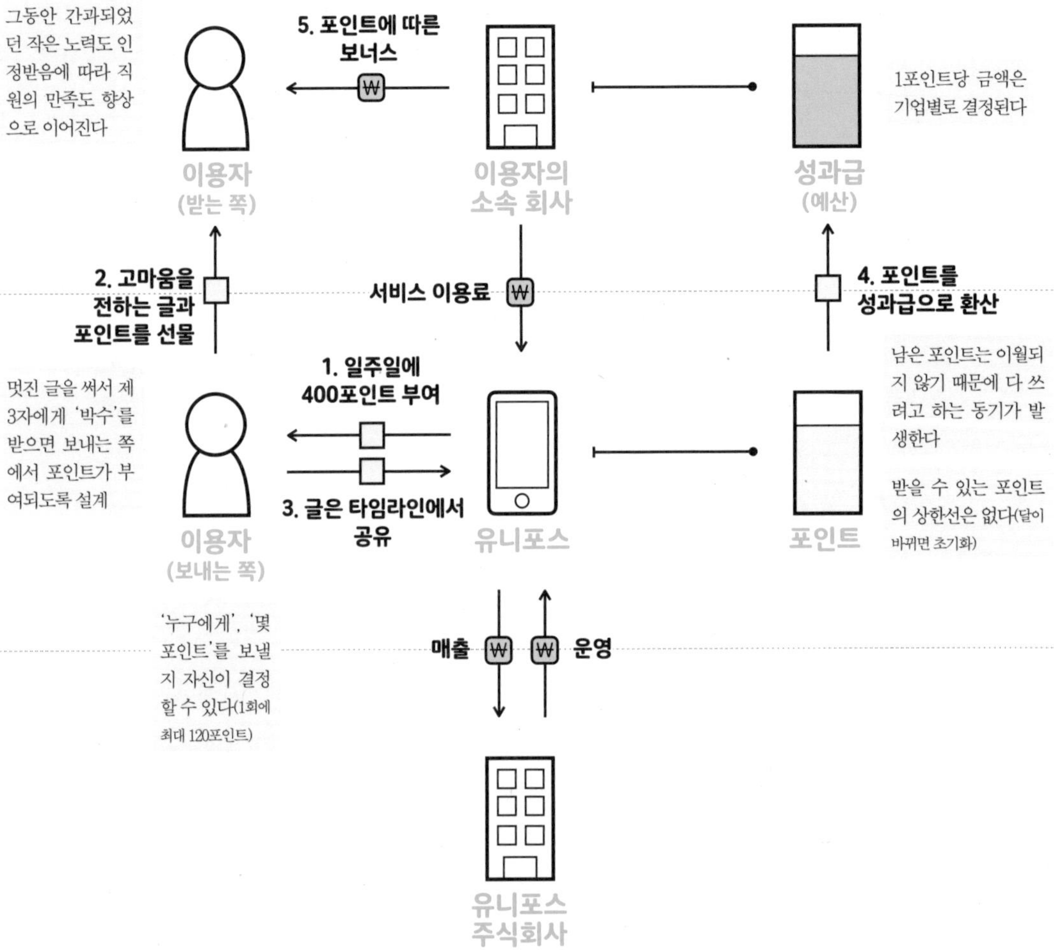

그동안 간과되었던 작은 노력도 인정받음에 따라 직원의 만족도 향상으로 이어진다
5. 포인트에 따른 보너스
1포인트당 금액은 기업별로 결정된다
이용자
(받는 쪽)
이용자의
소속 회사
성과급
(예산)
2. 고마움을 전하는 글과 포인트를 선물
서비스 이용료
4. 포인트를 성과급으로 환산
남은 포인트는 이월되지 않기 때문에 다 쓰려고 하는 동기가 발생한다
멋진 글을 써서 제3자에게 '박수'를 받으면 보내는 쪽에서 포인트가 부여되도록 설계
1. 일주일에 400포인트 부여
3. 글은 타임라인에서 공유
받을 수 있는 포인트의 상한선은 없다(달이 바뀌면 초기화)
이용자
(보내는 쪽)
유니포스
포인트
'누구에게', '몇 포인트'를 보낼지 자신이 결정할 수 있다(1회에 최대 120포인트)
매출
운영
유니포스
주식회사

성과급		
기점	정설	높은 성과를 올렸을 때 일방적으로 받는다
	역설	다양한 성과에 대해 서로에게 보낸다

사무실 쓰레기를 치운 작은 행동도 성과급이 된다

눈에 잘 보이지 않는 직원의 성과를 어떻게 적정하게 평가하느냐는 많은 기업에 중요한 과제다. 이것을 직원들이 성과급(보너스)을 서로에게 보내는 방식으로 해결하는 것이 일본에서 탄생한 유니포스Unipos라는 성과급 시스템이다.

유니포스의 특징은 매출이나 이익 등의 가시적인 성과가 아니라 눈에 잘 보이지 않는 여러 가지 기여나 성과를 직원끼리 수평적으로 평가한다는 점이다. 예를 들어 '사무실의 쓰레기를 치웠다' 같은 행위는 성과로 평가되는 일이 거의 없다. 그러나 유니포스에서는 이와 같은 회사에 대한 작은 기여를 목격한 직원이 그 기여를 한 사람에게 성과급으로 환산 가능한 포인트를 줄 수 있다. 이를 통해 회사에 대한 작은 기여가 가시화된다.

이 서비스의 핵심은 금전적인 인센티브를 지나치게 강화하지 않았다는 것이다. 성과급의 금액이 너무 커지면 지나치게 보상만 추구하게 된다. 즉 성과급을 받기 위해 칭찬받을 일만 하는 상태가 되는 것이다. 그래서 유니포스는 1포인트당 금액을 기업이 자유롭게 결정할 수 있지만, 10~50원 정도로 정할 것을 권장하고 있다. 한 번에 부여할 수 있는 포인트는 최대 120이므로 많아야 6,000원이다. 주스 한 캔부터 점심값 정도로 절묘한 금액 설정이다. 또한 줄 수 있는 포인트가 남더라도 다음 주로 이월되지 않는 것도 영리하다. 이로 인해 '어차피 없어질 포인트라면 다 써버리자'라는 동기가 생기기 때문이다.

매출이나 이익 등의 정량적인 성과가 우선되는 기존 급여 체계에서 눈에 보이지 않는 배려 등은 고려되지 않는 경향이 있다. 직원이 직원을 평가하는 360도 평가도 있기는 하지만 그 빈도가 반기에 1회 정도에 불과한데, 유니포스는 실시간으로 평가하고 피드백할 수 있기 때문에 직장생활에 동기를 불어넣는다. 기업의 사회성이 중요해지는 가운데 유니포스와 같은 피어보너스(동료에게 받는 성과급) 시스템은 앞으로 더욱 확대될 것으로 보인다.

쇼룸

아이돌을 직접 응원할 수 있는 라이브 스트리밍 서비스

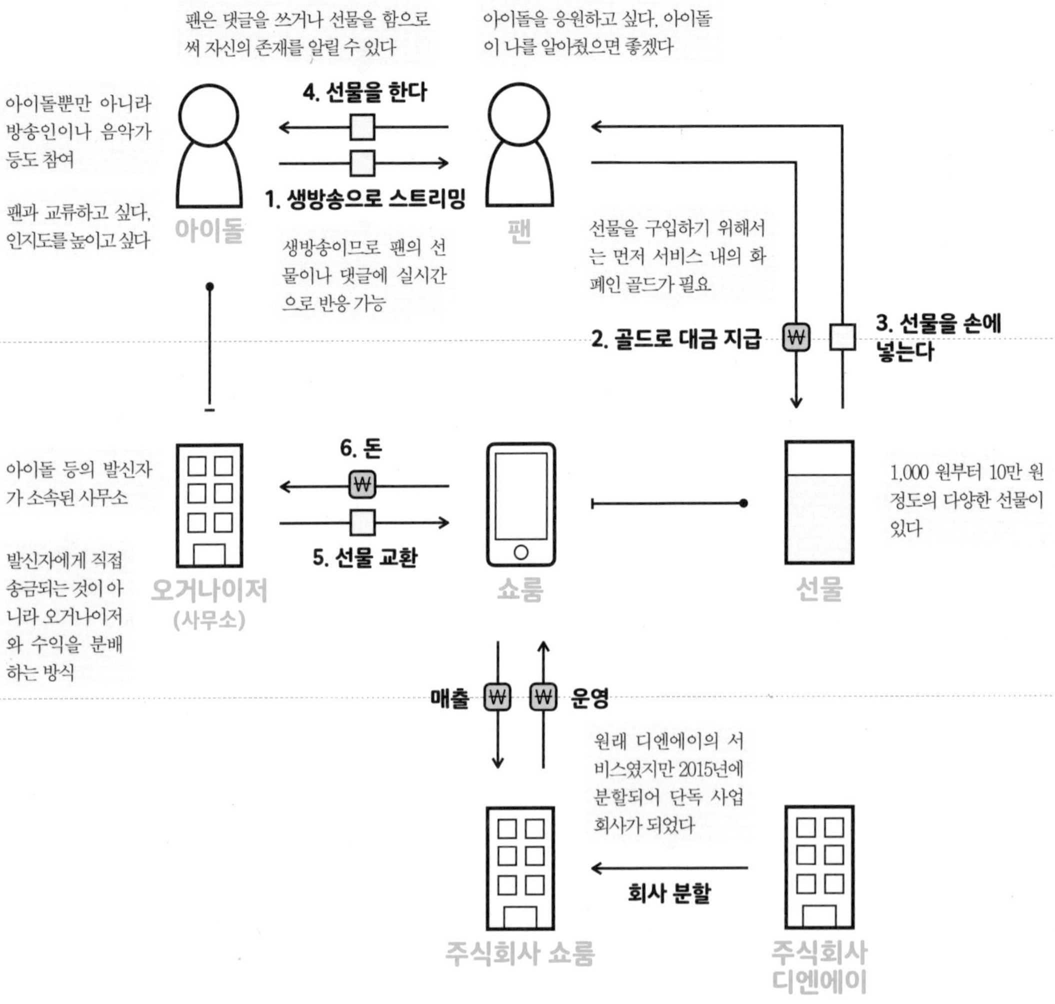

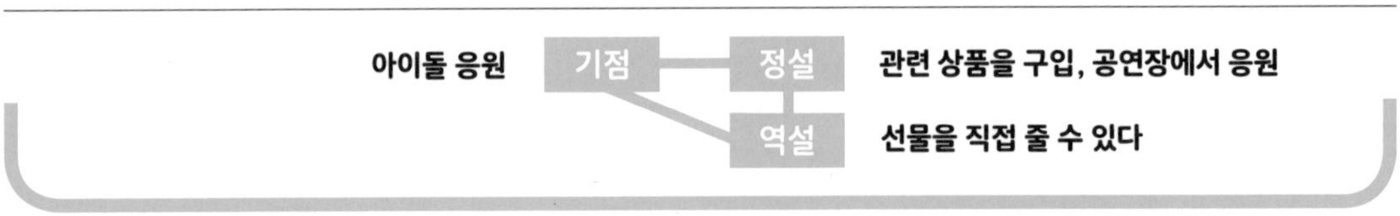

인터넷 방송이라는 새로운 수입원

쇼룸SHOWROOM은 인터넷상에서 누구나 라이브 방송을 하거나 시청할 수 있는 서비스다. 가수나 아이돌, 방송인 등의 라이브 방송을 무료로 볼 수 있어서 인기를 모으고 있다. 특히 인기 아이돌 그룹이나 방송인이 생방송으로 이야기를 하거나 노래를 부르는 모습을 시청할 수 있다는 점은 그들을 응원하는 팬에게 커다란 매력이다.

쇼룸의 가장 큰 특징은 '선물'이라는 시스템에서 나타난다. 아이돌이나 방송인의 팬은 선물을 구입해서 생방송 중에 보냄으로써 자신들이 좋아하는 스타를 응원할 수 있다. 선물은 수십 원부터 10만 원 정도까지 여러 종류가 있다(직접 송금이 아닌 수익 분배 제도).

화면 자체가 라이브 공연장처럼 디자인되어 있으며, 팬은 선물을 보냄으로써 화면상에서 눈에 잘 띄는 위치에 자리를 잡을 수 있다. 눈에 잘 띌수록 아이돌이 기억할 가능성이 높아지므로 팬에게는 선물을 하는 보람도 생긴다.

지금까지 스타를 향한 응원이라고 하면 관련 상품을 구입하거나 공연장에서 응원하는 방식이 대부분이었는데, 쇼룸은 선물로 직접 응원하고 교류할 수 있도록 만든 점에서 차별성을 가진다.

현재는 아이돌들이 많이 이용하고 있지만, 앞으로는 이 시스템으로 다양한 응용이 가능해 보인다. 다만 지나치게 사행심을 조장하는 방향으로 변질될 리스크도 있다. 이 문제를 시스템적으로 어떻게 해결해나갈지 귀추가 주목된다.

페이모

현금 없는 사회에 맞는 더치페이 방식

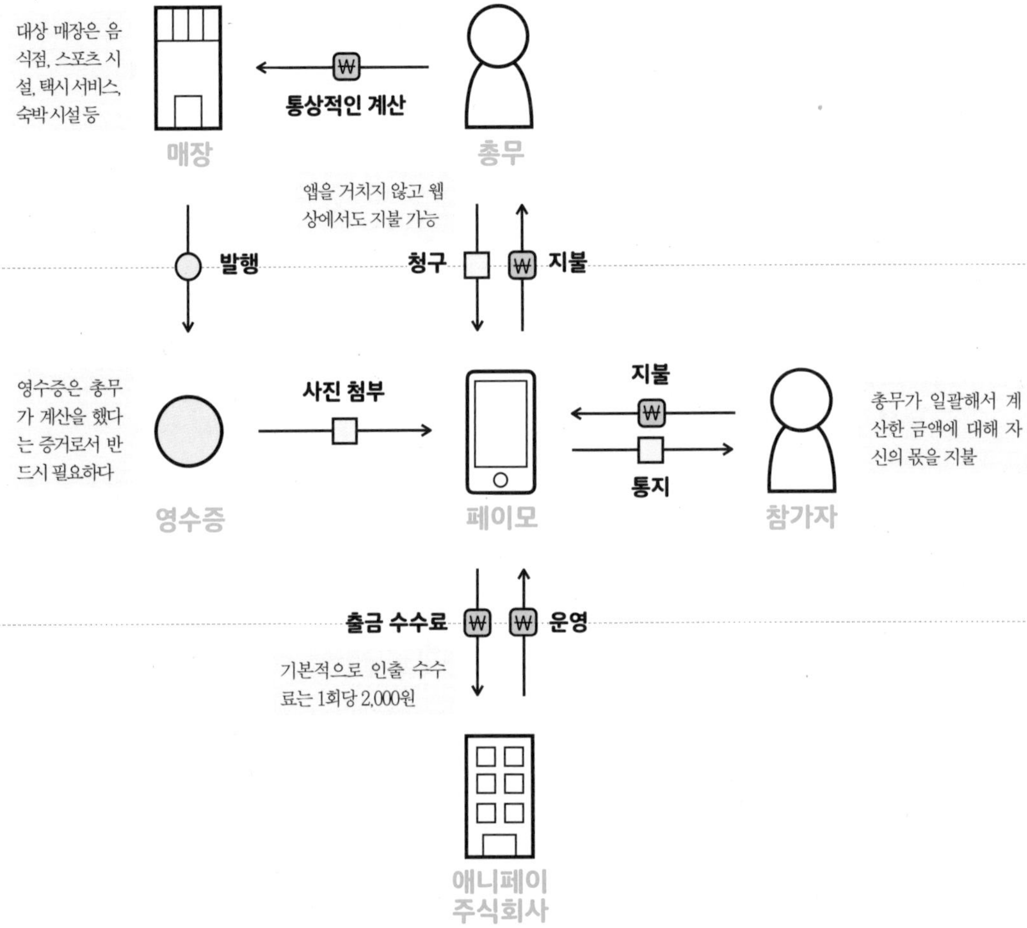
대상 매장은 음식점, 스포츠 시설, 택시 서비스, 숙박 시설 등
통상적인 계산
매장
총무
앱을 거치지 않고 웹상에서도 지불 가능
발행
청구
지불
영수증은 총무가 계산을 했다는 증거로서 반드시 필요하다
사진 첨부
지불
통지
총무가 일괄해서 계산한 금액에 대해 자신의 몫을 지불
영수증
페이모
참가자
출금 수수료
운영
기본적으로 인출 수수료는 1회당 2,000원
애니페이 주식회사

더치페이 — 기점 — 정설: 현금이나 은행 이체로 처리한다

더치페이 — 기점 — 역설: 앱을 이용해 손쉽게 할 수 있다

최대한 다양한 방법으로 고객에게 접근한다

페이모paymo는 스마트폰을 이용해 손쉽게 더치페이를 할 수 있는 캐시리스(비현금) 앱이다. 현재는 음식점 등에서 더치페이를 할 때 현금을 걷거나 은행으로 송금하는 방식을 주로 쓰는데, 이것을 앱으로 깔끔하게 처리할 수 있다. 가게 안에서 현금을 주고받을 필요가 없다는 점이 편리하다.

페이모를 사용하면, 총무가 일괄해서 계산하는 것은 기존과 같지만 이후에 총무가 멤버들에게 앱을 통해서 각자가 낼 금액을 청구한다. 그러면 멤버는 등록한 신용카드로 돈을 지급한다. 앱 이용료나 결제 수수료는 없다. 총무는 페이모에서 받은 돈을 현금으로 인출하거나 다른 모임의 식비 등을 계산할 때 사용할 수 있다.

페이모 서비스가 활성화되면서 은행 없이 개인 간 송금이 가능해졌다. 즉 개인 간 송금이 필요한 사업도 등록만 하면 할 수 있게 되었다는 말이다. 다만 송금을 하려면 법률상 본인 확인을 반드시 해야 한다는 점이 문제다. '라인 페이', '야후! 월렛' 등의 모바일 송금·결제 서비스도 반드시 본인 확인을 거쳐야 한다. 그러나 더치페이를 하는 데 모든 사람이 본인 확인을 해야 한다면 너무 번거로워서 이용률이 떨어질 것이다. 그리하여 페이모는 '수납 대행'이라는 시스템을 적용함으로써 이 문제를 해결했다. 수납 대행은 '대신 돈을 지불하는 서비스'로, 편의점에서 공공요금을 납부하는 것과 같은 방식이다. 본인 확인은 필요없지만 돈을 지불했다는 증거인 영수증 발행은 필수다.

이렇게 사용자의 편리를 최우선으로 여긴 페이모는 간편 결제 앱 시장이 치열해짐에 따라 애니페이의 경영 방침 변경으로 2019년 5월 30일부로 서비스를 종료하게 됐다. 서비스는 종료됐지만 페이모의 비즈니스 모델이 주는 교훈은 유효하다. 사회의 흐름을 파악해 더치페이에 초점을 맞춰 비즈니스 모델을 만든 훌륭한 아이디어, 사업을 추진할 때 현행 법률에 대응하는 법을 배울 수 있는 좋은 사례이다.

메디컬체인

환자가 자신의 의료 데이터를 관리하는 플랫폼

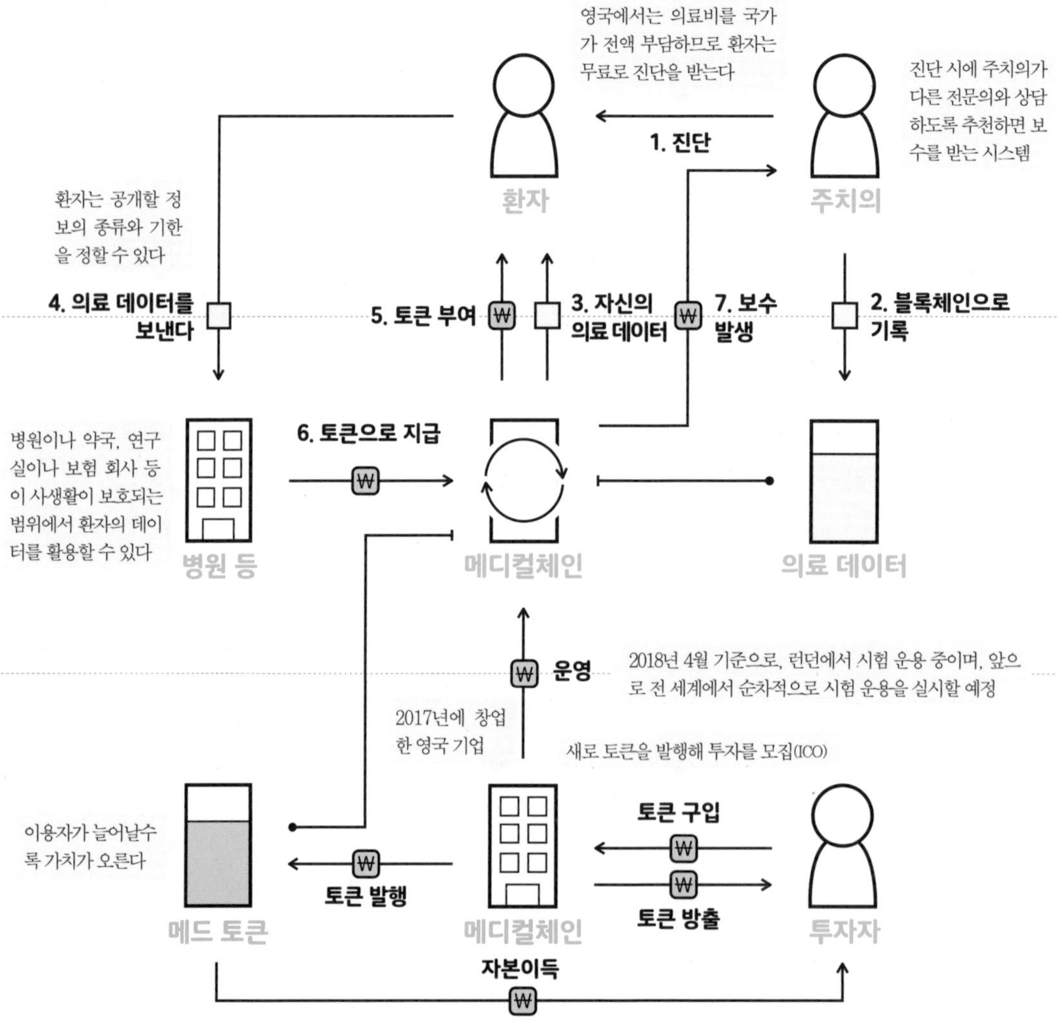

영국에서는 의료비를 국가가 전액 부담하므로 환자는 무료로 진단을 받는다
진단 시에 주치의가 다른 전문의와 상담하도록 추천하면 보수를 받는 시스템
1. 진단
환자
주치의
환자는 공개할 정보의 종류와 기한을 정할 수 있다
4. 의료 데이터를 보낸다
5. 토큰 부여
3. 자신의 의료 데이터
7. 보수 발생
2. 블록체인으로 기록
병원이나 약국, 연구실이나 보험 회사 등이 사생활이 보호되는 범위에서 환자의 데이터를 활용할 수 있다
6. 토큰으로 지급
병원 등
메디컬체인
의료 데이터
운영
2018년 4월 기준으로, 런던에서 시험 운용 중이며, 앞으로 전 세계에서 순차적으로 시험 운용을 실시할 예정
2017년에 창업한 영국 기업
새로 토큰을 발행해 투자를 모집(ICO)
이용자가 늘어날수록 가치가 오른다
토큰 구입
토큰 발행
토큰 방출
메드 토큰
메디컬체인
투자자
자본이득

진료 기록 카드의 의료 데이터	기점	정설	환자가 아니라 의료기관이 관리한다
		역설	의료기관뿐만 아니라 환자가 관리한다

환자가 의료 데이터를 제공하면 보수가 생긴다

메디컬체인Medicalchain은 영국에서 시작된 서비스로, 환자가 자신의 의료 데이터를 관리할 수 있다. 의료 현장의 과제 중 하나는 환자의 정보가 여기저기 흩어져 종합적으로 다루기가 어렵다는 점이다. 예를 들어 평소에 가지 않는 병원에서 진찰을 받으면 이전의 의료 데이터가 조회되지 않아 의사는 정보가 없는 상태에서 환자를 진단하게 된다.

메디컬체인에서는 의료 데이터를 블록체인으로 안전하게 기록하면서 병원이나 약국, 보험사 등 의료 데이터를 이용하는 다양한 기관이 환자의 데이터에 접근할 수 있게 한다. 물론 무제한으로 접속 가능한 것은 아니며, 환자가 자신의 의사로 기한부 접근 권한을 부여할 수 있다. 즉 진료 기록 카드에 적힌 의료 데이터를 병원이 아니라 환자가 관리한다.

이 서비스의 특징은 환자가 접근 권한을 부여하면 토큰이라는 형태로 보상이 발생한다는 것이다. 토큰은 포인트 같은 것이다. 나아가 이 회사는 '메드Med 토큰'이라는 독자적인 토큰을 발행하고 이 사업에 공감한 투자자가 토큰을 구입하게 함으로써 지금까지 2,400만 달러의 자금을 조달했다(이른바 ICO 가상 화폐를 통한 자금 조달).

독특한 점은 주치의가 진단할 때 다른 전문의와 상담하도록 권하는 경우, 즉 세컨드 오피니언을 권하면 보수가 발생하도록 설계되어 있다는 것이다. 지금까지는 세컨드 오피니언을 받으려면 환자의 의지가 필요했는데, 이 시스템 덕분에 많은 사람이 더욱 공평한 진료를 받을 수 있게 되었다.

현재는 런던의 일부 병원에서만 운용 중이며, 순차적으로 서비스를 확대할 예정이지만 현실적으로 운용이 가능할지는 불명확하다.

트랜스퍼와이즈

보이지 않는 환전 수수료를 없애는 해외 송금 서비스

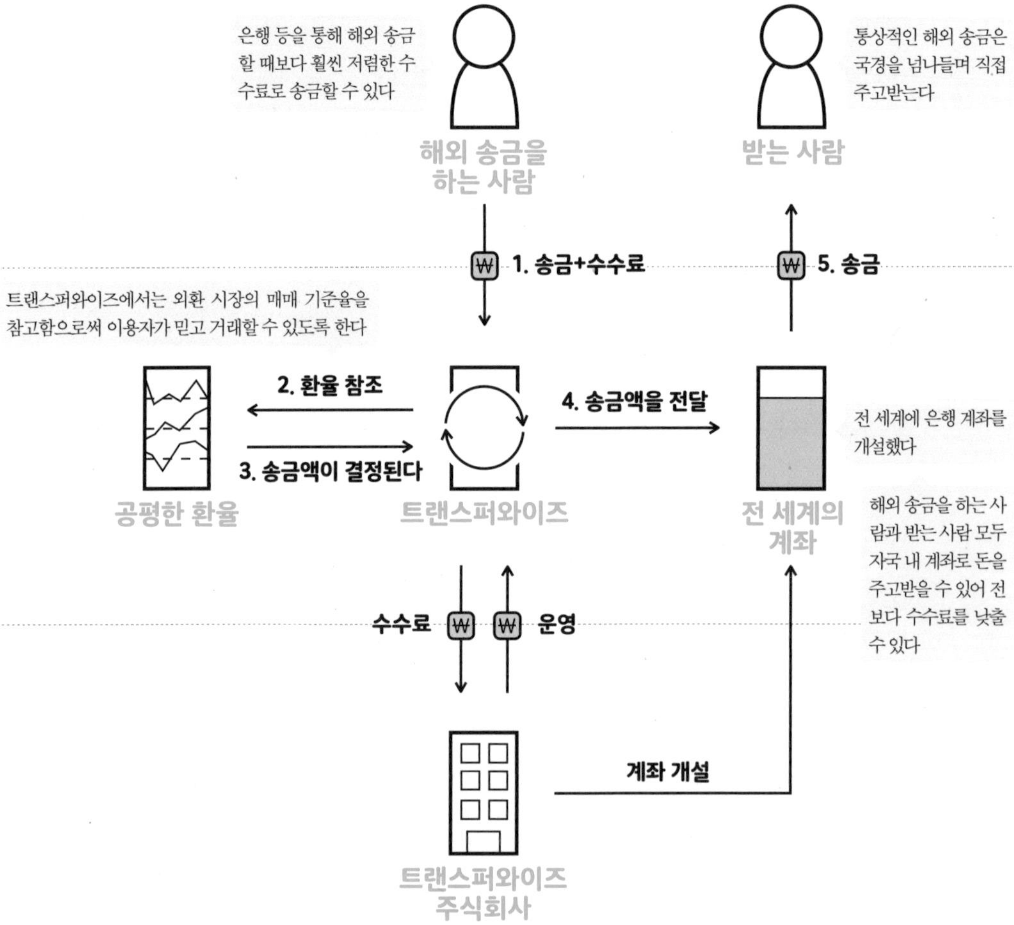
은행 등을 통해 해외 송금할 때보다 훨씬 저렴한 수수료로 송금할 수 있다
해외 송금을 하는 사람
통상적인 해외 송금은 국경을 넘나들며 직접 주고받는다
받는 사람
1. 송금+수수료
5. 송금
트랜스퍼와이즈에서는 외환 시장의 매매 기준율을 참고함으로써 이용자가 믿고 거래할 수 있도록 한다
2. 환율 참조
3. 송금액이 결정된다
4. 송금액을 전달
공평한 환율
트랜스퍼와이즈
전 세계에 은행 계좌를 개설했다
전 세계의 계좌
해외 송금을 하는 사람과 받는 사람 모두 자국 내 계좌로 돈을 주고받을 수 있어 전보다 수수료를 낮출 수 있다
수수료
운영
계좌 개설
트랜스퍼와이즈 주식회사

해외 송금		
기점	정설	외국에 있는 상대의 계좌에 직접 입금한다
	역설	같은 나라에 있는 제삼자의 계좌를 통해 입금한다

번거로움을 감수함으로써 수수료가 낮아진다

트랜스퍼와이즈TransferWise는 해외 송금을 할 때 외환 수수료를 없애주는 서비스다. 외환 수수료는 자국 통화와 외화(미국 달러 등)를 교환할 때 징수되는 수수료다.

시중 은행 중 '해외 송금 수수료가 무료'라고 홍보하는 곳도 많지만, 사실은 보이지 않는 수수료가 징수된다. 예를 들어 자국의 돈을 외화로 바꿀 때 약간 높은 환율이 적용되는 것이다. 예를 들어 지금 1달러가 1,000원이라고 해도 실제 환율은 1달러가 1,005원인 식이다. 그 5원은 은행의 수수료가 된다.

트랜스퍼와이즈는 1회의 해외 송금을 2회의 국내 송금으로 치환함으로써 이 문제를 해결했다. 예를 들어 일본에서 미국으로 송금을 할 경우, 송금하고자 하는 사람은 먼저 일본의 트랜스퍼와이즈 계좌에 엔화로 입금한다. 그 정보는 미국의 트랜스퍼와이즈에 연계되며, 미국의 트랜스퍼와이즈 계좌에서 돈을 받을 사람의 계좌로 달러가 지급된다.

과정이 더 번거로워진 것처럼 보이지만, 공식 사이트에 따르면 수수료가 최대 여덟 배나 저렴해진다고 한다. 게다가 송금의 90퍼센트가 24시간 이내에 처리될 만큼 빠를 뿐만 아니라 일본에서는 간토 재무국에 자금 이동 업자로 등록되어 있어 신뢰성이 높다는 점도 이용자에게 매력으로 작용한다.

외국에서 자국으로 송금할 때 이 서비스를 이용하는 사람도 있으며, 송금액이 매달 20억 파운드 이상이라고 한다. 이 서비스의 놀라운 점은 번거로운 과정을 거침으로써 수수료를 낮춘다는 발상과, 그 아이디어를 실현시키기 위해 전 세계 은행에 계좌를 개설한 실행력이다. 창업자 중 한 명이 영국에서 파운드화로 급여를 받던 시절에 이 서비스를 생각해냈다는 창업 스토리도 흥미롭다.

045

글로벌 모빌리티 서비스

저소득자를 타깃으로 한 새로운 자동차 판매 서비스

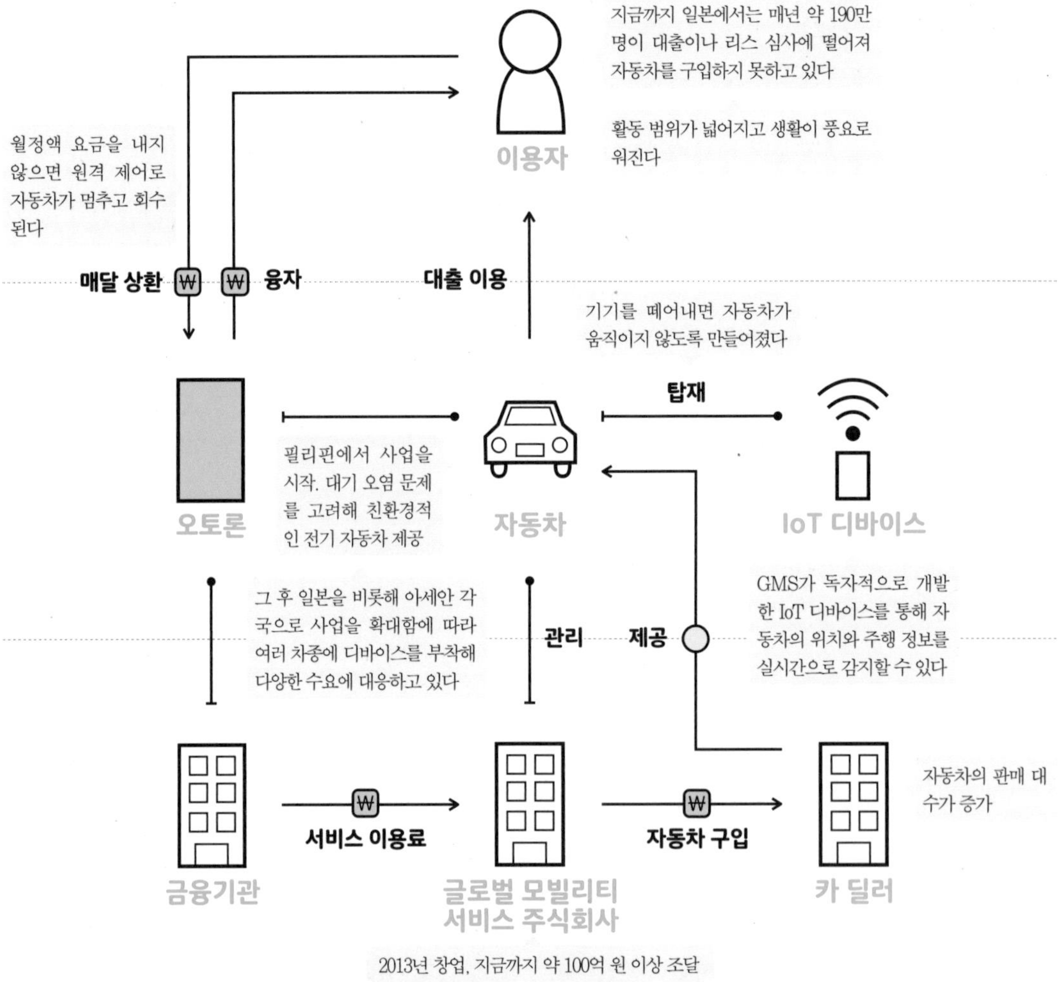

지금까지 일본에서는 매년 약 190만 명이 대출이나 리스 심사에 떨어져 자동차를 구입하지 못하고 있다
활동 범위가 넓어지고 생활이 풍요로워진다
이용자
월정액 요금을 내지 않으면 원격 제어로 자동차가 멈추고 회수된다
매달 상환
₩
₩
융자
대출 이용
기기를 떼어내면 자동차가 움직이지 않도록 만들어졌다
탑재
오토론
필리핀에서 사업을 시작. 대기 오염 문제를 고려해 친환경적인 전기 자동차 제공
자동차
IoT 디바이스
그 후 일본을 비롯해 아세안 각국으로 사업을 확대함에 따라 여러 차종에 디바이스를 부착해 다양한 수요에 대응하고 있다
관리
제공
GMS가 독자적으로 개발한 IoT 디바이스를 통해 자동차의 위치와 주행 정보를 실시간으로 감지할 수 있다
자동차의 판매 대수가 증가
₩
서비스 이용료
₩
자동차 구입
금융기관
글로벌 모빌리티 서비스 주식회사
카 딜러
2013년 창업, 지금까지 약 100억 원 이상 조달

지급 능력은 있지만 여신 심사를 통과하지 못하는 사람

구분	내용
기점	지급 능력은 있지만 여신 심사를 통과하지 못하는 사람
정설	자동차를 살 수 없었다
역설	자동차를 살 수 있게 되었다

대금이 연체되면 원격 조작으로 자동차를 정지시킨다

글로벌 모빌리티 서비스GMS는 자동차 판매를 위한 시스템이다. 일반적인 판매 방법과 결정적으로 다른 점은 자동차를 먼저 빌려주고 대금이 들어오지 않으면 원격으로 자동차를 정지시킨다는 것이다. 자동차를 구입할 때는 보통 여신 심사를 하는데, 저소득 계층이나 지급 능력이 있음에도 신용 점수가 낮은 사람은 자동차를 사기 어려웠다. 그러나 이 서비스는 원격 관리가 가능한 사물인터넷 기기를 자동차에 탑재함으로써 지금까지 자동차를 소유하지 못했던 사람들도 자동차를 구매할 수 있게 했다. 오토론 상환을 연체할 경우 GMS는 원격 제어를 통해 자동차 운행을 정지한다.

GMS는 아시아권에서는 소음이 크거나 배기가스가 많은 차량의 대안으로 친환경 자동차(전동 삼륜차)를 제공하고 있다. 이를 통해 환경 문제 해결에도 기여하고 여신 심사를 쉽게 함으로써 여신 심사에 드는 인건비도 크게 절감했다. 또한 자동차에서 얻은 데이터를 2차 활용해 지역 산업 발전에 도움을 줄 것으로 기대되고 있다.

사물인터넷 기기(MCCS)의 사용료는 월정액 수만 원이다. 기기의 크기는 아이폰 정도이며, 어디서나 제어가 가능하다. MCCS를 제거하면 자동차는 움직이지 않는다.

GMS는 필리핀에서 사업을 시작했다. 필리핀의 경제 성장률이 약 7퍼센트로 다른 나라보다 높고, 저소득층을 대상으로 새로운 시장을 창출할 수 있다는 점을 노린 것이다. 현재는 각 이해관계자와 협조해 플랫폼의 기반을 만드는 단계에 있다. 시장의 잠재성은 높은 반면 아직 경쟁 상대가 없다. 그리하여 필리핀에서 사물인터넷 비즈니스의 일인자를 지향하며, 아세안(ASEAN, 동남아시아국가연합)으로 사업을 확대한다는 목표를 가지고 있다. 사회성·경제 합리성·창조성이 모두 갖춰진 훌륭한 비즈니스 모델이다.

크라우드크레디트

은행 예금만으로 투자하는 시대는 끝났다

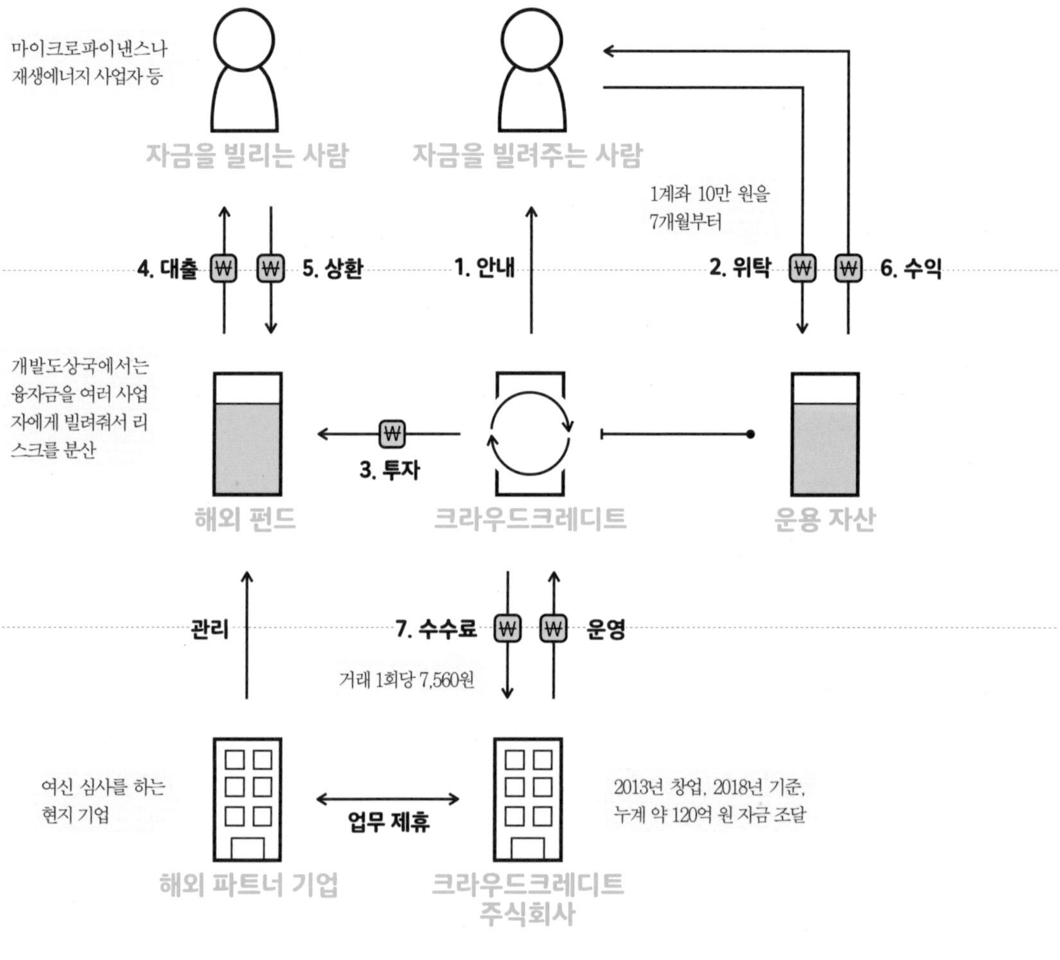

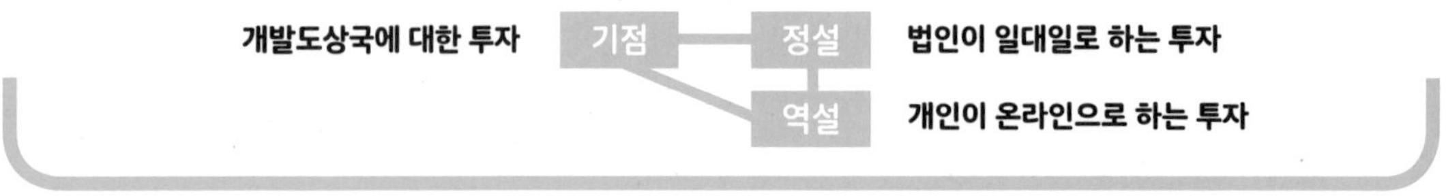

개인도 개발도상국에 투자할 수 있다

크라우드크레디트クラウドクレジット는 일본에 있는 투자 이익금 등 잉여 자금과 해외에서 필요한 자금 수요를 이어주는 크라우드펀딩이다. 융자형 크라우드펀딩으로 모인 자금을 외국, 그것도 개발도상국에 투자한다는 점이 차별점이다.

일본에서는 잉여 자금으로 국채를 사면 손해를 보기 쉬워서 은행 예금에 돈이 몰린다. 그러나 은행에 돈을 맡기고 오래도록 시간이 지나도 이자는 얼마 되지 않는다. 또 지금까지 일본에서는 자본금 1,000억 원 규모의 은행이 아니면 해외 투자를 할 수 없었다.

그리하여 크라우드크레디트는 투자 수익에 세금을 부과하지 않는 에스토니아 등 조세 피난처에 자회사를 설립하고, 개발도상국의 기금에 투자하는 채권을 발행한다. 그런 다음 이 채권을 일본 본사가 사들이고 크라우드펀딩으로 자금을 모아 금전 수익을 얻는다. 또한 해외 투자를 할 때 환율 변동에 따른 리스크를 없애는 조치도 취했다.

개인 투자자는 컴퓨터 화면에서 투자하고 싶은 기금을 선택하고 마이크로파이낸스(소액 자본) 사업자나 재생에너지 사업자에게 투자한다. 최저 자금 10만 원, 최단 기간 7개월부터 투자할 수 있다. 방글라데시의 그라민 은행이 한 투자처럼, 개인이 개발도상국에 투자하여 자산 운용 이익을 얻는 것이다. 이렇게 하면 개발도상국의 사업 활동 촉진과 고용 창출에도 기여할 수 있다.

원래 은행을 창업하려고 했던 스기야마 도모유키杉山智行 CEO는 지금처럼 개인이 은행 예금에만 투자하는 상황에 변화가 올 것이라고 예측한다. 주식 투자를 해도 자산을 탕진할 위험은 매우 낮으며, 증권회사가 도산하더라도 투자 신탁 재산은 보호받는 사회가 된다는 것이다.

가마쿠라투신

착한 회사에 투자하는 투자 신탁

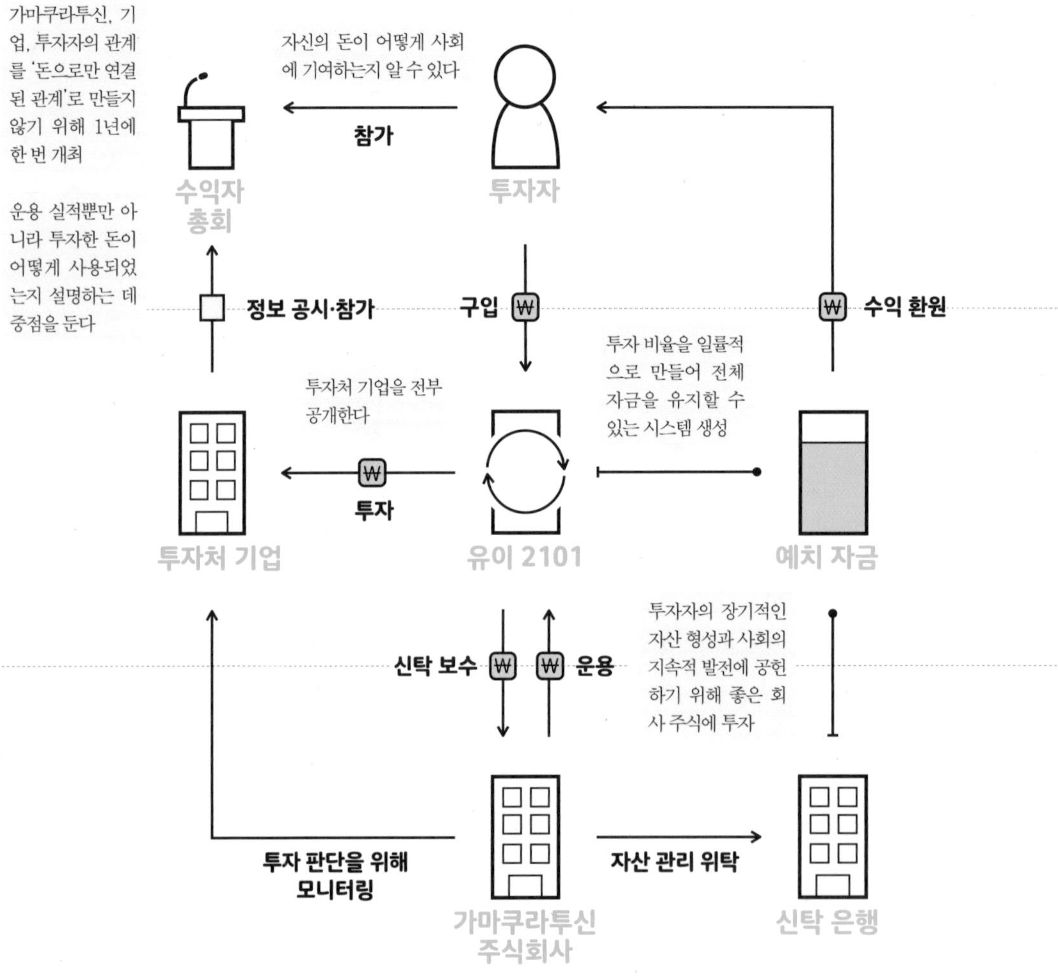
가마쿠라투신, 기업, 투자자의 관계를 '돈으로만 연결된 관계'로 만들지 않기 위해 1년에 한 번 개최
운용 실적뿐만 아니라 투자한 돈이 어떻게 사용되었는지 설명하는 데 중점을 둔다
자신의 돈이 어떻게 사회에 기여하는지 알 수 있다
참가
수익자 총회
투자자
정보 공시·참가
구입
수익 환원
투자 비율을 일률적으로 만들어 전체 자금을 유지할 수 있는 시스템 생성
투자처 기업을 전부 공개한다
투자
투자처 기업
유이 2101
예치 자금
투자자의 장기적인 자산 형성과 사회의 지속적 발전에 공헌하기 위해 좋은 회사 주식에 투자
신탁 보수
운용
투자 판단을 위해 모니터링
자산 관리 위탁
가마쿠라투신 주식회사
신탁 은행

투자 신탁	기점	정설	자본 형성을 위해 투자한다
		역설	사회 형성을 위해 투자한다

사회성과 경제성을 함께 잡는다

개인 투자자가 투자를 하는 가장 큰 목적은 자산 형성이었다. 그래서 금융업계는 투자자의 수익에 얼마나 기여할 수 있느냐는 관점에서 기업을 분석하고 투자처를 판단했다. 그러나 좋은 사회를 만드는 일을 제1목적으로 삼는 가마쿠라투신鎌倉投信은 "좋은 일을 하는 회사에만 투자하겠다", "숫자가 나타내지 못하는 부분을 보겠다"라고 선언하고 기존의 금융업계와는 다른 관점에서 투자처를 결정한다. 그 결과 일본 투자 신탁 국내 주식 부분 1위에 올랐다.

가마쿠라투신은 '투자할 가치가 있는 좋은 회사인지'를 판단하기 위해 팔방이익이라는 개념을 제창했다. 팔방이익은 직원과 그 가족, 거래처와 채권자, 고객, 지역, 사회, 국가, 경영자, 주주라는 여덟 부류의 이해관계자 모두에게 도움이 되는 길을 지향한다. 이것은 일본의 오미 지방 상인들의 마음가짐인 '삼방이익'에서 더 나아간 것이다. 삼방이익은 파는 사람, 사는 사람, 사회에게 도움을 준다는 생각인데, 오늘날의 기업 경영은 이것만으로는 이해관계자를 전부 표현할 수 없을 만큼 복잡해졌다. 그래서 그 기업의 현장을 직접 찾아가 실제로 일하는 사람들의 목소리도 들으면서 투자를 판단하고 있다.

가마쿠라투신은 투자 비율을 모든 회사에 일정하게 맞추고 있다. 이에 따라 어떤 기업의 주가가 하락하더라도 다른 기업의 주가로 손해를 메울 수 있다. 이렇게 함으로써 '좋은 회사'에 투자하면서도 경제적 합리성을 추구할 수 있다.

사업 철학에 공감하는 사람이 펀드를 구입하기를 바라는 마음에서 가마쿠라투신은 투자처를 전부 공개한다. 금융기관에 위탁하지 않고 직접 파는 방식도 특징이다. 또한 1년에 한 번 '수익자 총회'를 개최한다. 이 총회는 수익자(투자자)의 자원봉사로 운영되며, 숫자로 나타나는 운용 실적뿐만 아니라 투자금이 어떻게 사용되었는지를 중심으로 설명한다. 그 배경에는 수익자들에게 '돈만으로는 행복해질 수 없음'을 알리고 싶다는 생각이 자리하고 있다.

앤드비즈

중소기업을 위한 M&A 매칭 서비스

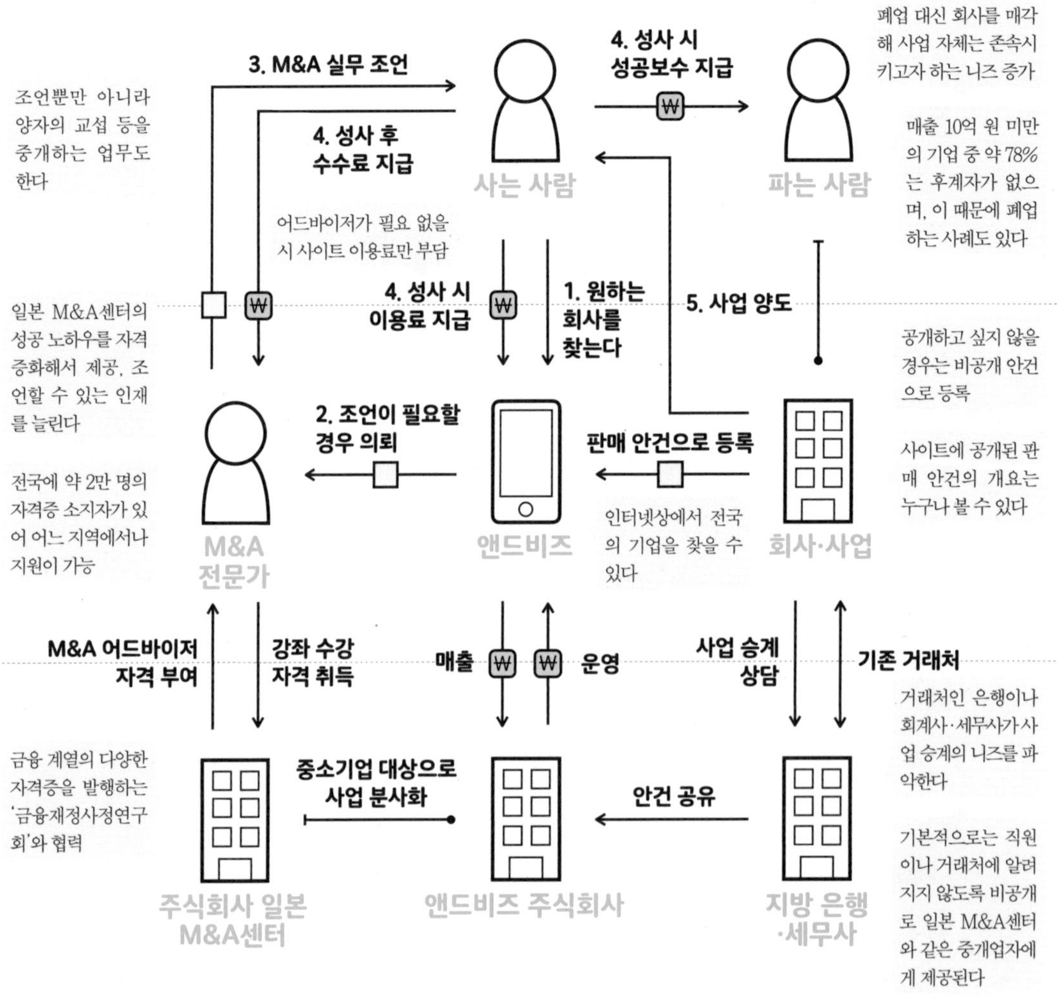
3. M&A 실무 조언
4. 성사 후 수수료 지급
조언뿐만 아니라 양자의 교섭 등을 중개하는 업무도 한다
4. 성사 시 성공보수 지급
폐업 대신 회사를 매각해 사업 자체는 존속시키고자 하는 니즈 증가
매출 10억 원 미만의 기업 중 약 78%는 후계자가 없으며, 이 때문에 폐업하는 사례도 있다
사는 사람
파는 사람
어드바이저가 필요 없을 시 사이트 이용료만 부담
4. 성사 시 이용료 지급
1. 원하는 회사를 찾는다
5. 사업 양도
일본 M&A센터의 성공 노하우를 자격증화해서 제공, 조언할 수 있는 인재를 늘린다
전국에 약 2만 명의 자격증 소지자가 있어 어느 지역에서나 지원이 가능
2. 조언이 필요할 경우 의뢰
판매 안건으로 등록
공개하고 싶지 않을 경우는 비공개 안건으로 등록
사이트에 공개된 판매 안건의 개요는 누구나 볼 수 있다
인터넷상에서 전국의 기업을 찾을 수 있다
M&A 전문가
앤드비즈
회사·사업
M&A 어드바이저 자격 부여
강좌 수강 자격 취득
매출
운영
사업 승계 상담
기존 거래처
거래처인 은행이나 회계사·세무사가 사업 승계의 니즈를 파악한다
금융 계열의 다양한 자격증을 발행하는 '금융재정사정연구회'와 협력
중소기업 대상으로 사업 분사화
안건 공유
기본적으로는 직원이나 거래처에 알려지지 않도록 비공개로 일본 M&A센터와 같은 중개업자에게 제공된다
주식회사 일본 M&A센터
앤드비즈 주식회사
지방 은행·세무사

소규모 M&A | 기점 | 정설 | 중개 수수료가 너무 비싸다
역설 | 중개 수수료가 저렴하다

수수료는 낮추고 실무 지원은 체계적으로

데이코쿠 데이터뱅크의 조사에 따르면 일본 기업의 66.1퍼센트는 후계자가 없는 상태이며, 매출 10억 원 미만 기업에서는 그 수치가 약 78퍼센트나 된다고 한다. 이 때문에 폐업을 선택하는 중소기업이 늘고 있는데, 이에 대한 해결책으로 '사업 승계로서의 M&A'가 증가하고 있다. 사업을 다른 회사에 양도 또는 매각하면 사업이 존속되어 직원과 거래처 등 많은 이해관계자와 관계를 유지할 수 있기 때문이다.

앤드비즈&Biz는 '누구나, 언제나, 어디에서나 M&A를 할 수 있다'를 목적으로 시작된 사업이다. 일본 M&A센터가 시작했으며, 2018년 4월에 분사화되었다. 앤드비즈 사이트에 등록하면 전국 곳곳에서 매각을 원하는 회사를 찾을 수 있다. 즉 회사를 사고 싶은 사람과 회사를 팔고 싶은 사람을 연결해주는 온라인 플랫폼이다.

일반적으로 M&A 거래를 할 때는 회사를 사려는 사람이 일본 M&A센터와 같은 중개회사에 의뢰해서 안건을 물색한 다음, 어드바이저에게 실무나 교섭에 대한 도움을 받는다. 그런데 여기에는 두 가지 커다란 문제점이 있다.

첫째, 어드바이저의 수수료가 중소기업이 부담하기에는 너무 비싸다. 그래서 잠재적 니즈가 있음에도 소규모 M&A가 진행되지 않는다. 둘째, 매칭 후의 실무 지원이나 사는 사람과 파는 사람 사이에서 교섭을 대행하는 중개 업무 기능이 없다.

즉 사업 승계를 방해하는 걸림돌은 어드바이저 부족과 비싼 어드바이저 수수료다. 이를 해결하기 위해 일본 M&A센터는 'M&A 전문가'라는 자격을 만들었다. 오프라인에서는 수수료가 비싸고 온라인에서는 지원이 적다는 문제를 M&A 전문가라는 자격 제도로 보완함으로써 중소기업의 성공적인 사업 승계에 기여하고 있다.

049

점프루키!

만화가를 키우는 특별한 수익 구조

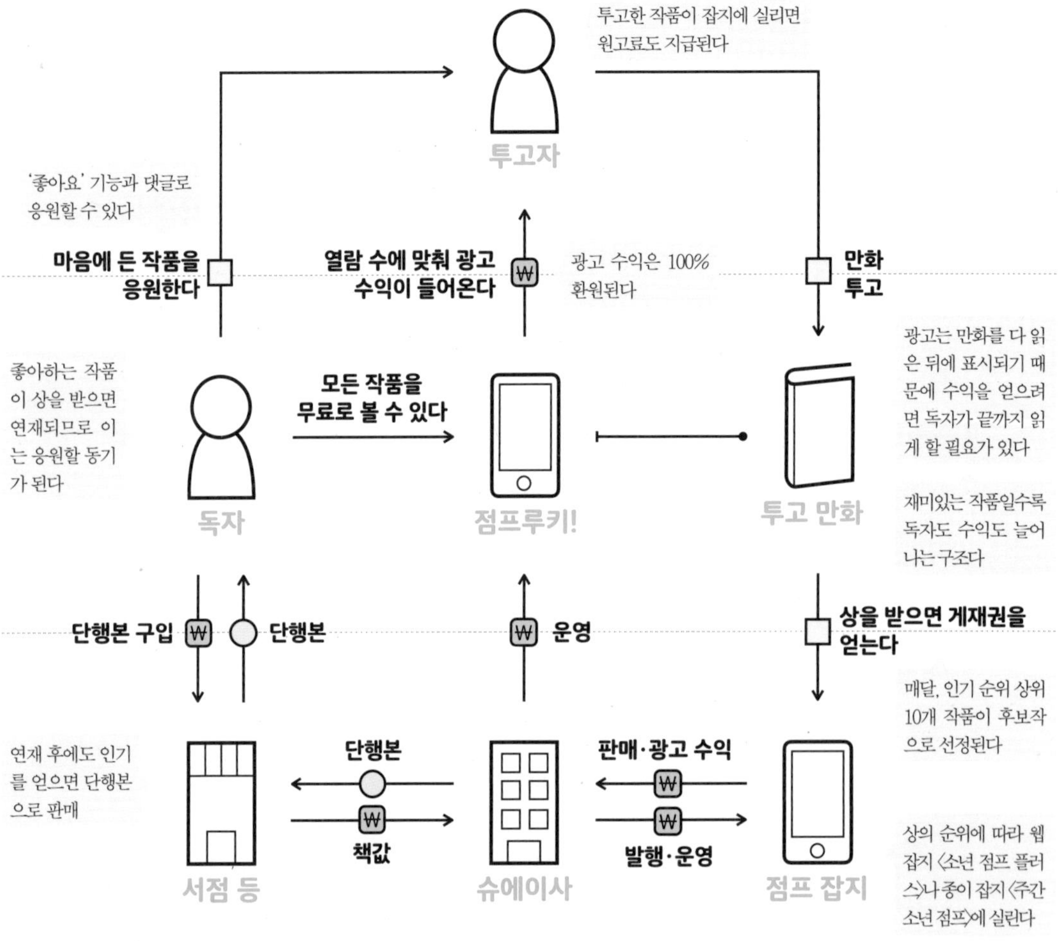

투고한 작품이 잡지에 실리면 원고료도 지급된다
투고자
'좋아요' 기능과 댓글로 응원할 수 있다
마음에 든 작품을 응원한다
열람 수에 맞춰 광고 수익이 들어온다
광고 수익은 100% 환원된다
만화 투고
광고는 만화를 다 읽은 뒤에 표시되기 때문에 수익을 얻으려면 독자가 끝까지 읽게 할 필요가 있다
좋아하는 작품이 상을 받으면 연재되므로 이는 응원할 동기가 된다
모든 작품을 무료로 볼 수 있다
독자
점프루키!
투고 만화
재미있는 작품일수록 독자도 수익도 늘어나는 구조다
단행본 구입
단행본
운영
상을 받으면 게재권을 얻는다
매달, 인기 순위 상위 10개 작품이 후보작으로 선정된다
연재 후에도 인기를 얻으면 단행본으로 판매
단행본
책값
판매·광고 수익
발행·운영
서점 등
슈에이사
점프 잡지
상의 순위에 따라 웹 잡지 〈소년 점프 플러스〉나 종이 잡지 〈주간 소년 점프〉에 실린다

신인을 위한 만화 투고 앱

기점		
정설	광고 수익은 운영자의 몫이다
역설	광고 수익은 투고자의 몫이다

만화가에게 100퍼센트 환원되는 광고 수익

'점프루키!ジャンプのルーキー!'는 종합 출판사인 슈에이사가 운영하는 만화가 지망생을 위한 서비스다. 그들이 돈을 벌기 위한 가장 좋은 방법은 큰 상 등을 받아서 유명 잡지에 연재하는 것이다. 하지만 인기 만화가가 되기까지는 힘든 상황이 계속된다. 그러나 '점프루키!'에서는 유명하지 않은 만화가에게도 수익을 얻을 수단을 제공한다. 또한 적은 수익이지만 어렵지 않게 얻을 수 있어 만화가 좋아서 가볍게 그리려 하는 사람들이 창작 활동을 계속할 수 있게 해주는 서비스가 되고 있다.

시스템은 단순하다. '만화가들이 앱에 만화를 투고한다→독자는 모든 작품을 무료로 본다→광고 수입이 만화가에게 지급된다'는 흐름이다. 큰 특징은 광고 수익이 전부 만화가에게 분배된다는 점이다. 자세히 들여다보면 '광고 열람 수=자신의 만화가 끝까지 읽힌 수'에 따라서 만화가에게 광고 수익이 들어가는 형태다. 만화를 다 읽은 뒤에 광고가 표시되기 때문에 독자가 끝까지 읽을 정도로 재미있는 만화를 그리려는 동기를 불어넣는다.

또 한 가지 독특한 점은 만화가와 독자의 거리가 가깝다는 것이다. 독자가 '좋아요' 기능과 댓글로 만화가를 직접 응원할 수 있기 때문에 데뷔하지 못한 만화가도 독자들의 생생한 피드백을 받을 수 있다. 한편 독자는 아마추어 만화가를 발견해 응원하는 즐거움이 생긴다.

그런데 광고 수익을 작가에게 100퍼센트 환원한다면 슈에이사는 어디에서 수익을 낼까? '점프루키!'에서 인기 순위 상위에 오른 작품이 매달 실시되는 만화상에 후보로 올라 입상하면 종이 잡지 〈주간 소년 점프〉나 웹 잡지인 〈소년 점프 플러스〉 등의 만화 잡지에 실린다. 이렇게 해서 작품이 연재되면 슈에이사는 단행본을 내고 그것을 팔아서 이익을 얻는다. 또한 젊은 만화가를 다수 확보할 수 있으므로 장래의 인기 만화가를 발굴할 가능성도 높아진다.

펀더빔

누구나 간단하게 알려지지 않은 스타트업 기업에 투자할 수 있다

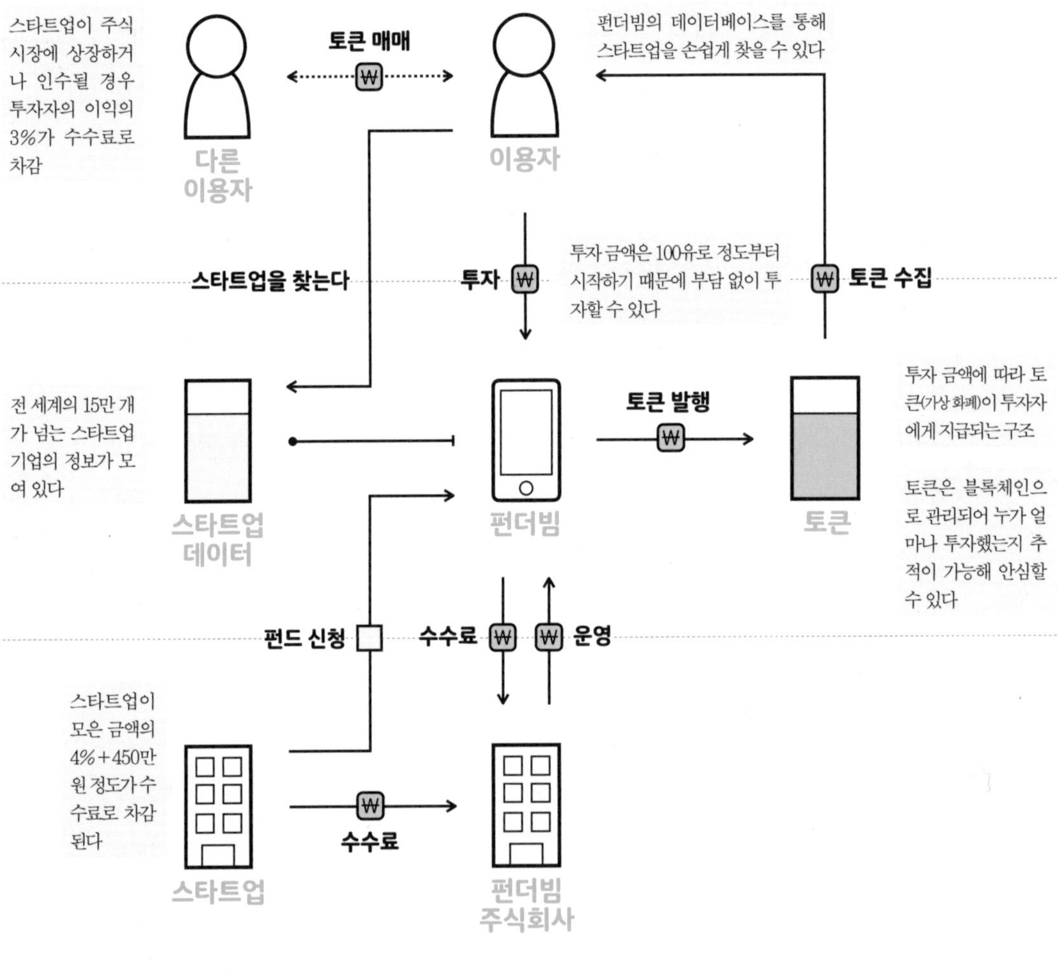
스타트업이 주식 시장에 상장하거나 인수될 경우 투자자의 이익의 3%가 수수료로 차감
토큰 매매
다른 이용자
이용자
펀더빔의 데이터베이스를 통해 스타트업을 손쉽게 찾을 수 있다
스타트업을 찾는다
투자
투자 금액은 100유로 정도부터 시작하기 때문에 부담 없이 투자할 수 있다
토큰 수집
전 세계의 15만 개가 넘는 스타트업 기업의 정보가 모여 있다
스타트업 데이터
펀더빔
토큰 발행
토큰
투자 금액에 따라 토큰(가상 화폐)이 투자자에게 지급되는 구조
토큰은 블록체인으로 관리되어 누가 얼마나 투자했는지 추적이 가능해 안심할 수 있다
펀드 신청
수수료
운영
스타트업이 모은 금액의 4%+450만 원 정도가 수수료로 차감된다
스타트업
수수료
펀더빔 주식회사

스타트업 투자 기점

정설 **정보나 자금이 많은 '전문가'만 한다**

역설 **정보나 자금이 적어도 '누구나' 할 수 있다**

'정보', '자금', '유동성' 문제를 모두 해결

펀더빔Funderbeam을 처음 본 사람은 요즘 유행하는 블록체인 서비스를 떠올릴지도 모른다. 그러나 이 서비스의 강점은 블록체인이 아니라 거래하는 대상에 있다. 이 서비스는 주식이나 채권을 거래하는 플랫폼인데, 놀랍게도 미공개 기업의 주식 또는 채권을 거래할 수 있다.

스타트업 투자라고 하면 실행하기 어렵다는 이미지가 있다. 게다가 잘 알려지지 않은 기업에 대한 투자는 더욱 손을 대기가 부담스럽다. 첫 번째 문제는 정보다. 세계에는 수많은 스타트업이 있지만, 유망한 기업을 찾고 싶어도 어떻게 찾아야 할지 알 수가 없다. 두 번째 문제는 자금이다. 스타트업에 투자하려면 수억 원이나 되는 큰 자금이 필요할 경우도 있다. 마지막 문제는 유동성이다. 스타트업에 투자하면 짧아도 몇 년은 투자금을 묵혀야 할 때가 많아 필요할 때 자금을 빼기 어렵다.

펀더빔 서비스는 이런 문제를 전부 해결했다. 먼저, 이용자는 데이터베이스에 접속하기만 해도 전 세계에 어떤 스타트업이 있는지 쉽게 알 수 있다. 그 수는 무려 15만 개가 넘는다. 게다가 투자 금액이 100유로부터여서 비교적 적은 금액으로도 투자가 가능하다.

가장 큰 포인트는 투자로 얻는 권리를 다른 이용자와 사고팔 수 있다는 것이다. 투자 후의 권리는 블록체인을 통해 암호화되어 누가 어떤 기업에 얼마를 투자했는지 엄밀하게 관리된다. 이를 통해 이용자는 걱정 없이, 간편하게 권리를 사고팔 수 있다. 스타트업 측도 펀더빔에 등록함으로써 벤처 캐피털 등을 통하지 않고도 자금을 모으기가 쉬워졌다.

전문 투자자가 하는 스타트업 투자를 누구나 할 수 있는 투자로 바꾼 것이 이 서비스의 놀라운 점이다. 2017년에는 손태장孫泰蔵이 이끄는 펀드로부터 200만 유로를 조달해 화제가 되었으며, 2018년 기준 1,050만 달러나 되는 자금을 조달하는 데 성공했다.

스포티파이

4,000만 곡을 무료로 즐기는 음악 스트리밍 서비스

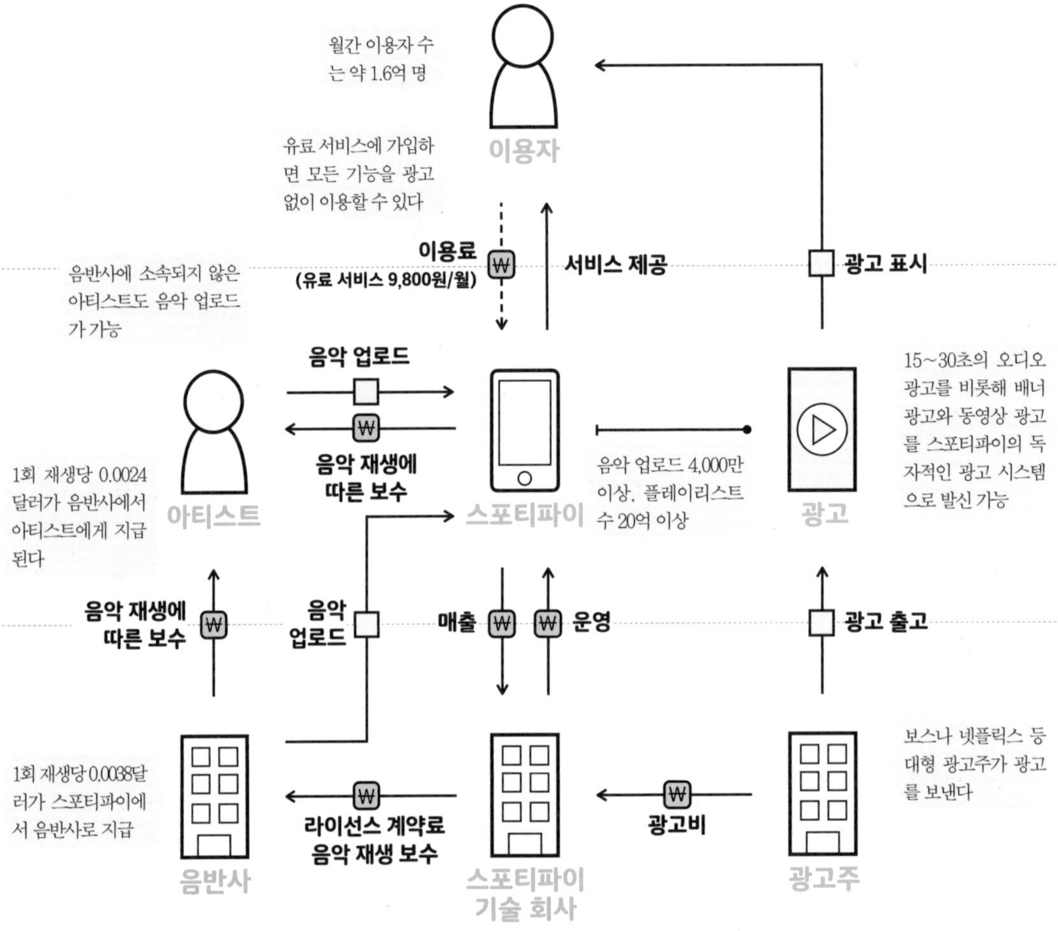
월간 이용자 수는 약 1.6억 명
유료 서비스에 가입하면 모든 기능을 광고 없이 이용할 수 있다
이용자
이용료
(유료 서비스 9,800원/월)
서비스 제공
광고 표시
음반사에 소속되지 않은 아티스트도 음악 업로드가 가능
음악 업로드
음악 재생에 따른 보수
15~30초의 오디오 광고를 비롯해 배너 광고와 동영상 광고를 스포티파이의 독자적인 광고 시스템으로 발신 가능
1회 재생당 0.0024달러가 음반사에서 아티스트에게 지급된다
아티스트
스포티파이
음악 업로드 4,000만 이상, 플레이리스트 수 20억 이상
광고
음악 재생에 따른 보수
음악 업로드
매출
운영
광고 출고
1회 재생당 0.0038달러가 스포티파이에서 음반사로 지급
라이선스 계약료
음악 재생 보수
광고비
보스나 넷플릭스 등 대형 광고주가 광고를 보낸다
음반사
스포티파이 기술 회사
광고주

음악 스트리밍 서비스	기점	정설	무료인 경우에는 곡 선택이나 재생 시간에 제한이 있다
		역설	무료여도 곡 선택이나 재생 시간에 제한이 없다

아티스트, 음반사, 이용자 모두가 행복해지는 시스템을 만들다

스웨덴에서 시작한 스포티파이Spotify는 한 달에 1억 6,000만 명이 넘는 이용자가 이용하는 세계 최대 음악 스트리밍 서비스다. 창업 당시인 2006년에는 음악의 불법 다운로드와 해적판 유통이 사회 문제로 부각되었다. 가장 큰 문제점은 아티스트에게 수익이 분배되지 않는 것이었는데, 공동 창업자 중 한 명인 다니엘 에크Daniel Ek가 아티스트나 음반사에 대가가 지급되는 시스템을 설계했다. 그리하여 스포티파이가 서비스를 시작한 2008년에서 3년이 지난 2011년에는 스웨덴 국내에서 음악 저작권 문제가 약 25퍼센트 감소했다.

스포티파이의 성공 요인 중 하나는 비즈니스 모델에 있다. 주된 수익원은 이용자에게 받는 월정액 이용료와 광고 수수료다. 주목할 것은 독자적인 광고 시스템이다. 지금까지 넷플릭스Netflix와 보스BOSE 등 대형 광고주의 광고를 집행한 실적도 있다. 수익의 두 기둥을 세움으로써 서비스 이용료가 무료라도 아티스트와 음반사에 보수를 지불할 수 있는 것이다.

애플뮤직Apple Music이나 라인뮤직LINE Music 같은 경쟁사는 월정액 이용료를 기본 전제로 무료 이용 기간을 두는 방식이지만, 스포티파이에서는 기간 제한 없이 무료로 악곡의 선택과 전체 재생이 가능하다. 아티스트, 음반사, 이용자가 모두 행복해지는 시스템을 만들어낸 셈이다.

광고 모델과 함께 월정액 이용료 매출이 안정적이라는 점도 강점이다. 월정액 9,800원인 프리미엄 요금제를 이용하면 이용자는 더욱 고음질로 곡을 들을 수 있고, 광고가 없어지고, 온라인 재생이 가능해진다. 이용자의 44퍼센트가 프리미엄 요금제를 이용하고 있으며, 매출의 90퍼센트가 이 프리미엄 요금제에서 나온다.

저작권 문제 등 부정적인 보도가 잦은 서비스이지만, 기술 기업을 상대로 적극적인 M&A를 시도하고 2018년에는 상장하는 등 점점 규모를 키우고 있다.

와샤

아프리카에서 전기를 선불로 판매하는 서비스

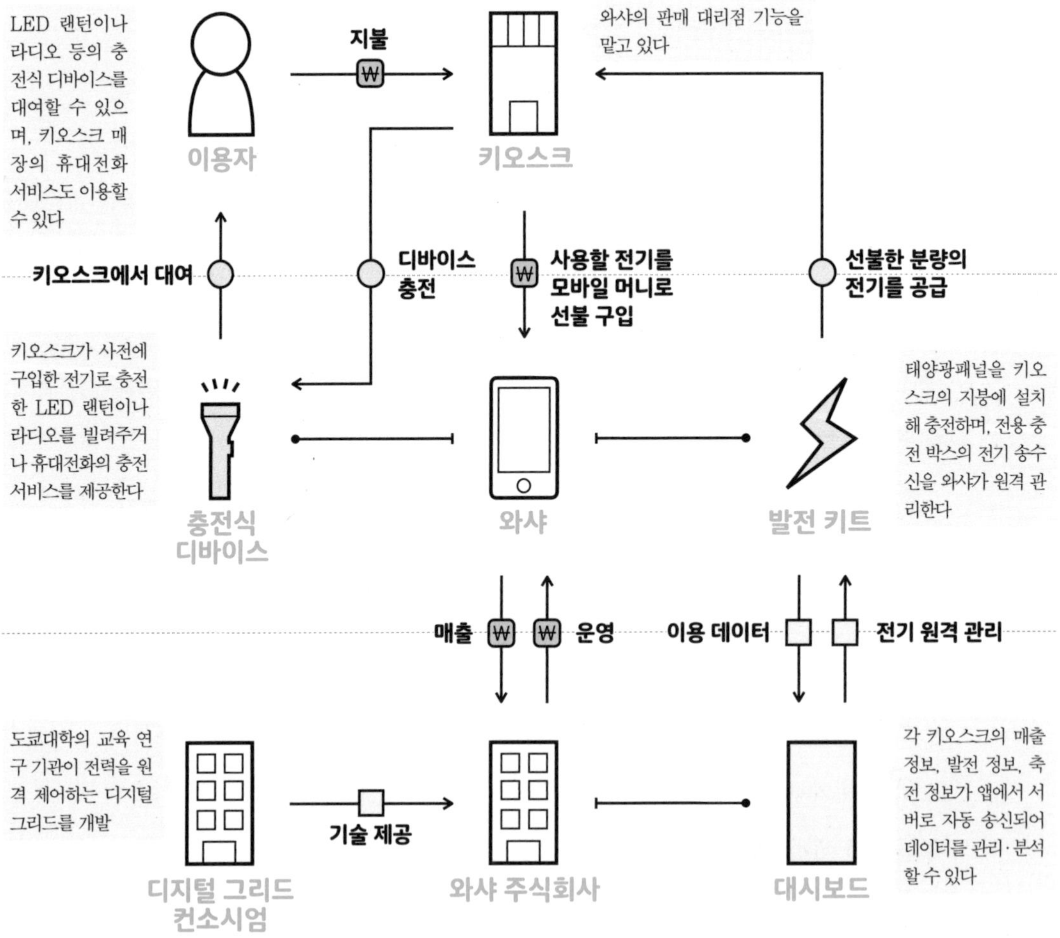
LED 랜턴이나 라디오 등의 충전식 디바이스를 대여할 수 있으며, 키오스크 매장의 휴대전화 서비스도 이용할 수 있다
이용자
지불
키오스크
와샤의 판매 대리점 기능을 맡고 있다
키오스크에서 대여
디바이스 충전
사용할 전기를 모바일 머니로 선불 구입
선불한 분량의 전기를 공급
키오스크가 사전에 구입한 전기로 충전한 LED 랜턴이나 라디오를 빌려주거나 휴대전화의 충전 서비스를 제공한다
충전식 디바이스
와샤
발전 키트
태양광패널을 키오스크의 지붕에 설치해 충전하며, 전용 충전 박스의 전기 송수신을 와샤가 원격 관리한다
매출
운영
이용 데이터
전기 원격 관리
도쿄대학의 교육 연구 기관이 전력을 원격 제어하는 디지털 그리드를 개발
기술 제공
디지털 그리드 컨소시엄
와샤 주식회사
대시보드
각 키오스크의 매출 정보, 발전 정보, 축전 정보가 앱에서 서버로 자동 송신되어 데이터를 관리·분석할 수 있다

전기 이용

기점	정설	계약한 뒤에 이용하며 사용량에 따라 요금이 부과된다
	역설	선불로 요금을 내고 그만큼 사용할 수 있다

개발도상국의 빈곤 해소에 기여하면서 이익을 창출하다

선진국에서는 전력 회사와 계약을 맺고 전기를 사용한 만큼 요금을 내는 종량제 방식이 기본이다. 그러나 저소득층 지역에서는 종량제 방식을 감당하기 힘들다. 와샤WASSHA는 새로운 전력 제어 기술을 활용해서 전기를 누구나, 어디에서나 부담 없이 이용할 수 있도록 '전기 선불 판매' 서비스로 제공한다. 아프리카에서 전력이 공급되지 않는 지역에도 이 서비스를 쓰고 있다.

와샤는 지역 곳곳에서 영업하는 '키오스크'라는 잡화점을 대리점으로 삼아 사업에 필요한 도구(태양광 패널 등)를 무상으로 빌려준다. 키오스크는 태양광 패널로 충전한 전기를 전용 앱을 통해 모바일 머니로 구입하고, 그 전기로 LED 랜턴이나 라디오 등을 충전해 지역 주민에게 대여 판매함으로써 이익을 얻는다. 또한 손님에게 휴대전화 충전 서비스를 제공하기도 한다. 와샤는 멀리 떨어진 장소에서도 대시보드라는 시스템을 통해 발전 상황 및 전기 이용 상황을 확인하고 지원할 수 있다.

전기 제공뿐만 아니라 BOP 비즈니스(개발도상국의 저소득층을 대상으로 빈곤 해소에 기여하면서 이익을 창출하는 비즈니스)시스템을 갖추었다는 점도 놀랍다. 키오스크 소유주는 와샤의 사업을 통해 수입 증가를 기대할 수 있으며, 전기를 이용하는 지역 주민도 밤에 노점을 열어서 매출을 늘릴 수 있다. 또한 와샤는 대리점 개척·관리팀 인력의 일부를 현지에서 채용함으로써 고용 창출에도 공헌하고 있다. 현재는 탄자니아를 중심으로 사업을 하고 있지만 점차 아프리카 전역에 진출할 예정이다.

도레밍 페이

급여 선지급 서비스를 수수료 없이 이용한다

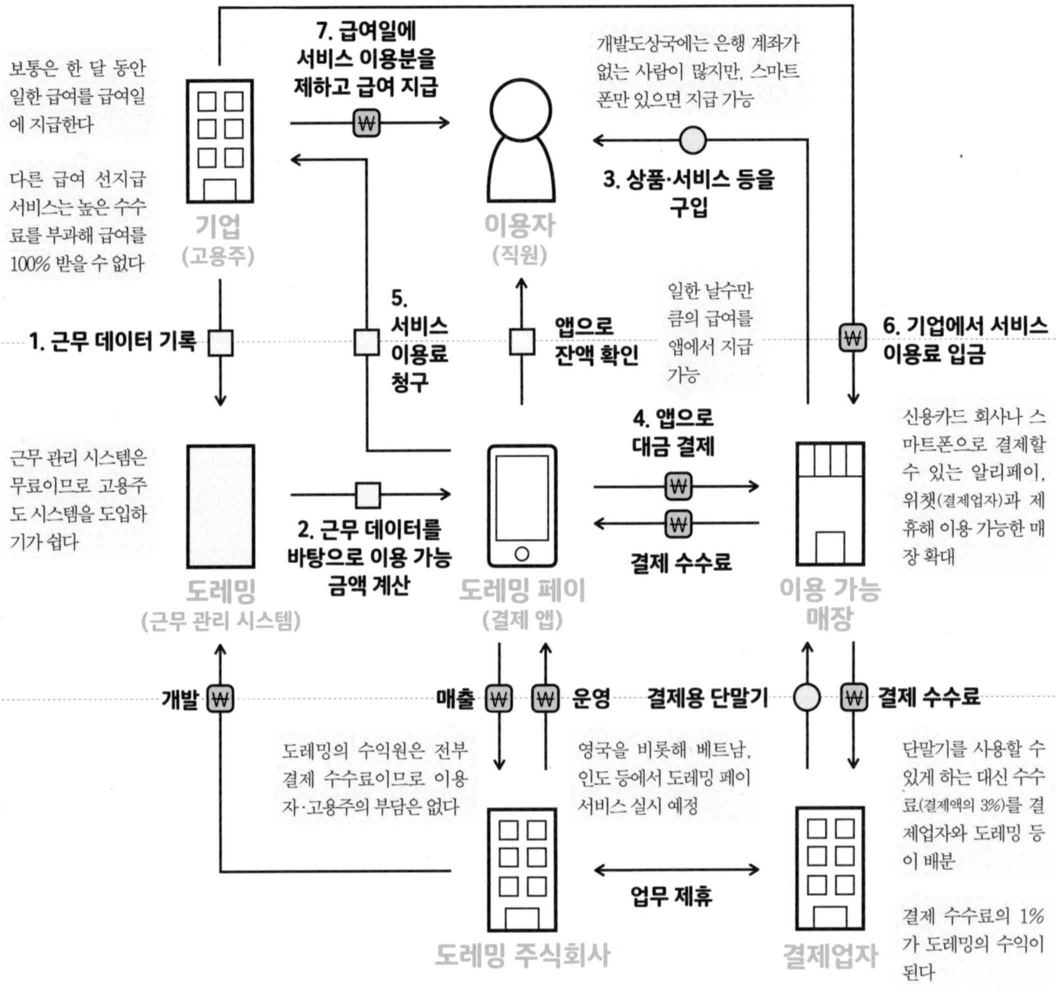
보통은 한 달 동안 일한 급여를 급여일에 지급한다
다른 급여 선지급 서비스는 높은 수수료를 부과해 급여를 100% 받을 수 없다
기업
(고용주)
7. 급여일에 서비스 이용분을 제하고 급여 지급
이용자
(직원)
개발도상국에는 은행 계좌가 없는 사람이 많지만, 스마트폰만 있으면 지급 가능
3. 상품·서비스 등을 구입
1. 근무 데이터 기록
5. 서비스 이용료 청구
앱으로 잔액 확인
일한 날수만큼의 급여를 앱에서 지급 가능
6. 기업에서 서비스 이용료 입금
4. 앱으로 대금 결제
결제 수수료
근무 관리 시스템은 무료이므로 고용주도 시스템을 도입하기가 쉽다
2. 근무 데이터를 바탕으로 이용 가능 금액 계산
도레밍
(근무 관리 시스템)
도레밍 페이
(결제 앱)
이용 가능 매장
신용카드 회사나 스마트폰으로 결제할 수 있는 알리페이, 위챗(결제업자)과 제휴해 이용 가능한 매장 확대
개발
매출
운영
결제용 단말기
결제 수수료
도레밍의 수익원은 전부 결제 수수료이므로 이용자·고용주의 부담은 없다
영국을 비롯해 베트남, 인도 등에서 도레밍 페이 서비스 실시 예정
단말기를 사용할 수 있게 하는 대신 수수료(결제액의 3%)를 결제업자와 도레밍 등이 배분
업무 제휴
도레밍 주식회사
결제업자
결제 수수료의 1%가 도레밍의 수익이 된다

급여 선지급 서비스 기점

- 정설: **이용자가 높은 수수료를 부담한다**
- 역설: **이용자가 수수료를 부담하지 않는다**

금융 서비스를 받을 수 없는 20억 명을 도와줄 수 있는 서비스

도레밍 주식회사Doreming는 2015년에 다카사키 마사히로高崎将紘가 설립한 회사로, 급여 계산과 근무 관리 시스템을 제공한다. 이 회사가 도레밍 시스템과 가상 화폐 등의 결제 시스템을 조합해서 개발한 도레밍 페이Doreming Pay는 영국, 베트남, 인도, 사우디아라비아 등 세계 각국에서 높은 평가를 받았다. 그리하여 2016년, 세계를 대표하는 핀테크 기업을 선출하는 〈핀테크100FinTech100〉에 일본에서 최초이자 유일하게 선정됐다. 도레밍 페이는 일한 만큼의 급여를 1일 단위로 사용할 수 있는 서비스로, 근무 관리 시스템인 도레밍을 통해서 1일당 급여가 계산되며 스마트폰 앱에 이용 가능한 금액이 표시된다. 직원은 그 금액의 범위에서 물건을 사고 스마트폰 앱으로 결제할 수 있다. 현금이나 은행 계좌가 없어도 스마트폰만 있으면 급여일이 되지 않아도 물건을 살 수 있는 것이다.

이 서비스의 획기적인 점은 이용자(직원)에게 수수료를 일체 받지 않는다는 점이다. 신용카드와 마찬가지로 결제 대금에서 수수료를 산출해 매장이 수수료를 부담하는 수익 구조다.

개발도상국 은행 계좌가 없어 금융 서비스를 받지 못하는 금융 난민이 약 20억 명에 이른다. 이들은 은행에서 대출을 받지 못해 급여일까지 생활하는 데 필요한 자금을 부당하게 높은 수수료나 이자를 내고 빌리고 있다. 급여일이 되어도 돈을 갚고 나면 남는 돈이 거의 없기 때문에 빈곤에서 벗어나지 못한다.

스마트폰이 있으면 이용할 수 있는 도레밍 페이는 그런 사람들에게 큰 도움이 된다. 법 제도의 문제로 각국의 당국 또는 정부와 교섭이 계속되고 있는데, 20억 금융 난민이 서비스를 받을 수 있게 된다면 도레밍이 세계에 끼칠 영향력은 엄청날 것이다.

폴리폴리

시민과 정치가가 소통하도록 이어주는 앱

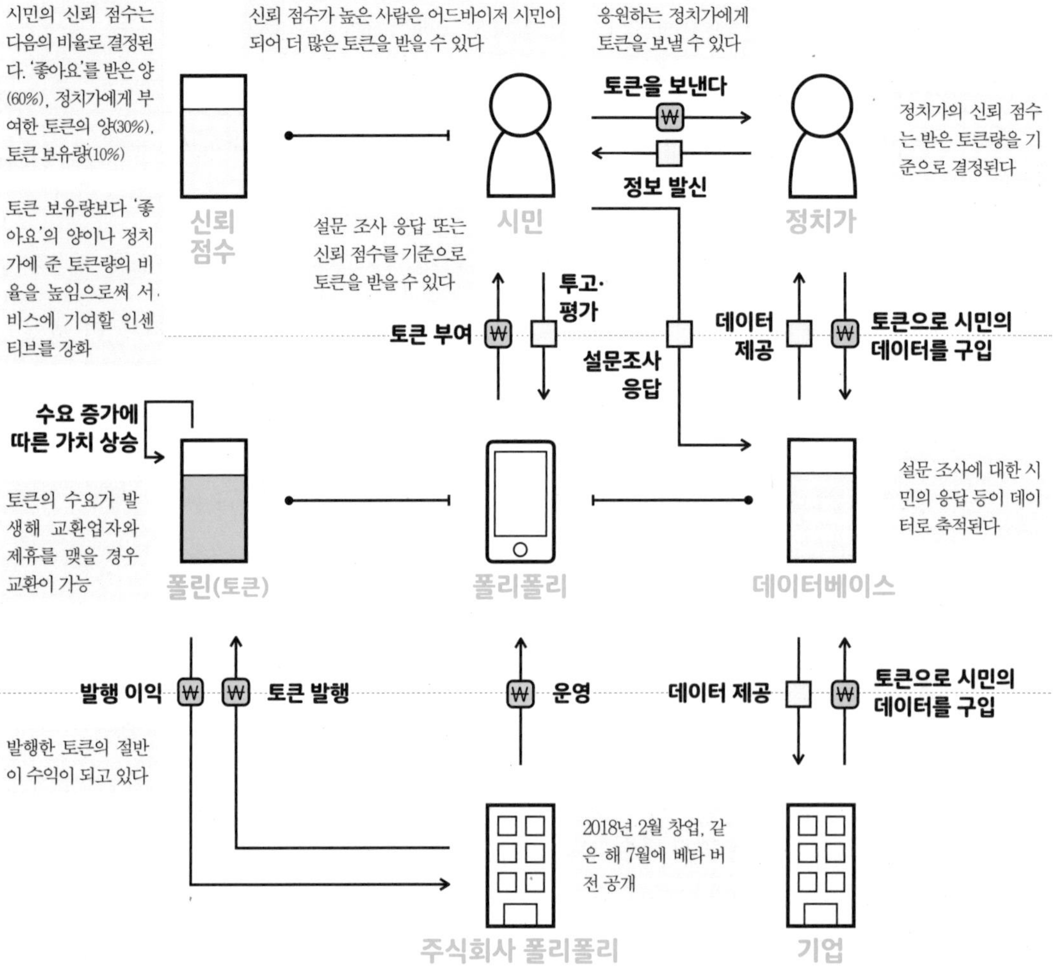
시민의 신뢰 점수는 다음의 비율로 결정된다. '좋아요'를 받은 양(60%), 정치가에게 부여한 토큰의 양(30%), 토큰 보유량(10%)
토큰 보유량보다 '좋아요'의 양이나 정치가에 준 토큰량의 비율을 높임으로써 서비스에 기여할 인센티브를 강화
신뢰 점수가 높은 사람은 어드바이저 시민이 되어 더 많은 토큰을 받을 수 있다
응원하는 정치가에게 토큰을 보낼 수 있다
토큰을 보낸다
정보 발신
정치가의 신뢰 점수는 받은 토큰량을 기준으로 결정된다
신뢰 점수
시민
정치가
설문 조사 응답 또는 신뢰 점수를 기준으로 토큰을 받을 수 있다
투고·평가
토큰 부여
데이터 제공
설문조사 응답
토큰으로 시민의 데이터를 구입
수요 증가에 따른 가치 상승
토큰의 수요가 발생해 교환업자와 제휴를 맺을 경우 교환이 가능
설문 조사에 대한 시민의 응답 등이 데이터로 축적된다
폴린(토큰)
폴리폴리
데이터베이스
발행 이익
토큰 발행
운영
데이터 제공
토큰으로 시민의 데이터를 구입
발행한 토큰의 절반이 수익이 되고 있다
2018년 2월 창업, 같은 해 7월에 베타 버전 공개
주식회사 폴리폴리
기업

정치에 대한 논의 | 기점 — 정설: 인터넷에서는 건전한 논의를 하기 어렵다

역설: 인터넷에서도 건전한 논의를 할 수 있다

과격한 논쟁 없이 인터넷상에서 토론할 수 있다

기술이 다양한 업계에 변혁을 일으키는 가운데 아직 기술이 발을 들여놓지 못하는 영역이 있다. 정치의 세계다. 폴리폴리ポリポリ라는 앱은 혁신이 일어나지 않는 이 시장에 새로운 바람을 일으키고 있다.

폴리폴리는 정치가와 시민의 건전한 커뮤니케이션을 촉진하는 앱이다. 기술의 힘을 빌려서 인터넷상에서는 과격해지기 쉬운 정치에 관한 논의를 건전하게 만들고 시민과 정치가의 관계에 새로운 흐름을 조성하고자 한다. 이 비즈니스의 혁신적인 점은 크게 세 가지다.

첫째는 손가락질과 헐뜯기가 일어나기 쉬운 정치 논의를 건전하게 할 수 있도록 앱 내에서의 발언을 시민끼리 평가할 수 있게 했다. 발언에 대한 시민의 평가가 신뢰 점수를 얻기 위한 요소 중 하나다. 그래서 특정인에 대한 비판이 아니라 건설적인 논의가 가능해졌다.

둘째는 시민과 정치가가 직접 소통할 수 있다는 점이다. 시민은 폴리폴리에서 제공되는 설문 조사에 응답하거나 정치가에게 질문을 함으로써 자신의 의견을 낼 수 있다. 정치가는 앱 내에서 시민에게 받은 질문에 직접 대답할 수도 있다. 앱이라는 시민에게 친숙한 도구를 사용해 젊은 층도 정치에 관심을 갖도록 유도한다.

셋째는 폴리폴리가 발행하는 폴린Polin이라는 가상 화폐를 시민과 정치가, 기업이 구입 또는 사용하게 함으로써 독자적인 경제권을 만들어낼 가능성이 있다는 것이다. 폴리폴리 내에서 정보를 교환할 때 폴린을 사용하게 되기 때문에 폴리폴리는 폴린의 발행 이익을 얻을 수 있다. 폴린이 발행되지 않은 상태라 서비스 자체에서는 아직 이익이 발생하지 않고 있지만, 2018년 7월에 나우NOW 주식회사로부터 자금을 조달하는 등 서비스를 확대하기 위해 노력하고 있다.

'돈'의 비즈니스 모델 정리

이번 장에서 소개한 사례는 '돈의 흐름을 어떻게 새롭게 만들었는가?'에 따라
전환, 인센티브, 유통의 세 가지로 분류할 수 있다.

돈

전환

지금까지 돈이 되지 않았던 영역을 전환한 사례

인센티브

금전적인 인센티브를 효과적으로 낳은 사례

유통

돈이 흐르는 경로나 구조를 바꾼 사례

새로운 돈의 흐름을 만든 기업

타임뱅크, 캔셀, 글로벌 모빌리티 서비스, 가마쿠라투신, 메디컬체인, 앤드비즈

'글로벌 모빌리티 서비스'는 지불 능력이 있음에도 여신 심사를 통과하지 못한 사람에게 여신 없이 오토론을 제공하고, 돈을 내지 못하면 원격으로 자동차를 정지시키는 시스템을 설계했다. '타임뱅크'는 시간 자체를 사고파는 시장을 만들어냈다.

인센티브를 활용한 기업

쇼룸, 유니포스, 모바이크, 레모네이드, 펀더빔, 폴리폴리, 점프루키!, 알리스

'유니포스'는 직원들이 서로에게 보너스를 줌으로써 사내에서 빛을 보지 못하는 업무에도 인센티브를 부여했다. '알리스'는 토큰을 발행하고 ICO를 실시해 투자가로부터 자금을 얻으면서 광고 수익이 아닌 독자적인 인센티브 제도로 미디어를 뒷받침하고 있다.

돈의 경로를 바꾼 기업

캐시, 트랜스퍼와이즈, 폴카, 크라우드크레디트, 스포티파이, 도레밍 페이, 페이모, 와샤, 펀드박스

'트랜스퍼와이즈'는 전 세계에 계좌를 개설하고 2회의 국내 송금으로 해외 송금을 대체함으로써 수수료를 크게 낮추었다. '와샤'는 아프리카 지역에서 선불식으로 전기를 판매했다.

제3장

정보

새로운 기술을 활용한다

인공지능, 사물인터넷, 빅데이터 등 새로운 기술이 획기적인 비즈니스를 만들어내고 있다. 지금까지 실현하기 어려웠던 영역을 정보 기술과 데이터의 활용으로 극복한 비즈니스 모델을 소개한다.

파머스 비즈니스 네트워크

'농업 × 빅데이터'를 통해 생산성을 기하급수적으로 높이다

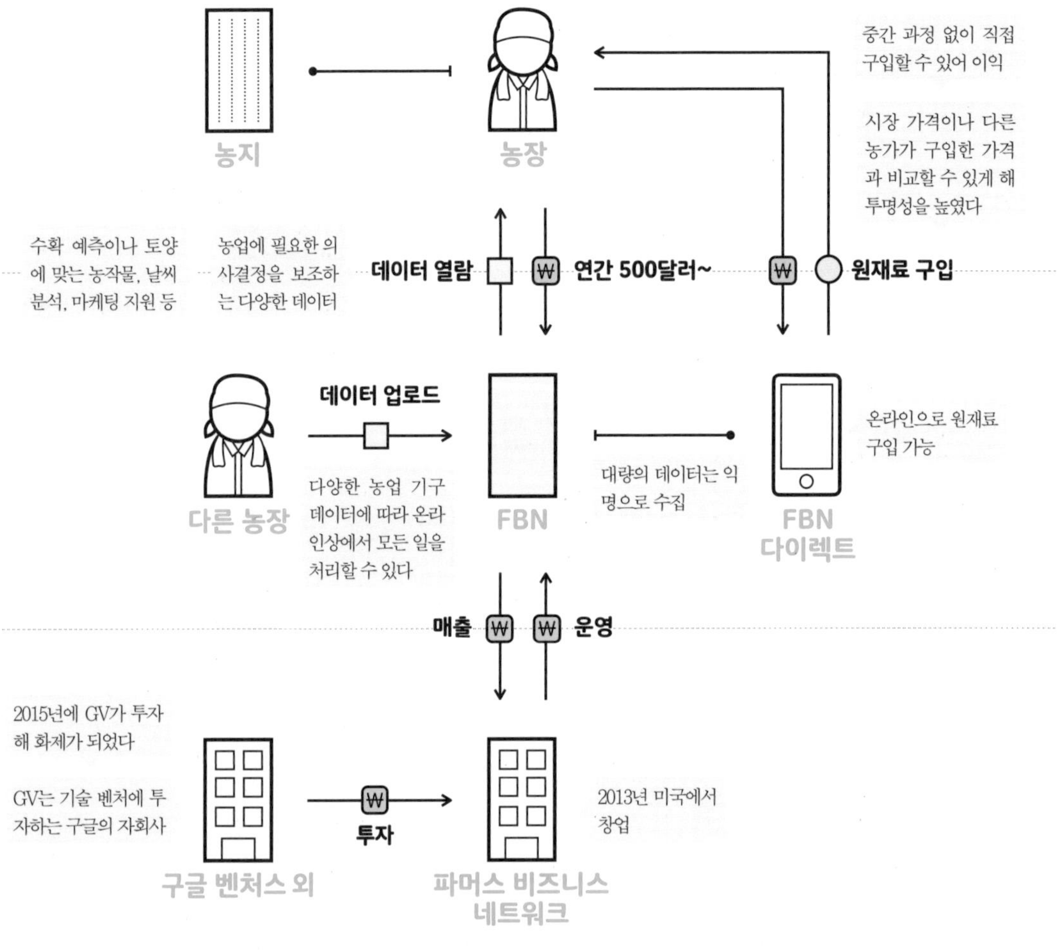

농지
농장
중간 과정 없이 직접 구입할 수 있어 이익
시장 가격이나 다른 농가가 구입한 가격과 비교할 수 있게 해 투명성을 높였다
수확 예측이나 토양에 맞는 농작물, 날씨 분석, 마케팅 지원 등
농업에 필요한 의사결정을 보조하는 다양한 데이터
데이터 열람
연간 500달러~
원재료 구입
데이터 업로드
다른 농장
다양한 농업 기구 데이터에 따라 온라인상에서 모든 일을 처리할 수 있다
FBN
대량의 데이터는 익명으로 수집
FBN 다이렉트
온라인으로 원재료 구입 가능
매출
운영
2015년에 GV가 투자해 화제가 되었다
GV는 기술 벤처에 투자하는 구글의 자회사
투자
2013년 미국에서 창업
구글 벤처스 외
파머스 비즈니스 네트워크

농업		
기점	정설	개인 경험을 바탕으로 농사 짓는다
	역설	빅데이터를 활용해 농사 짓는다

다른 농장의 데이터를 활용해 농사를 짓다

파머스 비즈니스 네트워크Farmers Business Network(이하 FBN)는 미국의 농부들이 자신의 농장을 효과적으로 경영할 수 있도록 돕는 서비스다. 연간 500~600달러를 내면 농업에 관한 데이터를 열람할 수 있다. 수확 시기, 토지에 적합한 농작물과 같은 정보뿐만 아니라 날씨 분석, 마케팅 지원 등의 정보도 얻을 수 있다.

이런 대량의 농업 데이터는 다른 농장으로부터 수집된다. FBN은 대시보드 기능(여러 정보를 일괄해서 표시하는 기능)이 잘 갖춰져 있어서, 자신의 농장 데이터를 업로드하면 예상 수익을 알려준다. 농장이 업로드한 데이터는 익명으로 집약되며, 개인정보를 침해하지 않는 범위에서 다른 농장의 데이터도 열람할 수 있다.

대량의 데이터가 모이면 다른 농장의 비료 구매가와 같은 세세한 정보도 알 수 있게 된다. 또한 FBN은 온라인상에서 원재료도 구입할 수 있게 하고, 시장에 유통되는 가격과 다른 농장이 실제로 산 가격 등을 비교할 수 있게 했다. 게다가 중간업자를 거치지 않고 직접 저렴한 가격에 구입할 수 있다. 가격의 투명성을 중시하는 점도 FBN이 성공한 요인 중 하나다.

농장은 1년에 500달러를 냄으로써 대량의 데이터에 접근해 좀 더 수익성을 높이는 방법을 찾을 수 있다. 게다가 저렴한 가격으로 원재료를 파는 채널에 접속할 수 있는 등 여러 이점이 있기 때문에 가입자가 계속해서 늘고 있다.

'1차 산업인 농업에 기술을 적용한다'는 과제는 전부터 있었지만, FBN은 빅데이터를 활용하여 이 과제에 정면으로 도전하고 있다. FBN에서 지식을 공유함으로써 농업의 생산성이 기하급수적으로 향상된다면 미래의 식량 위기 문제 해결도 가능하게 될 것이다.

뻐띠로손

사무실 안에 편의점이 들어왔다

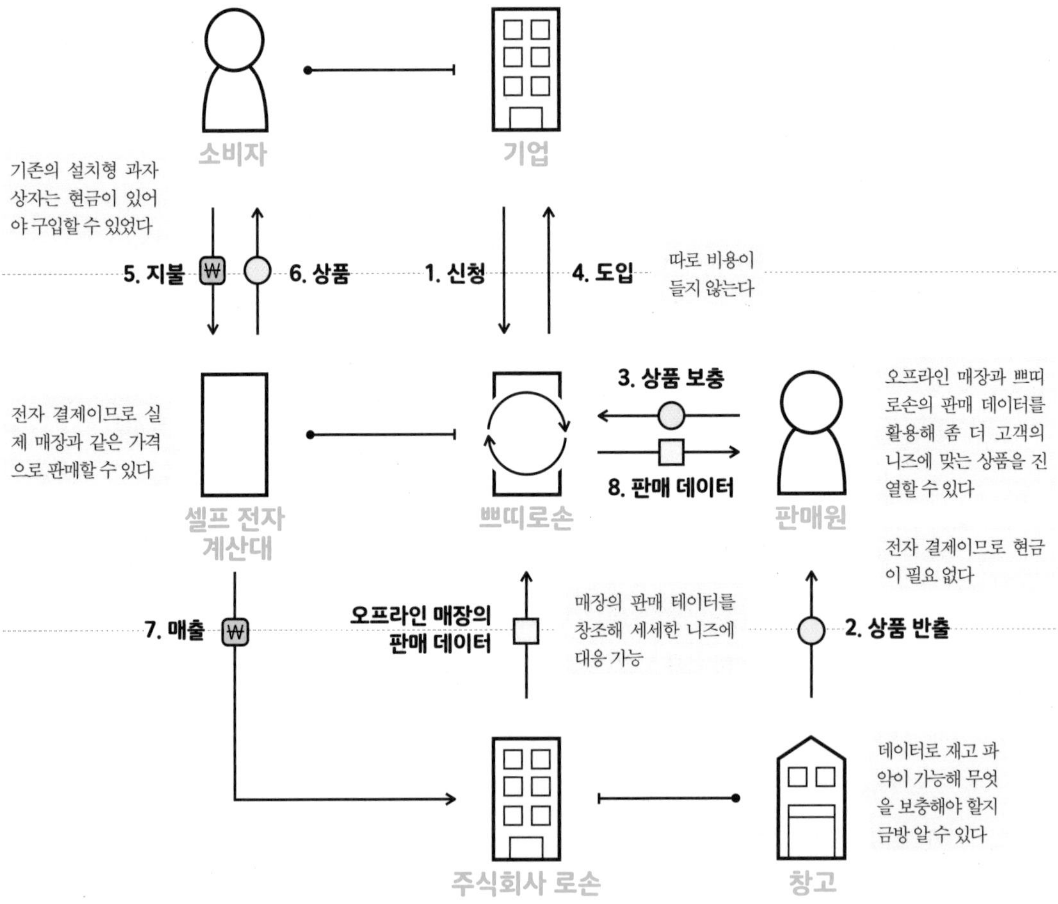

소비자
기업
기존의 설치형 과자 상자는 현금이 있어야 구입할 수 있었다
5. 지불
6. 상품
1. 신청
4. 도입
따로 비용이 들지 않는다
3. 상품 보충
8. 판매 데이터
전자 결제이므로 실제 매장과 같은 가격으로 판매할 수 있다
오프라인 매장과 뻐띠로손의 판매 데이터를 활용해 좀 더 고객의 니즈에 맞는 상품을 진열할 수 있다
셀프 전자 계산대
뻐띠로손
판매원
전자 결제이므로 현금이 필요 없다
7. 매출
오프라인 매장의 판매 데이터
매장의 판매 데이터를 참조해 세세한 니즈에 대응 가능
2. 상품 반출
데이터로 재고 파악이 가능해 무엇을 보충해야 할지 금방 알 수 있다
주식회사 로손
창고

간이 과자 판매 서비스 | 기점 | 정설 | 현금 판매 방식이며 상품의 폭이 좁다
| | 역설 | 전자 결제 방식이며 상품의 폭이 넓다

업계 최초로 전자 결제 도입

쁘띠로손プチローソン은 2017년 7월에 대형 편의점 체인인 로손이 시작한 사무실 내 간이 과자 판매 서비스다. 제과 회사인 글리코의 오피스 글리코를 비롯해 지금까지 쁘띠 로손보다 먼저 시작한 회사들의 간이 과자 판매 서비스는 현금을 내고 사는 형식이 일반적이었다. 게다가 회수할 때 편리성을 고려해 가격이 1,000원, 2,000원 등 고정된 금액으로 설정된 경우가 많았다. 이렇게 되면 고정된 금액에서 크게 벗어난 상품을 들여놓기가 어렵기 때문에 상품의 종류에 제한이 있을 수밖에 없었다. 게다가 구매자의 선의에 의지하는 방식이어서 장소에 따라 현금 회수율이 달라지기도 했다.

쁘띠로손은 업계 최초로 전자 결제를 도입했다. 이에 따라 금액을 고정할 필요가 없어졌고, 그 결과 상품 가격대에 제한이 없어져 상품 라인업이 다양해졌다. 옵션이기는 하지만 과자뿐만 아니라 음료수를 보관하는 냉장고나 아이스크림 등을 보관하는 냉동고, 커피머신 등도 설치할 수 있다. 물론 전부 전자 결제로 구매 가능하다.

게다가 로손 편의점의 판매 데이터를 활용해서 트렌드를 분석해 상품을 진열할 수도 있다. 판매 추이가 즉시 데이터화되기 때문에 품절 시 대응하거나 인기 상품을 확충하는 일도 쉽다. 또한 사전에 데이터를 분석한 다음 재고를 선정해서 배송할 수 있어 판매원(업자)의 회수 효율도 높다.

간이 과자 판매 서비스의 선구자는 오피스 글리코이지만, 전자 결제의 흐름이 가속화되면 후발 주자 중에서도 과자 외의 판매 데이터를 대량으로 보유한 편의점이 점유율을 확대할 가능성이 있다. 간이 과자 판매 서비스도 결국은 현재 진행되고 있는 '현금 없는 사회'의 물결에 올라탈 것으로 보인다.

조조슈트

내 몸에 꼭 맞는 옷을 만드는 치수 측정용 보디슈트

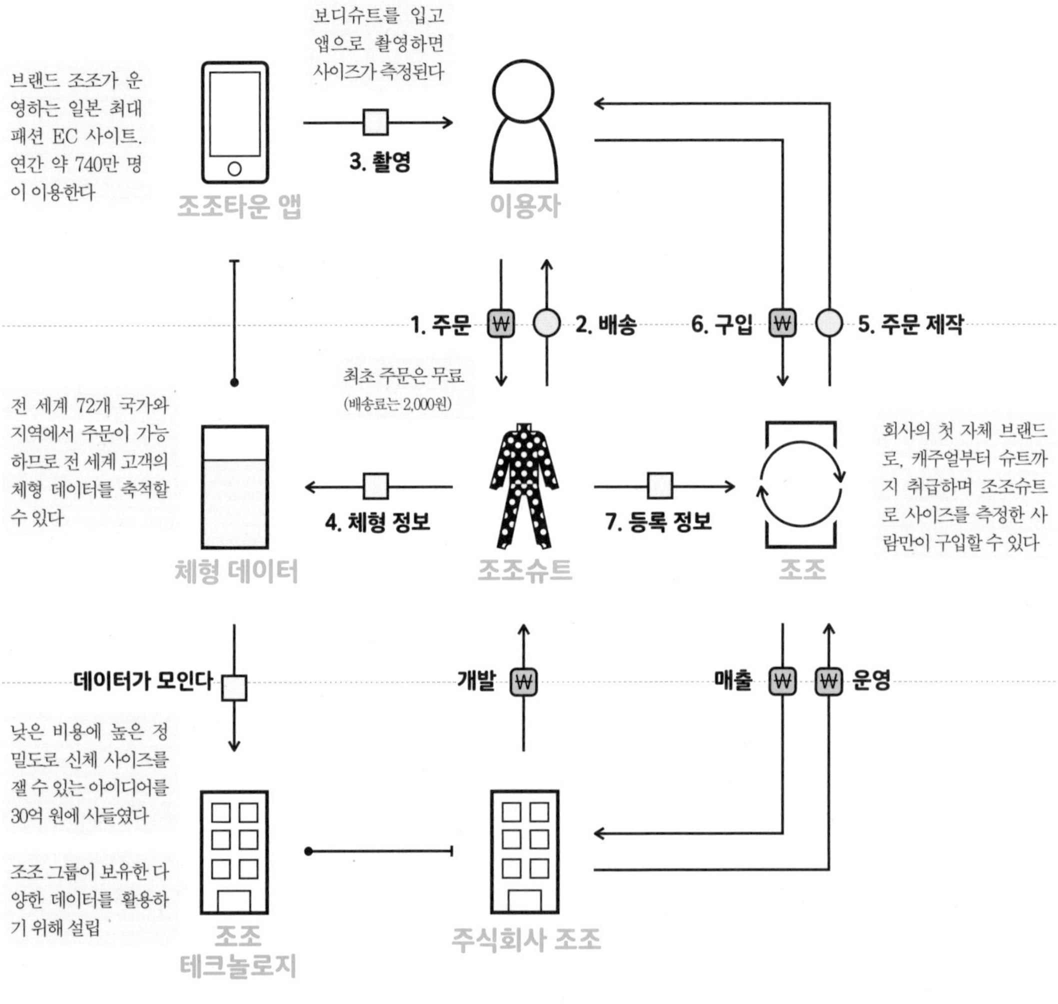

보디슈트를 입고 앱으로 촬영하면 사이즈가 측정된다
브랜드 조조가 운영하는 일본 최대 패션 EC 사이트. 연간 약 740만 명이 이용한다
3. 촬영
조조타운 앱
이용자
1. 주문
2. 배송
6. 구입
5. 주문 제작
최초 주문은 무료 (배송료는 2,000원)
전 세계 72개 국가와 지역에서 주문이 가능하므로 전 세계 고객의 체형 데이터를 축적할 수 있다
4. 체형 정보
7. 등록 정보
회사의 첫 자체 브랜드로, 캐주얼부터 슈트까지 취급하며 조조슈트로 사이즈를 측정한 사람만이 구입할 수 있다
체형 데이터
조조슈트
조조
데이터가 모인다
개발
매출
운영
낮은 비용에 높은 정밀도로 신체 사이즈를 잴 수 있는 아이디어를 30억 원에 사들였다
조조 그룹이 보유한 다양한 데이터를 활용하기 위해 설립
조조 테크놀로지
주식회사 조조

온라인으로 의류 쇼핑

기점	정설	입어보아야 사이즈가 맞는지 안다
	역설	입지 않아도 사이즈가 맞는지 안다

전 세계 고객의 치수 데이터를 모으는 기업

조조슈트ZOZOSUIT는 2017년 11월 말에 예약 접수를 시작해 화제가 되었던 치수 측정용 보디슈트다. 패션 판매 사이트 조조타운으로 유명한 주식회사 조조(2018년 10월 1일에 주식회사 스타트투데이로 사명 변경)가 운영하고 있다.

지금까지 인터넷에서 옷을 살 때 가장 큰 문제점은 직접 입어볼 수 없다는 점이었다. 즉 사려는 옷이 사이즈가 맞는지 맞지 않는지 알기가 어려웠다. '조조슈트는 입기만 해도 신체 사이즈가 자동으로 측정된다'는 심플한 해결책으로 세상을 놀라게 했다. 게다가 보디슈트를 무료로 배포해 더 큰 화제를 불렀다(정확히 말하면 운송료 2,000원을 내야 한다).

입기만 해도 치수를 측정할 수 있는 이유는 조조슈트 전체에 장치된 약 300~400개의 도트 모양의 마커를 스마트폰 카메라로 360도 촬영해서 읽어들이기 때문이다. 신체 사이즈를 정밀하게 측정하는 신기술을 통해 전신 24개 부위의 치수를 조조타운 앱에 보존할 수 있다. 자신과 키, 몸무게가 같은 사람의 평균값과 비교해볼 수도 있다. '캐주얼이든 정장이든 필수 의류는 전부 갖춰둔다'라는 목표 아래 티셔츠와 청바지를 비롯해 옥스퍼드셔츠, 비즈니스슈트 등 신상품을 차례차례 발표하고 있다.

또한 같은 시기에 발표한 자체 브랜드 조조ZOZO는 조조슈트로 측정한 체형 데이터를 바탕으로 고객에게 딱 맞는 사이즈의 상품을 제공한다.

조조슈트는 전 세계 72개 국가와 지역에서 주문할 수 있다. 일본뿐만 아니라 전 세계 고객의 치수 데이터가 모이게 된다면 조조에 유용한 자산이 될 것이다. '고객의 신체 사이즈를 알고 있다'는 것은 전자상거래 사이트에 큰 강점이 되기 때문이다.

에어레지

매장은 물론 고객의 니즈도 파악하는 계산대

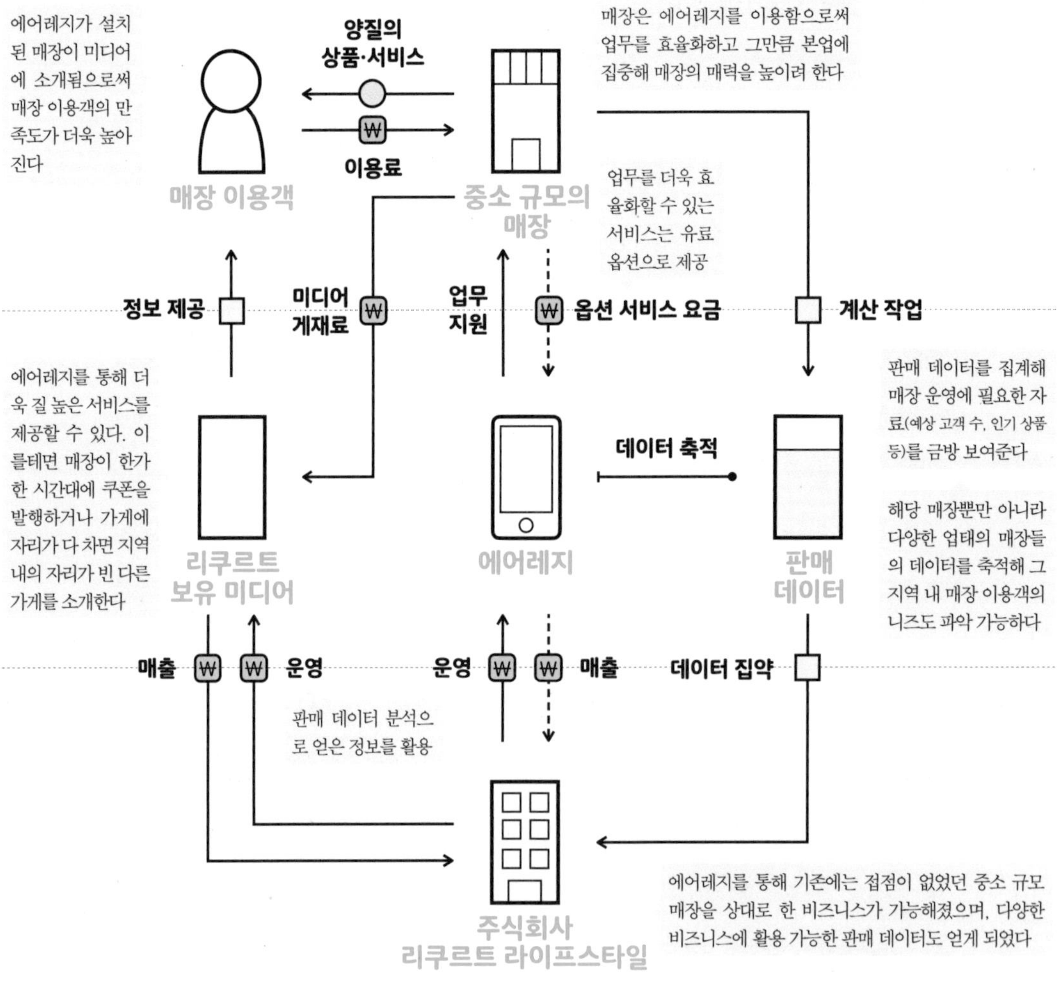
에어레지가 설치된 매장이 미디어에 소개됨으로써 매장 이용객의 만족도가 더욱 높아진다
양질의 상품·서비스
이용료
매장은 에어레지를 이용함으로써 업무를 효율화하고 그만큼 본업에 집중해 매장의 매력을 높이려 한다
매장 이용객
중소 규모의 매장
업무를 더욱 효율화할 수 있는 서비스는 유료 옵션으로 제공
정보 제공
미디어 게재료
업무 지원
옵션 서비스 요금
계산 작업
에어레지를 통해 더욱 질 높은 서비스를 제공할 수 있다. 이를테면 매장이 한가한 시간대에 쿠폰을 발행하거나 가게에 자리가 다 차면 지역 내의 자리가 빈 다른 가게를 소개한다
판매 데이터를 집계해 매장 운영에 필요한 자료(예상 고객 수, 인기 상품 등)를 금방 보여준다
데이터 축적
리쿠르트 보유 미디어
에어레지
판매 데이터
해당 매장뿐만 아니라 다양한 업태의 매장들의 데이터를 축적해 그 지역 내 매장 이용객의 니즈도 파악 가능하다
매출
운영
운영
매출
데이터 집약
판매 데이터 분석으로 얻은 정보를 활용
에어레지를 통해 기존에는 접점이 없었던 중소 규모 매장을 상대로 한 비즈니스가 가능해졌으며, 다양한 비즈니스에 활용 가능한 판매 데이터도 얻게 되었다
주식회사 리쿠르트 라이프스타일

중소 규모 매장의 계산대 업무

- 기점 — 정설: **업무 부담에 비해 부가가치를 만들기 힘든 잡무다**
- 기점 — 역설: **본업에 전념하면서 판매 데이터를 효과적으로 활용할 수 있는 업무다**

중소 매장도 POS 계산대를 도입해 데이터를 활용할 수 있다

에어레지Air レジ는 리쿠르트 라이프스타일이 운영하는 중소 규모 매장용 무료 계산대 애플리케이션이다. 이용 매장이 33만 3,000점(2018년 3월 기준)을 넘는 등 순조롭게 비즈니스를 확대하고 있다.

매장이 에어레지의 서비스를 이용하면 판매 데이터가 축적된다는 이점을 얻을 수 있다. 판매 데이터의 집계, 고객 수 예측, 인기 상품 순위 등 매장 운영에 필요한 데이터를 확인할 수 있는 것이다. 요컨대 POS 계산대 기능 이상의 역할을 한다.

매장에 POS 계산대를 설치하려면 수백만 원의 비용이 들어가지만, 에어레지는 아이패드만 있으면 무료로 이용할 수 있다. 매장이 에어레지를 도입하면 매출 관리와 메뉴 변경 등을 쉽게 할 수 있고, 이에 따라 잡무가 줄어든다. 즉 에어레지는 '부가가치를 창출하기 어려운 계산대 작업'을 '부가가치를 만들어 내는 업무'로 바꾼 것이다.

현재 에어레지 외에도 무료 계산대 앱 서비스가 있지만, 에어레지 서비스의 강점은 다양한 지역과 업태를 커버하는 리쿠르트 라이프스타일이 사업 주체라는 점이다. 각 매장의 계산대에 입력된 방대한 판매 데이터가 계속 축적되어 해당 매장뿐만 아니라 그 지역 고객의 니즈도 파악할 수 있다.

리쿠르트 라이프스타일이 보유한 미디어를 활용해 매장 이용자에게 접근할 수도 있다. 예를 들어 매장이 한가한 시간대에 쿠폰을 발행하거나 자리가 다 찬 가게가 있으면 같은 지역 내에 자리가 비어 있는 다른 매장을 소개하는 일도 가능해진다. 리쿠르트 라이프스타일에게 에어레지는 매장과의 접점이 생길 뿐만 아니라 그들의 정보를 집약해 자사의 다른 사업에도 활용할 수 있는 일석이조의 비즈니스 모델이다.

아마존 고

아마존이 만든 무인 편의점

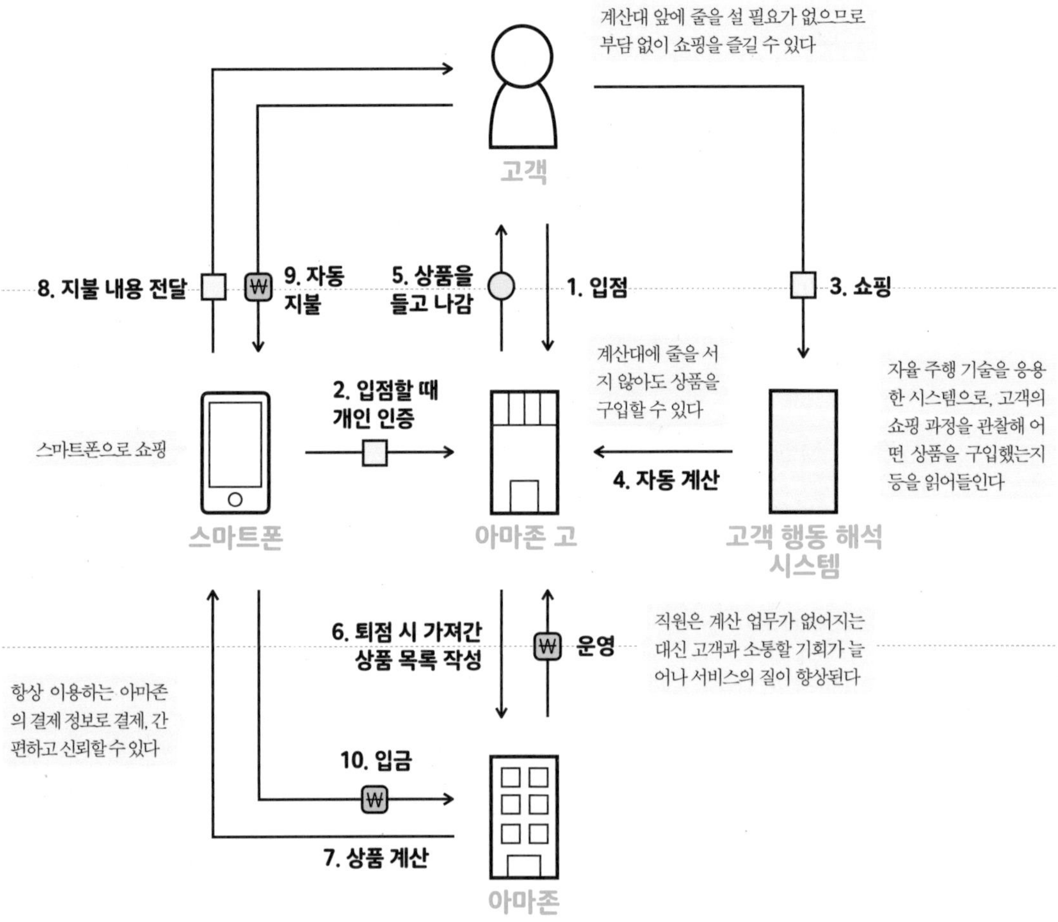
계산대 앞에 줄을 설 필요가 없으므로 부담 없이 쇼핑을 즐길 수 있다
고객
8. 지불 내용 전달
9. 자동 지불
5. 상품을 들고 나감
1. 입점
3. 쇼핑
계산대에 줄을 서지 않아도 상품을 구입할 수 있다
자율 주행 기술을 응용한 시스템으로, 고객의 쇼핑 과정을 관찰해 어떤 상품을 구입했는지 등을 읽어들인다
스마트폰으로 쇼핑
2. 입점할 때 개인 인증
4. 자동 계산
스마트폰
아마존 고
고객 행동 해석 시스템
6. 퇴점 시 가져간 상품 목록 작성
운영
직원은 계산 업무가 없어지는 대신 고객과 소통할 기회가 늘어나 서비스의 질이 향상된다
항상 이용하는 아마존의 결제 정보로 결제, 간편하고 신뢰할 수 있다
10. 입금
7. 상품 계산
아마존

편의점에서 상품 구입

기점	정설	계산은 가게를 나가기 전에 한다
	역설	가게 안에서 계산하지 않아도 된다

계산대 앞에서 기다리는 스트레스를 없앤다

아마존 고Amazon Go는 아마존Amazon이 시작한 무인 편의점이다. 2016년 12월에 발표되어 화제를 모았는데, 2018년 1월에 드디어 시애틀에서 1호점이 문을 열었다.

지금까지 가게에서 쇼핑을 하는 손님이 스트레스를 받는 대표적인 원인은 '계산대 앞에 늘어선 줄'이었다. 계산은 가게를 나가기 전에 하는 것이 기존의 상식이었는데, 아마존은 최신 기술을 활용하여 계산대의 무인화 시스템을 만들었다. 이에 따라 고객은 매장에서 계산하지 않아도 되어 쇼핑에만 집중할 수 있다. 가게에 들어갈 때는 스마트폰의 QR코드를 읽는 형태로 개인 인증을 해야 하지만, 가게를 나갈 때는 자동으로 계산이 완료된다.

아마존 고의 핵심은 고객 행동 해석 시스템이다. 가게 내에 고객의 움직임을 추적할 수 있는 센서가 있어서 쇼핑 중의 행동을 관찰해 어떤 상품을 구입했는지 알 수 있다(이러한 시스템에는 AI의 딥러닝 기술도 사용되며, 특허도 취득했다).

매장 운영 면에서는 계산 업무와 관련된 인건비와 일손 부족 같은 문제를 해결할 수 있다. 더구나 아마존 고는 단순히 효율성만을 추구한 시스템이 아니다. 계산 업무의 자동화를 통해 점원은 수시로 재고를 보충하고 고객과 커뮤니케이션 기회를 늘리는 등 서비스의 질을 높이는 데 집중할 수 있게 된다. 그런 의미에서 아마존 고는 소매업뿐만 아니라 다양한 대면 서비스로 영역을 넓힐 가능성이 있다.

중국에서도 무인 편의점의 개발이 활발하게 진행되고 있다. 알리바바 그룹은 빙고박스BingoBox라는 무인 편의점을 시작했다. 또한, 일본 편의점 업계는 2025년까지 일본 전역 5만 개 매장에 무인 계산대를 설치할 계획이라고 밝혔다. 이 분야의 경쟁은 앞으로 더욱 치열해질 듯하다.

지마신용

인맥마저 신용 점수가 된다

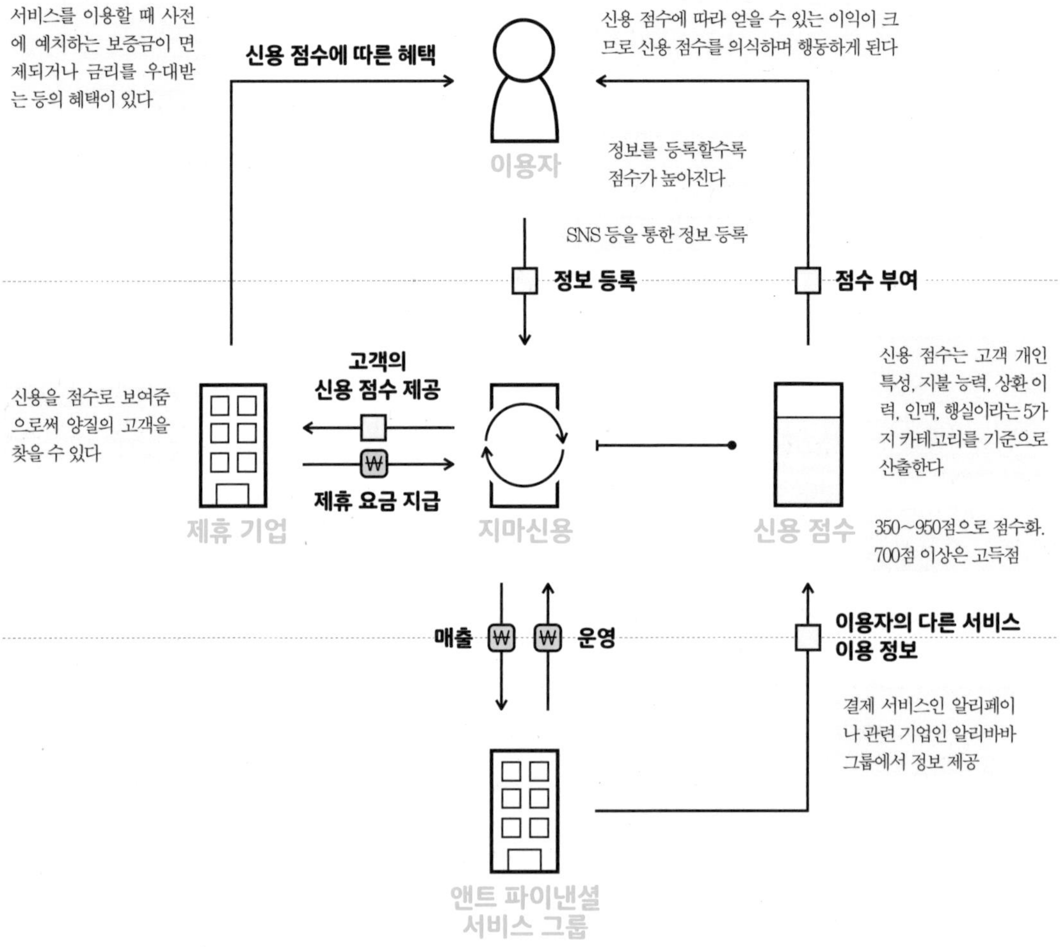
서비스를 이용할 때 사전에 예치하는 보증금이 면제되거나 금리를 우대받는 등의 혜택이 있다
신용 점수에 따른 혜택
신용 점수에 따라 얻을 수 있는 이익이 크므로 신용 점수를 의식하며 행동하게 된다
이용자
정보를 등록할수록 점수가 높아진다
SNS 등을 통한 정보 등록
정보 등록
점수 부여
신용 점수는 고객 개인 특성, 지불 능력, 상환 이력, 인맥, 행실이라는 5가지 카테고리를 기준으로 산출한다
신용을 점수로 보여줌으로써 양질의 고객을 찾을 수 있다
고객의 신용 점수 제공
₩
제휴 요금 지급
제휴 기업
지마신용
신용 점수
350~950점으로 점수화. 700점 이상은 고득점
매출
₩
₩
운영
이용자의 다른 서비스 이용 정보
결제 서비스인 알리페이나 관련 기업인 알리바바 그룹에서 정보 제공
앤트 파이낸셜 서비스 그룹

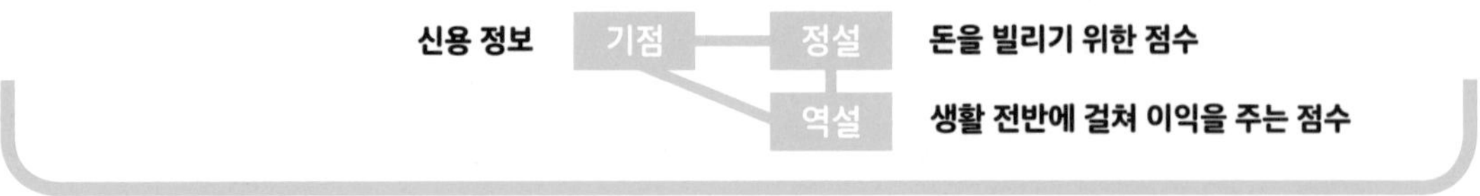
신용 정보
기점
정설
돈을 빌리기 위한 점수
역설
생활 전반에 걸쳐 이익을 주는 점수

신용 점수가 높은 사람에게는 금리 우대 등의 혜택이 있다

신용 정보라고 하면 '돈을 빌리기 위한 점수'라는 이미지가 강하다. 2015년에 중국에서 시작된 지마신용芝麻信用(세서미 크레디트)은 거기에서 더 나아가 신용 정보를 '생활 전반에 이익을 낳는 점수'로 파악한다. 그리고 '개인 신용도를 점수화해 점수가 높은 사람은 다양한 혜택을 얻을 수 있다'라는 개념으로 서비스를 제공한다. 예전 같으면 SF 소설에서나 나올 법한 이야기가 중국에서는 이미 실용화된 것이다.

신용 점수는 '개인 특성, 지급 능력, 상환 이력, 인맥, 행실'이라는 다섯 가지 카테고리를 기준으로 산출된다. 또한 신용 점수가 높으면 서비스를 이용할 때 예치금(보증금)이 면제되거나 금리를 우대받는 등 큰 혜택을 받을 수 있기 때문에 이용자는 자연스럽게 신용 점수를 의식하며 행동하게 된다.

이런 서비스가 이루어진 배경에는 중국의 결제 시스템이 인터넷상에서 완벽하게 구현된다는 점이 큰 영향을 끼치고 있다. 임대료나 공공요금 등도 인터넷으로 결제할 수 있다. 요컨대 기업이 이용자의 일상적인 돈의 흐름을 확인하기가 쉬운 상황이다.

또한 이 시스템을 알리바바 그룹의 관련 기업인 앤트 파이낸셜 서비스 그룹Ant Financial Services Group이 개발했기 때문에 알리바바의 서비스에서 얻은 데이터도 점수 집계에 사용되어 데이터 취득원이 풍부한 것도 특징이다. 게다가 정부가 적극적으로 지원하고 있다는 점은 커다란 강점이다(2015년에 중국 정부가 신용 시스템의 면허를 여덟 개 회사에 부여했는데, 앤트 파이낸셜 서비스 그룹도 그중 하나다).

개인 정보 보호 때문에 일본에서 실현될 가능성이 얼마나 있을지는 아직 알 수 없다. 그러나 개인 인맥이나 행동까지 점수화한다는 아이디어 자체는 참으로 흥미롭다.

무지 패스포트

고객과 연결되기 위한 무인양품의 전략

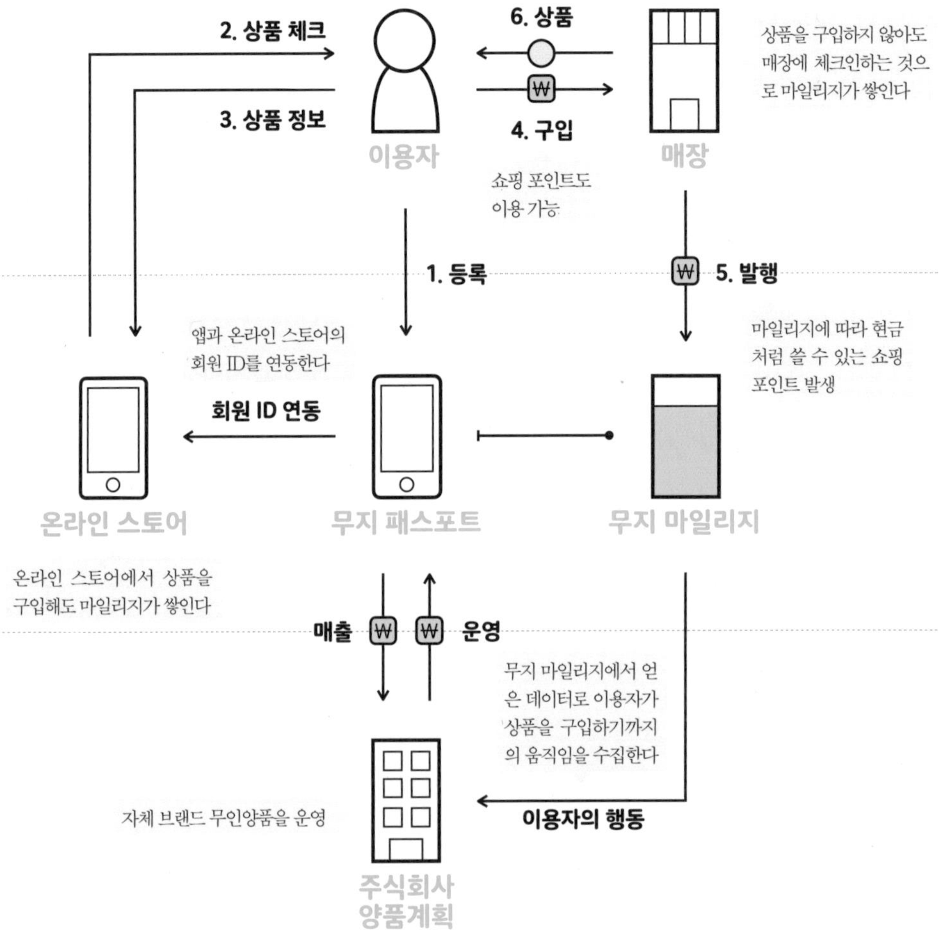

2. 상품 체크
3. 상품 정보
6. 상품
4. 구입
이용자
매장
상품을 구입하지 않아도 매장에 체크인하는 것으로 마일리지가 쌓인다
쇼핑 포인트도 이용 가능
1. 등록
5. 발행
앱과 온라인 스토어의 회원 ID를 연동한다
회원 ID 연동
마일리지에 따라 현금처럼 쓸 수 있는 쇼핑 포인트 발생
온라인 스토어
무지 패스포트
무지 마일리지
온라인 스토어에서 상품을 구입해도 마일리지가 쌓인다
매출
운영
무지 마일리지에서 얻은 데이터로 이용자가 상품을 구입하기까지의 움직임을 수집한다
자체 브랜드 무인양품을 운영
이용자의 행동
주식회사 양품계획

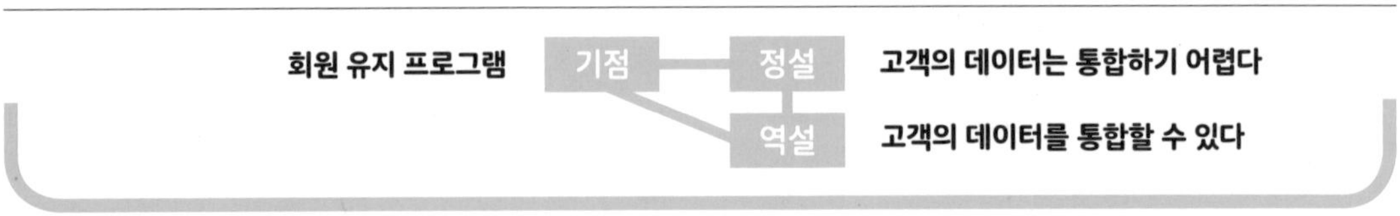

회원 유지 프로그램
기점
정설
고객의 데이터는 통합하기 어렵다
역설
고객의 데이터를 통합할 수 있다

'무지 마일'로 고객의 행동 데이터를 수집한다

무지 패스포트MUJI passport는 무인양품을 운영하는 주식회사 양품계획良品計劃이 개발한, 고객의 행동 데이터를 통합하는 앱이다. 지금까지 일본에서 700만 회 이상 다운로드됐으며, 해외 4개국에서 운영되고 있다. 고객이 무인양품의 오프라인 매장이나 온라인 스토어에서 이 앱을 이용하면 쇼핑 포인트로 사용할 수 있는 마일리지, '무지 마일'이 부여된다.

지금까지 일본의 소매업계에서는 고객의 재방문을 유도하기 위한 방법으로 주로 종이 포인트카드를 사용했다. 그런데 영수증 데이터도 그렇지만, 누가 언제 어떤 매장에서 상품을 구입했느냐는 정도의 데이터만으로는 이용자가 상품 구입 전후에 어떤 행동을 하는지 알 수 없기 때문에 고객을 끌어들일 최적의 피드백이나 방침으로 이어지기가 어려웠다.

한편 이 앱에는 고객의 행동 데이터를 폭넓게 활용할 수 있도록 많은 이용자를 끌어들이기 위한 방법이 담겨 있다. 그것이 바로 무지 마일이라는 독자적인 마일리지 포인트이다. 상품을 구입할 때는 물론이고 매장에 체크인을 하거나 온라인 스토어의 ID를 연동하기만 해도 마일리지가 부여된다. 그리고 이 마일리지는 실제 구매에 사용할 수 있는 포인트로도 바뀐다. 기업으로서는 무지 마일 데이터를 사용해 이용자의 행동 이력을 좀 더 폭넓게 수집할 수 있다.

이와 같이 다양한 시스템을 만듦으로써 이용자가 자발적으로 앱을 사용하는 구조가 형성되었다. 온라인 스토어와 오프라인 매장 등의 경계를 없애고 고객 행동 데이터를 통합하는 역할을 한다는 것이 무지 패스포트의 대단한 점이다.

구라시루

세계 최다 동영상을 자랑하는 요리 동영상 앱

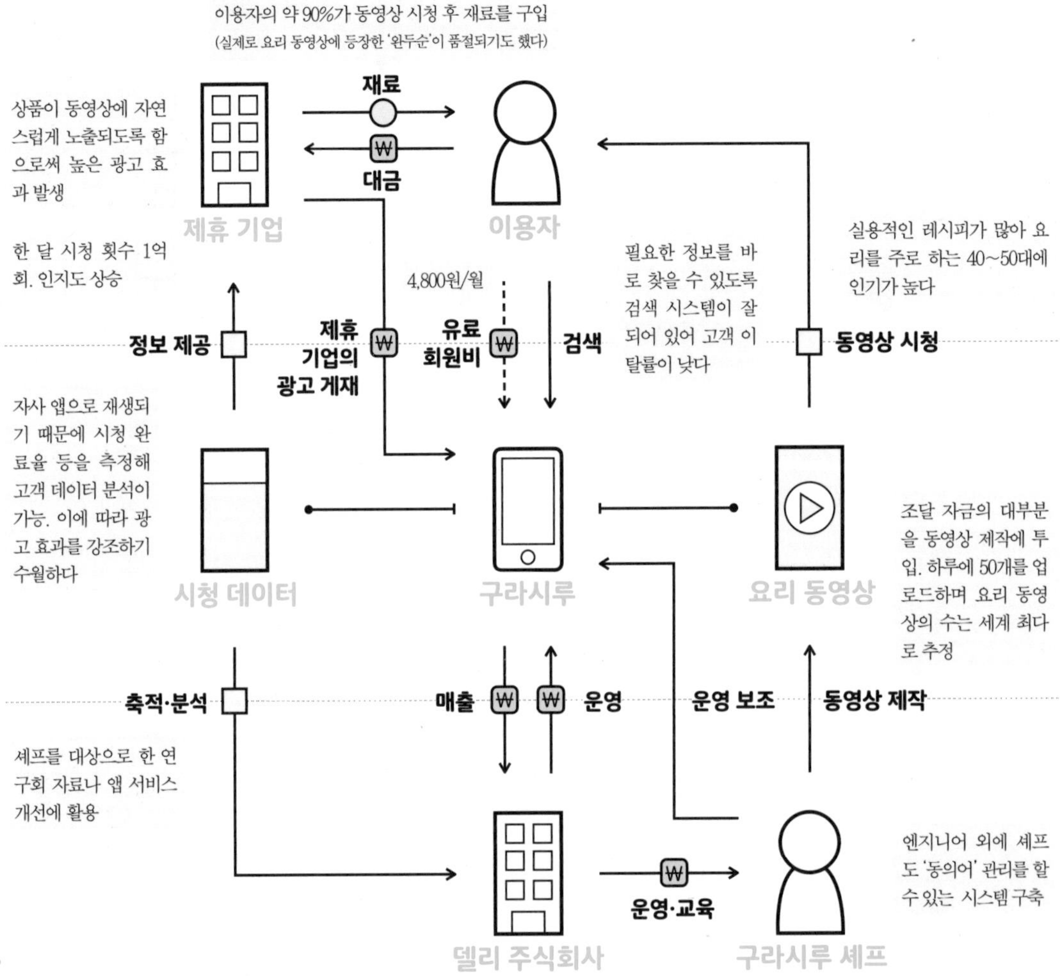
이용자의 약 90%가 동영상 시청 후 재료를 구입
(실제로 요리 동영상에 등장한 '완두순'이 품절되기도 했다)
상품이 동영상에 자연스럽게 노출되도록 함으로써 높은 광고 효과 발생
재료
대금
제휴 기업
이용자
한 달 시청 횟수 1억 회. 인지도 상승
4,800원/월
필요한 정보를 바로 찾을 수 있도록 검색 시스템이 잘 되어 있어 고객 이탈률이 낮다
실용적인 레시피가 많아 요리를 주로 하는 40~50대에 인기가 높다
정보 제공
제휴 기업의 광고 게재
유료 회원비
검색
동영상 시청
자사 앱으로 재생되기 때문에 시청 완료율 등을 측정해 고객 데이터 분석이 가능. 이에 따라 광고 효과를 강조하기 수월하다
시청 데이터
구라시루
요리 동영상
조달 자금의 대부분을 동영상 제작에 투입. 하루에 50개를 업로드하며 요리 동영상의 수는 세계 최다로 추정
축적·분석
매출
운영
운영 보조
동영상 제작
셰프를 대상으로 한 연구회 자료나 앱 서비스 개선에 활용
엔지니어 외에 셰프도 '동의어' 관리를 할 수 있는 시스템 구축
운영·교육
델리 주식회사
구라시루 셰프

요리 동영상 | 기점 — 정설: **요리 기술이 화려하고 화제성이 높다**

역설: **요리법이 실용적으로 담겼다**

구라시루クラシル는 2016년 5월에 시작된 요리 동영상 서비스다. '구라시루 셰프'라는 프로 요리사의 감수 아래 하루 50개의 동영상이 제작되며, 2017년 8월에는 '세계에서 가장 많은 요리 동영상이 올라오는 플랫폼'이라는 기록을 달성했다. 다양한 레시피를 앱으로 볼 수 있다는 간편함이 매일 어떤 요리를 만들지 고민하는 사람들의 마음을 사로잡아, 대표적인 요리 동영상 서비스가 되었다.

요리 동영상이라고 하면 버즈피드BuzzFeed가 운영하는 테이스티Tasty나 일본의 델리시 키친DELISH KITCHEN이 SNS 등의 다른 미디어에 동영상을 올리는 분산형 미디어로서 먼저 등장했다. 인기가 높아지면서 화려한 요리 동영상들이 SNS에서 유행했지만, 겉모습에만 신경 쓰는 까닭에 실제로 만들기는 어려운 요리가 많았다.

구라시루는 요리 동영상의 핵심을 '본다'에서 '만든다'로 옮기고 좀 더 실용적인 사용법으로 많은 이용자를 매료시켰다. 요리를 할 때 중요한 점은 레시피를 찾기도, 만들기도 쉬워야 한다는 것이다. 다른 회사가 분산형 미디어에서 동영상 확산에 힘을 쏟을 때 구라시루는 필요한 정보를 필요한 때 전달할 수 있는 '검색 용이성'을 중시해 정보를 집약하는 앱을 만드는 데 힘을 쏟았고, 그 결과 앱 다운로드 수와 재생 횟수 모두 일본 최고가 되었다.

일반적으로 레시피 사이트의 주된 수익원은 프리미엄 회원비인데, 구라시루는 이용자의 시청과 구매 행동을 집약해 광고 효과를 데이터로 보여줌으로써 기업의 제휴 광고를 모집했다. 또한 구라시루 셰프도 광고 동영상 제작에 관여하며 동영상에 상품 광고를 자연스럽게 등장시키고 있다. 이에 따라 이용자도 광고에 대한 스트레스 없이 시청할 수 있으며, 이 점도 기존의 레시피 사이트와는 차별화된다.

2018년 1월에는 소프트뱅크 등에서 335억 원의 자금을 조달했고, 7월에는 야후의 자회사로 편입되어 화제를 모았다.

플렉스포트

아날로그인 국제 물류의 세계에 데이터를 바탕으로 한 관리 도입

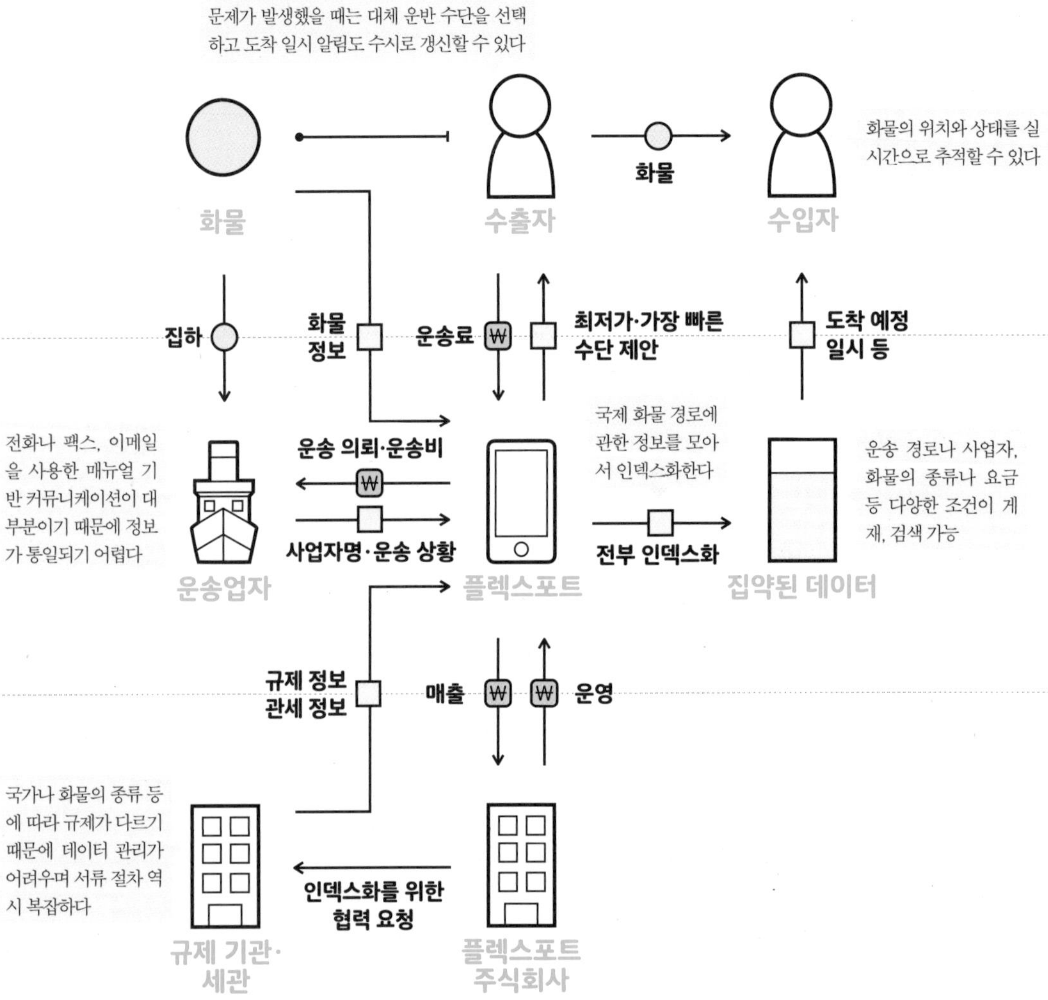

문제가 발생했을 때는 대체 운반 수단을 선택하고 도착 일시 알림도 수시로 갱신할 수 있다
화물
수출자
화물
수입자
화물의 위치와 상태를 실시간으로 추적할 수 있다
집하
화물 정보
운송료
최저가·가장 빠른 수단 제안
도착 예정 일시 등
전화나 팩스, 이메일을 사용한 매뉴얼 기반 커뮤니케이션이 대부분이기 때문에 정보가 통일되기 어렵다
운송 의뢰·운송비
사업자명·운송 상황
운송업자
플렉스포트
국제 화물 경로에 관한 정보를 모아서 인덱스화한다
전부 인덱스화
집약된 데이터
운송 경로나 사업자, 화물의 종류나 요금 등 다양한 조건이 게재, 검색 가능
규제 정보
관세 정보
매출
운영
국가나 화물의 종류 등에 따라 규제가 다르기 때문에 데이터 관리가 어려우며 서류 절차 역시 복잡하다
인덱스화를 위한 협력 요청
규제 기관·세관
플렉스포트 주식회사

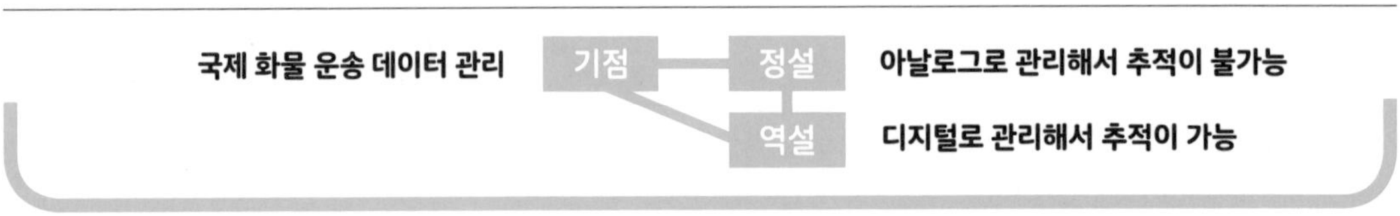

국제 화물 운송 데이터 관리
기점
정설
아날로그로 관리해서 추적이 불가능
역설
디지털로 관리해서 추적이 가능

관리가 투명할수록 고객 만족도는 높아진다

국제 화물 운송 업계에는 두 가지 커다란 과제가 있다.

첫째는 운송에 관여하는 주체가 많으며, 그와 관련된 정보 관리·통신 수단이 통일되어 있지 않다는 것이다. 어떤 기업은 엑셀로 관리하는데 다른 기업은 대량의 서류를 수기로 작성해 관리한다. 그래서 '최적의 운송 방법을 선택할 수 없다', '정확한 도착 시간을 알 수 없다' 등의 높은 불확실성이 문제가 된다.

둘째는 수입 국가에 따라 법률 규제가 다르다는 것이다. 또한 세계 정세에 따라 관세가 변화할 가능성도 있어서 발빠른 대응력이 요구된다.

플렉스포트Flexport는 물류 데이터 플랫폼을 구축함으로써 이와 같은 국제 화물 운송의 두 가지 과제를 해결하고 새로운 물류 형태를 실현하고 있다. 데이터의 일원 관리를 통해 투명성을 높인 이 서비스의 고객 만족도는 매우 높아서, 무려 70점에 이른다(일반적인 운송 회사의 평균 점수는-30점이다). 또한 2016년에는 2,690만 달러(와이콤비네이터Y Combinator), 2017년에는 1억 1,000만 달러(시리즈C)의 자금을 조달했다.

물류 업계의 시장 규모는 수조 달러에 이르는 것으로 추산되며, 산업이 발전하고 세계화가 진행됨에 따라 비약적으로 커질 가능성이 있기 때문에 앞으로는 창고를 직접 사서 창고 내 프로세스를 처리할 예정이다. 창고 내에서 화물의 치수 및 출입고 데이터까지 관리한다면 다른 의뢰자에게 배송할 때 효율성이 높아지고 갑작스러운 배송지 변경 등에 대한 대응력도 크게 향상시킬 수 있다.

그러나 과제가 전부 해결된 것은 아니다. 특히 둘째 과제의 경우는 물류망이 거대해짐에 따라 난이도도 높아지며, 컴플라이언스(법령 준수) 문제로 발전할 가능성도 있다. 민감한 내용인 만큼 실패하면 기업의 존속에 영향을 끼칠 위험이 높다. 따라서 항상 눈앞의 일에 세심한 주의를 기울이며 모든 규칙을 준수하는 방법으로 나아갈 필요가 있다.

도쿄 프라임

택시 승객에게 맞춤 광고를 보낼 수 있는 서비스

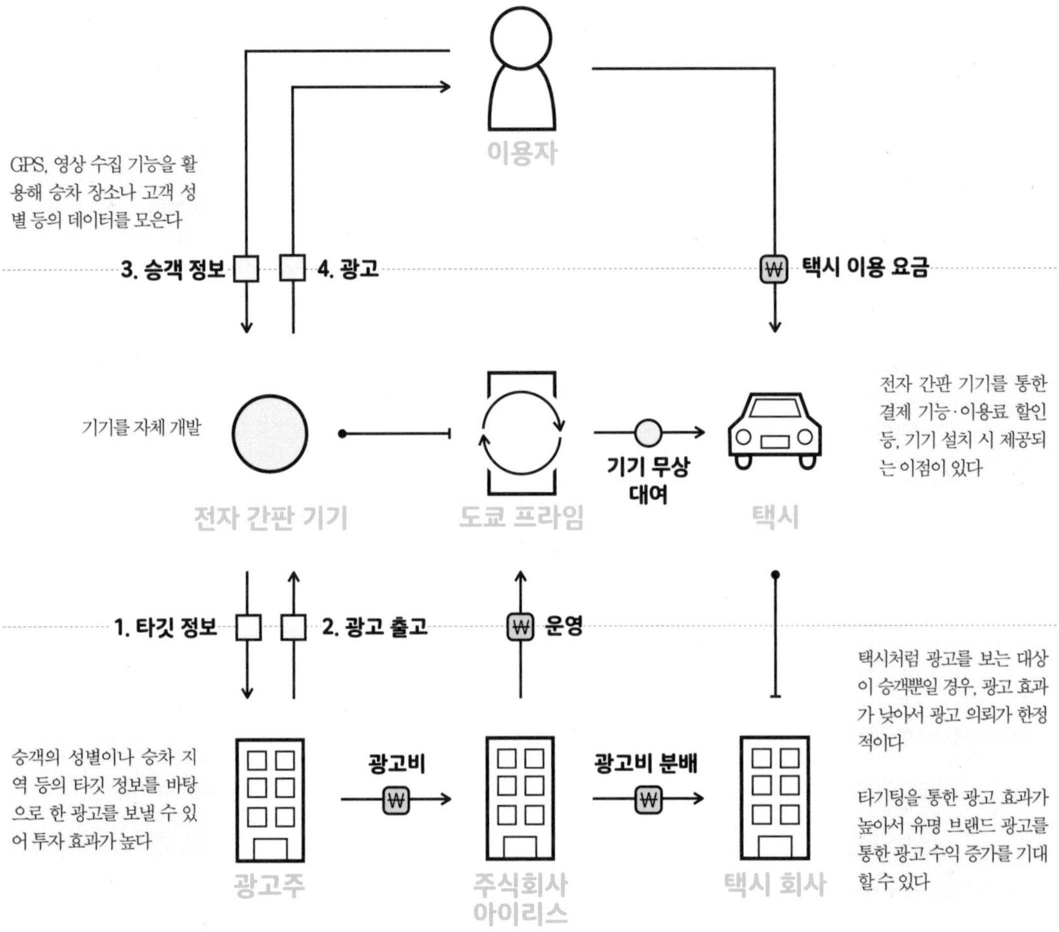
이용자
GPS, 영상 수집 기능을 활용해 승차 장소나 고객 성별 등의 데이터를 모은다
3. 승객 정보
4. 광고
택시 이용 요금
기기를 자체 개발
전자 간판 기기
도쿄 프라임
기기 무상 대여
택시
전자 간판 기기를 통한 결제 기능·이용료 할인 등, 기기 설치 시 제공되는 이점이 있다
1. 타깃 정보
2. 광고 출고
운영
택시처럼 광고를 보는 대상이 승객뿐일 경우, 광고 효과가 낮아서 광고 의뢰가 한정적이다
승객의 성별이나 승차 지역 등의 타깃 정보를 바탕으로 한 광고를 보낼 수 있어 투자 효과가 높다
광고비
광고비 분배
타기팅을 통한 광고 효과가 높아서 유명 브랜드 광고를 통한 광고 수익 증가를 기대할 수 있다
광고주
주식회사 아이리스
택시 회사

택시 광고 기점 — 정설: 어떤 승객에게나 똑같은 광고를 보여준다

역설: 승객에 맞춰 다른 광고를 보여준다

철저하게 승객에게 맞춘 광고

타기팅 광고란 인터넷 접속 정보 등을 이용해서 타깃을 좁힌 광고를 보내는 방법이다. 도쿄 프라임Tokyo Prime은 이 타기팅 광고를 택시 내부에 제공하는 광고 서비스다. 이 서비스는 타깃을 좁히기 위해 전자 간판 기기를 도입했다. 이 기기는 타기팅에 적합해 택시 내부의 공간이 비용 대비 효과가 높은 광고 미디어가 된다.

택시 광고에는 비만 해결, 탈모 치료 등 틈새 광고가 많다. 택시를 타고 있는 동안 승객은 반강제적으로 광고를 보게 되고, 따라서 택시 이용자층과 운행지역이 맞아떨어져 적절한 광고를 할 경우 광고 비용 대비 효과가 높다. 도쿄 프라임은 이 공간에 전자 간판을 설치하고 성별이나 상황을 판단해서 승객에 맞춘 동영상 광고를 보여줌으로써 더욱 효과적으로 소구할 수 있게 했다.

도쿄 프라임을 제공하는 주식회사 아이리스IRIS는 일본 교통 그룹의 재팬택시 주식회사Japan Taxi와 유명 광고업체 주식회사 프릭아웃 홀딩스Freakout Holdings의 합병 회사다. 도쿄 프라임은 택시 회사와의 강한 연결 관계를 활용해 첫 1년 동안 매출을 14배 넘게 올리며 누계 흑자를 달성하고 2년 이상 실적을 쌓은 뒤 해외 진출도 시작했다.

지방의 택시나 개인택시는 결제 장비 설치에 비용이 들어간다는 이유로 아직 신용카드를 받지 않는 경우가 많은데, 도쿄 프라임은 이들에게 결제 기능도 있는 전자 간판 기기를 무료로 대여한다는 계획을 세웠다. 또한 전자 간판을 활용한 여러 가지 서비스는 택시를 이용할 때의 편리성을 더욱 높인다. 앞으로 다양한 택시 회사 등과 제휴할 예정이므로 서비스 발전을 기대할 수 있다.

타임스 카 플러스

매너 있는 운전자를 육성하는 카 셰어링 서비스

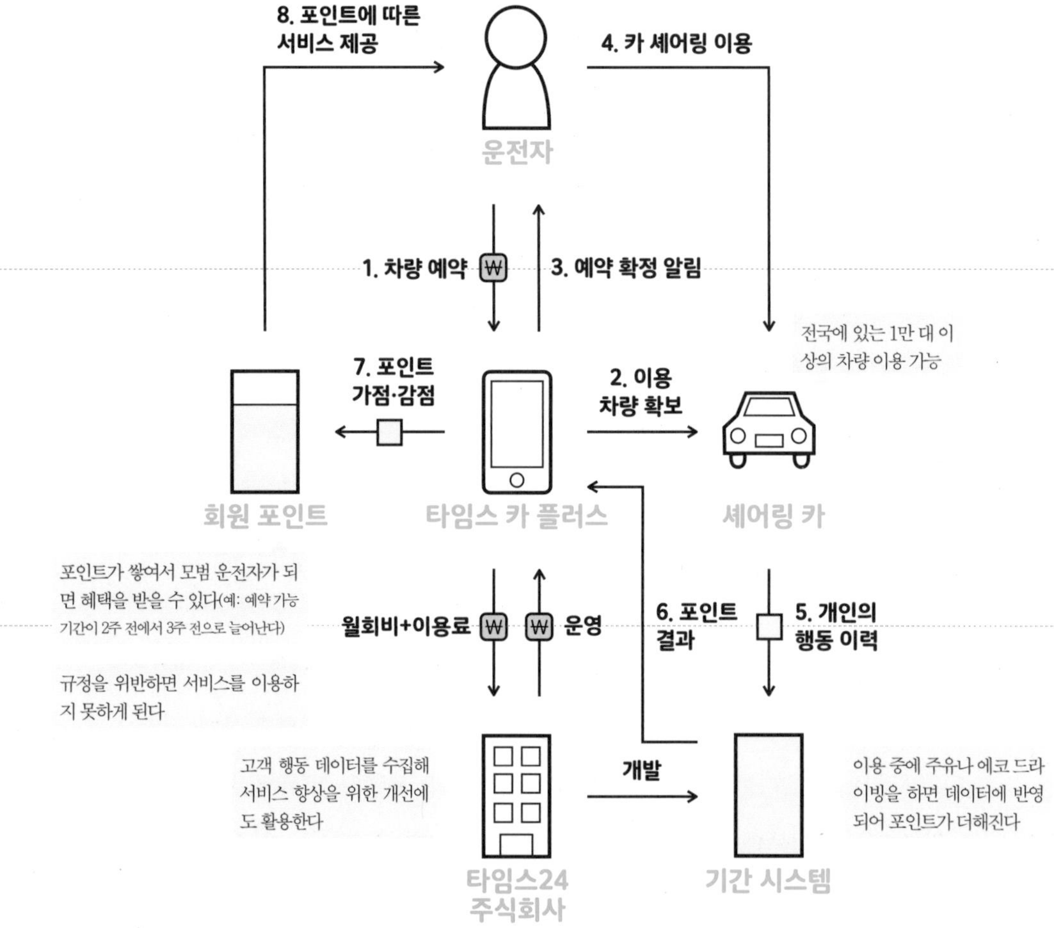

카 셰어링 | 기점 → 정설: 규정으로 서비스 질을 관리 | 기점 → 역설: 모범 운전자 육성으로 서비스 질을 관리

모범 운전자일수록 혜택이 많아지는 시스템

최근 일본에서도 도시 지역을 중심으로 카 셰어링이 확산되고 있다. 이에 따라 카 셰어링을 렌터카나 택시의 대체 수단으로 매력을 느끼는 개인 또는 법인 운전자의 회원 가입이 늘고 있다. 이 업계에서 높은 점유율을 자랑하는 타임스 카 플러스Times Car Plus를 운영하는 타임스24Times24 주식회사는 원래 주차장 사업을 운영했기 때문에 자동차 스테이션을 확보하기가 용이했다. 2018년 기준, 타임스24는 1만 7,000대가 넘는 차량을 서비스에 활용하고 있는데, 2위 업체가 약 2,600대인 것을 생각하면 압도적으로 높은 점유율이다.

카 셰어링은 대면 접객이 없는 온라인 서비스여서 24시간 부담 없이 이용할 수 있지만, 불특정 다수의 사람이 같은 자동차를 사용하기 때문에 이용 시간 위반이나 차내 오염 등의 문제로 서비스 품질 유지가 어렵다. 그리하여 이 회사는 사물인터넷과 GPS를 활용해서 얻은 차량이나 이용 상황 데이터를 바탕으로 포인트 제도를 마련했다. 매너 좋게 사용하는 운전자에게 혜택을 줌으로써 우량 운전자를 확보하고 서비스의 질을 높게 유지하는 시스템을 만든 것이다.

예를 들어 이용 중에 주유하거나 에코 드라이빙을 하면 이용자 포인트가 가산되어 할인 등 혜택에 반영된다. 또한 포인트 등급이 높아지면 받을 수 있는 혜택이 바뀐다. 예를 들어 예약을 2주 전부터가 아니라 3주 전부터 할 수 있게 된다. 운전자에게는 큰 차이이므로 포인트를 모으는 동기가 된다.

포인트 가산과 서비스의 관계가 적절하게 구성된 것도 장점이다. 이 서비스의 이용법을 배우는 이러닝을 수강하면 포인트를 주는데, 이를 통해 잘 알려지지 않은 편리한 서비스의 인지도를 높이고 안전 운전 교육 등을 함으로써 결과적으로 우량 운전자를 육성하는 흐름을 만들었다. 운전자 행동은 데이터로 축적된다. 이 데이터를 이용해 최적의 자동차 배치를 계획하고 행선지 등의 정보를 마케팅에 활용해 더 나은 서비스를 제공하는 선순환을 만들고 있다.

닷사이

데이터와 IT를 활용해서 장인의 솜씨를 재현하다

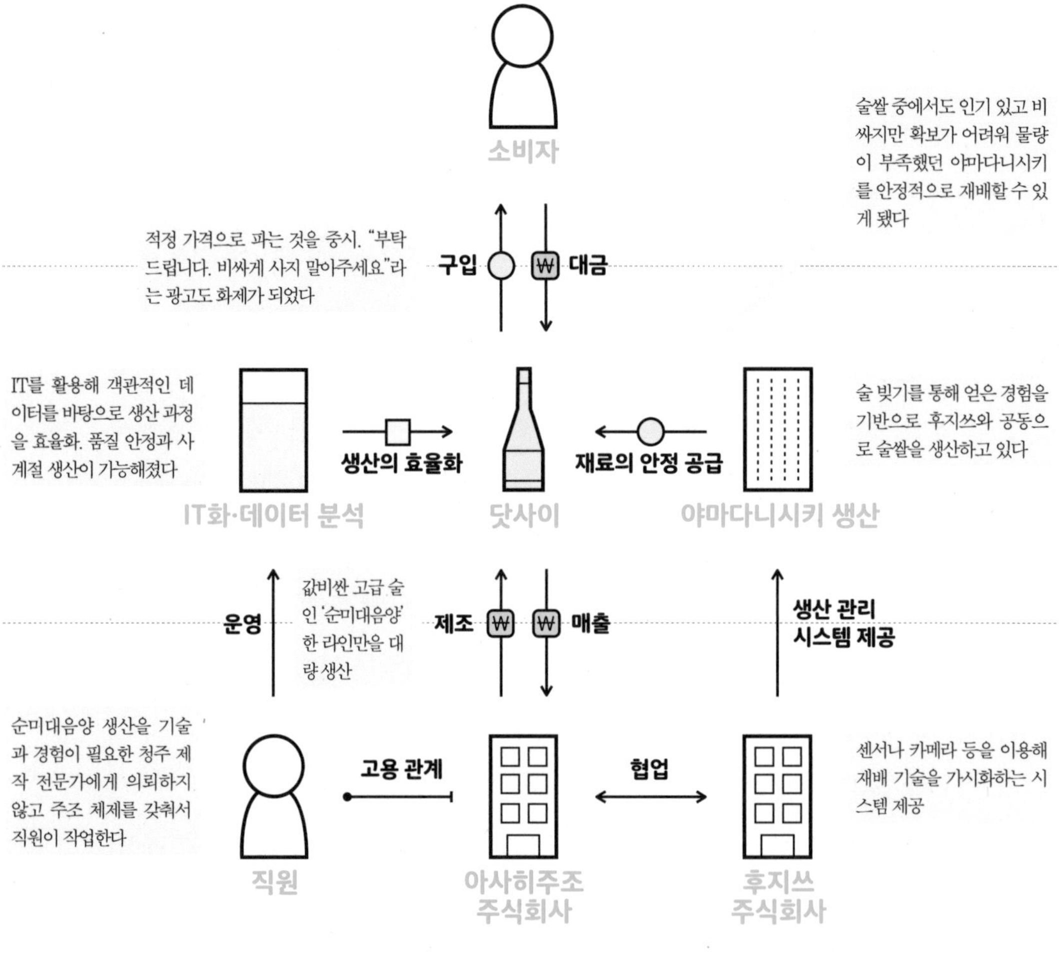

소비자
구입
대금
적정 가격으로 파는 것을 중시. "부탁드립니다. 비싸게 사지 말아주세요"라는 광고도 화제가 되었다
술쌀 중에서도 인기 있고 비싸지만 확보가 어려워 물량이 부족했던 야마다니시키를 안정적으로 재배할 수 있게 됐다
IT를 활용해 객관적인 데이터를 바탕으로 생산 과정을 효율화. 품질 안정과 사계절 생산이 가능해졌다
생산의 효율화
재료의 안정 공급
술 빚기를 통해 얻은 경험을 기반으로 후지쓰와 공동으로 술쌀을 생산하고 있다
IT화·데이터 분석
닷사이
야마다니시키 생산
운영
값비싼 고급 술인 '순미대음양' 한 라인만을 대량생산
제조
매출
생산 관리
시스템 제공
순미대음양 생산을 기술과 경험이 필요한 청주 제작 전문가에게 의뢰하지 않고 주조 체제를 갖춰서 직원이 작업한다
고용 관계
협업
센서나 카메라 등을 이용해 재배 기술을 가시화하는 시스템 제공
직원
아사히주조
주식회사
후지쓰
주식회사

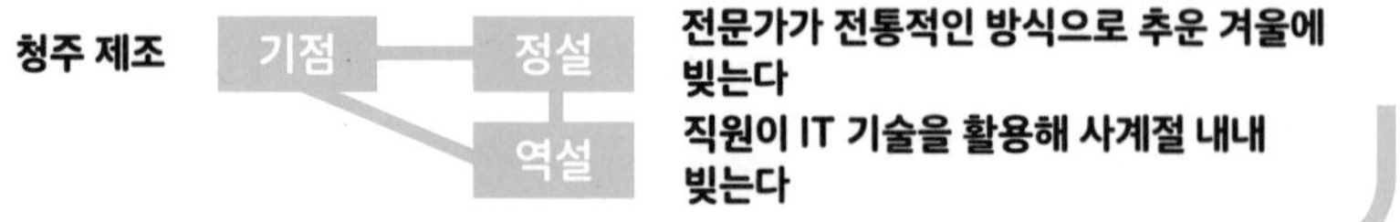

청주 제조
기점
정설
역설
전문가가 전통적인 방식으로 추운 겨울에 빚는다
직원이 IT 기술을 활용해 사계절 내내 빚는다

사계절 내내 술을 생산할 수 있다

화사한 향기는 청주의 매력 중 하나다. 그중에서도 순미대음양은 원료가 되는 쌀을 도정해 잡맛을 제거함으로써 좀 더 향기롭고 깔끔한 맛을 지향하는 청주다. 순미대음양만으로 라인업을 정리해서 화제가 된 브랜드가 닷사이獺祭다. 프랑스 요리의 거장인 고故 조엘 로부숑Joel Robuchon과 손잡고 파리에 출점하는 등, 일본에서 청주 열풍을 이끈 공로자다.

원래 주조酒造의 세계에서는 '도지杜氏'의 존재가 꼭 필요하다고 여겨져 왔다. 도지는 술을 제조하는 숙련된 기술과 경험을 보유한 전문가 집단으로, 술을 빚는 시즌에 맞춰 외부에서 초빙하는 경우가 많다. 그러나 닷사이를 탄생시킨 아사히주조에서는 도지의 모습을 찾아볼 수 없다. 장인의 솜씨에 의지하지 않고 사내에서 주조를 완성하는 체제를 갖춘 것이다.

닷사이의 제조 공정을 한마디로 말하자면 '초보자의 술 빚기'다. 그전까지 전문가의 감과 경험에 의지했던 주조 공정을 숫자와 매뉴얼을 바탕으로 한 작업으로 세분했다. 이런 시도를 통해 품질이 높은 수준에서 안정되고 기후나 계절 같은 외부 환경에 좌우되는 일 없이 사계절 내내 술을 생산할 수 있게 되었다. 보통 도지 한 명이 술을 제작하는 횟수는 1년에 50회 정도인데, 닷사이에서는 1,700회나 제작한다. 이처럼 상식을 깨는 도전을 뒷받침한 것은 철저한 데이터 분석과 IT의 활용이었다. 수많은 시행착오를 통해 데이터를 축적하고 그 데이터를 활용해서 생산성을 더욱 향상시키는 선순환을 이루고 있다.

또한 닷사이의 술을 빚을 때 없어서는 안 될 고품질의 술쌀(야마다니시키)은 생산량이 한정되어 있어서 확보하기 위한 경쟁이 붙을 때가 많다. 수요에 걸맞은 양을 확보하지 못하면 닷사이에 프리미엄이 붙어 가격이 올라간다. 이 문제를 해결하기 위해 닷사이는 술쌀의 생산에도 데이터와 IT를 활용하고 있다. 후지쓰와 공동으로 생산 관리 시스템을 도입하고 술쌀 재배 농가와 지식을 공유함으로써 생산성의 향상을 꾀하고 있다.

구글 홈

정해진 답이 아닌 고객에게 맞는 답을 한다

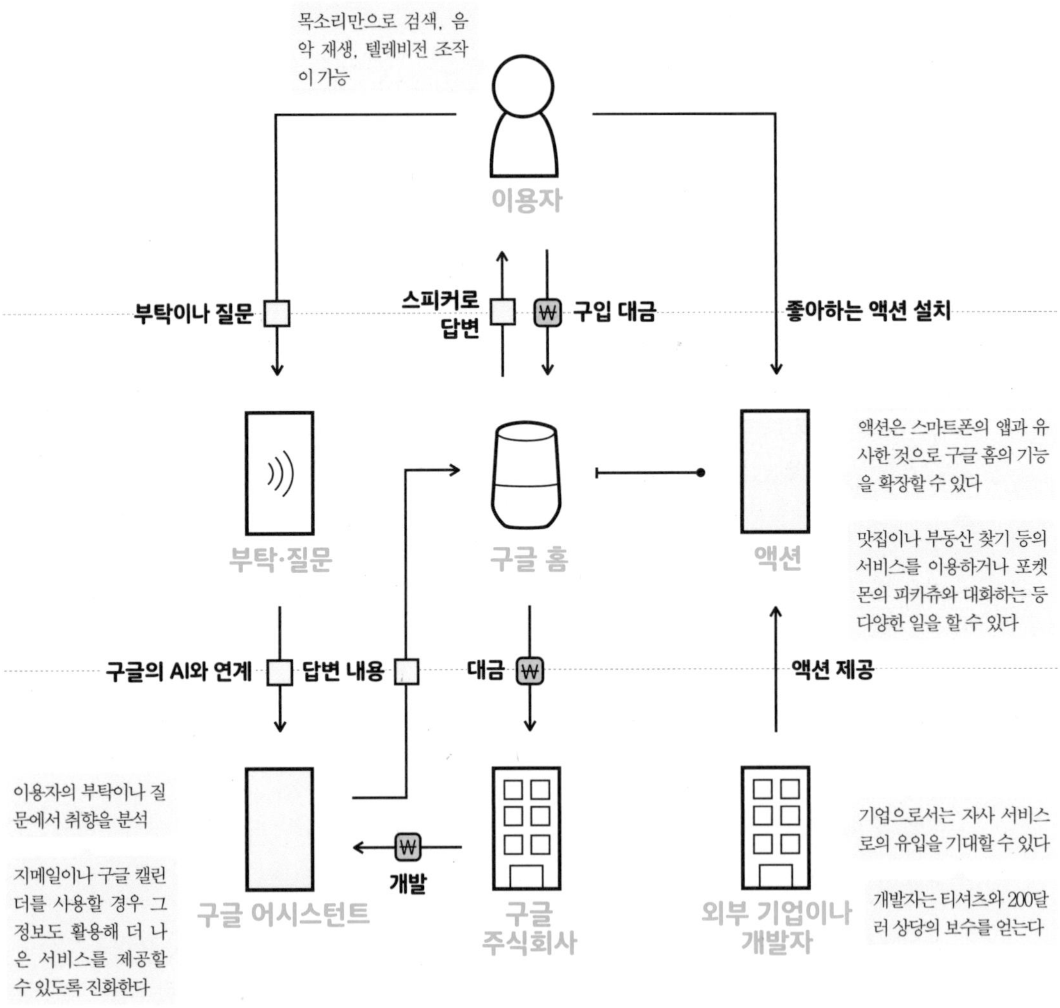

목소리만으로 검색, 음악 재생, 텔레비전 조작이 가능
이용자
부탁이나 질문
스피커로 답변
구입 대금
좋아하는 액션 설치
부탁·질문
구글 홈
액션
액션은 스마트폰의 앱과 유사한 것으로 구글 홈의 기능을 확장할 수 있다
맛집이나 부동산 찾기 등의 서비스를 이용하거나 포켓몬의 피카츄와 대화하는 등 다양한 일을 할 수 있다
구글의 AI와 연계
답변 내용
대금
액션 제공
이용자의 부탁이나 질문에서 취향을 분석
지메일이나 구글 캘린더를 사용할 경우 그 정보도 활용해 더 나은 서비스를 제공할 수 있도록 진화한다
구글 어시스턴트
개발
구글 주식회사
외부 기업이나 개발자
기업으로서는 자사 서비스로의 유입을 기대할 수 있다
개발자는 티셔츠와 200달러 상당의 보수를 얻는다

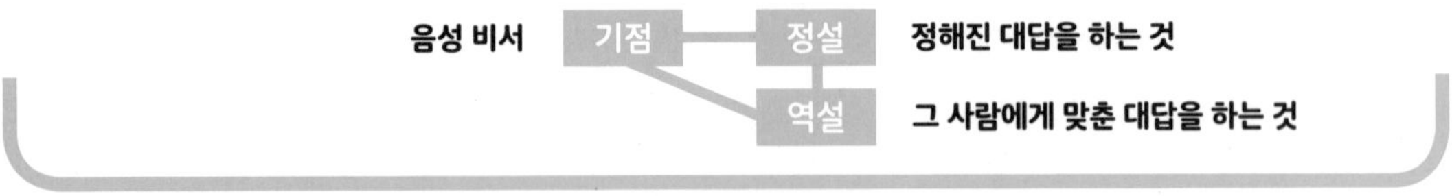

음성 비서
기점
정설
역설
정해진 대답을 하는 것
그 사람에게 맞춘 대답을 하는 것

구글 홈Google Home은 스마트 스피커라고 부르는 새로운 범주의 상품이다. 기존 스피커는 음성 출력으로 기능이 한정되어 있었는데, 스마트 스피커는 타이머로 사용할 수도 있고, 텔레비전이나 조명을 켤 수도 있고, 날씨나 환율 계산 등의 다양한 질문에 대답해주기도 한다. 구글은 이것을 개인 비서로 규정한다. 예를 들어 기온을 물어보면 이용자가 사는 지역의 기온을 대답해주는 식으로 '그 사람에게 맞는 대답을 하는 것'이 이 스피커의 새로운 점이다.

기존 스피커는 단순한 출력 장치였지만 스마트 스피커는 입력·데이터 처리·출력 기능을 갖춘 응답 장치다. 목소리로 이런저런 정보를 조사할 수 있게 함으로써 문자 입력이 서툰 아이들이나 고령자까지 이용자 층이 확대될 수 있다.

스마트 스피커는 이용자의 질문에 응답하기 위해 음성 인식, 번역, 검색, 발화發話 기술이 높은 수준으로 실현될 때 비로소 제품화가 가능하다. 이런 기능들의 핵심이 되는 부분은 구글 어시스턴트Google Assistant라는 스마트폰 앱으로도 사용되고 있다. 핵심 기술은 음성 데이터를 클라우드에 보내 처리하는 것으로, 구글이 오랫동안 개발한 검색 기술이 음성 데이터의 처리로 이어지고 있다.

구글이 구글 홈을 판매하는 목적은 크게 두 가지다. 첫째는 지금까지 취득하기 어려웠던 개인의 정보를 얻는 것이고, 둘째는 수집한 데이터를 활용해서 새로운 비즈니스를 창출하는 것이다.

전자는 지금까지 검색 엔진이나 구글의 서비스(캘린더 등)에서 얻은 공공 정보만으로는 얻을 수 없었던 정보를 얻음으로써 이용자의 취향을 더욱 정확하게 분석해 개인 데이터의 이용 가치를 높이기 위해서다. 그리고 후자의 경우는 '누구에게', '어떤 서비스나 정보를 제공할 수 있는가?'라는 문제로 개인에게 제공할 수 있는 최적의 서비스를 만들어내는 것을 목표로 한다.

패스트얼럿

기자 없이도 취재하는 언론사

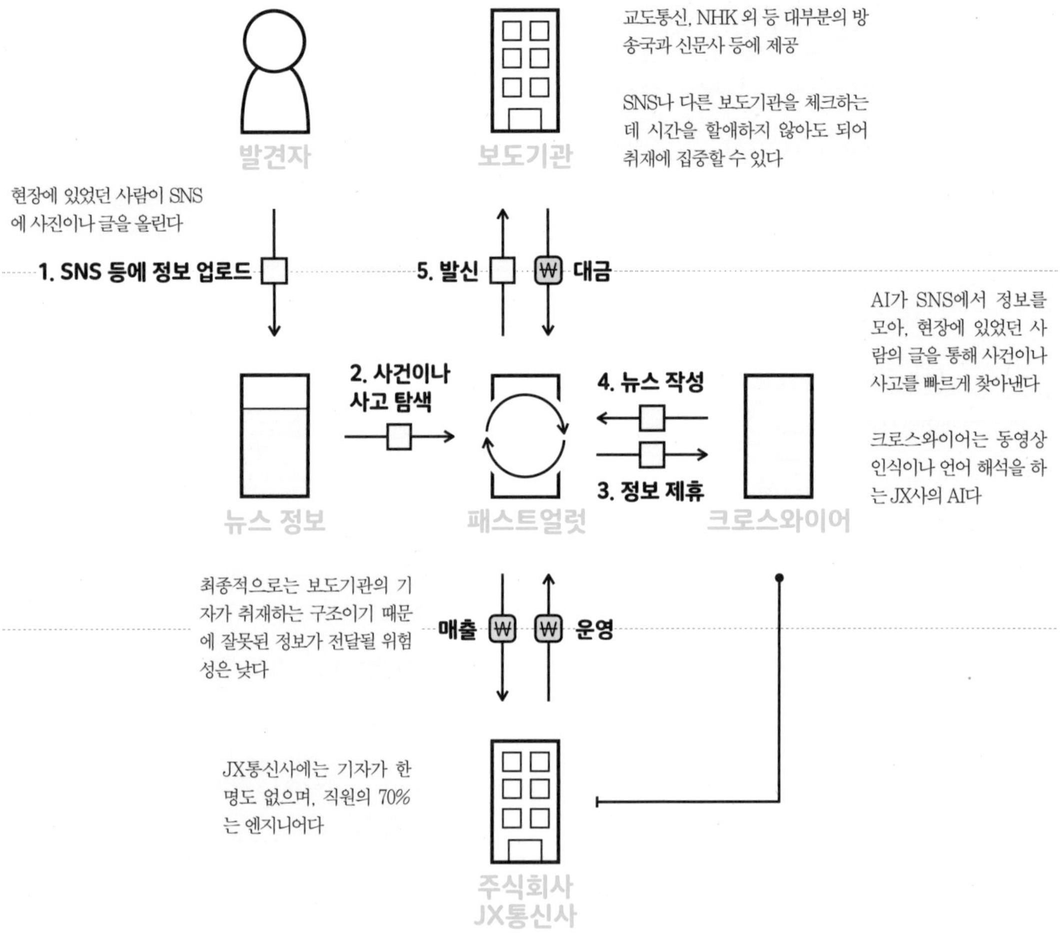

교도통신, NHK 외 등 대부분의 방송국과 신문사 등에 제공
SNS나 다른 보도기관을 체크하는 데 시간을 할애하지 않아도 되어 취재에 집중할 수 있다
발견자
보도기관
현장에 있었던 사람이 SNS에 사진이나 글을 올린다
1. SNS 등에 정보 업로드
5. 발신
대금
AI가 SNS에서 정보를 모아, 현장에 있었던 사람의 글을 통해 사건이나 사고를 빠르게 찾아낸다
2. 사건이나 사고 탐색
4. 뉴스 작성
3. 정보 제휴
크로스와이어는 동영상 인식이나 언어 해석을 하는 JX사의 AI다
뉴스 정보
패스트얼럿
크로스와이어
최종적으로는 보도기관의 기자가 취재하는 구조이기 때문에 잘못된 정보가 전달될 위험성은 낮다
매출
운영
JX통신사에는 기자가 한 명도 없으며, 직원의 70%는 엔지니어다
주식회사 JX통신사

뉴스 생성 — 기점 — 정설: 기자가 찾아내는 것이다

역설: AI가 찾아내는 것이다

'통신사(신문사, 잡지사, 방송국 등에 뉴스를 제공하는 기관-옮긴이)인데 기자가 없다'는 사실을 처음 알았을 때는 충격적이었다. 레스토랑에 요리사가 없는 것과 마찬가지라는 생각이 들었다. 그러나 패스트얼럿FASTALERT이라는 서비스를 운영하는 주식회사 JX통신사에는 정말로 기자가 한 명도 없다.

그렇다면 어떻게 뉴스를 찾아낼까? 바로 인공지능이 기자 역할을 대신하고 있다. 패스트얼럿의 인공지능은 SNS나 다른 언론사 등에 뉴스가 될 만한 정보가 없는지 끊임없이 탐색한다. 사건이나 사고로 여겨지는 1차 정보를 발견하면 패스트얼럿을 통해 각 보도기관에 발신한다. 그러면 보도기관의 기자는 그 정보에 관해 취재해 진위를 확인하므로 거짓 정보가 보도될 위험성은 낮다. 미디어 운영 사업자는 패스트얼럿을 적용함으로써 사건·사고·재해 등의 1차 정보를 발생 직후나 다른 곳에서 보도되기 전에 입수·확인할 수 있을 뿐만 아니라 타사의 보도를 감시할 시간과 수고도 크게 절감할 수 있게 되었다고 한다.

"인공지능이 인간의 일자리를 빼앗는다"라는 말이 있지만, 이 서비스는 보도기관의 기자가 창의적이고 더 중요한 일에 시간을 쓸 수 있게 만들었다. 패스트얼럿 대표이사는 보도 업계의 노동 집약적인 구조와 광고·과금 수입이 줄어들면서 취재에 들일 비용이 감소해 보도 기사의 질이 떨어지는 데 문제의식을 느끼고 이 서비스를 시작했다고 한다.

이 서비스의 파급 효과는 주요 거래처와 주주를 보면 알 수 있다. 일본의 주요 텔레비전 방송국에 전부 정보를 제공하고 있으며, 교도통신사와 주식회사 퀵QUICK 등 대형 통신사들이 주주로 참가했다. 참고로 패스트얼럿과 같은 인공지능을 사용한 개인 대상의 뉴스 속보 특화형 앱 뉴스다이제스트NewsDigest도 운영하고 있는데, 이미 100만 다운로드를 돌파했다.

콤트랙스

전 세계의 건설기계를 모니터링한다

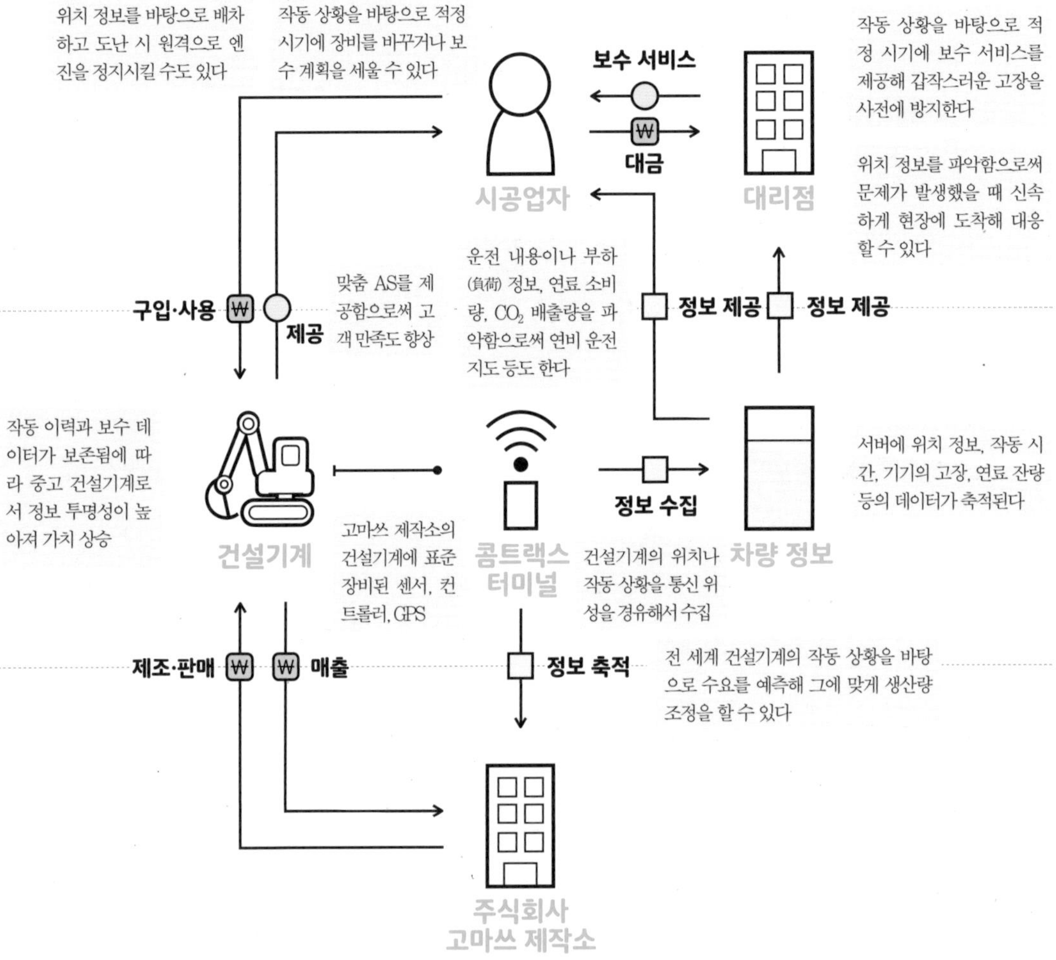
위치 정보를 바탕으로 배차하고 도난 시 원격으로 엔진을 정지시킬 수도 있다
작동 상황을 바탕으로 적정 시기에 장비를 바꾸거나 보수 계획을 세울 수 있다
보수 서비스
대금
시공업자
대리점
작동 상황을 바탕으로 적정 시기에 보수 서비스를 제공해 갑작스러운 고장을 사전에 방지한다
위치 정보를 파악함으로써 문제가 발생했을 때 신속하게 현장에 도착해 대응할 수 있다
운전 내용이나 부하(負荷) 정보, 연료 소비량, CO_2 배출량을 파악함으로써 연비 운전 지도 등도 한다
맞춤 AS를 제공함으로써 고객 만족도 향상
구입·사용
제공
정보 제공
정보 제공
작동 이력과 보수 데이터가 보존됨에 따라 중고 건설기계로서 정보 투명성이 높아져 가치 상승
서버에 위치 정보, 작동 시간, 기기의 고장, 연료 잔량 등의 데이터가 축적된다
정보 수집
건설기계
고마쓰 제작소의 건설기계에 표준 장비된 센서, 컨트롤러, GPS
콤트랙스 터미널
건설기계의 위치나 작동 상황을 통신 위성을 경유해서 수집
차량 정보
제조·판매
매출
정보 축적
전 세계 건설기계의 작동 상황을 바탕으로 수요를 예측해 그에 맞게 생산량 조정을 할 수 있다
주식회사 고마쓰 제작소

건설기계 관리 — 기점 — 정설: 구매자가 관리한다

건설기계 관리 — 기점 — 역설: 판매자가 관리한다

비용은 절감하고 기계는 더 오래 쓴다

콤트랙스KOMTRAX는 세계 2위의 건설기계 제조사인 고마쓰의 기계 가동 관리 시스템이다. 불도저 등의 건설기계에 GPS와 그 밖의 센서를 모니터링하는 유닛을 장착해 데이터를 송출함으로써 특정 기계의 위치와 엔진 작동 유무, 연료 잔량, 기계 가동 시간과 가동률 등을 고마쓰의 사무실에서 알 수 있다. 콤트랙스는 건설기계의 관리 주체를 이용자에서 제조사로 옮겨오고 고마쓰의 비즈니스 모델을 건설기계 판매에서 정보 서비스 제공으로 변화시켰다.

콤트랙스는 사물인터넷의 선구적 사례로 볼 수도 있다. 1990년대에 중국에서는 건설기계의 도난이 빈번하게 일어났고, 일본에서도 훔친 유압식 굴삭기(포크레인)로 현금인출기를 파괴하는 사건이 자주 있었다. 이 문제에 대한 대책을 고민하던 중 음료수 제조사가 자동판매기에 축적된 데이터를 통해 어떤 제품이 얼마나 소비되었는지를 원격으로 모니터링하는 것에서 힌트를 얻어, 건설기계에 GPS를 달아 위치 정보를 활용하게 되었다. 그리고 1998년에 엔진과 펌프의 컨트롤러에서 정보를 모아 고마쓰의 센터로 데이터를 보내는 시스템을 개발한 것이 콤트랙스의 시초다. 이후 기계가 500미터를 이동하면 알림 메일이 발송되고 서버에서 엔진을 정지시켜 훔친 기계가 움직이지 못하도록 만듦에 따라 고마쓰의 기계는 잘 도난당하지 않는 건설기계로서 높은 평가를 받게 되었다.

콤트랙스를 통해서 부품 상태를 끊임없이 모니터링하고 고장이 나기 전에 예방 조치를 할 수 있게 되자, 기계의 수명 연장과 비용 절감이란 결과로 이어졌다. 또한 고객에게는 기계 사용 방식에 대한 데이터를 바탕으로 운전자의 기술 수준을 파악하고 운전 기술의 향상을 위한 조언이나 공임 또는 경비를 절감하기 위한 제안 등을 할 수 있게 되었다. 여기에 고마쓰는 세계 어떤 지역에서 건설기계가 얼마나 가동되고 있는지의 정보를 바탕으로 수요를 예측하고 생산 계획을 세우는 등 콤트랙스의 데이터를 경영에 활용하고 있다.

야맵

인터넷 없이도 내 위치를 알 수 있는 등산 앱

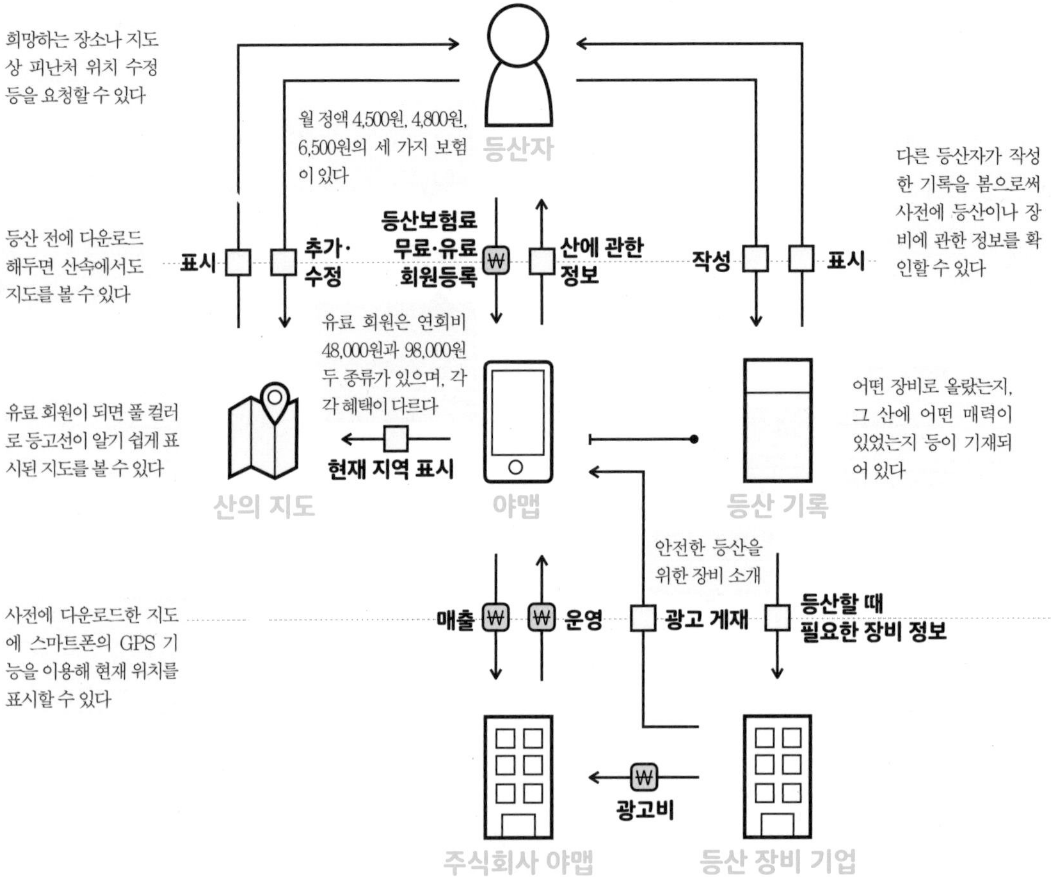

희망하는 장소나 지도 상 피난처 위치 수정 등을 요청할 수 있다
월 정액 4,500원, 4,800원, 6,500원의 세 가지 보험이 있다
등산자
다른 등산자가 작성한 기록을 봄으로써 사전에 등산이나 장비에 관한 정보를 확인할 수 있다
등산 전에 다운로드 해두면 산속에서도 지도를 볼 수 있다
표시
추가·수정
등산보험료 무료·유료 회원등록
산에 관한 정보
작성
표시
유료 회원은 연회비 48,000원과 98,000원 두 종류가 있으며, 각각 혜택이 다르다
유료 회원이 되면 풀 컬러로 등고선이 알기 쉽게 표시된 지도를 볼 수 있다
현재 지역 표시
어떤 장비로 올랐는지, 그 산에 어떤 매력이 있었는지 등이 기재되어 있다
산의 지도
야맵
등산 기록
안전한 등산을 위한 장비 소개
사전에 다운로드한 지도에 스마트폰의 GPS 기능을 이용해 현재 위치를 표시할 수 있다
매출
운영
광고 게재
등산할 때 필요한 장비 정보
광고비
주식회사 야맵
등산 장비 기업

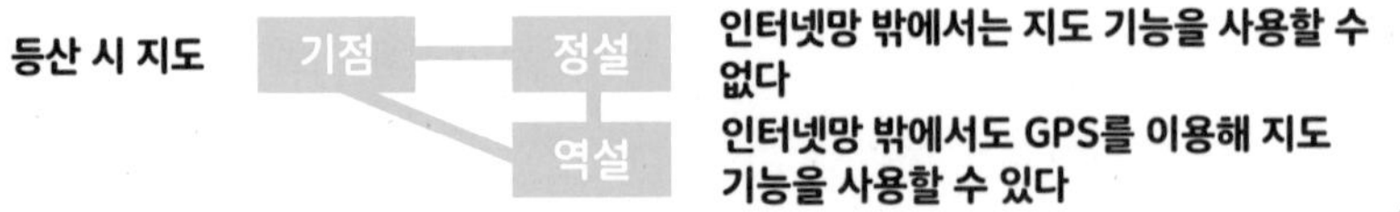

등산 시 지도
기점
정설
역설
인터넷망 밖에서는 지도 기능을 사용할 수 없다
인터넷망 밖에서도 GPS를 이용해 지도 기능을 사용할 수 있다

스마트폰 GPS를 이용해 안전하게 등산을 즐긴다

'건강 수명'이라는 말을 자주 듣는 오늘날 등산은 남녀노소를 불문하고 인기가 높은 야외 활동이다. 등산 인구가 증가함에 따라 조난 사고도 매년 늘어나고 있는데, 주 원인은 '자신의 현재 위치를 알지 못해서'다. 산속에서는 전파가 닿지 않아 일반 지도 애플리케이션을 사용할 수 없기 때문이다. 야맵YAMAP은 스마트폰의 GPS 기능을 활용해 지도를 보여줌으로써 등산이나 야외 활동을 할 때 안전을 제공하는 애플리케이션 서비스다.

등산 전에 미리 지도를 스마트폰에 다운로드해 놓으면 전파가 닿지 않는 산속에서도 자신의 위치를 확인할 수 있다. 이전에도 산속에서 현재 위치를 알 수 있는 전문기기가 있었지만, 값이 비싸고 조작 방법도 어려웠다. 야맵은 성별, 나이와 상관없이 등산을 즐기는 이들이 늘어나는 데 주목해 스마트폰을 생명을 지키는 도구로 바꾸는 서비스를 만들었다.

야맵에는 이용자가 등산 기록을 남길 수 있는 '활동 일기'라는 게시판이 있다. 이 게시판은 탐방하려는 산에 관한 정보뿐만 아니라 사람들이 추천하는 등산 아이템 등을 알 수 있는 곳인 동시에, 새로운 커뮤니티 형성의 장도 되고 있다.

앱 다운로드 수는 2018년 기준, 80만 건을 돌파했으며, 업계 최고 수준이다. 활발하게 이용하는 사람의 수는 50만 명, 월간 페이지뷰는 10억 건, 이용자가 올리는 활동 일기의 수는 약 155만 건에 이르는데, 이러한 놀라운 숫자는 높은 고객 만족도를 말해준다.

야맵은 2014년에 굿디자인상을 수상했고, 베스트 100 획득을 시작으로 경제산업성의 '신사업 창출을 위한 감정·지원 인재 육성 등 사업' 인증과 잡지 〈아에라AERA〉의 '일본을 움직이는 벤처기업 100'에 선정되는 등 수많은 성과를 냈다. 또한 2018년에는 총 14개 기업으로부터 모두 120억 원의 자금을 조달해 업계 안팎으로 제휴의 폭을 넓히고 있다.

진야커넥트

효율적인 경영과 따뜻한 배려가 만난 숙박 경영 시스템

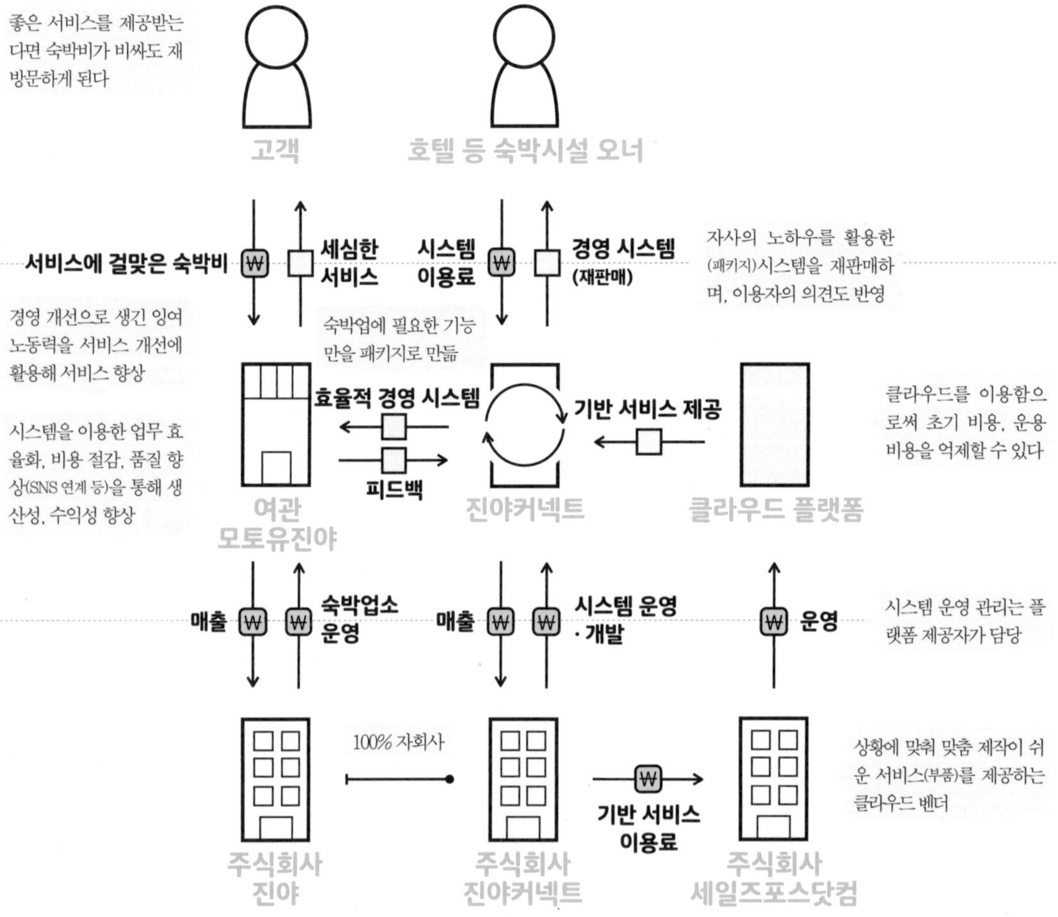

숙박업소의 경영 관리 시스템 | 기점 | 정설 | 자사가 이용하기 위해 개발
역설 | 타사도 이용할 수 있도록 제공

자사의 성과를 타사와도 나눈다

진야커넥트陣屋コネクト는 본래 도산 직전의 여관을 물려받은 엔지니어 출신 경영자가 부채를 해소하기 위해 엔지니어의 시선에서 경영을 분석하고 개선하고자 만든 시스템이었다. 이 시스템을 개발한 진야의 경영자인 미야자키 도미오宮崎富夫는 〈허프포스트 재팬〉과의 인터뷰에서 진야커넥트를 업계에 제공한 이유를 다음과 같이 설명했다

"일본 여관의 묘미는 저마다 브랜드 개성을 살리는 가운데 세심한 배려심을 발휘하는 데 있는데, 그 묘미가 사라져가고 있어 서글펐습니다."

미야자키 도미오는 운영 노하우나 자금이 부족해 어려워하는 숙박업소가 많다는 사실을 알고, 자사가 개발한 시스템을 타사도 이용할 수 있도록 제공하기 시작했다. 이것이 지금의 진야커넥트라는 클라우드 패키지로 이어졌다. 이 시스템을 유지하기 위해 진야커넥트가 이용하는 클라우드 서비스 제공 회사는 업계에서 유명한 대형 외자계 기업인 세일즈포스닷컴으로 이 회사는 일본에서 성공 사례로 진야커넥트를 종종 언급한다.

하지만 숙박업계에는 아직 시스템화를 진행하지 않은 업계가 많다. 시스템을 도입하는 사람과 시스템을 이용하는 사람 사이의 간극을 메우지 않고서는 시스템화가 좀처럼 진행되지 못한다. 그런 의미에서 보면 여관을 재건하는 주역이 된 경영자가 엔지니어 출신인 것이 진야커넥트의 성공을 낳았다고도 할 수 있다. 이처럼 시스템화의 간극을 메우기 위해서는 열정을 품고 노력하는 경영자가 필요하다.

고에스테이션

목소리를 제공하고 싶은 사람과 목소리를 사용하고 싶은 사람을 이어준다

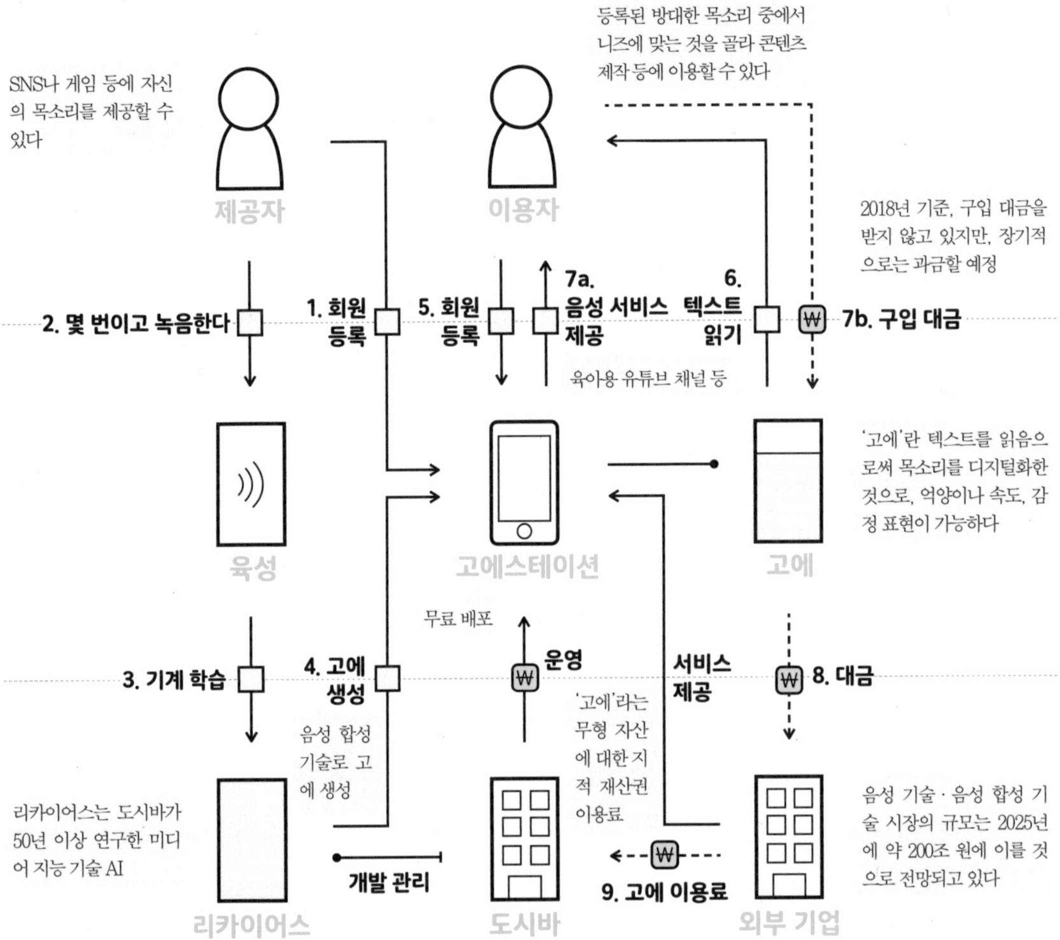

등록된 방대한 목소리 중에서 니즈에 맞는 것을 골라 콘텐츠 제작 등에 이용할 수 있다
SNS나 게임 등에 자신의 목소리를 제공할 수 있다
제공자
이용자
2018년 기준, 구입 대금을 받지 않고 있지만, 장기적으로는 과금할 예정
2. 몇 번이고 녹음한다
1. 회원 등록
5. 회원 등록
7a. 음성 서비스 제공
6. 텍스트 읽기
7b. 구입 대금
육아용 유튜브 채널 등
'고에'란 텍스트를 읽음으로써 목소리를 디지털화한 것으로, 억양이나 속도, 감정 표현이 가능하다
육성
고에스테이션
고에
무료 배포
3. 기계 학습
4. 고에 생성
운영
서비스 제공
8. 대금
음성 합성 기술로 고에 생성
'고에'라는 무형 자산에 대한 지적 재산권 이용료
리카이어스는 도시바가 50년 이상 연구한 미디어 지능 기술 AI
음성 기술 · 음성 합성 기술 시장의 규모는 2025년에 약 200조 원에 이를 것으로 전망되고 있다
개발 관리
9. 고에 이용료
리카이어스
도시바
외부 기업

음성 서비스 속 목소리	기점	정설	디지털 기계음이며 종류도 제한적이다
		역설	고유하고 감성적인 사람의 목소리

목소리 플랫폼 시장의 가능성

고에스테이션コエステーション은 목소리 제공자와 목소리 이용자를 연결해주는 플랫폼이다. 녹음한 음성을 커뮤니케이션 인공지능인 리카이어스RECAIUS의 음성 합성 기술을 이용해서 디지털화해 집약했다. 이 기술은 음성·영상·지식 처리의 분야에서 50년이 넘게 기술을 축적한 결과물로서, 도시바 디지털 솔루션 주식회사東芝デジタルソリューションズ(이하 도시바)라는 기업이 운영하고 있다.

앱에서 회원 등록을 하면 목소리를 제공하고 사용할 수 있다. 자신의 목소리를 제공하고 싶은 사람은 표시된 문장을 반복해서 읽으며 녹음하면 된다. 그러면 인공지능의 음성 합성 기술이 그 사람의 육성을 '고에(일본어로 '목소리'라는 뜻–옮긴이)'로 생성한다. 한편 '고에'를 사용하고 싶은 사람은 방대한 데이터 중에서 자신의 니즈에 맞는 '고에'를 골라 텍스트를 입력하면 유튜브 채널 등의 콘텐츠에 사용할 수 있다.

지금까지 음성 서비스의 목소리는 정해진 텍스트를 감정 없이 읽는 기계음이 대부분이었다. 그러나 이 커뮤니케이션 인공지능은 다양한 텍스트를 억양이나 속도를 자유롭게 조정하면서 감정을 담아 읽을 수 있게 했다. 고에스테이션을 이용하면 영상 콘텐츠용 내레이션을 만들거나 좋아하는 성우의 목소리로 내비게이션 안내를 받을 수도 있다. SNS상에서 목소리를 제공하고 사용하는 일이 가능해지면서 앞으로 SNS 커뮤니케이션이 더욱 아날로그에 가까워질 것으로 예상된다.

음성 기술·음성 합성 기술의 세계 시장 규모는 2025년에 약 200조 원에 이를 것으로 추정된다. 현재는 앱이 무료로 공개되어 큰 수익이 없지만, 고객의 새로운 잠재 수요에 접근해, 전에 없던 서비스 또는 비즈니스를 창출할 수 있을 것이다.

스마트HR

번거로운 인사 노무 절차를 대폭 줄여주는 온라인 서비스

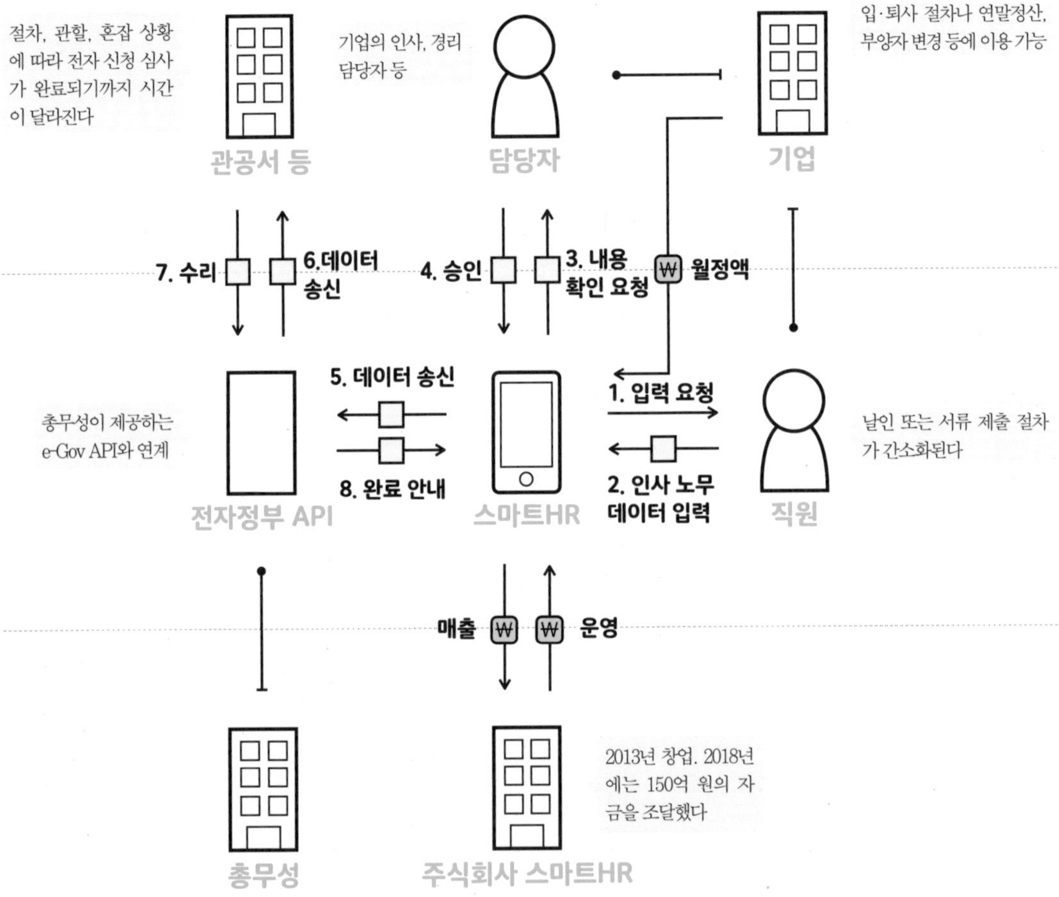

인사 노무 절차	기점	정설	서류 작성이 복잡하고 시간이 많이 걸린다
		역설	온라인 작성으로 간편하고 빠르다

번거로운 노무 관련 서류 작성을 온라인으로 해결

스마트HRSmartHR은 직원의 입·퇴사 절차나 연말정산, 부양자 변경 등 인사 노무 업무를 온라인으로 처리할 수 있는 서비스다. 2013년 1월에 창업해 2015년 11월에 서비스를 시작했는데, 현재는 중소기업부터 대기업까지 약 1만 개 회사가 이 서비스를 이용한다. 99퍼센트가 넘는 서비스 유지율을 자랑하며, 2018년 1월에는 150억 원의 자금을 조달하는 데 성공했다.

이 서비스가 개발된 배경으로는 사회보험·노동보험 분야에서 온라인 이용률이 낮다는 점을 들 수 있다. 다른 분야와 비교해도 등기는 68.4퍼센트, 국세는 60.1퍼센트인 데 비해 이 분야의 온라인 이용률은 11.8퍼센트에 불과하다. 그래서 기업 내의 사회보험·노동보험 관련 절차는 수기로 진행되며, 이것이 인사 노무 담당자와 직원들을 번거롭게 하고 있다. 직원 한 명의 입사 서류를 손으로 작성할 경우 약 한 시간 정도 걸리며, 그 서류를 제출하러 관공서에 갈 경우는 네 시간 정도가 더 걸린다.

한편 스마트HR을 이용하면 직원이 자신의 정보를 입력하기만 해도 각종 서류가 자동으로 작성되며, 인사 노무 담당자가 온라인으로 내용을 확인하고 승인하면 완료된다. 지금까지 사회보험이나 노동보험 업무에 들어갔던 작업 시간을 큰 폭으로 줄일 수 있다.

또한 총무성(우리나라의 행정안전부에 해당-옮긴이)이 제공하는 전자정부의 외부 API를 이용함으로써 일부 서류는 온라인으로 절차를 완료할 수도 있다. 기업의 인사 담당자나 경리 담당자가 연금공단이나 헬로워크(공공 직업 안내소-옮긴이) 등의 관공서에 갈 필요가 없으며, 절차가 완료될 때까지 기다릴 필요도 없다.

일반적으로 온라인 접수를 하려면 인증국이 발행하는 전자 증명서가 필요하다. 그래서 스마트HR은 기업 혹은 고문 회사의 보험 노무사가 대리로 발행하는 방법으로 온라인 접수를 실현했다. 앞으로도 사회보험·노동보험 분야의 클라우드 자동화가 더욱 확대되기를 기대한다.

피리카

무단 투기 데이터를 모으는 쓰레기 회수 SNS

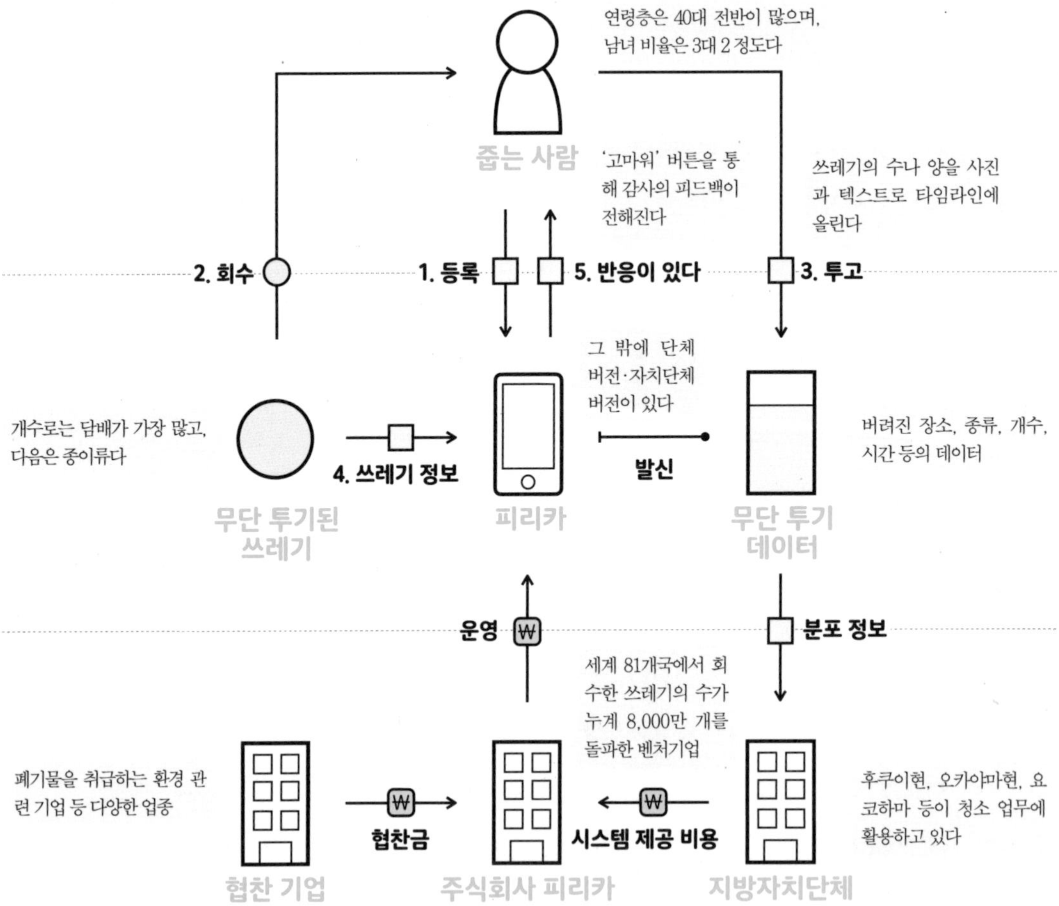
연령층은 40대 전반이 많으며, 남녀 비율은 3대 2 정도다
줍는 사람
'고마워' 버튼을 통해 감사의 피드백이 전해진다
쓰레기의 수나 양을 사진과 텍스트로 타임라인에 올린다
2. 회수
1. 등록
5. 반응이 있다
3. 투고
그 밖에 단체 버전·자치단체 버전이 있다
개수로는 담배가 가장 많고, 다음은 종이류다
4. 쓰레기 정보
발신
버려진 장소, 종류, 개수, 시간 등의 데이터
무단 투기된 쓰레기
피리카
무단 투기 데이터
운영
분포 정보
세계 81개국에서 회수한 쓰레기의 수가 누계 8,000만 개를 돌파한 벤처기업
폐기물을 취급하는 환경 관련 기업 등 다양한 업종
협찬금
시스템 제공 비용
후쿠이현, 오카야마현, 요코하마 등이 청소 업무에 활용하고 있다
협찬 기업
주식회사 피리카
지방자치단체

쓰레기 무단 투기 문제 — 기점 — 정설: 비영리 단체가 대응한다

역설: 영리 기업이 해결한다

무단 투기 쓰레기의 데이터가 새로운 가치를 만든다

쓰레기 무단 투기는 세계 많은 나라에서 경범죄법에 해당한다. 그러나 누가 언제 쓰레기를 버렸는지 알 수 없어 단속이 어렵고 공공기관의 인력만으로는 역부족이다. 비영리 단체 등이 나서지만 지속적으로 하기 힘들다는 문제가 있다.

피리카ピリカ는 이런 문제를 해결하고 쓰레기 회수에 노력하는 사람들에게 도움을 주기 위한 SNS 앱이다. '언제, 무엇이, 어디에 버려져 있었는가?'를 가시화하고 SNS상에서 이용자끼리 감사를 나타내는 피드백을 주고받는 시스템을 통해 쓰레기 줍기 활동을 독려하는 환경을 만들어냈다.

앱 이용자는 회수한 무단 투기 쓰레기의 사진을 찍어서 올리기만 하면 된다. 지금까지 아무도 파악하지 않았던 쓰레기의 종류와 장소, 시각 등의 데이터를 축적·가시화함으로써 얼마나 많은 쓰레기가 회수되었는지 정량화할 수 있다. 그에 따라 일련의 정보에 새로운 가치가 만들어진다.

예를 들어 후쿠이현이나 요코하마 등의 지방자치단체는 데이터를 청소 활동 독려와 도시 미화 대책의 개선에 활용하고 있다. 게다가 이용자에게 보수를 지불하지 않음에도 서비스 이용자는 60만 명이 넘었으며, 2014년에는 흑자를 달성했다. 광고나 지역 공헌 활동의 홍보 같은 기업 협찬과 함께 지방자치단체의 환경 미화 추진과 환경 계발 예산을 확보함으로써 수익을 올리고 있다.

2018년까지 피리카를 통해 회수된 쓰레기의 누계는 세계 81개국에서 8,000만 개를 넘겼다. 또한 이 회사는 인공지능을 이용한 영상 인식 기술로 거리에 무단 투기된 쓰레기 양과 종류를 측정하는 조사 시스템, 강에서 바다로 유출되는 플라스틱 쓰레기 양을 측정하는 하드웨어도 개발·제공함으로써 쓰레기 무단 투기 문제의 근본적 해결에 도전하고 있다.

마크라인즈

세계에서 유일한 자동차 산업 정보 플랫폼

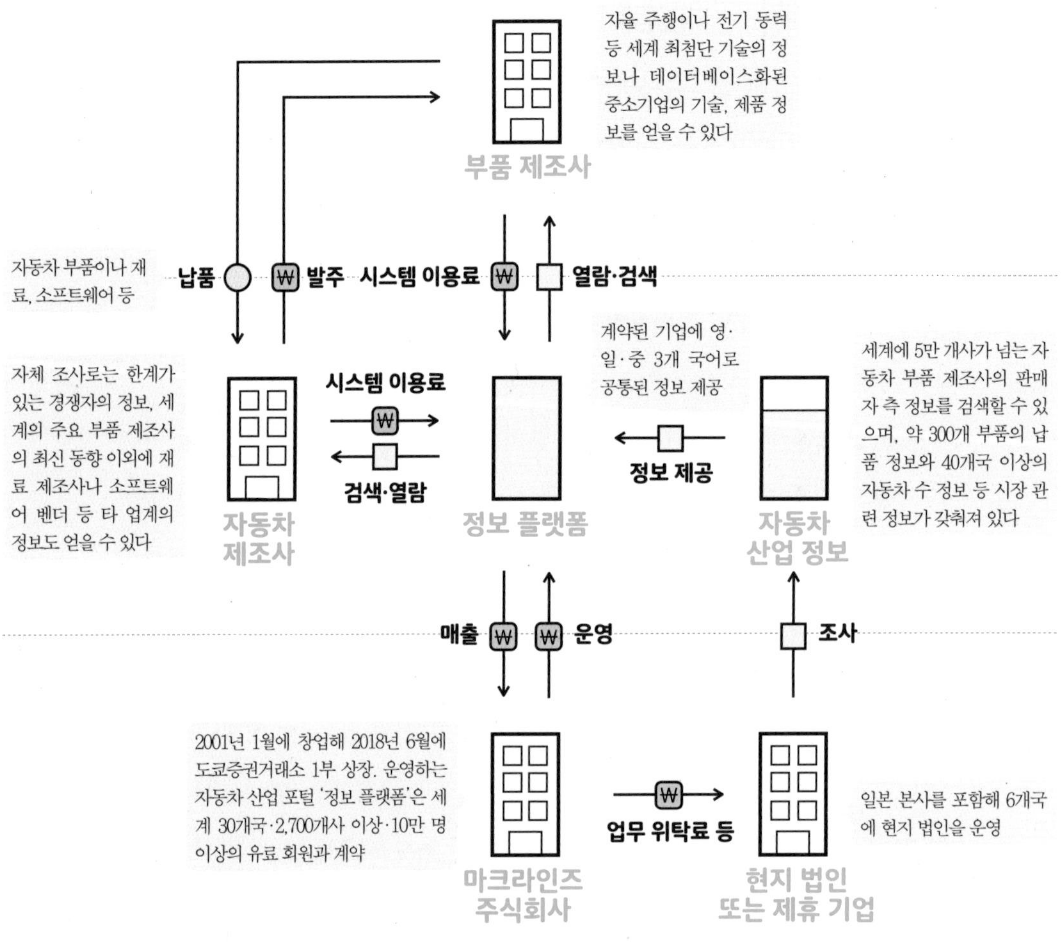

자율 주행이나 전기 동력 등 세계 최첨단 기술의 정보나 데이터베이스화된 중소기업의 기술, 제품 정보를 얻을 수 있다
부품 제조사
자동차 부품이나 재료, 소프트웨어 등
납품
₩ 발주
시스템 이용료 ₩
열람·검색
계약된 기업에 영·일·중 3개 국어로 공통된 정보 제공
세계에 5만 개사가 넘는 자동차 부품 제조사의 판매자 측 정보를 검색할 수 있으며, 약 300개 부품의 납품 정보와 40개국 이상의 자동차 수 정보 등 시장 관련 정보가 갖춰져 있다
자체 조사로는 한계가 있는 경쟁자의 정보, 세계의 주요 부품 제조사의 최신 동향 이외에 재료 제조사나 소프트웨어 벤더 등 타 업계의 정보도 얻을 수 있다
시스템 이용료
검색·열람
정보 제공
자동차 제조사
정보 플랫폼
자동차 산업 정보
매출 ₩
₩ 운영
조사
2001년 1월에 창업해 2018년 6월에 도쿄증권거래소 1부 상장. 운영하는 자동차 산업 포털 '정보 플랫폼'은 세계 30개국·2,700개사 이상·10만 명 이상의 유료 회원과 계약
업무 위탁료 등
일본 본사를 포함해 6개국에 현지 법인을 운영
마크라인즈 주식회사
현지 법인 또는 제휴 기업

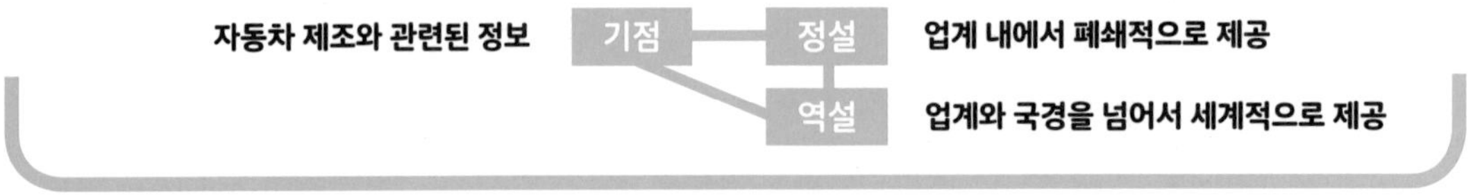

자동차 제조와 관련된 정보
기점
정설
역설
업계 내에서 폐쇄적으로 제공
업계와 국경을 넘어서 세계적으로 제공

판매자를 위한 자동차에 관한 거의 모든 정보

2018년 7월 기준, 7분기 연속으로 최고 이익을 경신한 마크라인즈マークラインズ는 세계에서 거의 유일하게 3개 국어(영·일·중)로 자동차 산업 정보를 제공하는 정보 플랫폼 회사다.

자동차 산업에서 판매자인 부품 제조사는 자동차의 전체 부품 가운데 약 70퍼센트를 구매자인 자동차 제조사에 도매로 판매한다. 기존에 일본의 자동차 산업은 자동차 제조사가 자사 계열의 부품 제조사로부터 부품을 조달하는 피라미드형 분업 구조였다. 그래서 구매자인 자동차 제조사의 힘이 강한 시장 환경이 되었고, 판매자인 부품 제조사는 항상 비용 절감을 요구받았다. 게다가 자동차 제조사의 해외 진출도 늘어나고 최첨단 제조 부품이 요구되면서, 부품 제조사는 한정된 경영 자원으로 기술 혁신이나 생산성 향상을 이뤄야 했다.

지금까지 계열 내의 폐쇄적인 환경에 있었던 부품 제조사가 계열 외의 자동차 제조사나 해외 시장으로 영업 기회를 넓히고 최첨단 기술을 확보하기 위해 정보를 수집하려면 방대한 비용과 노력을 들여야 했다. 이와 같은 시장 환경에서 2001년 닛산 자동차 시절에 부품 조달 부문을 담당했고 그 후 벤처 캐피털과 이륜차 포털 사이트 운영 회사의 사장 등을 역임한 사카이 마코토酒井誠는 마크라인즈 주식회사를 설립했다. 구매자 중심이 아닌 판매자 중심의 자동차 산업 정보 관련 B2B 플랫폼을 구상하고 만든 회사다.

마크라인즈는 월정액 40만~100만 원의 이용 요금으로 계약자에게 자동차 산업 정보를 제공한다. 그 결과 세계 30여 개국, 2,700여 기업의 10만 명이 넘는 유료 회원을 보유하고 있다. 게다가 자동차 개발·생산·판매 등의 공급 네트워크를 형성하는 자동차 제조사, 부품 제조사, 재료·설비·기계 제조사, 소프트웨어 벤더, 상사·운송업, 관공서와 연구 기관 등에서도 이용된다. 그리하여 전 세계 유일무이한 자동차 산업 정보 플랫폼으로 성장했다.

깃허브

세계에서 오픈 소스코드가 가장 많은 개발자들의 천국

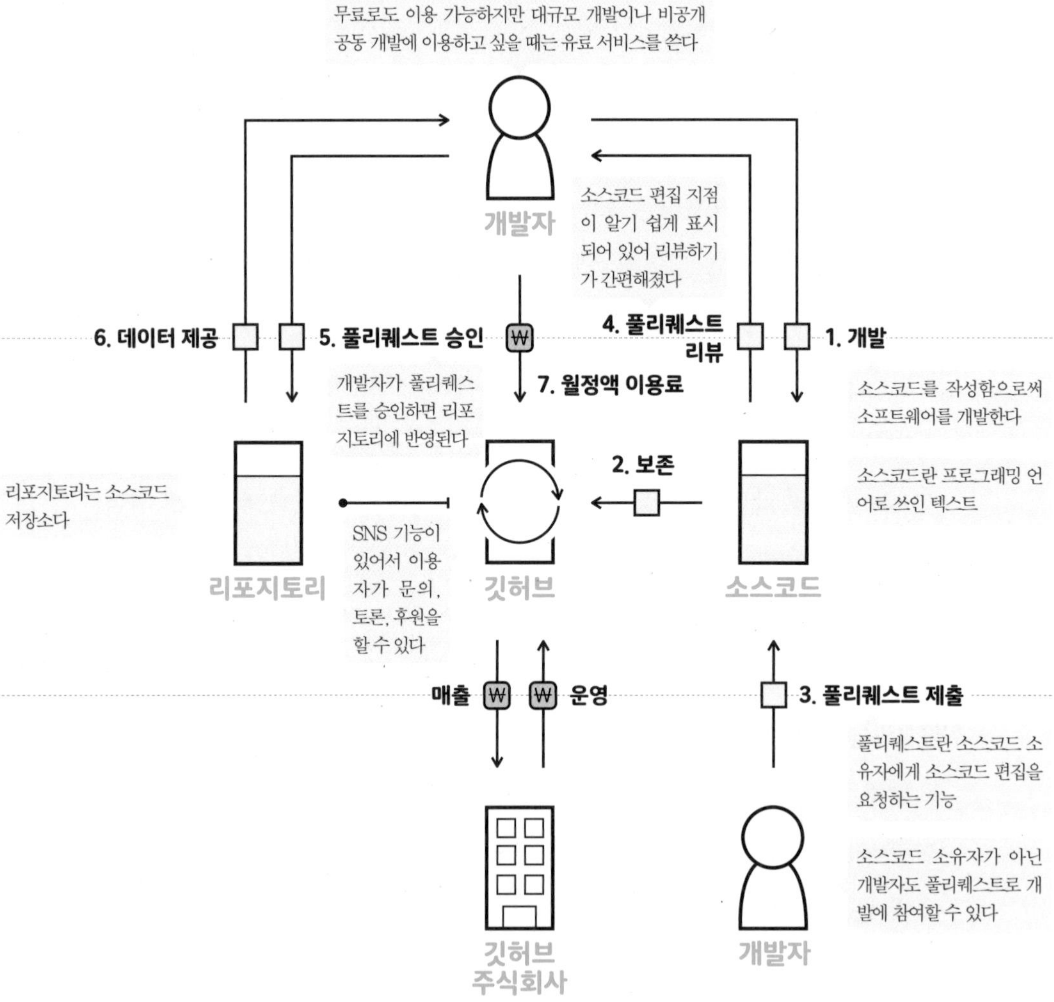
무료로도 이용 가능하지만 대규모 개발이나 비공개 공동 개발에 이용하고 싶을 때는 유료 서비스를 쓴다
개발자
소스코드 편집 지점이 알기 쉽게 표시되어 있어 리뷰하기가 간편해졌다
6. 데이터 제공
5. 풀리퀘스트 승인
4. 풀리퀘스트 리뷰
1. 개발
개발자가 풀리퀘스트를 승인하면 리포지토리에 반영된다
7. 월정액 이용료
소스코드를 작성함으로써 소프트웨어를 개발한다
2. 보존
소스코드란 프로그래밍 언어로 쓰인 텍스트
리포지토리는 소스코드 저장소다
SNS 기능이 있어서 이용자가 문의, 토론, 후원을 할 수 있다
리포지토리
깃허브
소스코드
매출
운영
3. 풀리퀘스트 제출
풀리퀘스트란 소스코드 소유자에게 소스코드 편집을 요청하는 기능
소스코드 소유자가 아닌 개발자도 풀리퀘스트로 개발에 참여할 수 있다
깃허브 주식회사
개발자

오픈 소스 개발		
기점	정설	각자 다른 툴을 사용하며, 복잡한 기술이 요구되는 공동 개발이다
	역설	동일한 툴로 쉽게 공동 개발할 수 있다

같은 소스코드를 사용해 쉽게 개발한다

지금 이용하고 있는 인터넷 서비스가 어떻게 구성되어 있는지 알고 있는가? 어떤 인터넷 서비스든 개발자인 프로그래머가 '소스코드'라는 컴퓨터 언어로 쓴 수많은 문자열로 구성되어 있다.

개발자들이 사용하는 언어나 툴, 소스코드 작성 방식은 저마다 다양하다. 따라서 직접 만난 적이 없는 사람들이 인터넷상에서 모여서 개발하면 커뮤니케이션에 따른 비용이 들어가거나 멤버에 대한 지원이 충분치 않아, 개발자의 기술 수준이나 전문성이 요구되며 누구나 쉽게 참가할 수 없다는 문제가 있었다.

깃허브GitHub는 소프트웨어개발에 필요한 소스코드 공유, 위키WIKI, 커뮤니티를 하나의 서비스로 묶었다. 그리하여 전 세계 개발자들이 인터넷상에서 다른 방법이나 언어를 써도 동일한 서비스를 통해 손쉽게 공동 개발을 할 수 있는 서비스다.

예를 들어 한 개발자가 만든 소스코드를 편집했을 경우 변경할 부분만을 풀리퀘스트pull request(반영 의뢰)하는 형태로 알기 쉽게 표시한다. 이 방법은 두 가지 이점을 만들어냈다. 첫째는 다수의 개발자가 동시에 개발을 진행하기가 편하다는 것이다. 그 결과 효율이 크게 향상되었다. 둘째는 소스코드를 중심으로 형성되는 커뮤니케이션이다. 리포지토리repository(데이터 저장고)에 대한 평가 승인을 받을 수 있고, 코드에 대한 의견이나 논의한 기록, 규칙 문서를 위키백과처럼 편집해 보존할 수 있다. 또한 개발자가 모여서 코드에 대한 리뷰를 함으로써 새로운 개발 방법이 탄생하기도 한다.

경쟁 서비스도 같은 기능을 갖고는 있지만, 깃허브는 한 발 앞선 기능 개발로 많은 이용자를 확보하며 급성장해 개발 툴의 표준이 되었다. 그 결과 개발자를 채용할 때 깃허브의 계정이 포트폴리오에 사용될 만큼 큰 지지를 모으고 있다. 이용자의 수는 2019년 4월 기준 3,600만 명에 이르며, 같은 달 마이크로소프트가 75억 달러에 인수 계획을 발표했다.

체커

개인의 신원 조사를 쉽게 할 수 있는 통합 검색 엔진

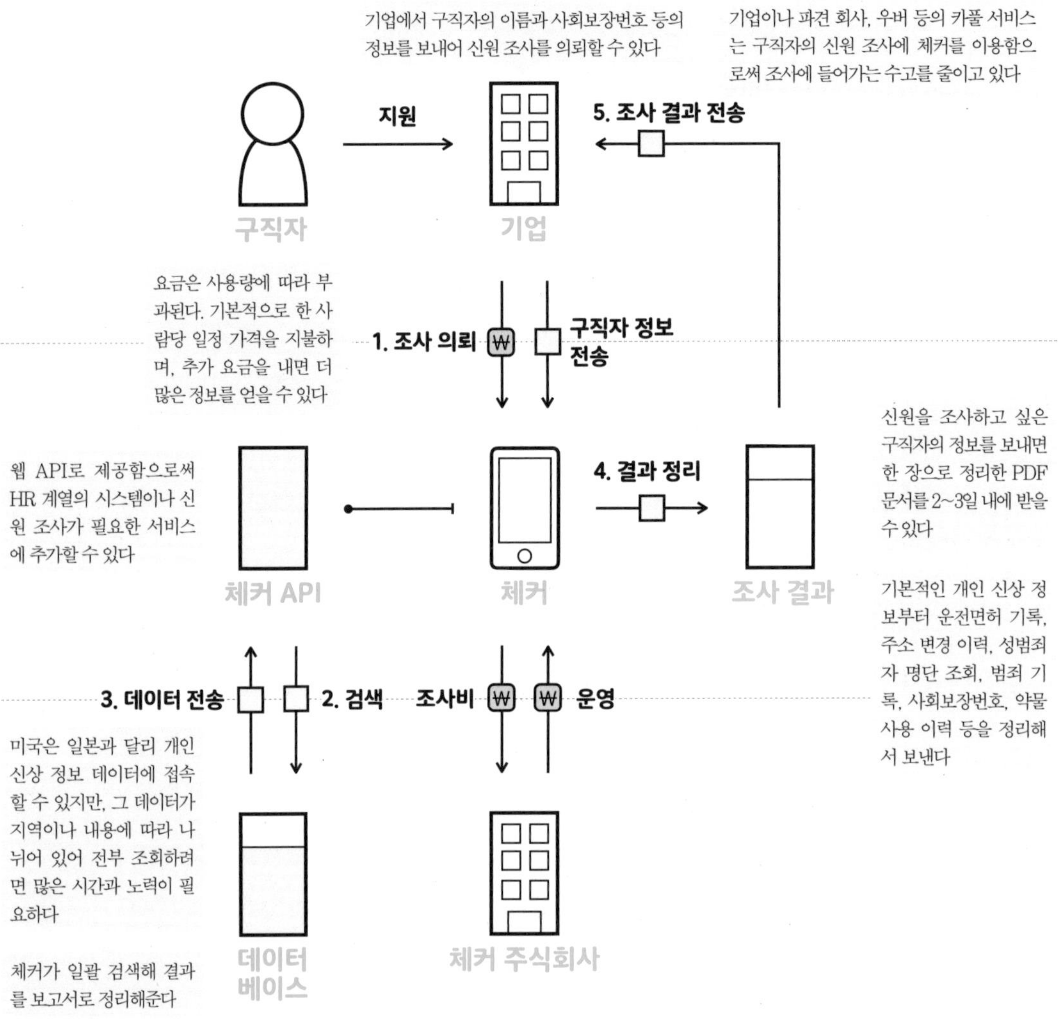
기업에서 구직자의 이름과 사회보장번호 등의 정보를 보내어 신원 조사를 의뢰할 수 있다
기업이나 파견 회사, 우버 등의 카풀 서비스는 구직자의 신원 조사에 체커를 이용함으로써 조사에 들어가는 수고를 줄이고 있다
지원
5. 조사 결과 전송
구직자
기업
요금은 사용량에 따라 부과된다. 기본적으로 한 사람당 일정 가격을 지불하며, 추가 요금을 내면 더 많은 정보를 얻을 수 있다
1. 조사 의뢰
구직자 정보 전송
신원을 조사하고 싶은 구직자의 정보를 보내면 한 장으로 정리한 PDF 문서를 2~3일 내에 받을 수 있다
웹 API로 제공함으로써 HR 계열의 시스템이나 신원 조사가 필요한 서비스에 추가할 수 있다
4. 결과 정리
체커 API
체커
조사 결과
기본적인 개인 신상 정보부터 운전면허 기록, 주소 변경 이력, 성범죄자 명단 조회, 범죄 기록, 사회보장번호, 약물 사용 이력 등을 정리해서 보낸다
3. 데이터 전송
2. 검색
조사비
운영
미국은 일본과 달리 개인 신상 정보 데이터에 접속할 수 있지만, 그 데이터가 지역이나 내용에 따라 나뉘어 있어 전부 조회하려면 많은 시간과 노력이 필요하다
체커가 일괄 검색해 결과를 보고서로 정리해준다
데이터베이스
체커 주식회사

신원 조사 기점

- 정설: **많은 시간과 자원이 들어간다**
- 역설: **시간과 자원이 거의 들지 않는다**

공유 서비스의 확대로 신원 조사 시장이 활발해졌다

체커Checkr는 신원 조사 대행 시스템을 운영하는 미국 기업이다. 이 회사의 성장 배경에는 미국의 신원 조사 시장이 활발해진 것과 관계 있는데, 크게 두 가지로 살펴볼 수 있다.

첫째는 공유 서비스가 늘어남에 따라 이용자 신원의 투명성과 신뢰성이 중요해진 것이다. 공유 서비스는 이용자가 사용하지 않는 자원(시간, 공간, 노력, 지식 등)을 그것이 필요한 다른 이용자와 공유하는 서비스다. 대표적인 공유 서비스가 에어비앤비나 우버다. 그런데 이 서비스에는 큰 문제점이 있다. 신원을 제대로 인증하지 않은 이용자도 서비스 사용이 가능하다는 것이다. 미국에서는 공유 서비스 시장이 순식간에 커지면서 신원이 확인되지 않은 이용자가 일으키는 사건사고도 늘었다.

둘째는 미국의 개인 정보 관리 시스템만의 특수성에 있다. 일본과 달리 미국에서는 신청만 하면 누구나 개인 정보를 비롯해 범죄 이력, 약물 사용 이력 등에 접근할 수 있다. 그러나 정보가 통합되어 있지 않아 범죄 정보만 해도 군이나 주, 연방에 각각 흩어져 있다. 그래서 신원을 완전히 파악하는 데 방대한 시간이 걸리며 자료 역시 비효율적으로 많다.

이런 딜레마에 주목한 체커는 분산된 데이터베이스를 통합해 일괄 검색하고, 검색 결과를 PDF 문서 한 장에 정리해주는 웹 API라는 시스템을 개발했다. 기업이 구직자의 신원을 조사할 때 사회보장번호나 개인정보를 보내면 체커가 일괄로 데이터베이스를 검색해 운전면허 기록, 주소 변경 이력, 성범죄자 명단 조회, 사회보장번호, 약물 사용 이력 등을 정리해 보내준다. 신원 조사 결과를 짧게는 한 시간, 길어도 2~3일 안에 출력할 수 있다.

급속하게 성장하는 서비스의 빈틈을 노려 일어나는 사건사고들은 결국 이용자가 서비스를 떠나게 만드는 원인이 된다. 이용자에게 신뢰받는 서비스를 만들 때 꼭 필요한 존재인 체커의 향후 행보가 주목된다.

'정보'의 비즈니스 모델 정리

이번 장에서 소개한 사례는 '어떤 기술을 사용하는가?'에 따라 기술 혁신, 데이터 활용, 네트워크의 세 가지로 분류할 수 있다.

정보

기술 혁신

그전까지 기술적으로 어려웠던 영역에 발을 들여놓은 사례

데이터 활용

빅데이터 등 데이터를 효과적으로 활용한 사례

네트워크

아날로그를 정보화한 사례

새로운 기술을 활용한 기업

아마존 고	패스트얼럿
고에스테이션	체커
구글 홈	지마신용
깃허브	

'아마존 고'는 자율 주행 기술을 응용하여 고객이 어떤 상품을 구입했는지 읽어 들임으로써 계산대의 무인화를 실현했다. '고에스테이션'은 목소리를 읽어 들이는 AI를 개발해 음성 합성을 가능케 했다. '패스트얼럿'은 영상 인식과 언어 해석 기술을 이용함으로써 사건·사고를 신속하게 감지한다.

데이터를 적극적으로 활용한 기업

파머스 비즈니스 네트워크	
조조슈트	구라시루
타임스 카 플러스	피리카
쁘띠로손	에어레지
도쿄 프라임	콤트랙스

'쁘띠로손'은 사무실 내 편의점에 전자 결제 시스템을 적용해 판매 데이터와 연결함으로써 수요에 맞는 상품을 진열할 수 있게 되었다. '타임스 카 플러스'는 운전자의 데이터를 활용해 건전한 서비스를 실현했다.

관계자와 네트워크를 형성한 기업

플렉스포트	진야커넥트
닷사이	무지 패스포트
야맵	스마트HR
마크라인즈	

'플렉스포트'는 국제 화물을 전부 데이터화해 검색 가능하도록 만들었다. '마크라인즈'는 자동차 제조와 관련된 세계 5만 개 이상의 부품 제조사의 정보를 검색 가능하도록 만들었다. '닷사이'는 전문 장인만 만들었던 청주를 IT를 이용해 효율화적으로 만듦으로써 안정적 공급하게 했다.

제4장

사람

새로운 이해관계자를 끌어들인다

이익을 낳는 새로운 상품이나 서비스를 만들어내어 비즈니스를 발전시키기 위해서는 여러 관계자의 힘이 반드시 필요하다. 지금까지 관계를 맺지 않았던 기업이나 단체를 효율적으로 끌어들인 비즈니스 모델을 소개한다.

휴머니움

불법 총기가 시계나 자전거로 바뀐다

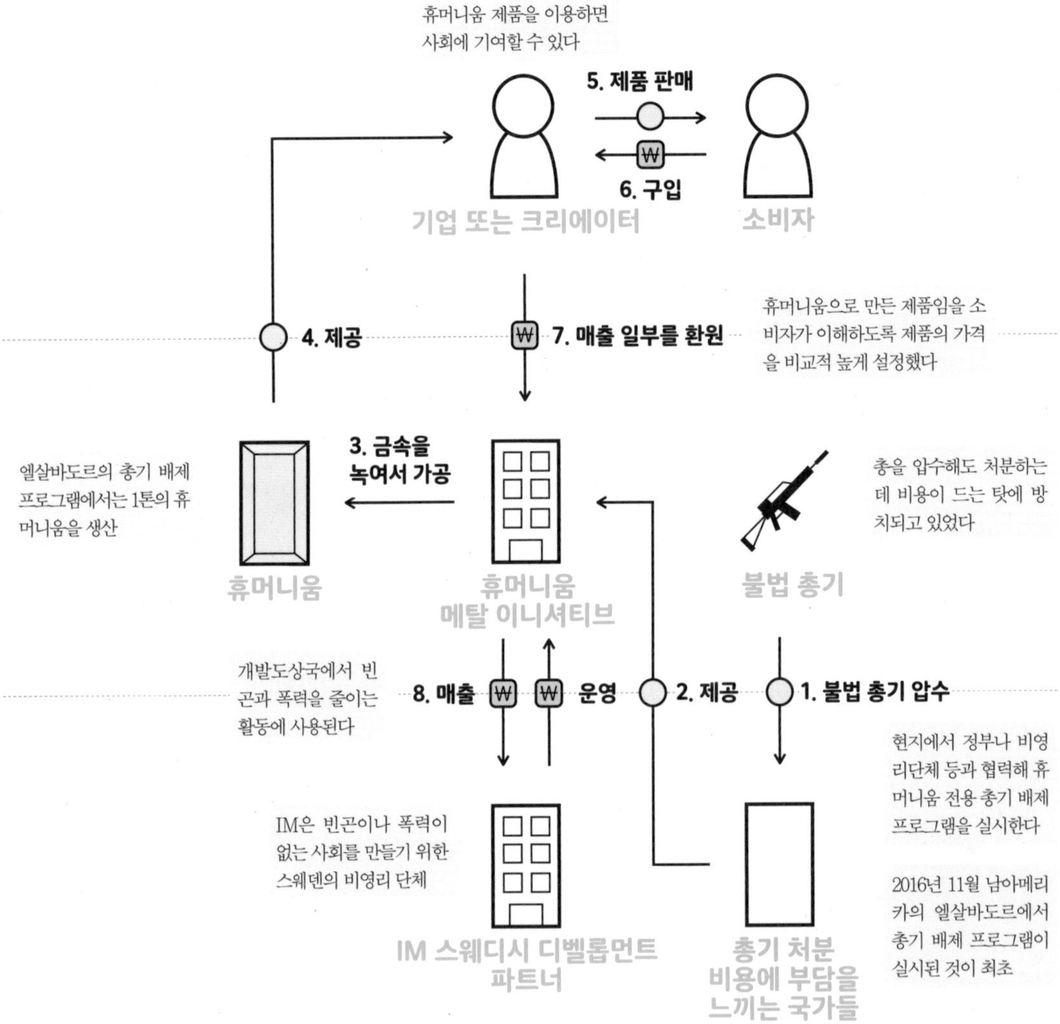
휴머니움 제품을 이용하면
사회에 기여할 수 있다
5. 제품 판매
6. 구입
기업 또는 크리에이터
소비자
4. 제공
7. 매출 일부를 환원
휴머니움으로 만든 제품임을 소
비자가 이해하도록 제품의 가격
을 비교적 높게 설정했다
엘살바도르의 총기 배제
프로그램에서는 1톤의 휴
머니움을 생산
3. 금속을
녹여서 가공
총을 압수해도 처분하는
데 비용이 드는 탓에 방
치되고 있었다
휴머니움
휴머니움
메탈 이니셔티브
불법 총기
개발도상국에서 빈
곤과 폭력을 줄이는
활동에 사용된다
8. 매출
운영
2. 제공
1. 불법 총기 압수
현지에서 정부나 비영
리단체 등과 협력해 휴
머니움 전용 총기 배제
프로그램을 실시한다
IM은 빈곤이나 폭력이
없는 사회를 만들기 위한
스웨덴의 비영리 단체
2016년 11월 남아메리
카의 엘살바도르에서
총기 배제 프로그램이
실시된 것이 최초
IM 스웨디시 디벨롭먼트
파트너
총기 처분
비용에 부담을
느끼는 국가들

압수한 불법 총기 | 기점 | 정설 | 처분 비용이 들어 방치하고 있다
| | | 역설 | 재활용해서 수익을 낸다

불법 총기를 금속으로 바꿔 다양하게 활용한다

휴머니움은 남아메리카 엘살바도르에서 생산되는 금속(레어메탈)이다. 이 금속이 특별한 이유는 불법 유통되는 총기를 수거해 녹여 만들었기 때문이다. 그 혁신성 때문에 2016년에는 세계의 광고나 PR 활동을 표창하는 칸 라이언즈 크리에이티비티 페스티벌에서 상을 받았다.

휴머니움 메탈 이니셔티브Humanium Metal Initiative 회사는 엘살바도르 정부가 처리 비용 때문에 압수한 불법 총기를 처분하지 못하고 골머리를 앓자, 불법 총기를 모아서 분해하고 금속을 가공해 휴머니움을 만들어냈다. 이 금속은 기업이나 크리에이터들에게 제공되어 시계나 자동차 부품 등의 제작에 사용된다.

한편 기업은 휴머니움을 이용해 제품을 만듦으로써 브랜드의 가치를 높이고 사회에 기여할 수 있다. 제품을 판매해서 얻은 이익은 폭력이나 빈곤을 줄이는 활동을 하는 스웨덴의 비영리 단체 IM 스웨디시 디벨롭먼트 파트너IM Swedish Development Partner에 환원된다. 즉 소비자는 휴머니움을 사용한 제품을 구입함으로써 불법 총기에 대한 관심과 인식을 높일 수 있다.

이 시스템은 재활용을 통해서 얻은 이익을 또다시 총기 회수나 개발도상국에서 빈곤과 폭력을 줄이기 위한 활동에 사용한다. 지속 가능한 불법 총기 감소 프로그램인 셈이다. 이런 시스템이 자리 잡는 데 2년이 넘는 시간이 걸렸다.

2016년 11월에 엘살바도르에서 시작된 프로그램은 동남아시아와 아프리카 등 세계 각국으로 확산되어 현지의 소득 창출로도 이어지고 있다. 휴머니움 메탈 이니셔티브에 따르면 전 세계에 있는 불법 총기는 수억 정에 이르며, 이 불법 총기에 매일 1,500명이 목숨을 잃는다고 한다. 폭력 없는 미래를 향한 이 운동이 앞으로도 계속 확산되기를 기대한다.

소셜 임팩트 본드

공공사업에는 돈이 들어간다는 상식을 뒤엎다

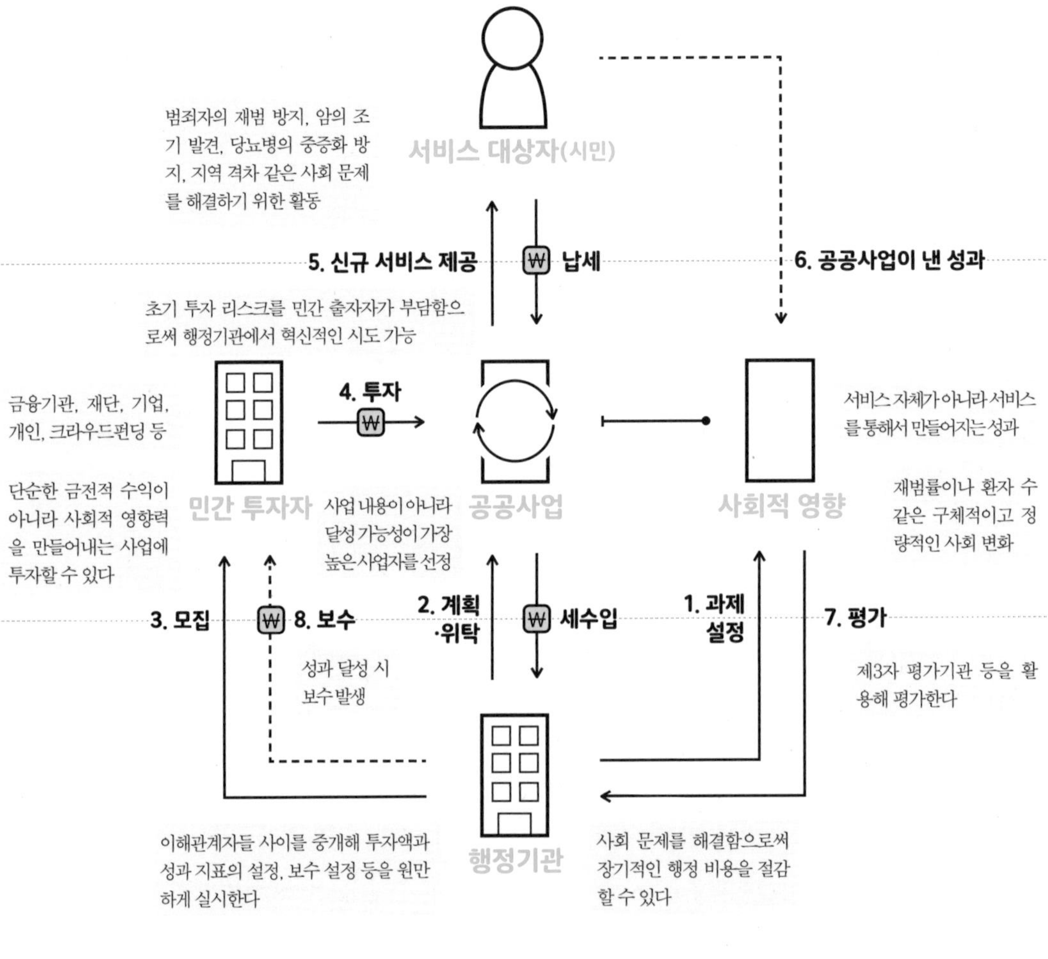
범죄자의 재범 방지, 암의 조기 발견, 당뇨병의 중증화 방지, 지역 격차 같은 사회 문제를 해결하기 위한 활동
서비스 대상자(시민)
5. 신규 서비스 제공
납세
6. 공공사업이 낸 성과
초기 투자 리스크를 민간 출자자가 부담함으로써 행정기관에서 혁신적인 시도 가능
금융기관, 재단, 기업, 개인, 크라우드펀딩 등
4. 투자
서비스 자체가 아니라 서비스를 통해서 만들어지는 성과
단순한 금전적 수익이 아니라 사회적 영향력을 만들어내는 사업에 투자할 수 있다
민간 투자자
사업 내용이 아니라 달성 가능성이 가장 높은 사업자를 선정
공공사업
사회적 영향
재범률이나 환자 수 같은 구체적이고 정량적인 사회 변화
3. 모집
8. 보수
2. 계획·위탁
세수입
1. 과제 설정
7. 평가
성과 달성 시 보수 발생
제3자 평가기관 등을 활용해 평가한다
이해관계자들 사이를 중개해 투자액과 성과 지표의 설정, 보수 설정 등을 원만하게 실시한다
행정기관
사회 문제를 해결함으로써 장기적인 행정 비용을 절감할 수 있다

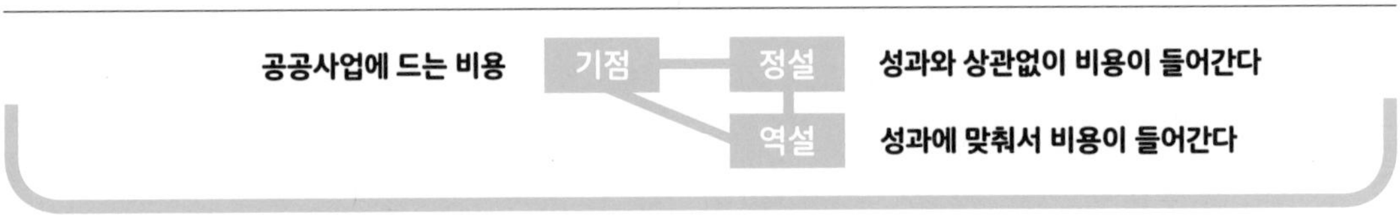
공공사업에 드는 비용
기점
정설
성과와 상관없이 비용이 들어간다
역설
성과에 맞춰서 비용이 들어간다

민간 투자자를 끌어들이는 행정기관의 시도

소셜 임팩트 본드Social Impact Bond(이하 SIB)는 민간 자금을 활용한 민·관 제휴의 사회 과제 해결 시스템으로, 2010년에 영국에서 시작되었다. 쉽게 말하면 행정기관이 민간 투자자에게 사업을 위탁할 때 지급했던 보수를 성과제로 지급하는 방식이다. 지금까지는 성과와 상관없이 행정기관이 사업 비용을 부담했기 때문에 제대로 성과를 내지 못하면 비용이 낭비되기 쉬웠지만, 성과형 업무 위탁 계약의 경우에는 그런 문제에 직면할 가능성이 낮다.

성과제로 할 경우 '사업을 시작할 때 최초 자금은 어떻게 조달하는가?'라는 문제가 발생하는데, SIB는 민간 투자자로부터 초기 투자를 받는다. 이 경우에도 사전에 합의된 사회적 성과가 나오면 민간 투자자에게 수익이 나는 구조이기 때문에 사회 문제의 해결에 기여할 수 있을 뿐만 아니라 새로운 자금 활용의 기회로서도 가치가 있어 투자가와 민간기업의 주목을 받고 있다. 그리고 이와 같은 시스템을 적용함으로써 행정기관은 재정 리스크를 줄이면서 공공 사업에 도전하기가 수월해졌다.

현재는 전 세계에서 SIB가 시도되고 있으며, 일본에서도 사전 실험을 마치고 효고현 고베시와 도쿄도 하치오지시에서 실시하기 시작했다. 일본 재단에 따르면 이미 16개국에서 60건 이상, 약 2,200억 원 규모로 확대되었다고 한다.

아직 성공 사례가 적어 실험 단계에 머물러 있기는 하지만, 행정기관이 민간기업이나 비영리 단체를 끌어들여서 도전하는 사례가 늘어나는 것은 사회적인 의의도 크기 때문에 향후 사업 확대가 기대된다.

스카우터

개인의 인맥으로 헤드헌터라는 부업을 만들어낸다

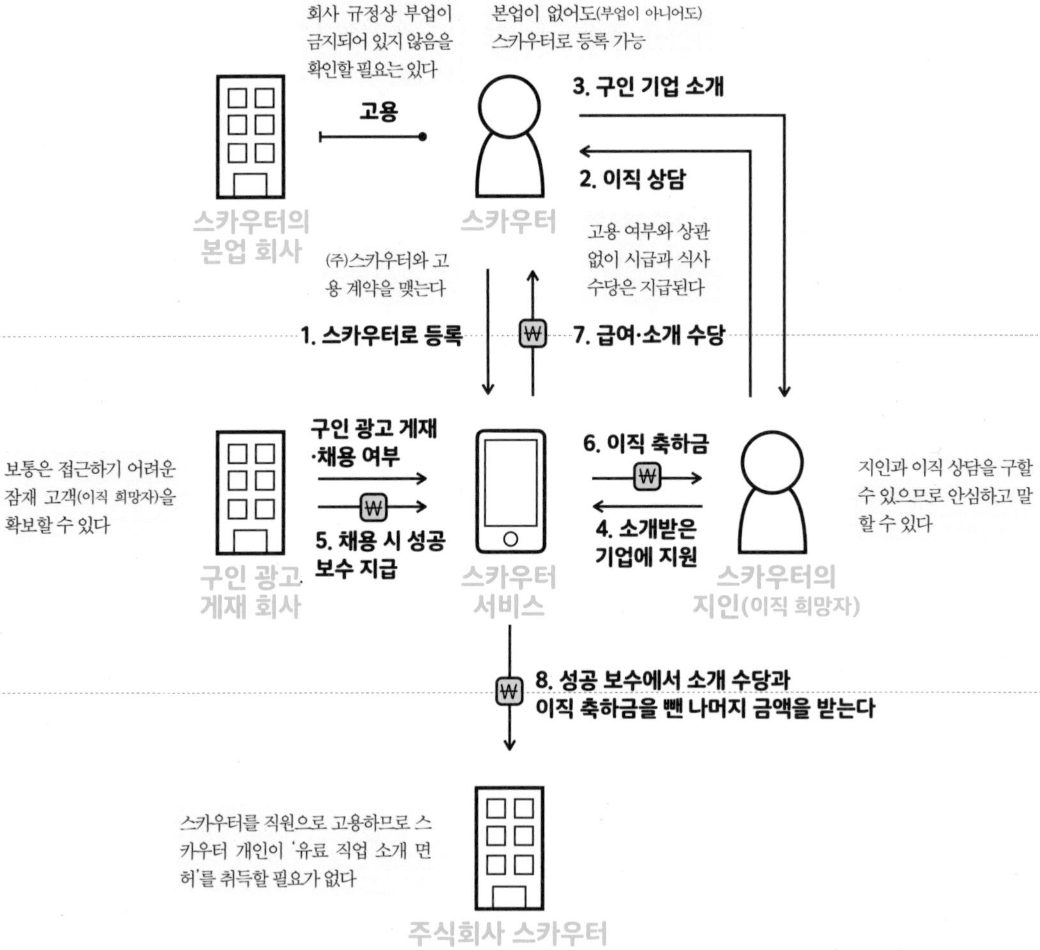
회사 규정상 부업이 금지되어 있지 않음을 확인할 필요는 있다
본업이 없어도(부업이 아니어도) 스카우터로 등록 가능
고용
3. 구인 기업 소개
2. 이직 상담
스카우터의 본업 회사
스카우터
고용 여부와 상관없이 시급과 식사 수당은 지급된다
(주)스카우터와 고용 계약을 맺는다
1. 스카우터로 등록
7. 급여·소개 수당
보통은 접근하기 어려운 잠재 고객(이직 희망자)을 확보할 수 있다
구인 광고 게재 ·채용 여부
5. 채용 시 성공 보수 지급
6. 이직 축하금
4. 소개받은 기업에 지원
지인과 이직 상담을 구할 수 있으므로 안심하고 말할 수 있다
구인 광고 게재 회사
스카우터 서비스
스카우터의 지인(이직 희망자)
8. 성공 보수에서 소개 수당과 이직 축하금을 뺀 나머지 금액을 받는다
스카우터를 직원으로 고용하므로 스카우터 개인이 '유료 직업 소개 면허'를 취득할 필요가 없다
주식회사 스카우터

이직 에이전트	기점	정설	주로 개인이 전업으로 한다
		역설	개인이 부업으로 할 수 있다

새로운 고객을 발견한 독특한 시도

이직 시장은 보통 이직 희망자가 인재 서비스에 등록하면 그 서비스 회사의 에이전트가 이직할 회사를 소개해주는 구조였다. 그러나 스카우터SCOUTER는 이용자 자신이 '에이전트(스카우터)'가 되어, 이용자의 친구·지인 등 주변의 이직 희망자 중에서 구인 기업의 니즈에 딱 들어맞는 인재를 헤드헌팅하고 보수를 받는 시스템이다.

스카우터의 가장 큰 특징은 에이전트 일을 부업으로 할 수 있다는 점이다. 지금까지 에이전트는 인재 소개 회사의 직원이 본업으로 하는 것이 일반적이었다. 그러나 스카우터는 개인 인맥을 이용해서 친구·지인을 소개함으로써 매칭 확률과 질을 높이는 비즈니스 모델을 적용했다. 부업으로 에이전트 활동을 하는 것을 인정함으로써 다양한 이용자가 등록하기 쉬운 환경을 만들었다.

부업이라는 형태는 스카우터의 비즈니스 모델을 성립시키는 중요한 요소다. 본래 취직(이직) 희망자와 구인 기업을 연결해주고 수수료를 받으려면 유료 직업 소개 면허가 필요하다. 즉, 에이전트로 활동하려면 이용자 개인이 면허를 취득해야 한다. 그러나 스카우터는 노동국에 확인을 받아 이 장벽을 극복하는데 성공했다. 이용자가 유료 직업 소개 면허를 가진 주식회사 스카우터와 고용 계약을 맺고 회사의 노동자로 일함으로써 개인 면허가 필요 없는 형태를 만든 것이다. 이용자는 채용 계약의 성공 유무와 상관없이 회사로부터 노동에 따른 시급(1만 원)을 받는다.

공개 채용이 아니라 직원이 지인을 소개하는 서비스(인재 소개 채용)는 그전에도 있었지만, 이것은 회사 내부에 있는 직원이 외부에 있는 지인을 회사에 소개하는 것이었다. 한편 '소셜 헤드헌팅'을 내세우며 인재 채용의 틀을 확대시킨 스카우터는 지금까지 이직 시장에 모습을 드러내지 않았던 잠재 고객에 접근했다는 점에서 도전적이고 독특한 시도라고 할 수 있다.

팝 팀 에픽

단독 출자 방식으로 팬이 열광하는 애니메이션을 만들다

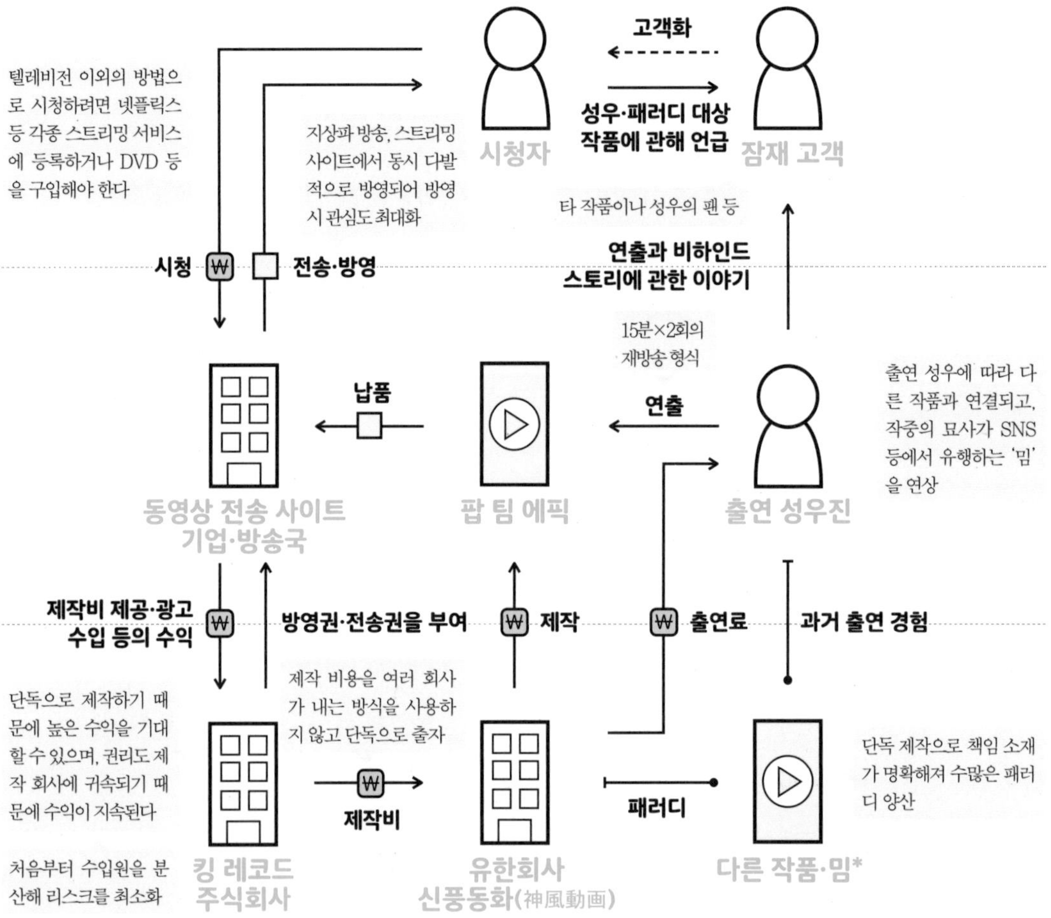

텔레비전 이외의 방법으로 시청하려면 넷플릭스 등 각종 스트리밍 서비스에 등록하거나 DVD 등을 구입해야 한다
지상파 방송, 스트리밍 사이트에서 동시 다발적으로 방영되어 방영 시 관심도 최대화
시청자
고객화
성우·패러디 대상 작품에 관해 언급
잠재 고객
타 작품이나 성우의 팬 등
시청
전송·방영
연출과 비하인드 스토리에 관한 이야기
15분×2회의 재방송 형식
납품
연출
출연 성우에 따라 다른 작품과 연결되고, 작중의 묘사가 SNS 등에서 유행하는 '밈'을 연상
동영상 전송 사이트 기업·방송국
팝 팀 에픽
출연 성우진
제작비 제공·광고 수입 등의 수익
방영권·전송권을 부여
제작
출연료
과거 출연 경험
단독으로 제작하기 때문에 높은 수익을 기대할 수 있으며, 권리도 제작 회사에 귀속되기 때문에 수익이 지속된다
제작 비용을 여러 회사가 내는 방식을 사용하지 않고 단독으로 출자
제작비
패러디
단독 제작으로 책임 소재가 명확해져 수많은 패러디 양산
처음부터 수입원을 분산해 리스크를 최소화
킹 레코드 주식회사
유한회사 신풍동화(神風動画)
다른 작품·밈*

*밈: 인터넷에서 유행하는 소재

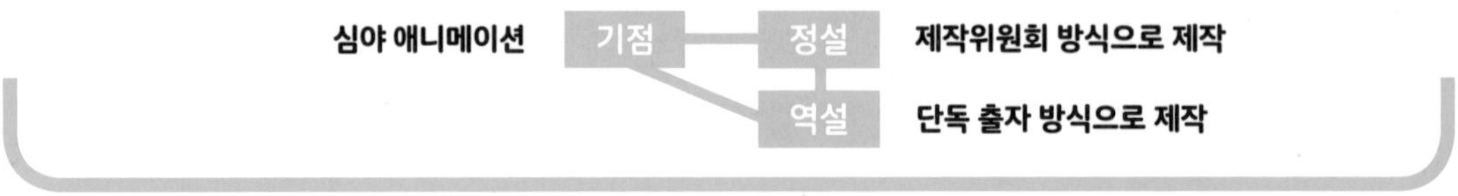

심야 애니메이션
기점
정설
역설
제작위원회 방식으로 제작
단독 출자 방식으로 제작

제작위원회 방식을 포기하고 리스크를 짊어지다

팝 팀 에픽ポプテピピック은 니코니코동화ニコニコ動画(일본의 동영상 사이트-옮긴이) 등에서 열광적인 인기를 자랑하는 애니메이션 콘텐츠다. 12화가 전부 니코니코동화에서 재생 횟수 100만 회를 돌파했는데, 특히 제1화는 니코니코 역사상 가장 빠른 속도로 100만 회 재생을 달성했으며 현재는 300만 회를 돌파했다. 30분짜리 애니메이션임에도 첫 15분이 끝나면 엔딩 영상이 흐르고 다음 15분 동안 거의 같은 내용이 재방송되는(다만 성우가 달라진다) 독특한 작품이다.

여러 가지 성공 요인을 생각할 수 있겠지만, 특히 비즈니스의 측면에서 주목할 점은 '제작위원회 방식'이 아니라 '단독 출자'를 선택한 것이다.

제작위원회 방식은 여러 회사가 출자해서 애니메이션을 제작하는 방식이다. 사업 리스크를 분산할 수 있기 때문에 지금까지 수많은 애니메이션 작품이 제작위원회 방식으로 제작되었다. 또한 애니메이션 제작사가 아닌 여러 회사가 출자하는 이유는 애니메이션에 관한 권리를 바탕으로 게임이나 관련 서적 등 다양한 비즈니스를 진행할 수 있다는 이점이 있기 때문이다. 다만 이 방식에는 단점도 있다. 출자 비율에 따라 이익이 분배되기 때문에 성공해도 실제로 얻는 이익은 적다는 것, 관계자가 많아져 조금이라도 리스크가 있는 콘텐츠는 만들기가 어렵다는 것이다.

팝 팀 에픽은 킹 레코드가 단독으로 제작함으로써 책임 소재가 명확해져서 다수의 패러디 콘텐츠를 만드는 등 리스크를 짊어지기가 용이했다. 높은 리스크를 짊어질 수 있었던 배경에는 수익을 내는 수단이 다양해진 것도 들 수 있다. 지상파 방영과 같은 시기에 여러 동영상 전송 사이트에서 방송을 했고, 이것이 화제를 낳는 선순환이 만들어졌다. 실제로 팝 팀 에픽은 니코니코동화와 아마존 프라임 비디오Amazon Prime Video, 훌루hulu 등 다양한 동영상 전송 사이트에서 감상할 수 있다.

고젝

사람뿐만 아니라 물건도 실어 나르는 인도네시아의 우버

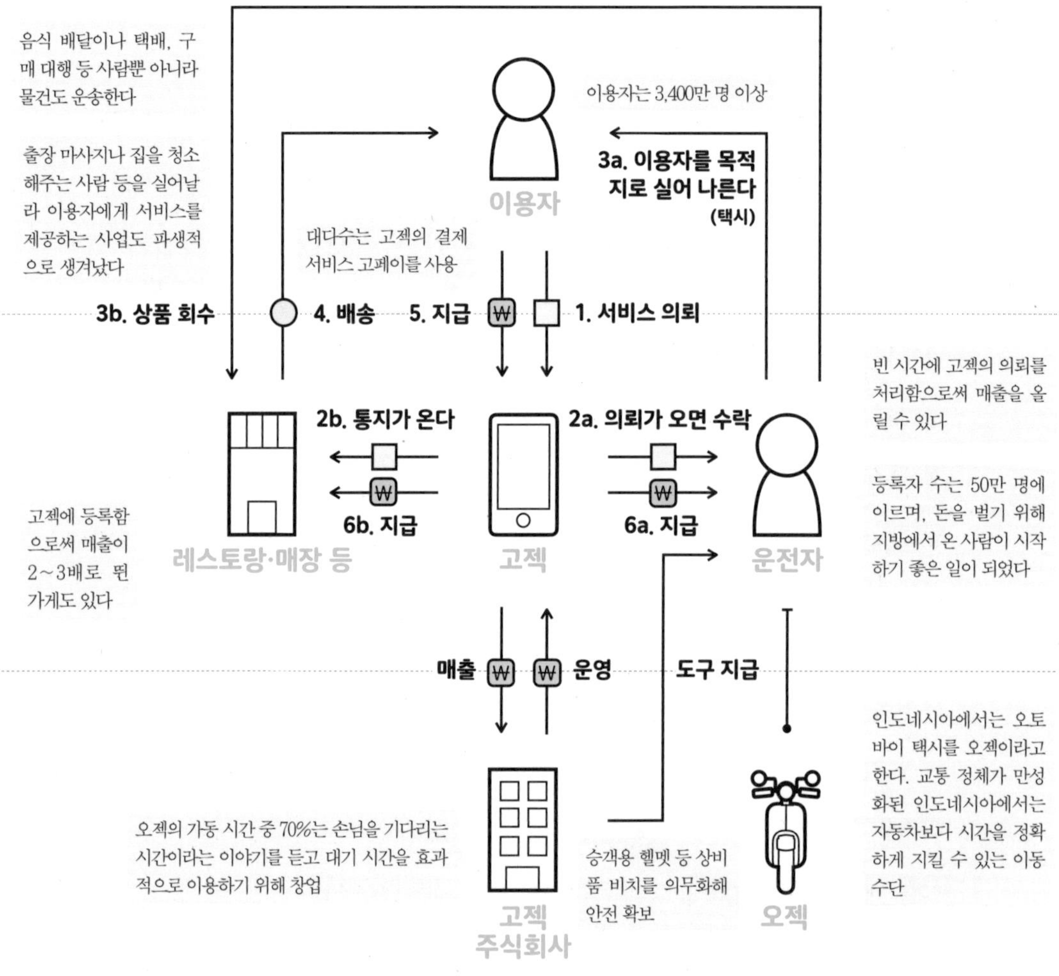

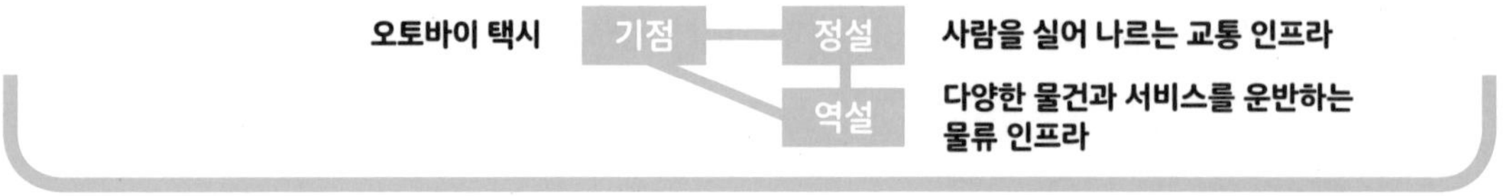

본가인 '우버'를 철수하게 만들다

고젝GO-JEK은 인도네시아에서 3,000만 명 이상이 이용하는 것으로 알려진 오토바이 택시 예약 시스템이다. 원래 인도네시아에서는 '오젝Ojek'이라는 오토바이 택시가 일상적으로 사용되었다. 인도네시아는 옛날부터 교통 정체가 심해서 자동차보다 시간을 정확하게 지킬 수 있는 교통수단인 오토바이가 널리 이용되어 왔다.

고젝의 창업자는 오젝이 일하는 시간 중 70퍼센트는 손님을 기다리는 시간이라는 이야기를 듣고 '대기 시간에 다른 서비스를 하면 어떨까?'라는 아이디어를 떠올렸다고 한다. 그리하여 오젝의 운전자는 빈 시간에 고젝의 의뢰를 처리함으로써 매출을 올릴 수 있게 되었다. 지방 출신자가 많은 오젝 운전자에게 안정된 직업을 제공한다는 점도 고젝의 특징이다.

고젝의 놀라운 점은 오젝으로 사람을 실어 나르는 교통 인프라에 그치지 않고 택배나 음식 배달, 구매 대행까지 다양한 물건과 서비스를 운반하는 물류 인프라를 만들었다는 것이다. 여기에 출장 마사지나 집을 청소해주는 사람을 실어 나르는 사업도 파생적으로 생겨났다.

앱을 열어서 오젝을 부르는 시스템만 보면 우버(미국에서 탄생한 배차 서비스 앱)와 비슷하지만, 전부터 지역에 뿌리를 내리고 있었던 교통 인프라를 조직화했다는 것이 강점이다. 참고로 우버는 동남아시아 지역에 진출했다가 철수했다(고젝의 경쟁자에 해당하는 그랩Grab에 사업 양도). 이처럼 현지화까지 고려해야하기 때문에 세계적으로 사업을 하는 것은 결코 쉬운 일이 아니다.

오토바이 택시 운전자는 더 많은 돈을 벌고, 이용자는 다양한 서비스를 받을 수 있으며, 고젝도 수익을 올린다. 많은 사람이 이익을 보는 시스템을 만든 것이 고젝의 성공으로 이어졌다고 볼 수 있다.

빅이슈

홈리스의 자립을 응원하고 지원하는 잡지

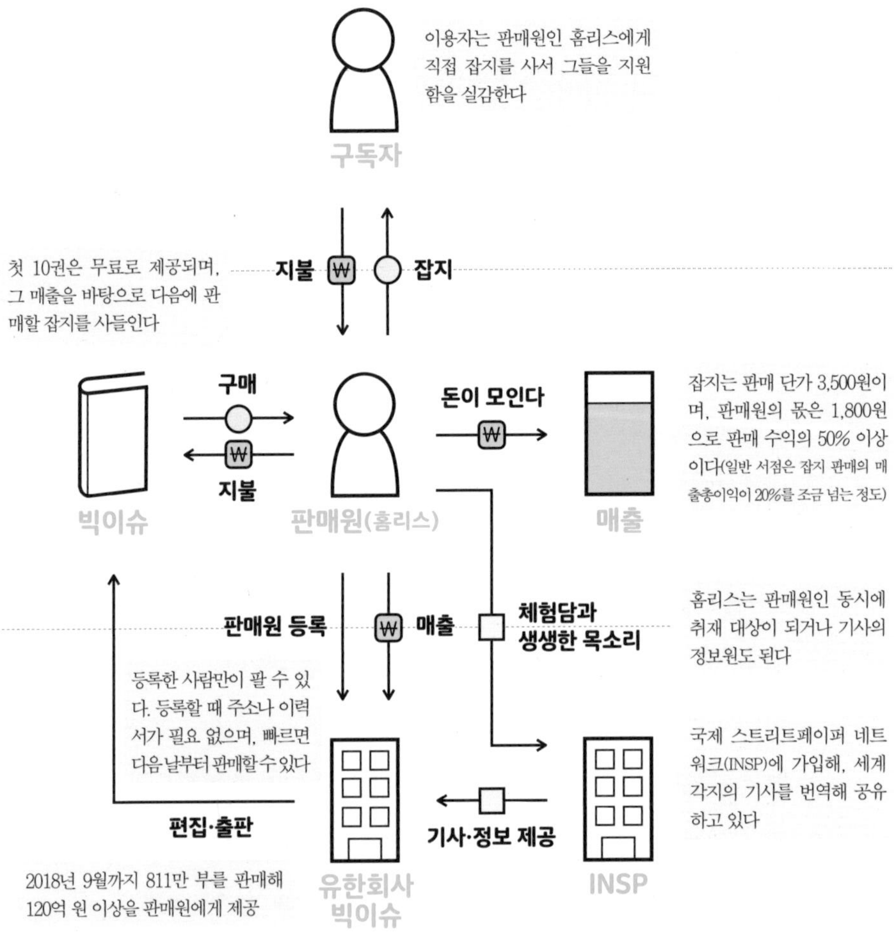

이용자는 판매원인 홈리스에게 직접 잡지를 사서 그들을 지원함을 실감한다
구독자
첫 10권은 무료로 제공되며, 그 매출을 바탕으로 다음에 판매할 잡지를 사들인다
지불
잡지
구매
지불
돈이 모인다
잡지는 판매 단가 3,500원이며, 판매원의 몫은 1,800원으로 판매 수익의 50% 이상이다(일반 서점은 잡지 판매의 매출총이익이 20%를 조금 넘는 정도)
빅이슈
판매원(홈리스)
매출
판매원 등록
매출
체험담과 생생한 목소리
홈리스는 판매원인 동시에 취재 대상이 되거나 기사의 정보원도 된다
등록한 사람만이 팔 수 있다. 등록할 때 주소나 이력서가 필요 없으며, 빠르면 다음 날부터 판매할 수 있다
국제 스트리트페이퍼 네트워크(INSP)에 가입해, 세계 각지의 기사를 번역해 공유하고 있다
편집·출판
기사·정보 제공
2018년 9월까지 811만 부를 판매해 120억 원 이상을 판매원에게 제공
유한회사 빅이슈
INSP

홈리스 지원 기점 — 정설: **기부나 물품을 통해 지원한다**

역설: **일자리 제공을 통해 자립을 지원한다**

빅이슈The Big Issue는 홈리스(노상 생활자. 빅이슈 코리아에서는 홈리스를 '노숙인 등의 주거 취약 계층'으로 정의했다-옮긴이)의 자립을 응원할 목적으로 탄생한 잡지다. 영국에서 시작해 일본, 한국 등 세계 각지에서 판매되고 있다.

홈리스는 길거리에서 〈빅이슈〉 잡지를 판매하며 매출의 일부를 나눠 받는다. 한 권 가격은 저렴하지만 중간업자를 거치지 않기 때문에 일반 잡지보다 많은 50퍼센트가 판매원의 몫으로 돌아오는 구조다. 현재는 한 권에 3,500원에 판매되며 그중 1,800원이 홈리스의 수입이다(한국 〈빅이슈〉의 가격은 5,000원이며, 판매자에게 50퍼센트가 돌아간다-옮긴이). 일본판 〈빅이슈〉는 2018년 9월 기준으로, 811만 부가 판매되어 120억 원이 넘는 금액이 판매원인 홈리스에게 제공되었다고 한다.

이 모델은 홈리스를 돕기 위해 기부나 증여를 하는 것이 아니라 비즈니스 협력자로 삼았다. 우리는 사회적 약자를 '도와준다'고 생각하는 경향이 있는데, 〈빅이슈〉에서는 홈리스가 잡지를 매입해서 직접 판매함으로써 경제적 자립을 이루게 한다. 판매 경로도 일반적인 비즈니스의 경우는 최대한 많이 늘리는 것이 왕도이지만, 〈빅이슈〉는 '홈리스를 지원한다'는 목적을 달성하기 위해 판매자를 홈리스로 제한하고 있다.

일본판 〈빅이슈〉를 창간한 사람은 창간 당시 주위 사람들의 큰 반대에 직면했다고 한다. 그런 장애물을 극복한 열정도 감동적이다. 다만 최근 10년 사이에 일본의 홈리스는 1만 8,654명(2007년)에서 5,534명(2017년)으로 70퍼센트 감소했으며, 동시에 판매원 수도 30퍼센트 정도 줄어들었다. 홈리스가 감소한 사실은 지금까지 펼친 활동의 성과이기도 하기에 그들은 이것을 '〈빅이슈〉의 딜레마'라고 부른다.

한편 최후의 판매원이 졸업할 때까지 안정적으로 잡지를 발행할 수 있도록 판매원이 없는 지역의 독자를 대상으로 정기 구독자를 모집하고 있다.

미니모

미용시설의 스태프를 직접 지명할 수 있는 앱

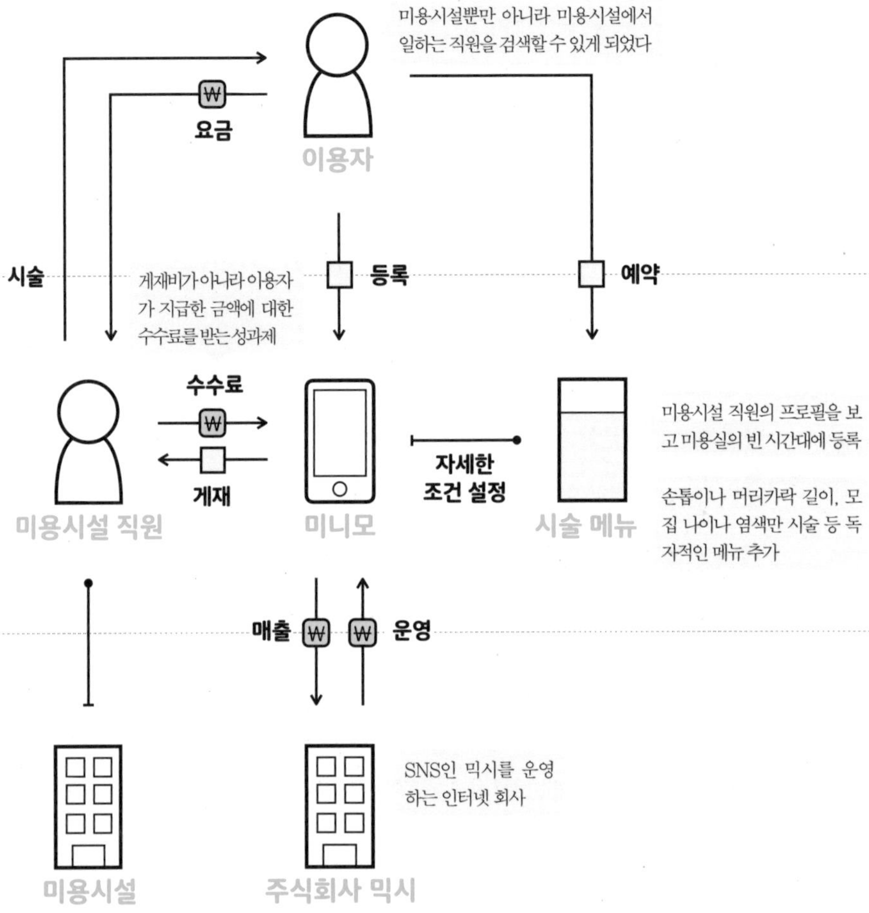
미용시설뿐만 아니라 미용시설에서 일하는 직원을 검색할 수 있게 되었다
요금
이용자
시술
게재비가 아니라 이용자가 지급한 금액에 대한 수수료를 받는 성과제
등록
예약
수수료
게재
미용시설 직원
미니모
자세한 조건 설정
시술 메뉴
미용시설 직원의 프로필을 보고 미용실의 빈 시간대에 등록
손톱이나 머리카락 길이, 모집 나이나 염색만 시술 등 독자적인 메뉴 추가
매출
운영
미용시설
주식회사 믹시
SNS인 믹시를 운영하는 인터넷 회사

미용 관련 매칭 앱
기점
정설
직원이 아니라 미용시설을 찾아준다
역설
미용시설이 아니라 직원을 찾아준다

미용시설에서 일하는 직원과 이용자를 이어준다

미니모minimo는 미용실이나 네일숍 등에서 일하는 직원을 자신이 직접 선택해서 예약할 수 있는 앱이다. 2018년 6월 기준, 300만 다운로드를 돌파했으며, 월간 예약 신청 수는 45만 건 이상, 게재된 미용시설 직원의 수는 4만 명에 이른다.

지금까지 미용시설 이용자는 입지나 가격, 분위기 등을 기준으로 매장을 선택할 때가 많았다. 그런데 미니모는 직원 개인을 지명하고 서비스를 예약한다. 사전에 앱을 통해서 직원과 소통을 할 수도 있다. 또한 직원의 경력에 따라 요금이나 서비스 설정을 할 수 있어서 이용자는 평소보다 저렴하게 이용할 수 있다는 것도 매력적이다.

미니모를 운영하는 주식회사 믹시mixi는 자사의 SNS인 믹시에 커트 모델을 모집하는 미용사의 구인 글이 많이 올라온다는 데 주목했다. 그리고 여기에 사람들의 니즈가 있다고 생각해 2014년에 미니모를 시작했다.

미용 업계에는 '직원의 이직률이 높다'는 점이 해결해야 할 과제였다. 1년 후에는 약 50퍼센트, 3년 후에는 80퍼센트의 미용사가 일을 그만둔다. 여기에는 장시간 노동이나 급여 외에 미용사가 기술직이라는 사실도 관계가 있다. 기술을 향상하려면 커트 시술을 많이 경험할 필요가 있는데, 처음에는 다른 보조 업무도 해야 해서 기회가 좀처럼 나지 않는다. 이런 업계의 구조적인 문제 속에서 미니모처럼 직원과 이용자를 이어주는 앱이 탄생한 것은 필연적인 흐름일 것이다.

SNS의 확대로 개인화가 진행되고 있는데, 그 흐름이 미용 업계로도 몰려들고 있다. 고정 고객이 될 직원 개인의 팬을 늘림으로써 직원은 그만두지 않고 계속 근무할 수 있다. 미니모가 업계의 구조적 문제에 대안을 제시할 가능성도 있다.

미켈러

맥주 공장 없이 세계 각국의 물로 맥주를 만드는 회사

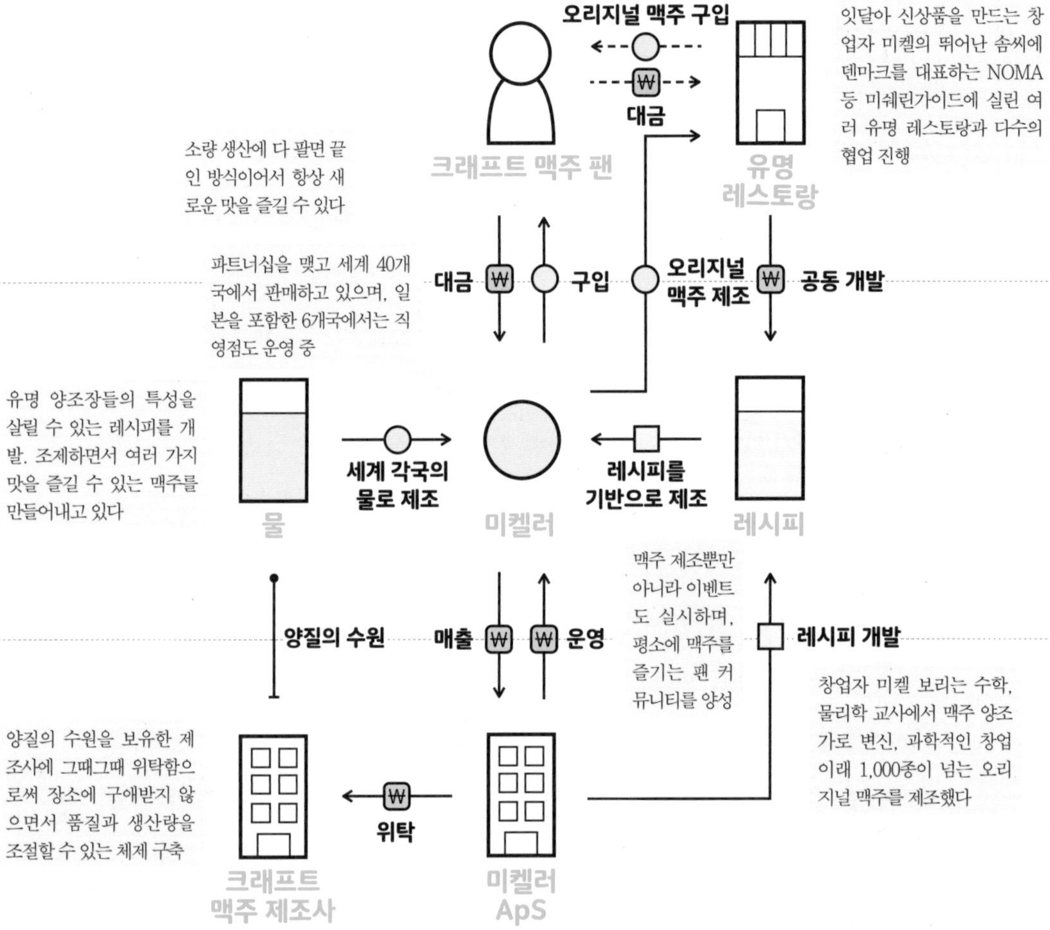
오리지널 맥주 구입
대금
크래프트 맥주 팬
유명 레스토랑
잇달아 신상품을 만드는 창업자 미켈의 뛰어난 솜씨에 덴마크를 대표하는 NOMA 등 미쉐린가이드에 실린 여러 유명 레스토랑과 다수의 협업 진행
소량 생산에 다 팔면 끝인 방식이어서 항상 새로운 맛을 즐길 수 있다
파트너십을 맺고 세계 40개국에서 판매하고 있으며, 일본을 포함한 6개국에서는 직영점도 운영 중
대금
구입
오리지널 맥주 제조
공동 개발
유명 양조장들의 특성을 살릴 수 있는 레시피를 개발. 조제하면서 여러 가지 맛을 즐길 수 있는 맥주를 만들어내고 있다
세계 각국의 물로 제조
레시피를 기반으로 제조
물
미켈러
레시피
맥주 제조뿐만 아니라 이벤트도 실시하며, 평소에 맥주를 즐기는 팬 커뮤니티를 양성
양질의 수원
매출
운영
레시피 개발
창업자 미켈 보리는 수학, 물리학 교사에서 맥주 양조가로 변신, 과학적인 창업 이래 1,000종이 넘는 오리지널 맥주를 제조했다
양질의 수원을 보유한 제조사에 그때그때 위탁함으로써 장소에 구애받지 않으면서 품질과 생산량을 조절할 수 있는 체제 구축
위탁
크래프트 맥주 제조사
미켈러 ApS

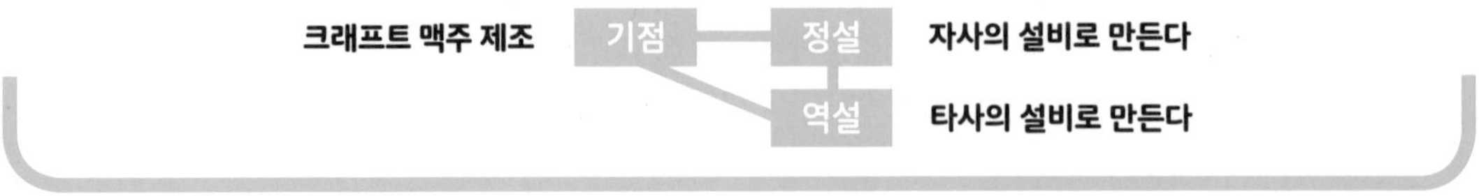
크래프트 맥주 제조
기점
정설
역설
자사의 설비로 만든다
타사의 설비로 만든다

위탁 생산으로 각 지방 양조장의 매력을 담아낸다

미켈러Mikkeller는 유례를 찾기 힘들 만큼 다양한 라인업으로 크래프트 맥주 팬들을 매료시키고 있는 맥주 제조사다. 맥주에는 소재와 제법에 따라 호박색으로 빛나는 라거, 향기롭고 깊은 맛이 나는 스타우트, 과일향이 매력적인 에일 등 다양한 종류가 있다. 소비자는 그때그때 기분에 맞춰서 맥주를 선택하고 즐긴다. 미켈러는 개성 넘치는 맥주 제조자가 많은 크래프트 맥주 업계에서도 특히 주목을 끌며 2006년 창업한 이래 지금까지 1,000종 이상, 연간 약 100종이라는 상상을 초월하는 속도로 오리지널 맥주를 만들어왔다.

이 회사 특징은 자사가 생산 공장(브루어리)을 보유하지 않는다는 점인데, 그들은 이것을 '팬텀Phantom' 또는 '집시 브루어리'라고 부른다. 수학과 물리학 교사였던 미켈 보리 비야르쇠가 만들어내는 정교한 레시피는 초기부터 맥주 경연 대회 등에서 높은 평가를 받았다. 덴마크를 대표하는 노마noma를 비롯해 미국의 알리니아Alinea나 스페인의 엘 세예르 데 칸 로카El Celler de Can Roca 같은 세계적인 레스토랑이 협업을 원한 것에서도 그의 명성이 얼마나 높은지 잘 알 수 있다.

한편 높아지는 수요에 대응하려면 막대한 설비 투자가 필요해진다. 그래서 적용한 것이 이른바 OEM(위탁자의 브랜드에서 제품을 생산하는 것) 방식인데, 크래프트 맥주를 만들 때 위탁처의 개성을 담을 수 있다는 이점도 있다. 자사는 레시피 개발에 주력하고 각각의 맥주에 적합한 양조장에 위탁함으로써 각 지방의 물이나 양조장의 매력을 이끌어내는 동시에 수요를 충족시키는 생산량을 확보한다. 일본을 비롯해 세계 6개국에서 운영하는 직영점에는 상시 20종 정도의 맥주가 준비되어 있으며, 하나하나가 압도적인 완성도를 자랑한다. 최근 일본에서는 자사 맥주와 잘 어울리는 라멘집을 여는 등 새로운 시도를 하고 있다. 미켈러는 단순한 음료를 넘어서 맥주를 즐기는 방식 자체를 바꾸고 있다.

086

다이얼로그 인 더 다크

완전한 어둠을 체험하는 소셜 엔터테인먼트

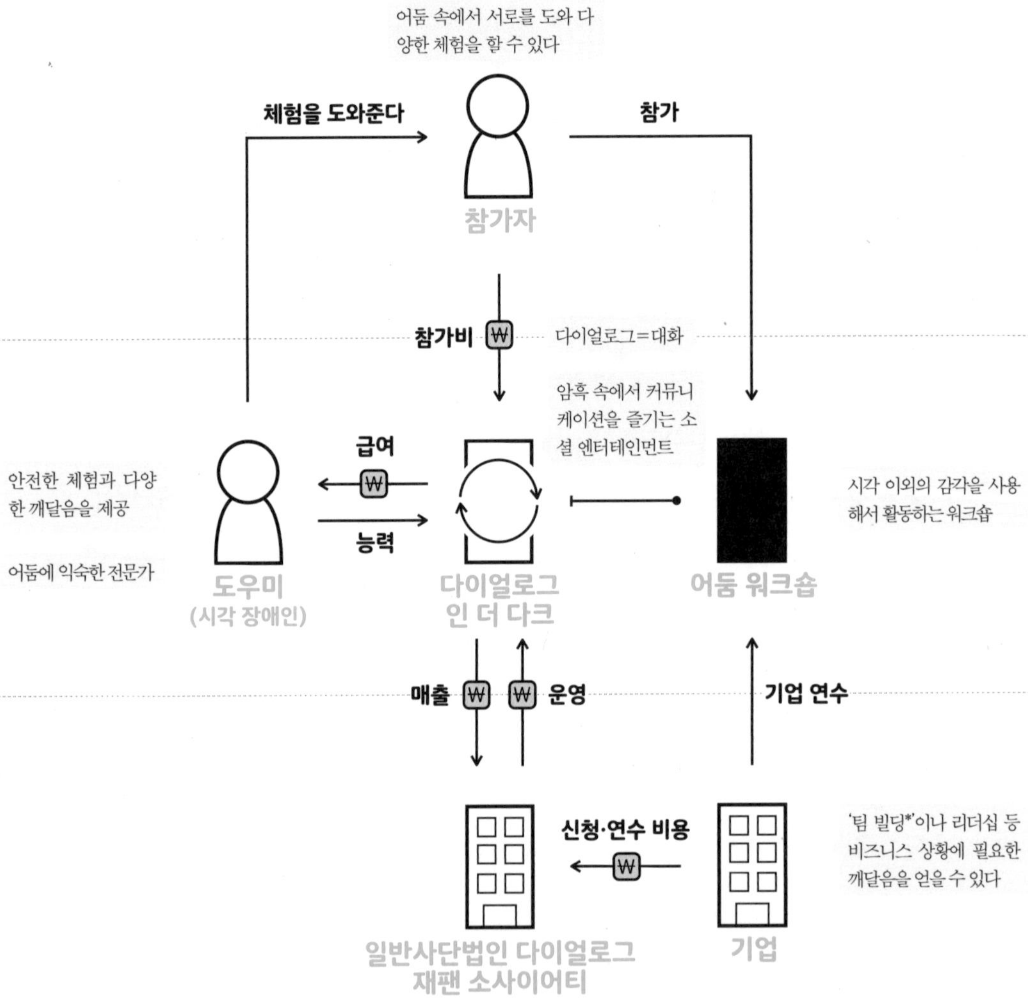

어둠 속에서 서로를 도와 다양한 체험을 할 수 있다
체험을 도와준다
참가
참가자
참가비
다이얼로그=대화
암흑 속에서 커뮤니케이션을 즐기는 소셜 엔터테인먼트
급여
능력
안전한 체험과 다양한 깨달음을 제공
어둠에 익숙한 전문가
도우미
(시각 장애인)
다이얼로그
인 더 다크
어둠 워크숍
시각 이외의 감각을 사용해서 활동하는 워크숍
매출
운영
기업 연수
신청·연수 비용
'팀 빌딩*'이나 리더십 등 비즈니스 상황에 필요한 깨달음을 얻을 수 있다
일반사단법인 다이얼로그
재팬 소사이어티
기업

*팀 빌딩(team building): 팀원의 업무, 커뮤니케이션, 문제 해결 능력을 향상시켜 조직의 효율을 높이는 조직 개발 기법

체험형 워크숍 기점 — 정설: 모든 감각을 사용해서 체험한다

역설: 시각 외의 감각을 사용해서 체험한다

시각 장애인에게 도움을 받아 진행한다

완전한 어둠 속에서 다양한 체험을 할 수 있는 엔터테인먼트로서 즐길 수 있는 다이얼로그 인 더 다크Dialogue in the Dark. 실제로 워크숍에 가보면 정말 어둡다. 무엇 하나 전혀 보이지 않는다. 참가자는 서서히 어두운 곳으로 안내를 받으며, 마지막에는 깊은 어둠 속으로 들어간다. 내가 참가했을 때는 5~8명 정도가 함께했는데, 너무 어두워서 불안했지만 도우미가 친절하게 안내해줬다. 이 도우미는 시각 장애인이다.

계절에 따라 주제도 달라지는데, 내가 참가했을 때는 운동회였다. 캄캄한 어둠 속에서 먼저 공 넣기 게임을 했다. 솔직히 공이 들어갔는지 안 들어갔는지 전혀 알 수 없지만, 가까운 거리여서 의외로 많이 집어넣는 경우도 있다.

가장 놀란 것은 도우미가 내게 "그쪽으로 걸어가면 벽에 부딪힙니다"라고 말했을 때였다. '내가 걷고 있는 것을 어떻게 알았지?', '벽을 향해 걷고 있는 줄은 또 어떻게 알았지?'라는 생각이 들었다. 야간 투시 고글이라도 끼고 있는 것이 아닌지 의심이 될 정도였는데, 시각 외의 감각으로 공간을 파악하는 모양이었다. 사회적 약자로 취급받을 때가 많은 장애인이 사실은 약자가 아니며 '능력을 발휘할 수 있는 기회가 적을 뿐인지도 모른다'라는 깨달음을 주는 멋진 시도라고 생각한다.

1988년에 독일에서 시작된 이래 세계 41개국 이상, 130개 도시에서 개최되었으며 지금까지 800만 명 이상이 체험했다고 한다. 1998년에는 소리가 없는 세계를 체험할 수 있는 이벤트인 '다이얼로그 인 사일런스'도 시작되었는데, 소리를 차단하는 헤드셋을 끼고 다양한 체험을 하며 청각 장애인이 도우미로 참가한다고 한다. 일본에서는 2017년에 처음 시작되었으며, 기업 연수의 일환으로 이미 수백 개가 넘는 회사가 이용하고 있다.

087

키치하이크

요리를 만들고 싶은 사람과 먹고 싶은 사람을 연결하는 커뮤니티

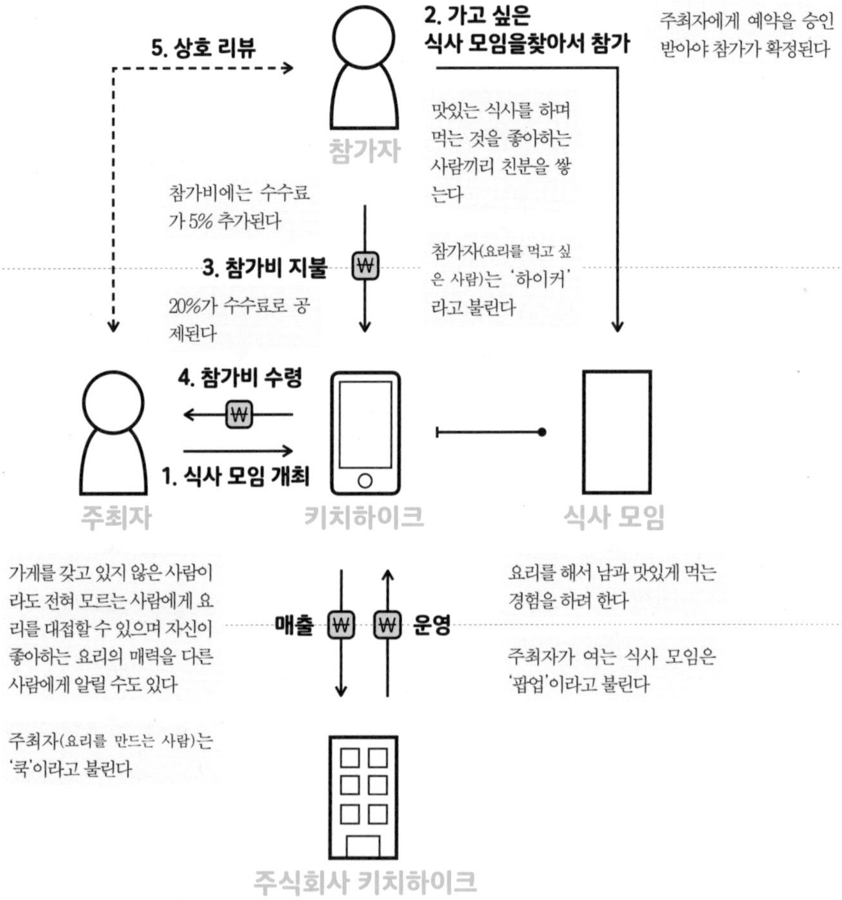

5. 상호 리뷰
2. 가고 싶은 식사 모임을찾아서 참가
주최자에게 예약을 승인 받아야 참가가 확정된다
참가자
맛있는 식사를 하며 먹는 것을 좋아하는 사람끼리 친분을 쌓는다
참가비에는 수수료가 5% 추가된다
3. 참가비 지불
참가자(요리를 먹고 싶은 사람)는 '하이커'라고 불린다
20%가 수수료로 공제된다
4. 참가비 수령
1. 식사 모임 개최
주최자
키치하이크
식사 모임
가게를 갖고 있지 않은 사람이라도 전혀 모르는 사람에게 요리를 대접할 수 있으며 자신이 좋아하는 요리의 매력을 다른 사람에게 알릴 수도 있다
주최자(요리를 만드는 사람)는 '쿡'이라고 불린다
매출
운영
요리를 해서 남과 맛있게 먹는 경험을 하려 한다
주최자가 여는 식사 모임은 '팝업'이라고 불린다
주식회사 키치하이크

직접 만든 요리 | 기점 — 정설: **가족이나 친구에게 대접한다**
역설: **처음 보는 사람에게도 대접한다**

직접 만든 요리를 모르는 사람에게 대접하는 새로운 시도

요리를 직접 만들어서 남에게 대접하며 기쁨을 느끼는 사람도 있고, 사람들과 함께 식사하며 즐거움을 느끼는 사람도 있다. 양쪽이 느끼는 기쁨 모두 요리의 매력이기도 하다. 주식회사 키치하이크가 운영하는 키치하이크KitchHike는 요리를 대접하는 사람과 먹고 싶은 사람을 연결해주는 서비스다. '음식으로 연결되는 생활을 만든다'라는 회사의 목표를 상징하는 사업이다.

이 서비스에 참여하면 직접 만든 요리를 대접하는 사람은 팝업Popup이라고 부르는 식사 모임을 열 수 있다. 그 모임에 참가하고 싶은 사람(먹고 싶은 사람)은 예약을 하고, 승인을 받으면 참가할 수 있다. 정성을 들인 요리일수록 가족이나 친구에게 대접하는 것이 일반적인데, 이 서비스는 '내가 만든 요리를 처음 만나는 사람에게 대접한다'라는 남다른 생각을 실현시켰다.

독신이거나 혼자 식사하는 경우가 많은 사람에게 요리는 수고스러운 노동이 될 때가 있다. 여럿이 함께 모여 누군가 만든 요리를 먹는 즐거움을 맛볼 기회가 없다. 그런 사람에게 키치하이크는 매력적인 서비스일 것이다.

키치하이크의 창업자 야마모토 마사야山本 雅也는 서비스를 시작한 뒤에도 전 세계를 다니며 여러 나라의 밥을 먹어봤다고 한다. 또한 상식을 비교하기보다 남다른 아이디어를 중요하고, 아이디어는 일상에서 올 때가 많다는 인터뷰 등에서도 비즈니스에 쏟은 열정이 그대로 느껴졌다.

2013년 서비스를 시작한 이래, 주식회사 스프 스톡 도쿄soup stock tokyo와 같은 기업이나 도쿠시마시 지방자치단체와 이벤트를 여는 등 다양한 활동을 하고 있다.

2017년 10월에는 메르카리와 벤처유나이티드ベンチャーユナイテッド 등으로부터 총 20억 원의 자금을 조달하는 데 성공해 비즈니스를 더욱 확대할 것으로 예상된다.

위리브

사무실과 집을 함께 공유하는 새로운 주거 스타일

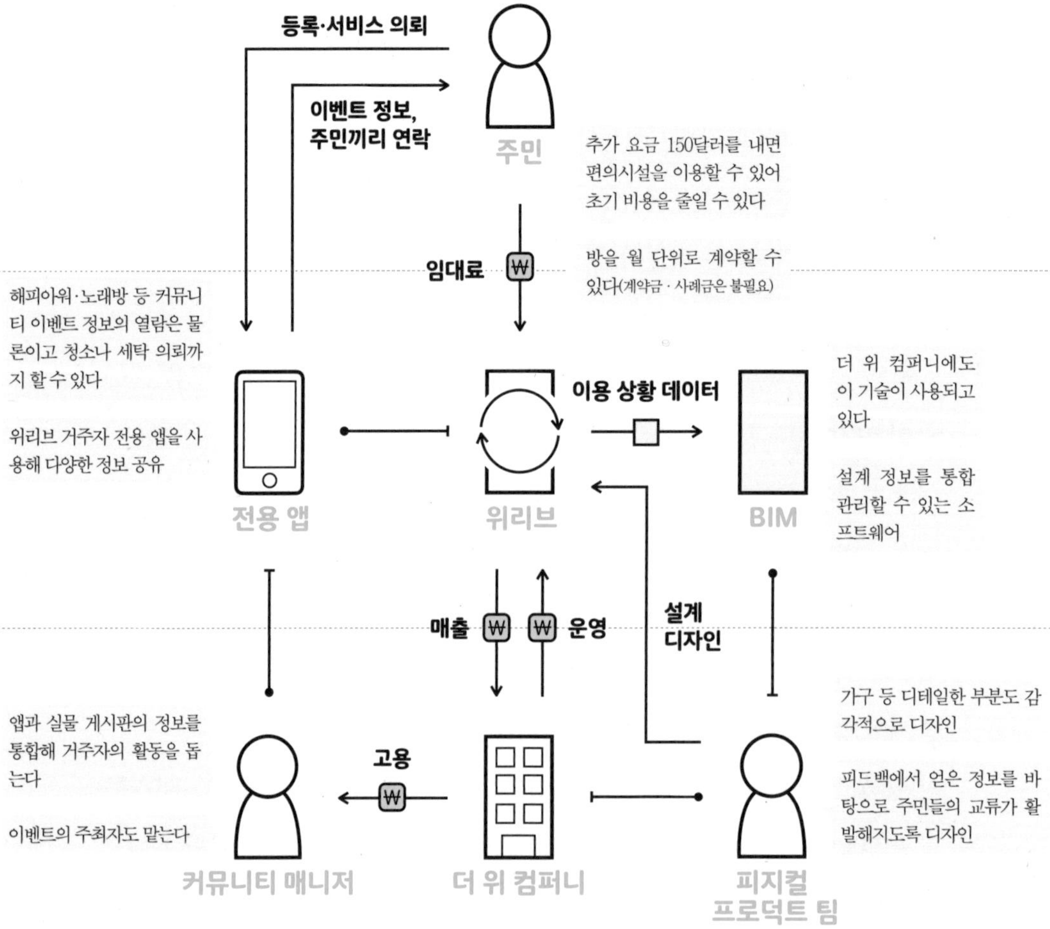
등록·서비스 의뢰
이벤트 정보,
주민끼리 연락
주민
추가 요금 150달러를 내면 편의시설을 이용할 수 있어 초기 비용을 줄일 수 있다
방을 월 단위로 계약할 수 있다(계약금 · 사례금은 불필요)
임대료
해피아워·노래방 등 커뮤니티 이벤트 정보의 열람은 물론이고 청소나 세탁 의뢰까지 할 수 있다
위리브 거주자 전용 앱을 사용해 다양한 정보 공유
전용 앱
위리브
이용 상황 데이터
BIM
더 위 컴퍼니에도 이 기술이 사용되고 있다
설계 정보를 통합 관리할 수 있는 소프트웨어
매출
운영
설계
디자인
가구 등 디테일한 부분도 감각적으로 디자인
피드백에서 얻은 정보를 바탕으로 주민들의 교류가 활발해지도록 디자인
앱과 실물 게시판의 정보를 통합해 거주자의 활동을 돕는다
이벤트의 주최자도 맡는다
고용
커뮤니티 매니저
더 위 컴퍼니
피지컬
프로덕트 팀

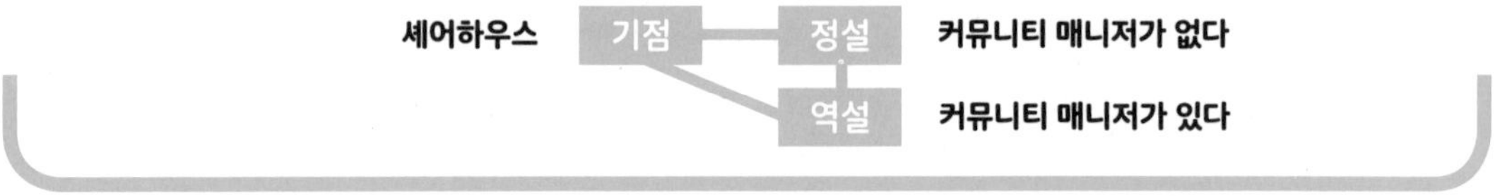
셰어하우스
기점
정설
커뮤니티 매니저가 없다
역설
커뮤니티 매니저가 있다

이웃의 기술이나 취미까지 공유한다

위리브WeLive는 협업 업무 공간 위워크로 유명한 유니콘 기업 더 위 컴퍼니The We Company가 운영하는 주거 공간이다. 셰어하우스에서는 일반적으로 주방, 욕실, 거실 등 주거에 필요한 장소나 물건을 공유하는데, 코리빙CoLving이라 부르는 주거 스타일의 위리브는 거주자들이 사무실과 주거 공간을 함께 쓴다. 또한 기술이나 취미를 공유하며 적극적인 교류를 하는 생활 공간이다.

미국도 거주 공간을 빌릴 때 연 단위 등 장기로 계약하는 것이 일반적인데, 위리브는 월 단위로 방을 계약할 수 있다. 게다가 와이파이나 가구 등 편의시설이 전부 갖춰져 있어서 초기 비용을 낮출 수 있다. 또 거주자 전용 앱으로 다양한 정보를 공유할 수 있으며, 해피아워나 노래방 등의 커뮤니티 이벤트 정보를 열람할 수 있다. 이벤트를 주최하고 거주자의 교류를 돕는 커뮤니티 매니저도 있다. 이러한 특징들이 현대적인 라이프스타일을 지향하는 밀레니얼 세대에 어필해 입주 대기자가 늘어나고 있다.

더 위 컴퍼니가 다른 셰어하우스 운영 회사와 다른 점은 '제작'과 '운영'이라는 두 수레바퀴를 함께 굴리고 있다는 것이다. 건축 업계와 부동산 업계는 교류가 거의 없기 때문에 건물을 설계하는 사람과 운영하는 사람이 별개인 경우가 대부분이다. 그래서 거주자의 디자인 니즈를 파악하지 못하거나, 훌륭한 건물을 지어 놓고도 효율적으로 이용하지 못하는 사례가 많다. 더 위 컴퍼니는 건물의 형태, 비용, 마감 등을 데이타베이스화하는 BIMBuilding Information Modeling이라는 소프트웨어를 도입하고 현장에서 얻은 다양한 정보를 디자인에 피드백해 설계 효율화와 디자인 브랜딩을 하고 있다. 업계의 영역을 뛰어넘음으로써 거주자들이 활발하게 교류할 수 있는 공간을 제공하는 것이다.

2018년 5월에는 설계팀의 수석 건축가로 건축설계사무소 BIG을 이끄는 건축가 비야케 잉겔스Bjarke Ingels가 취임한다고 발표했다. 지금까지는 인테리어에 힘을 쏟아왔지만, 건물을 통째로 설계하는 날이 곧 찾아올지도 모른다.

라이프스트로

안전한 물을 마실 수 있는 빨대형 정수기

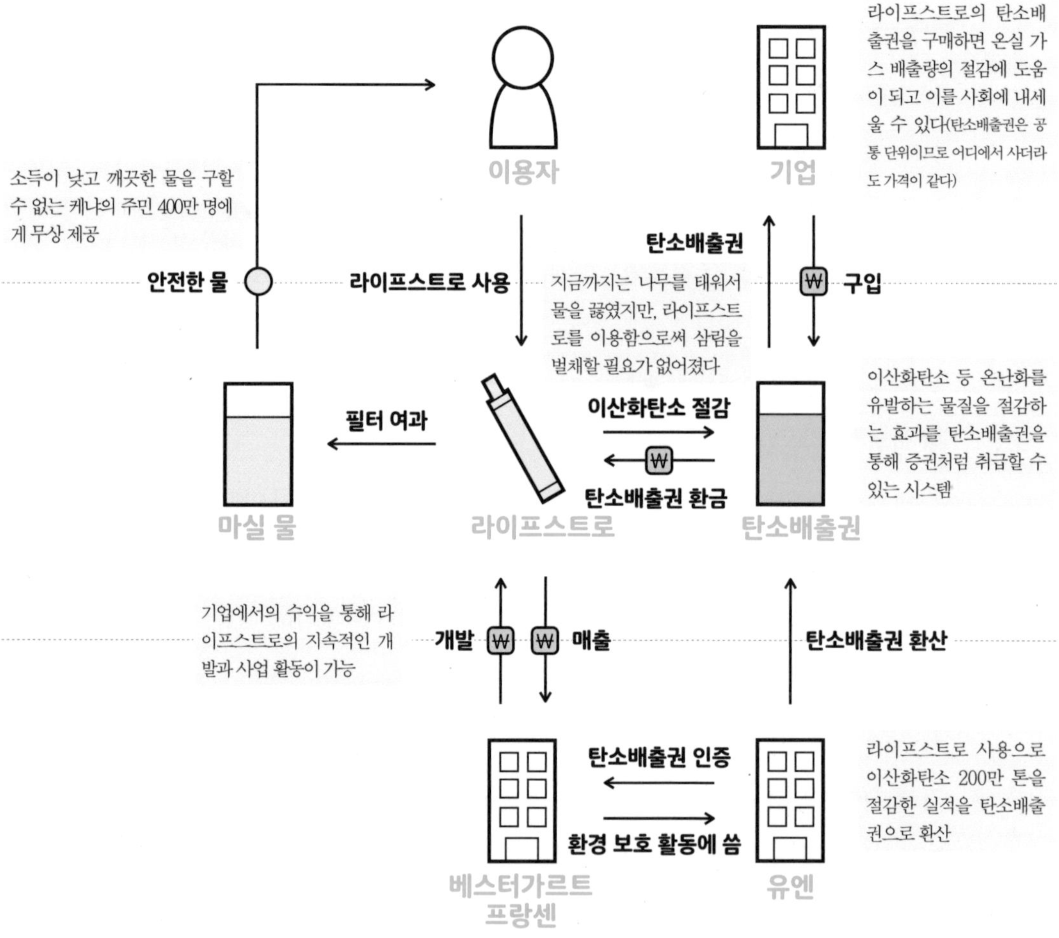
라이프스트로의 탄소배출권을 구매하면 온실 가스 배출량의 절감에 도움이 되고 이를 사회에 내세울 수 있다(탄소배출권은 공통 단위이므로 어디에서 사더라도 가격이 같다)
이용자
기업
소득이 낮고 깨끗한 물을 구할 수 없는 케냐의 주민 400만 명에게 무상 제공
탄소배출권
안전한 물
라이프스트로 사용
지금까지는 나무를 태워서 물을 끓였지만, 라이프스트로를 이용함으로써 삼림을 벌채할 필요가 없어졌다
₩
구입
이산화탄소 등 온난화를 유발하는 물질을 절감하는 효과를 탄소배출권을 통해 증권처럼 취급할 수 있는 시스템
필터 여과
이산화탄소 절감
₩
탄소배출권 환금
마실 물
라이프스트로
탄소배출권
기업에서의 수익을 통해 라이프스트로의 지속적인 개발과 사업 활동이 가능
개발
₩
₩
매출
탄소배출권 환산
탄소배출권 인증
환경 보호 활동에 씀
라이프스트로 사용으로 이산화탄소 200만 톤을 절감한 실적을 탄소배출권으로 환산
베스터가르트 프랑센
유엔

사회적 과제를 해결하는 상품

기점 → 정설	사회적 과제에 관심이 있고 필요한 사람이 대가를 지급한다
기점 → 역설	사회적 과제에 관심이 있는 기업이 대가를 지급한다

유엔을 이해관계자로 끌어들이다

라이프스트로는 흙탕물 같은 지저분한 물도 마실 수 있게 만드는 빨대 모양의 정수기다. 라이프스트로를 개발한 베스터가르트 프랑센Vestergaard Frandsen은 선진국 국민이 아닌 안전한 물을 마시기가 어려운 아프리카 지역에 눈을 돌림으로써 이용 대상을 세계적으로 확대했다.

그러나 라이프스트로가 필요한 지역에 사는 사람들은 대부분 소득이 낮아 이 상품을 구입하기가 어렵다. 그래서 이 회사는 케냐의 주민 400만 명에게 라이프스트로를 무상으로 보급했다. 주민들은 안전하고 위생적인 물을 마실 수 있게 되었는데, 이는 그 지역의 환경에도 영향을 끼쳤다. 물을 끓일 장작을 마련하기 위해 나무를 벨 필요가 없어졌고, 자연스럽게 이산화탄소를 줄이는 데 기여하게 된 것이다.

라이프스트로는 이산화탄소를 절감해 지구 온난화를 방지하고, 주민들의 건강에 기여한 활동으로 유엔의 인증을 받았다. 그러자 기업의 사회적 책임CSR, Coorporate Social Responsibility에 참여하려는 기업들이 이산화탄소 절감 실적이 되는 탄소배출권CER, Certificated Emissions Reduction을 구입했다. 라이프스트로는 탄소배출권을 판 이익으로 주민들에게 상품을 제공할 수 있게 되었다.

이 비즈니스 모델의 흥미로운 부분은 두 가지다. 첫째는 라이프스트로를 '위생적인 물을 마실 수 있는 도구'로 인식시키는 데 그치지 않고 이산화탄소 절감에 기여하는 가치에 주목하게 한 것이다. 이에 따라 유엔을 비즈니스의 관계자로 끌어들이게 됐다.

둘째는 이용자가 아니라 기업이 상품을 구입한다는 것이다. 라이프스트로는 '안전한 물 확보'와 '이산화탄소 절감' 양쪽에 효과가 있어 사용자와 투자자를 분리할 수 있었고 그 결과 새로운 비즈니스 모델이 만들어졌다.

스터디서플

학생과의 접점을 키우는 동영상 수업 서비스

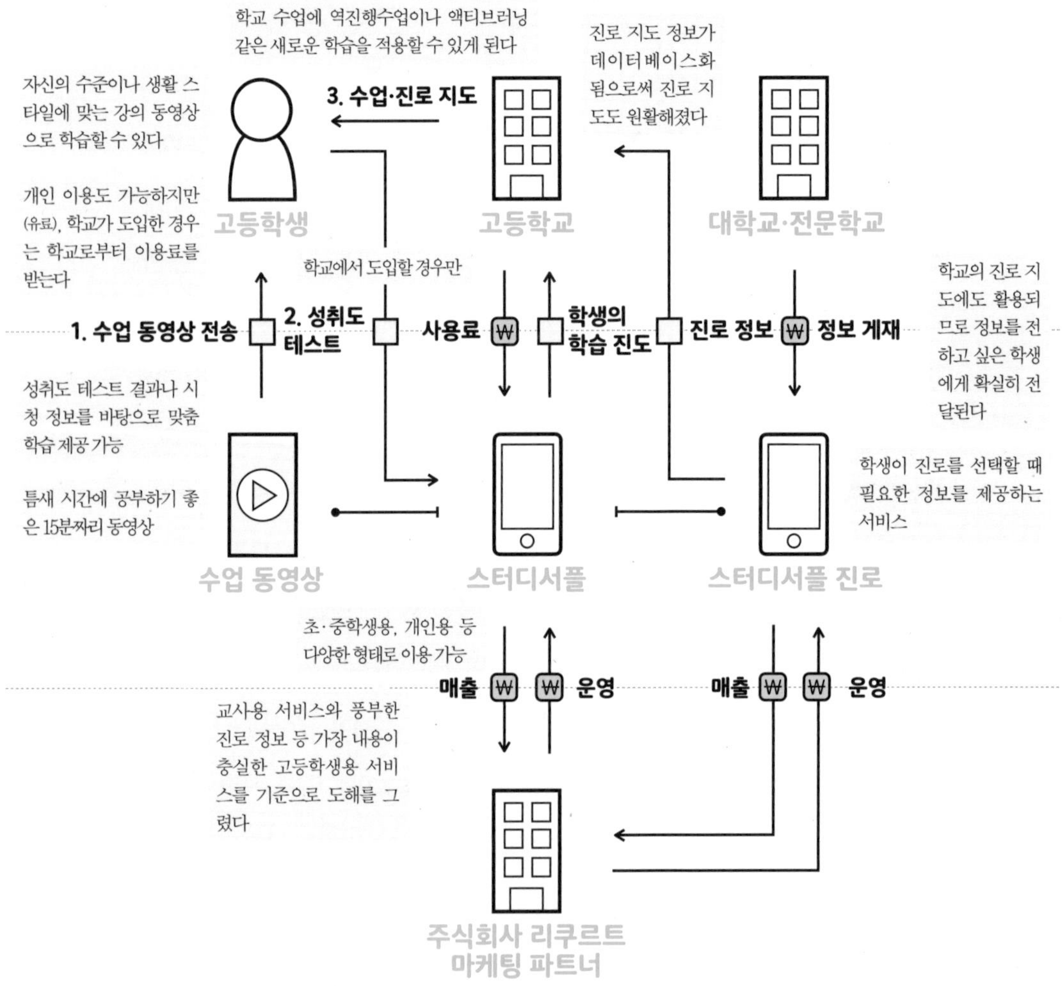
학교 수업에 역진행수업이나 액티브러닝 같은 새로운 학습을 적용할 수 있게 된다
진로 지도 정보가 데이터베이스화 됨으로써 진로 지도도 원활해졌다
자신의 수준이나 생활 스타일에 맞는 강의 동영상으로 학습할 수 있다
3. 수업·진로 지도
개인 이용도 가능하지만 (유료), 학교가 도입한 경우는 학교로부터 이용료를 받는다
고등학생
고등학교
대학교·전문학교
학교에서 도입할 경우만
학교의 진로 지도에도 활용되므로 정보를 전하고 싶은 학생에게 확실히 전달된다
1. 수업 동영상 전송
2. 성취도 테스트
사용료 ₩
학생의 학습 진도
진로 정보 ₩ 정보 게재
성취도 테스트 결과나 시청 정보를 바탕으로 맞춤 학습 제공 가능
틈새 시간에 공부하기 좋은 15분짜리 동영상
학생이 진로를 선택할 때 필요한 정보를 제공하는 서비스
수업 동영상
스터디서플
스터디서플 진로
초·중학생용, 개인용 등 다양한 형태로 이용 가능
매출 ₩
₩ 운영
매출 ₩
₩ 운영
교사용 서비스와 풍부한 진로 정보 등 가장 내용이 충실한 고등학생용 서비스를 기준으로 도해를 그렸다
주식회사 리쿠르트 마케팅 파트너

진로 및 학습 서비스	기점	정설	비싸고 일부 학생만 이용할 수 있다
		역설	저렴하며 많은 학생이 이용할 수 있다

교사의 부담을 줄이고 학생에게 배울 기회를 준다

스터디서플スタディサプリ은 배움에 의욕이 있는 모든 학생에게 배움의 기회를 주는 동시에 교사의 부담을 줄이기 위한 도구로서 주목받고 있는 서비스다. 개인 대상 서비스로 시작했지만, 앱으로 복습하기 쉬운 점, 기존 학습 서비스에 비해 저렴하면서도 질적으로 우수한 수업 동영상이 높은 평가를 받아 많은 학교에서 도입했다.

학교가 계약을 하면 담당 교사에게 '교사용 스터디서플'이라는 전용 화면이 제공된다. 이를 통해 학생 개개인의 수준과 진도에 맞는 수업 동영상을 전송하거나 시청 후 성취도 확인 테스트를 실시하는 등 체계적으로 지도할 수 있게 되었다. 역진행수업Flipped Learning(온라인을 통해 예습하고 오프라인에서 토론식 강의를 진행하는 수업)이나 액티브러닝Active Learning(참가자 중심 학습) 같은 응용 수업도 가능하다.

또 다른 중요한 요소는 진학 정보를 제공하는 스터디서플 진로 서비스다. 원래는 대학교나 전문학교로부터 정보 게재료를 받고 학생들에게 진학 정보를 전달하는 비교적 단순한 비즈니스 모델이었다. 그런데 스터디서플의 수업 동영상과 함께 진학 지도에 많이 활용되면서 이전보다 학생과의 접점이 크게 늘어났다. 그 결과 대학교나 전문학교가 진학 정보를 게재하고 싶어 하는 매력적인 서비스가 되었다. 교사도 진학 지도 정보를 스터디서플 내에서 일괄 관리함으로써 전보다 원활하게 진학 지도를 할 수 있게 되었다.

학습이나 진로 지도를 효율적으로 하고 싶은 고등학교와 진로 정보를 제공하고 싶은 대학이나 전문학교를 연결한다. 이를 통해 기존에는 경제적인 여유가 있는 가정만 받을 수 있었던 교육 서비스를 학생들이 저렴한 비용에 이용할 수 있게 되었다. 지금은 일본 전국의 고등학교 중 4분의 1이 스터디서플을 활용하고 있으며 초·중학생과 다시 공부하고 싶은 사회인을 대상으로도 서비스를 확충하고 있다.

굿 잡! 센터 가시바

장애가 있는 사람과 사회를 연결하는 새로운 노동 방식

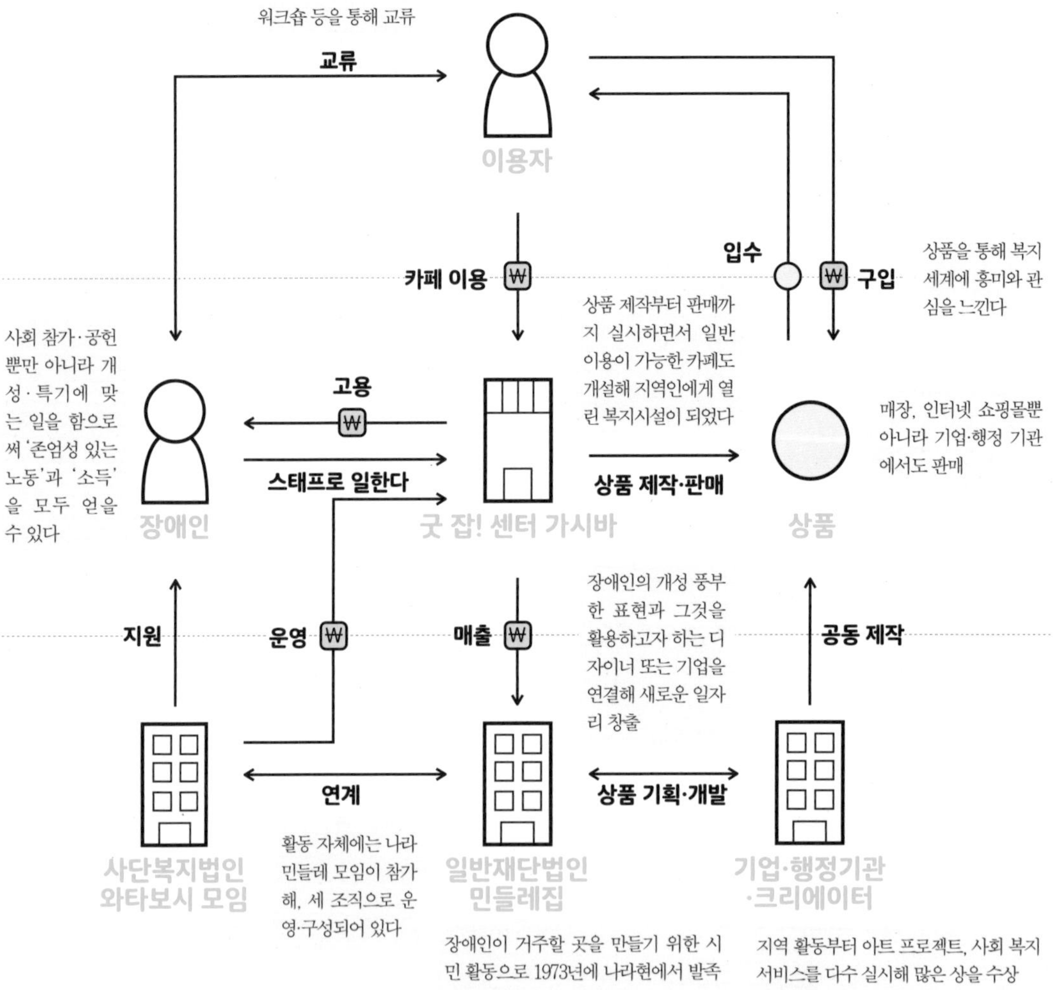
워크숍 등을 통해 교류
교류
이용자
입수
구입
상품을 통해 복지 세계에 흥미와 관심을 느낀다
카페 이용
상품 제작부터 판매까지 실시하면서 일반 이용이 가능한 카페도 개설해 지역인에게 열린 복지시설이 되었다
사회 참가·공헌뿐만 아니라 개성·특기에 맞는 일을 함으로써 '존엄성 있는 노동'과 '소득'을 모두 얻을 수 있다
고용
스태프로 일한다
상품 제작·판매
매장, 인터넷 쇼핑몰뿐 아니라 기업·행정 기관에서도 판매
장애인
굿 잡! 센터 가시바
상품
장애인의 개성 풍부한 표현과 그것을 활용하고자 하는 디자이너 또는 기업을 연결해 새로운 일자리 창출
지원
운영
매출
공동 제작
연계
상품 기획·개발
활동 자체에는 나라 민들레 모임이 참가해, 세 조직으로 운영·구성되어 있다
사단복지법인 와타보시 모임
일반재단법인 민들레집
기업·행정기관 ·크리에이터
장애인이 거주할 곳을 만들기 위한 시민 활동으로 1973년에 나라현에서 발족
지역 활동부터 아트 프로젝트, 사회 복지 서비스를 다수 실시해 많은 상을 수상

장애가 있는 사람의 직업
기점
정설
선택지가 제한된다
역설
선택지가 넓어진다

장애가 있는 사람의 가능성을 넓히는 복지시설

직업이란 무엇일까? 답은 여러 가지가 있겠지만, '사회와의 연결 고리'도 그 중 하나일 것이다. 그러나 장애를 가진 사람은 직업의 선택지가 많지 않아 사회와 연결될 수 있는 범위가 좁다. 그런 문제를 해결하고자 1973년에 나라현에서 시작된 시민단체가 민들레집たんぽぽ家이다.

민들레집은 세 조직으로 구성되어 있다. 일반재단법인 민들레집과 사회복지법인 와타보시 모임わたぼうしの会, 나라 민들레 모임奈良たんぽぽ家の会이다. 복지시설 굿 잡! 센터 가시바Good Job! センター香芝는 와타보시 모임이 운영을 담당하고 있다.

민들레집의 여러 활동은 사회로부터 인정받아 1980년부터 수많은 상을 받았다. 최근에는 '굿 잡!' 프로젝트가 굿디자인상 금상을 받기도 했다. 민들레집의 이사장이자 와타보시 모임 이사장인 하리마 야스오播磨靖夫는 아시아로 활동을 넓히는 데 기여한 것을 높게 평가받아 2009년도 예술선장 문부과학대신상(예술진흥 부문)을 수상했다.

굿 잡! 센터 가시바는 장애인 복지 모델이 될 수 있는 사업을 위해 토지를 기부한 이의 마음과, 민들레집을 운영하면서 얻은 경험을 바탕으로 일자리 창출, 상품 제작, 유통의 거점으로 탄생한 곳이다. 이 시설에서는 다양한 기업·크리에이터와 협력하여 새로운 상품을 만든다. '에이블 아트 컴퍼니'라는 민들레집의 본부 조직이 장애인이 만든 창의성 있는 작품의 저작권을 관리하면서 작품을 활용하고 싶어 하는 기업·크리에이터를 연결하고 있다. 완성품은 기업을 통한 판매처나 굿 잡! 센터 가시바의 시설 내에 있는 상점에서 구입할 수 있으며, 이용자는 상품을 통해 장애인의 세계를 접하고 가치관을 넓힌다.

민들레집은 장애가 있는 사람과 사회를 연결하고 있다. 그 활동과 행동력, 가치관은 직업 분야를 초월해 다양한 비즈니스의 모범이 되고 있다

이로도리

사라질 위기에 처한 마을을 구한 나뭇잎

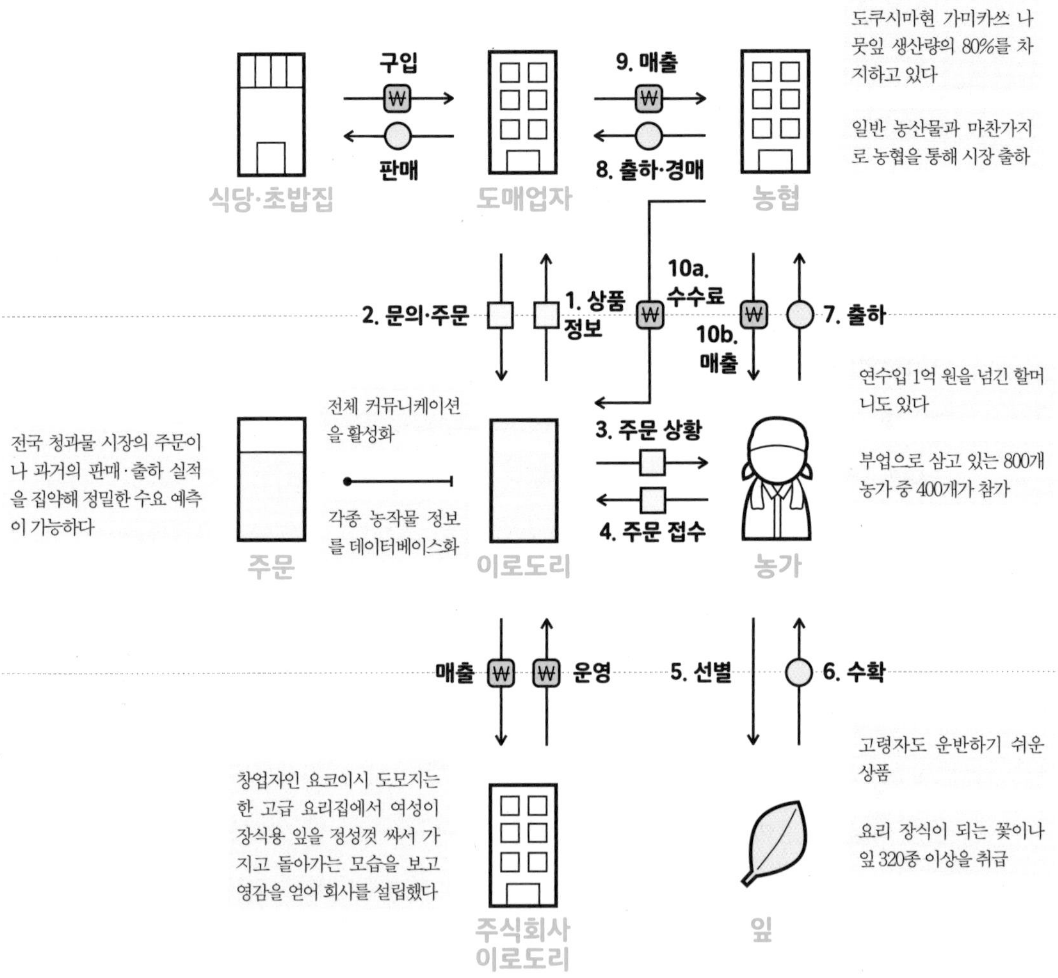

도쿠시마현 가미카쓰 나뭇잎 생산량의 80%를 차지하고 있다
일반 농산물과 마찬가지로 농협을 통해 시장 출하
구입
판매
9. 매출
8. 출하·경매
식당·초밥집
도매업자
농협
2. 문의·주문
1. 상품 정보
10a. 수수료
10b. 매출
7. 출하
연수입 1억 원을 넘긴 할머니도 있다
부업으로 삼고 있는 800개 농가 중 400개가 참가
전국 청과물 시장의 주문이나 과거의 판매·출하 실적을 집약해 정밀한 수요 예측이 가능하다
전체 커뮤니케이션을 활성화
각종 농작물 정보를 데이터베이스화
3. 주문 상황
4. 주문 접수
주문
이로도리
농가
매출
운영
5. 선별
6. 수확
고령자도 운반하기 쉬운 상품
요리 장식이 되는 꽃이나 잎 320종 이상을 취급
창업자인 요코이시 도모지는 한 고급 요리집에서 여성이 장식용 잎을 정성껏 싸서 가지고 돌아가는 모습을 보고 영감을 얻어 회사를 설립했다
주식회사 이로도리
잎

잎(요리 장식)

기점 → 정설	수요를 예측하기 어렵고, 공급량이 안정적이지 않은 농작물이다
기점 → 역설	수요에 맞춰서 쉽게 수확할 수 있는 농작물이다

내가 딴 꽃과 풀이 요리용 장식물이 된다

이로도리彩는 고급 음식점에서 요리 장식으로 사용되는 잎을 출하하는 비즈니스다. 지방 경제 활성화 성공 모델로서도 유명한 사례여서 2012년에 〈이로도리, 인생 2막〉이라는 제목의 영화가 제작되기도 했다.

일본 각지에서는 고령화와 인구 감소가 빠른 속도로 진행되고 있어 고령자가 마을 전체 인구의 절반 이상을 차지하는 마을이 늘고 있다. 이런 마을에 활력을 불어넣으려 해도 일하는 사람이 줄어들어 산업이 쇠퇴하고, 그 결과 일자리가 없어 젊은이들이 도시로 떠나는 악순환을 끊지 못하는 곳이 많다. 도쿠시마현의 가미카쓰 마을도 고령자 비율이 51.49퍼센트에 이르는 곳이었다. 1980년대에 주된 사업이었던 목재와 운슈밀감 사업이 수입품과의 가격 경쟁과 자연 재해로 쇠퇴해 마을이 사라질 위기에 처하기도 했다. 그런 상황에서 당시 농협 직원이었던 요코이시 도모지横石知二는 나뭇잎을 상품으로 파는 비즈니스를 시작했다.

사실 가미카쓰 마을이 시작하기 전에도 나뭇잎 거래는 있었다. 나뭇잎은 농산물로 취급되어서 다른 농작물과 마찬가지로 JA(일본 농협)를 통해 거래된다. 잎은 수요를 예측하기가 어렵고, 수요보다 공급이 많아져 가격이 떨어지기 쉬운 불안정한 상품이었다. 가미카쓰 마을은 철저한 마케팅과 발주 네트워크를 재구축한 이로도리를 제공함으로써 나뭇잎을 돈이 되는 상품으로 바꿔놓았다.

무엇보다 고령자와 나뭇잎을 비즈니스로 조합한 것이 대단한 점이다. 나뭇잎은 다룰 때 힘이 필요하지 않은 가벼운 상품이라 고령자나 여성이 부담 없이 관리할 수 있다. 단기간에 수확할 수도 있다. 그래서 많은 농가가 부업으로 삼을 수 있었고, 덕분에 고령화가 진행되는 마을의 주민 모두 무리 없이 참가할 수 있는 산업이 되었다.

소득 증대 외에도 영향이 확대되고 있다. 일을 하게 된 고령자가 건강해지자 마을에서 노인 돌봄 시설이 사라졌다. 오늘도 고령자들은 컴퓨터나 태블릿 컴퓨터를 이용해 활기차게 일하고 있다.

유직 프로그램

자원봉사로 개발도상국의 사회 과제를 해결하는 인재 육성 프로그램

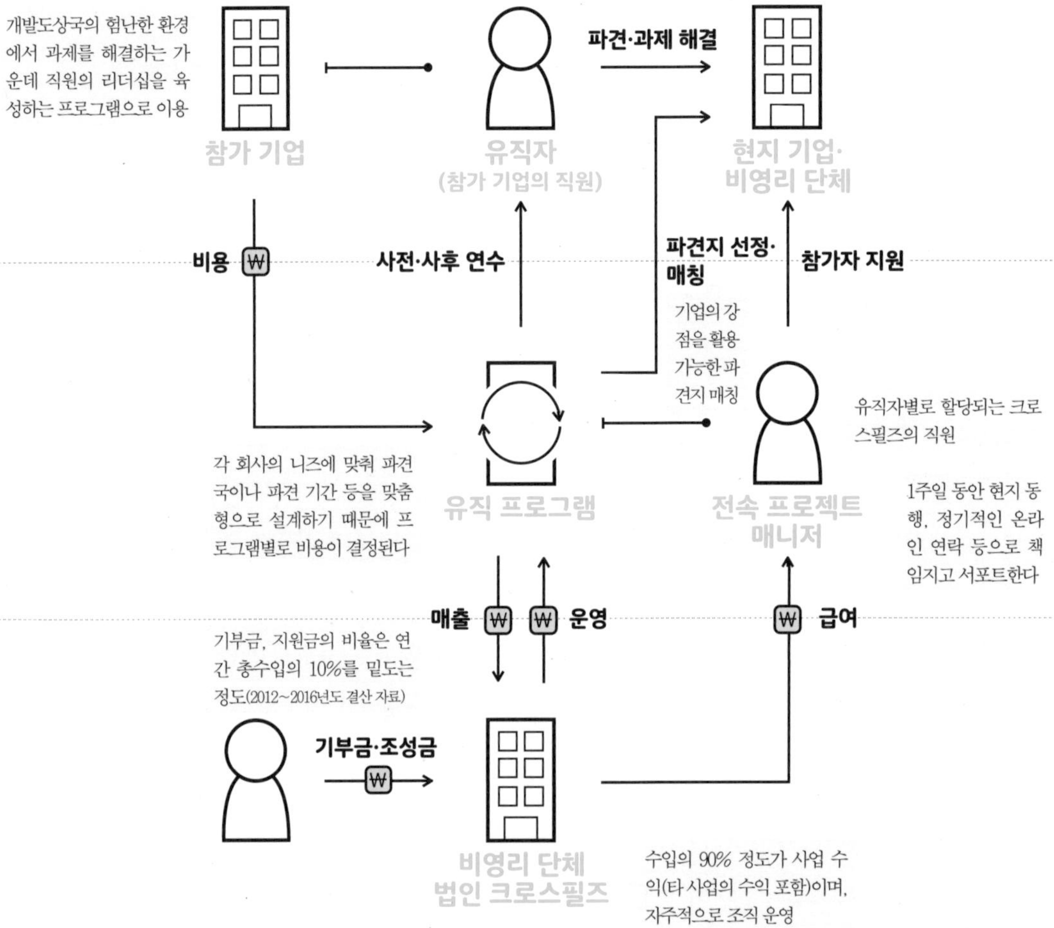
개발도상국의 험난한 환경에서 과제를 해결하는 가운데 직원의 리더십을 육성하는 프로그램으로 이용
참가 기업
유직자
(참가 기업의 직원)
파견·과제 해결
현지 기업·
비영리 단체
비용
사전·사후 연수
파견지 선정·
매칭
기업의 강점을 활용 가능한 파견지 매칭
참가자 지원
유직자별로 할당되는 크로스필즈의 직원
각 회사의 니즈에 맞춰 파견국이나 파견 기간 등을 맞춤형으로 설계하기 때문에 프로그램별로 비용이 결정된다
유직 프로그램
전속 프로젝트
매니저
1주일 동안 현지 동행, 정기적인 온라인 연락 등으로 책임지고 서포트한다
매출
운영
급여
기부금, 지원금의 비율은 연간 총수입의 10%를 밑도는 정도(2012~2016년도 결산 자료)
기부금·조성금
비영리 단체
법인 크로스필즈
수입의 90% 정도가 사업 수익(타 사업의 수익 포함)이며, 자주적으로 조직 운영

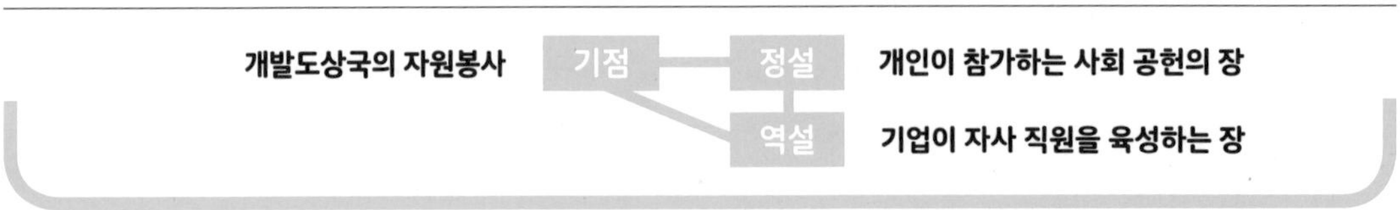
개발도상국의 자원봉사
기점
정설
개인이 참가하는 사회 공헌의 장
역설
기업이 자사 직원을 육성하는 장

자원봉사와 경제적 합리성을 절묘하게 결합하다

빈곤, 에너지, 교육, 위생, 고용 등 개발도상국에는 수많은 사회적 과제가 있다. 유직留職 프로그램은 기업이 자사 직원을 개발도상국 기업이나 비영리 단체에 파견함으로써 개발도상국의 사회 과제 해결에 기여하고 기업 인재도 육성하는 프로그램이다. '사회 과제 해결'이라는 말에서 제일 먼저 연상되는 것은 자원봉사가 아닐까 싶다. 자원봉사는 개인이 사회 발전에 기여한다는 이미지가 있는데, 유직 프로그램은 사회 과제 해결에 기업을 끌어들인 점이 일반적인 자원봉사와 다른 점이며 가장 큰 특징이다.

사회 과제 해결에 기업을 끌어들임으로써 결과적으로 관련 당사자 모두에게 이익이 되었다. 구체적으로는 ①기업이라는 자금력이 있는 주체를 비즈니스 상대로 삼음으로써 수익을 낳았다. ②기업이 지닌 강점과 기술을 활용할 수 있는 파견처를 선정함으로써 현지 기업과 비영리 단체에 높은 수준의 과제 해결을 촉진했다. ③개발도상국이라는 가혹한 환경에서 프로젝트를 체험시킴으로써 직원들에게 밀도 높은 교육 프로그램을 제공했다. 사회 과제 해결에 대한 접근법을 바꿈으로써 윈-윈-윈win-win-win의 비즈니스 모델을 만든 것이다.

기업의 세계화와 글로벌 인재의 육성이 강조되는 시대에 유직 프로그램은 회의실에 앉아서 연수를 받거나 MBA를 취득하기 위해 비즈니스스쿨에 다니는 것보다 실천적이고 구체적인 글로벌 인재 육성 프로그램이다.

유직 프로그램을 운영하는 비영리 단체 법인 크로스필즈는 수입의 약 90퍼센트가 사업 수익이며, 기부금이나 지원금의 비율은 매우 낮다(사업 보고서에서 인용). '비영리 단체 법인은 이윤 추구와는 거리가 멀고 자원봉사나 사회 공헌을 하는 단체'라고 생각하는 사람에게 신선한 충격을 주는 사례다.

육아 셰어

지역 사람들과 함께 아이를 키우는 공유 앱

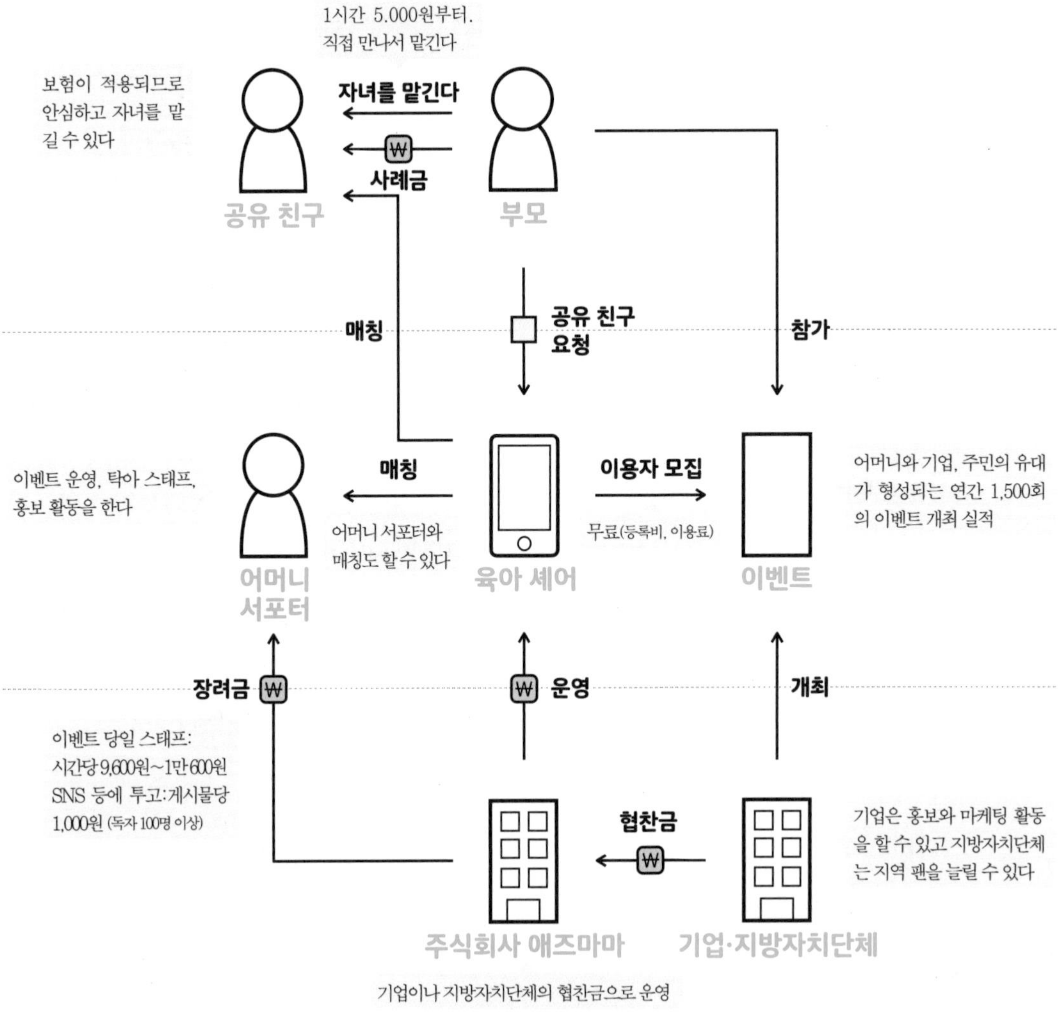
1시간 5,000원부터.
직접 만나서 맡긴다
보험이 적용되므로 안심하고 자녀를 맡길 수 있다
자녀를 맡긴다
사례금
공유 친구
부모
매칭
공유 친구 요청
참가
이벤트 운영, 탁아 스태프, 홍보 활동을 한다
매칭
어머니 서포터와 매칭도 할 수 있다
이용자 모집
무료(등록비, 이용료)
어머니와 기업, 주민의 유대가 형성되는 연간 1,500회의 이벤트 개최 실적
어머니 서포터
육아 셰어
이벤트
장려금
운영
개최
이벤트 당일 스태프: 시간당 9,600원~1만 600원
SNS 등에 투고: 게시물당 1,000원 (독자 100명 이상)
협찬금
기업은 홍보와 마케팅 활동을 할 수 있고 지방자치단체는 지역 팬을 늘릴 수 있다
주식회사 애즈마마
기업·지방자치단체
기업이나 지방자치단체의 협찬금으로 운영

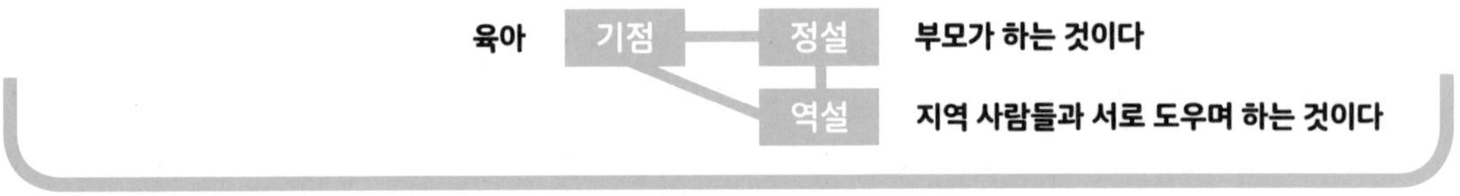
육아
기점
정설
역설
부모가 하는 것이다
지역 사람들과 서로 도우며 하는 것이다

지역 내에서 서로 육아를 돕는다

지금까지는 '육아는 부모가 해야 한다'는 것이 일반적인 인식이었다. 그러나 일과 육아의 양립에 어려움을 겪는 부모가 많은 것이 현실이다. 육아 셰어子育てシェア는 육아에 어려움을 겪는 부모들의 부담을 덜어주는 서비스다. 주식회사 애즈마마AsMama는 '부모들이 서로 돕는 사회를 만들자'라는 뜻을 품고 육아 셰어를 시작했다. 육아 세대가 모여 사는 지역에서 탁아나 픽업 등을 서로 도움으로써 대기 아동이나 저출산 문제 해결, 육아와 일의 양립을 지향하고 있다.

부모는 육아 셰어 앱을 사용함으로써 그전까지 친분이 없었던 같은 지역 사람들 또는 기업과 교류할 수 있다. 하원 도움이나 탁아 품앗이에 그치지 않고, 커뮤니티가 형성되면서 서로를 의지하게 되었다. 이벤트에 참가하며 평소에 접하지 않았던 사람을 만나고, 가보지 않은 장소에 가봄으로써 자녀가 성장한다는 이점도 있다.

등록비나 매칭 수수료 등의 비용을 일체 받지 않는 비즈니스 모델도 특징이다. 이용자가 부담을 느끼지 않게 하기 위해 자녀를 맡기는 사람과 맡는 사람의 사이에는 한 시간당 5,000원 정도의 사례금이 정해져 있다. '아이를 친구 집에 놀러 보낸다'는 기분으로 이용했으면 하는 마음이 서비스에 반영되어 있다. 또한 모든 이용자에게 최대 5억 원의 보험이 적용되는데, 이것은 안심·안전을 최우선으로 생각하며 건전한 시장을 만들어간다는 비전을 반영한 것이기도 하다.

육아 셰어를 이용하려면 먼저 인증 서포터인 '어머니 서포터'와 만나야 한다. 전직 보육사 등이 약 40퍼센트를 차지하는 어머니 서포터를 통해 친구를 만들고 교류회 등에 여러 번 참가하면 이용할 수 있다. 2018년 6월 기준, 등록자 수는 약 6만 명이며, 해결 안건 수는 약 2만 건까지 확대되었다. 이 서비스를 계기로 육아에 협조적인 사회 분위기가 점차 확대되기를 바란다.

095

테이블 포 투

200원으로 굶주림과 비만을 모두 해결한다

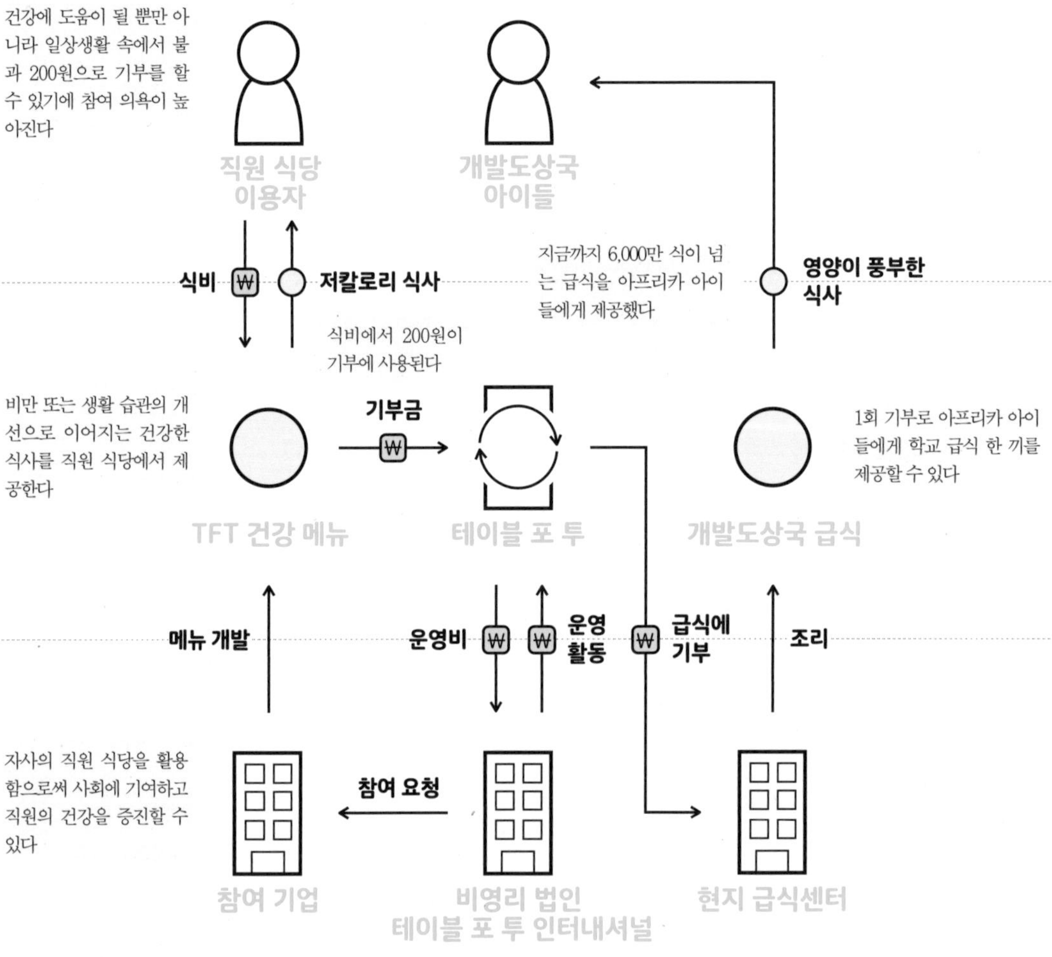

건강에 도움이 될 뿐만 아니라 일상생활 속에서 불과 200원으로 기부를 할 수 있기에 참여 의욕이 높아진다
직원 식당 이용자
개발도상국 아이들
식비
저칼로리 식사
식비에서 200원이 기부에 사용된다
지금까지 6,000만 식이 넘는 급식을 아프리카 아이들에게 제공했다
영양이 풍부한 식사
비만 또는 생활 습관의 개선으로 이어지는 건강한 식사를 직원 식당에서 제공한다
기부금
1회 기부로 아프리카 아이들에게 학교 급식 한 끼를 제공할 수 있다
TFT 건강 메뉴
테이블 포 투
개발도상국 급식
메뉴 개발
운영비
운영 활동
급식에 기부
조리
자사의 직원 식당을 활용함으로써 사회에 기여하고 직원의 건강을 증진할 수 있다
참여 요청
참여 기업
비영리 법인 테이블 포 투 인터내셔널
현지 급식센터

기부 — 기점 — 정설: 개발도상국의 과제를 해결한다

역설: 선진국의 과제도 해결한다

개발도상국과 선진국의 과제를 동시에 해결하는 시스템

전 세계 인구 중 10억 명은 빈곤으로 영양실조나 굶주림 등의 위험에 놓여 있지만, 20억 명은 비만이나 성인병에 시달리고 있다.

비영리 법인 테이블 포 투TABLE FOW TWO, TFT는 이런 불균형 문제를 개선하기 위해 개발도상국과 선진국의 양 방향에서 접근을 시도해, 기아와 비만을 모두 해결하기 위한 다양한 프로그램을 실시하고 있다.

대표적인 활동은 기업의 직원 식당과 제휴를 맺고 통상적인 메뉴보다 칼로리와 영양 균형에 신경을 쓴 'TFT 건강 메뉴'를 제공하는 것이다. 이 메뉴의 식비에는 기부금 200원이 포함되어 있는데, 한 명의 기부금은 개발도상국의 한 끼 식사비에 해당하며 현지의 학교 급식에 사용된다. 과식하는 사람의 칼로리를 줄여서 칼로리가 부족한 사람에게 전달하는 셈이 되므로 식량 배분의 불균형을 동시에 해소하는 데 기여하고 있다.

지원 지역은 우간다, 에티오피아, 케냐, 탄자니아, 르완다, 필리핀 등이다. 참여 기업과 단체는 300개가 넘으며, 식사 메뉴를 만드는 기업이나 대학연합 등과도 제휴하며 세계 여러 나라에서 활동하고 있다.

많은 사람이 사회에 기여하고 싶어 하지만 모금에 돈을 내는 것만으로는 실감하지 못하거나 기부를 하는 데 따로 시간을 쓰기가 어려운 경우가 많다. 그러나 TFT 시스템은 일상생활에서 아주 적은 비용과 행동으로 한 끼분을 개발도상국의 빈곤층에 전달할 수 있어 기부하는 느낌을 충분히 느낄 수 있다. 쉽게 참가할 수 있다는 점 덕분에 많은 사람의 협력으로 이어진 것으로 생각된다. 테이블 포 투 사례를 통해 비즈니스 모델이 사람들의 의식을 바꾸어 사회 문제를 해결하는 데 기여할 수 있음을 알 수 있다.

나나

이용자들이 노래나 연주를 투고해 곡을 만드는 앱

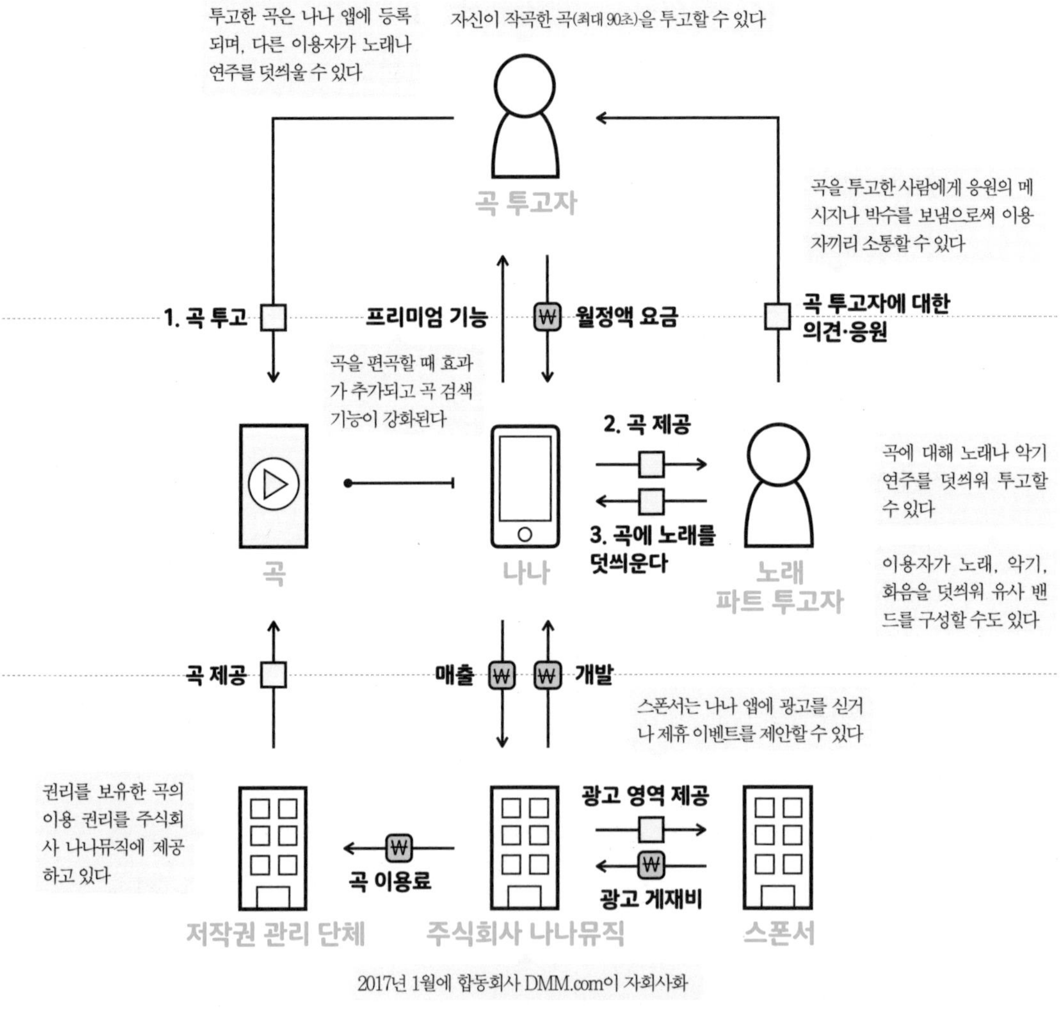

음악 SNS

기점 — 정설: **권리자가 제공하는 곡에 노래를 불러 투고한다**

기점 — 역설: **이용자가 제공하는 곡에 노래나 연주를 덧씌워서 투고한다**

초보자도 쉽게 노래를 만든다

기존의 음악 SNS는 서비스 제공자가 지정한 곡에 대해 노래를 불러서 투고하는 온라인 노래방 같은 서비스가 대부분이었다. 나나nana도 곡에 대해 노래를 투고하는 것은 다르지 않지만, 곡 자체를 이용자가 제공하거나 누군가 투고한 노래에 화음이나 악기 연주를 덧씌워서 투고할 수 있다.

나나의 이용자는 절반 이상이 젊은 여성이며, 곡 투고 수는 하루 5만 5,000건이다. 다른 SNS 서비스에 비해 이용자의 참여 비율이 매우 높은데, 그 이유는 우수한 커뮤니케이션 설계에 있다. 음악 SNS에서는 노래나 연주 솜씨가 뛰어난 사람과 평범한 사람의 실력 차이가 있기 때문에 평범한 사람은 점점 투고하지 않게 된다. 그러나 나나는 두 부류 사이의 차이가 벌어지지 않도록 만들어져 있다. 예를 들어 곡 하나를 한 구절씩 릴레이 형식으로 부르는 렌가renga라는 기능이 있다. 또한 이용자들의 커뮤니케이션을 활성화하기 위해 이용자끼리 경쟁시키거나 투고하면 선물을 주는 인센티브를 목적으로 한 이벤트는 개최하지 않는다.

젊은 층의 커뮤니티를 만들고 있는 나나의 수익은 프리미엄 모델(기본적으로는 무료로 이용할 수 있고 유료 서비스도 제공하는 형태+광고 모델)에서 나온다. 유료 서비스 가입자 수는 2017년 4월에 1만 명을 돌파했으며 앱 다운로드는 2019년 기준, 700만을 돌파했다.

이 회사는 2017년 1월에 DMM.com의 자회사가 되었다. 나나뮤직을 자회사로 편입한 이유에 대해 후미하라 아키노리文原明臣 대표이사는 "저는 나나라는 서비스를 통해 음악으로 전 세계 사람들을 연결하고 싶습니다. 하지만 서비스를 만들기 위해서는 당연히 돈도 필요합니다. 그래서 부지런히 돈을 모았는데, 제작에는 신경을 쓰지 못하고 있다는 생각이 들었습니다. 그것이 결단을 내린 큰 이유 중 하나입니다"라고 말했다.

핀둬둬

알리바바를 위협하는 전자상거래 플랫폼

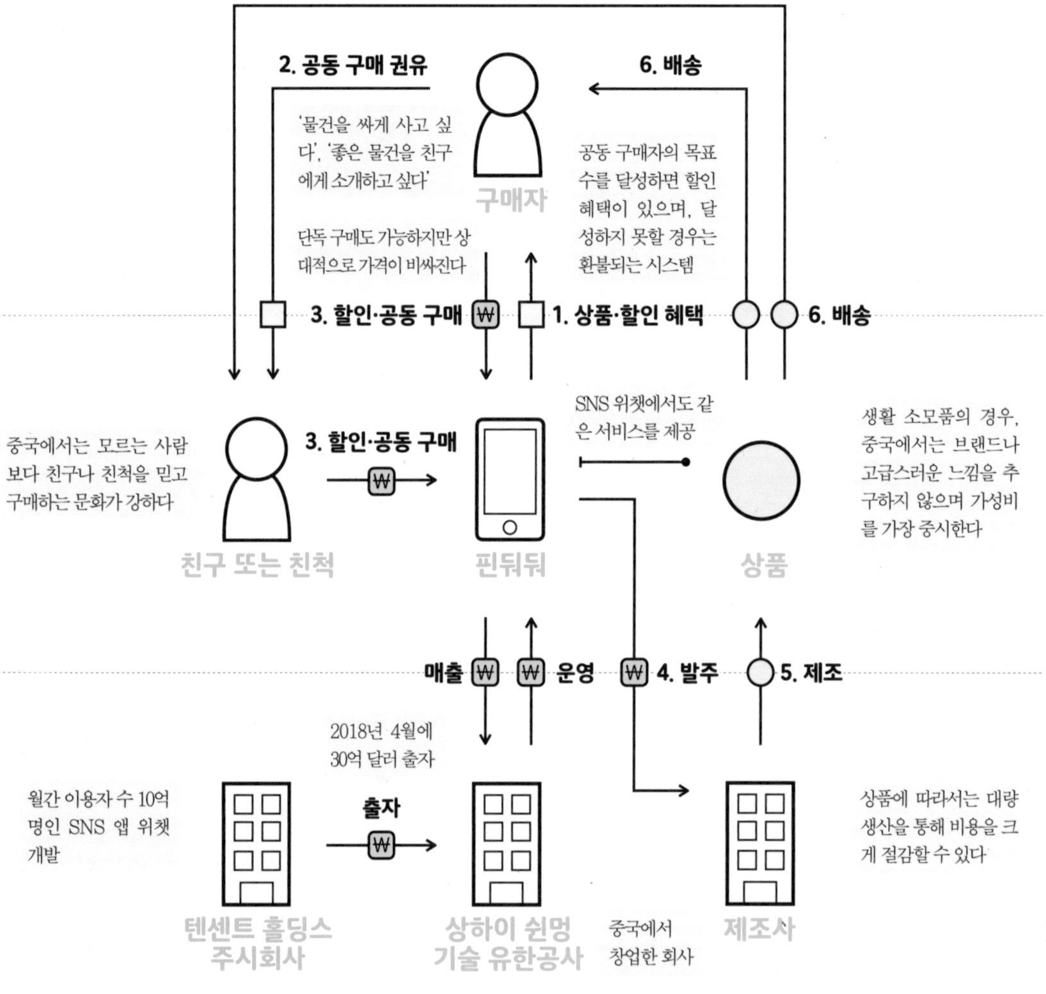

2. 공동 구매 권유
6. 배송
'물건을 싸게 사고 싶다', '좋은 물건을 친구에게 소개하고 싶다'
구매자
공동 구매자의 목표 수를 달성하면 할인 혜택이 있으며, 달성하지 못할 경우는 환불되는 시스템
단독 구매도 가능하지만 상대적으로 가격이 비싸진다
3. 할인·공동 구매
1. 상품·할인 혜택
6. 배송
SNS 위챗에서도 같은 서비스를 제공
중국에서는 모르는 사람보다 친구나 친척을 믿고 구매하는 문화가 강하다
3. 할인·공동 구매
생활 소모품의 경우, 중국에서는 브랜드나 고급스러운 느낌을 추구하지 않으며 가성비를 가장 중시한다
친구 또는 친척
핀둬둬
상품
매출
운영
4. 발주
5. 제조
2018년 4월에 30억 달러 출자
월간 이용자 수 10억 명인 SNS 앱 위챗 개발
출자
상품에 따라서는 대량 생산을 통해 비용을 크게 절감할 수 있다
텐센트 홀딩스 주시회사
상하이 쉰멍 기술 유한공사
중국에서 창업한 회사
제조사

공동 구매 서비스 — 기점 — 정설: 기업의 광고를 보고 구매를 고려한다

역설: 친구의 권유로 구매를 고려한다

뭉칠수록 가격은 내려간다

중국 온라인 쇼핑몰 시장의 다크호스로 떠오른 핀둬둬拼多多의 시스템은 참으로 독특하다. 기존의 공동 구매 서비스에서는 상품을 팔고자 하는 회사가 쿠폰을 발행하고 광고비를 들여 지명도를 높이는 방법이 일반적이었다. 그러나 핀둬둬는 게임의 미션에 도전하는 것처럼, 구매자가 SNS를 통해 친척이나 친구 등에게 공동 구매를 홍보하는 독특한 시스템이다. 공동 구매자 목표 수를 달성하면 할인 혜택이 따라온다.

이 서비스가 중국에서 인기를 끈 데는 이유가 있다. 중국에서는 친구나 친척을 믿고 구매하는 문화가 강하기 때문이다. 판둬둬는 빠르게 고객의 지지를 얻어 창업 3년 만에 나스닥에 상장될 정도로 규모가 커졌다.

핀둬둬가 2015년 9월에 서비스를 시작했을 때만 해도 중국 전자상거래 시장은 알리바바와 징둥京东의 양강 구도였다. 그러나 2018년 8월 기준, 핀둬둬의 연간 활성 사용자Active User가 3억 4,400만 명이 되면서 징둥을 제치고 알리바바를 맹렬히 쫓고 있다.

이 배경에는 텐센트腾迅와 관련이 있다. 2017년에 주요 주주가 된 텐센트가 2018년 4월에 30억 달러를 출자하자 핀둬둬의 평가액은 150억 달러에 이르렀다. 게다가 창업 2년 반 만에 이용자 수 3억 명, 매출 총액 740억 달러를 달성했는데, 텐센트가 개발한 위챗WeChat과의 연동이 큰 영향을 주었다. 위챗은 월간 이용자 수 10억 명을 자랑하는 SNS 앱으로, 구매자가 친구에게 구매를 권하는 핀둬둬의 서비스와 잘 맞아떨어졌다. 공동 구매 수량을 미리 정하면 생산 라인도 개선할 수 있다. 상품에 따라서는 대량 생산을 통해서 비용을 대폭 절감할 수 있는데, 이를 통해 이용자에게 아주 저렴한 가격으로 상품을 판매할 수 있다. 몇 가지 요소를 효과적으로 결합시킨 인상적인 C2MCustomer to Manufacturers 비즈니스 모델이다.

양키 인턴

지방에 사는 비대졸자를 위한 취업의 문을 넓힌다

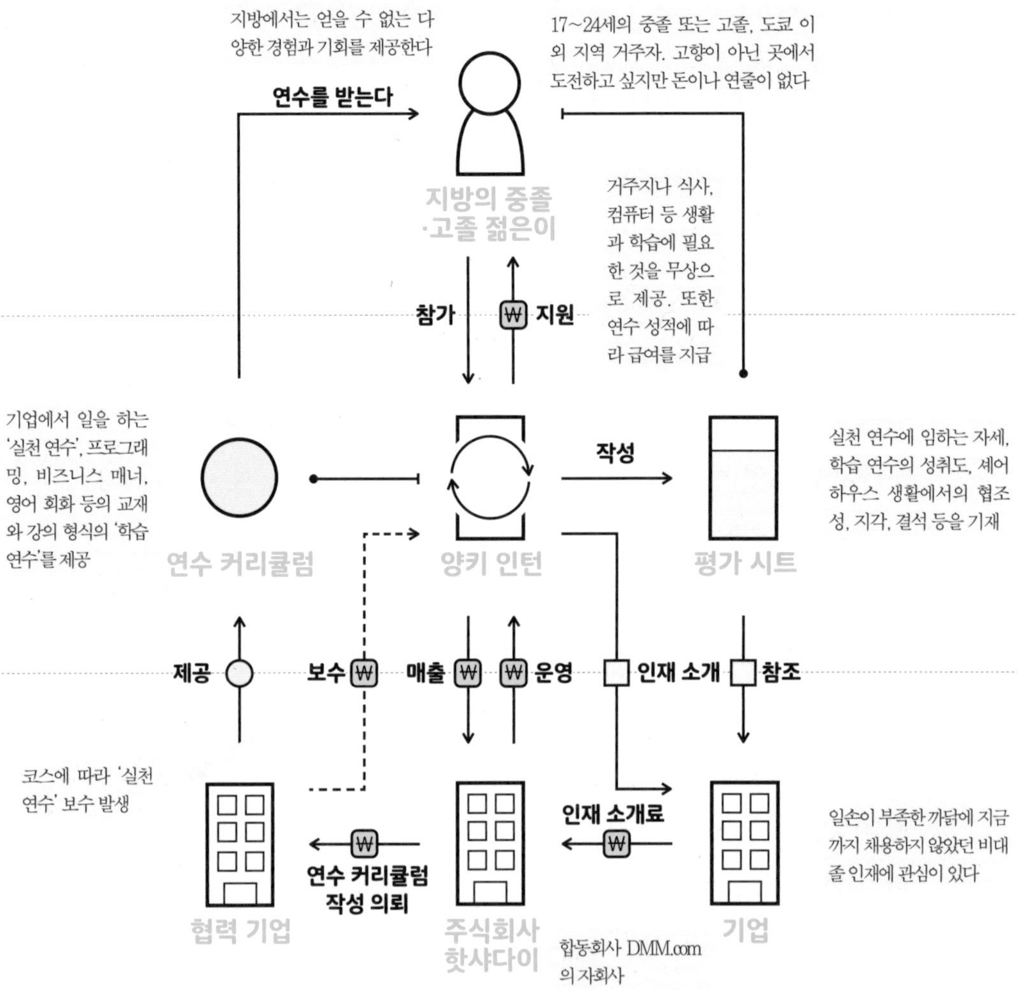

지방에서는 얻을 수 없는 다양한 경험과 기회를 제공한다
연수를 받는다
17~24세의 중졸 또는 고졸, 도쿄 이외 지역 거주자. 고향이 아닌 곳에서 도전하고 싶지만 돈이나 연줄이 없다
지방의 중졸·고졸 젊은이
거주지나 식사, 컴퓨터 등 생활과 학습에 필요한 것을 무상으로 제공. 또한 연수 성적에 따라 급여를 지급
참가
지원
기업에서 일을 하는 '실천 연수', 프로그래밍, 비즈니스 매너, 영어 회화 등의 교재와 강의 형식의 '학습 연수'를 제공
연수 커리큘럼
양키 인턴
작성
평가 시트
실천 연수에 임하는 자세, 학습 연수의 성취도, 셰어하우스 생활에서의 협조성, 지각, 결석 등을 기재
제공
보수
매출
운영
인재 소개
참조
코스에 따라 '실천 연수' 보수 발생
연수 커리큘럼 작성 의뢰
인재 소개료
일손이 부족한 까닭에 지금까지 채용하지 않았던 비대졸 인재에 관심이 있다
협력 기업
주식회사 핫샤다이
합동회사 DMM.com의 자회사
기업

지방의 중졸·고졸자의 진로

기점	정설	수도에서 도전할 기회를 얻기 어렵다
	역설	수도에서 도전할 기회를 얻을 수 있다

도전할 기회를 무상으로 제공하다

지방의 중졸·고졸 젊은이는 학력이나 지역 간 격차 때문에 삶의 선택지가 다양하지 못한 경향이 있다. 고향 밖의 장소에서 도전하고 싶어도 돈이나 인맥이 없을 때가 많아 도시에서 도전할 기회를 얻기 힘들다. 양키 인턴ヤンキーインターン은 새로운 기회를 얻고 싶은 젊은이에게 사회 진출을 지원하는 서비스다.

주식회사 핫샤다이ハッシャダイ는 2015년부터 지방 출신의 17~24세 중졸·고졸자를 대상으로 거주형 취직 지원 프로그램 양키 인턴을 운영하고 있다. 연수 커리큘럼은 실제로 도쿄에 있는 회사에 다니면서 일하는 '실천 연수'와 프로그래밍, 비즈니스 매너, 영어 회화 등을 교재와 강의로 공부하는 '학습 연수' 두 종류이며, 참가자에게는 식사와 도쿄의 거주지, 컴퓨터, 이직 지원 등 생활과 학습에 필요한 자원들이 무상으로 제공된다. 참가비는 받지 않으며 양키 인턴을 경유해서 채용이 결정되면 기업으로부터 소개비를 받는다. 인턴 기간은 3개월부터 반년 정도인데, 지금까지 약 200명이 인턴에 참가해 80퍼센트 정도가 취직에 성공했다. 진학이나 유학, 창업에 이른 사례도 있다.

주목할 점은 참가자가 돈을 한 푼도 내지 않고 영어 회화나 취업 활동 강습 등 사회 진출 지원을 받을 수 있다는 점이다. 또 양키 인턴은 커리큘럼에 임하는 자세나 성취도, 협조성 등의 생활 태도를 기록한 평가 시트를 비대졸 인재에게 흥미가 있는 기업에 제출한다. 그러면 기업은 학력이나 직업 경력 외의 평가 및 신용 자료로 사용한다. 인턴 졸업 후 반드시 취직해야 하는 것은 아니며, 참가자는 도쿄나 고향에서의 취직·진학·창업·유학 등 고향에서는 얻을 수 없었던 가치관과 다양한 선택지를 얻을 수 있다

지금까지 이익의 대부분을 참가자의 연수 환경 개선에 사용해 수익은 매우 적었지만, 2018년 4월에 합동회사 DMM.com과 자본 제휴를 맺고 100퍼센트 자회사가 되었기에 앞으로의 사업 확대를 기대하게 된다.

네이버스

집 앞의 수상한 사람을 이웃에게 알리는 서비스

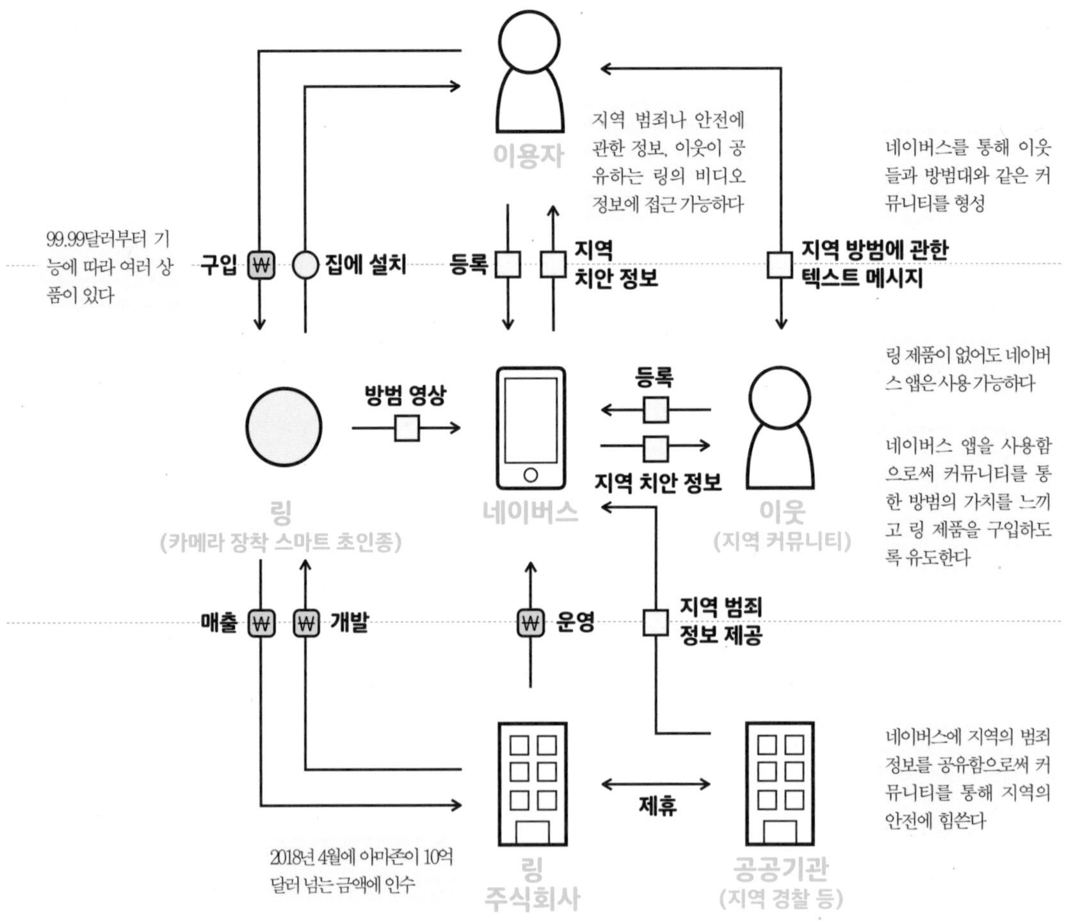

이용자
지역 범죄나 안전에 관한 정보, 이웃이 공유하는 링의 비디오 정보에 접근 가능하다
네이버스를 통해 이웃들과 방범대와 같은 커뮤니티를 형성
99.99달러부터 기능에 따라 여러 상품이 있다
구입
집에 설치
등록
지역 치안 정보
지역 방범에 관한 텍스트 메시지
링 제품이 없어도 네이버스 앱은 사용 가능하다
방범 영상
등록
지역 치안 정보
네이버스 앱을 사용함으로써 커뮤니티를 통한 방범의 가치를 느끼고 링 제품을 구입하도록 유도한다
링
(카메라 장착 스마트 초인종)
네이버스
이웃
(지역 커뮤니티)
매출
개발
운영
지역 범죄 정보 제공
네이버스에 지역의 범죄 정보를 공유함으로써 커뮤니티를 통해 지역의 안전에 힘쓴다
제휴
2018년 4월에 아마존이 10억 달러 넘는 금액에 인수
링 주식회사
공공기관
(지역 경찰 등)

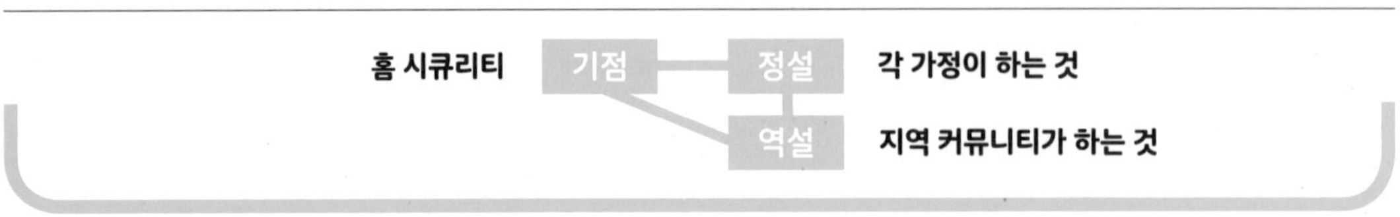

홈 시큐리티
기점
정설
각 가정이 하는 것
역설
지역 커뮤니티가 하는 것

카메라를 장착한 스마트 초인종 '링ring'을 판매하는 링Ring 주식회사가 공개한 앱 네이버스Neighbors는 이웃끼리 방범대에 가까운 커뮤니티를 만들고 지역의 안전을 위해 범죄를 감시할 것을 목표로 삼고 있다.

이용자는 카메라 장착 스마트 초인종인 링을 구입해서 자택에 설치하고, 스마트폰과 태블릿, 컴퓨터를 통해 어디에서나 집을 찾아온 사람을 확인해 그 사람과 대화를 할 수 있다. 이 기능 자체는 새로울 것이 없지만, 네이버스 앱은 카메라 장착 스마트 초인종에 찍힌 방문자의 모습을 앱으로 이웃과 공유할 수 있다는 점이 독특하다. 수상한 사람이 집 앞에 있음을 알면 그 사실을 이웃에게 전하고, 지역 전체에 그 상황을 금방 알릴 수 있다.

이 앱은 링을 구입하지 않아도 다운로드할 수 있으며, 앱을 통해서 지역의 치안과 안전에 관한 공공기관의 집행 정보에 접근하거나 링의 소유자가 공유하는 비디오 영상을 보거나 텍스트 기반의 메시지를 공유할 수 있다(2019년 6월 기준, 현재 한국과 일본은 서비스 대상국이 아니기 때문에 앱을 다운로드할 수 없다-옮긴이).

또한 링 주식회사는 2016년에 로스앤젤레스 경찰과 제휴하여 네이버스 커뮤니티를 더욱 신뢰도 높은 방범 주체로 성장시키려 하고 있다. 지금까지 홈 시큐리티는 각 가정이 따로 설치하는 것이었지만, 기술을 이용하여 이웃과 커뮤니티를 만들고 주민들이 함께 지역의 범죄를 감시함으로써 '지역 커뮤니티가 함께하는 것'으로 변화시키려 하는 것이다.

네이버스 앱은 링의 모바일 앱에 있었던 기능을 바탕으로 개발되었는데, 2018년 4월에 아마존이 10억 달러가 넘는 돈으로 링 주식회사를 인수한 뒤에 정식 출시되었다.

페코

반려동물에 대한 정보를 얻으면서 동물 보호에 도움을 준다

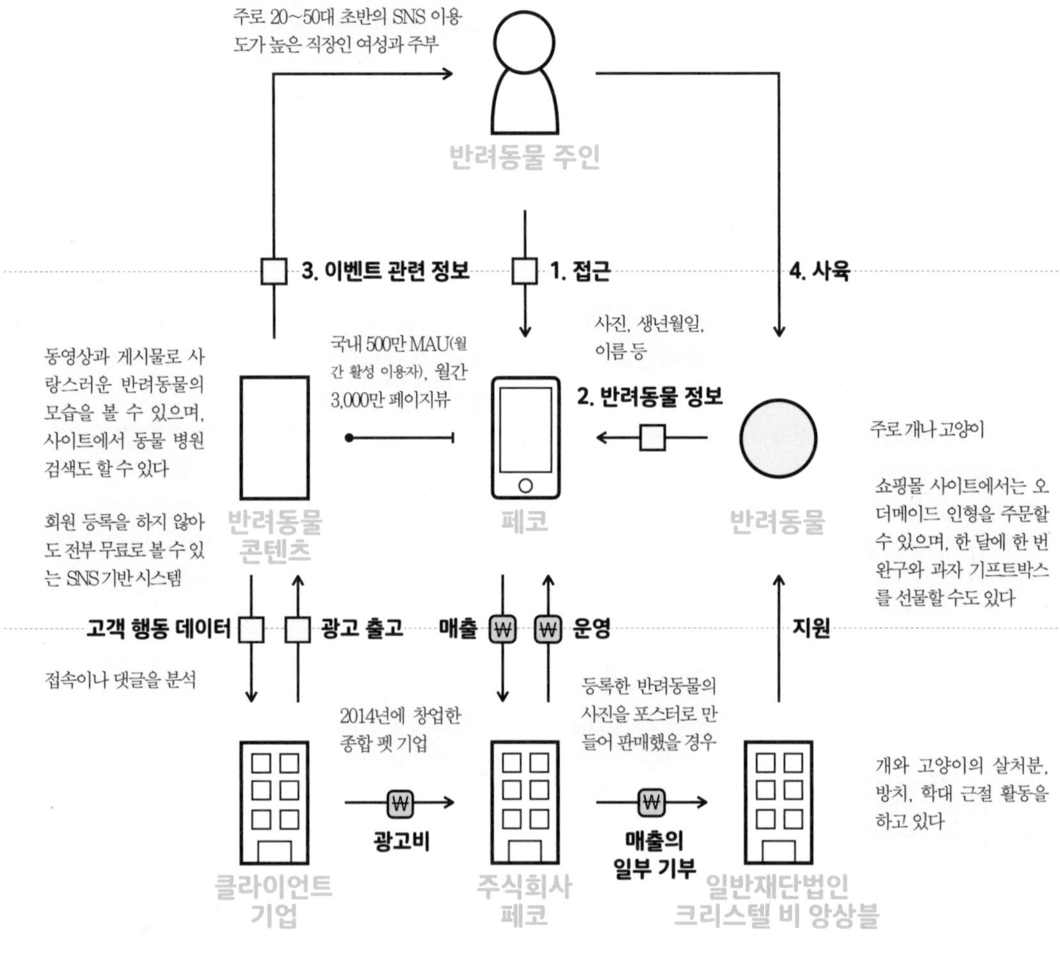
주로 20~50대 초반의 SNS 이용도가 높은 직장인 여성과 주부
반려동물 주인
3. 이벤트 관련 정보
1. 접근
4. 사육
사진, 생년월일, 이름 등
동영상과 게시물로 사랑스러운 반려동물의 모습을 볼 수 있으며, 사이트에서 동물 병원 검색도 할 수 있다
국내 500만 MAU(월간 활성 이용자), 월간 3,000만 페이지뷰
2. 반려동물 정보
주로 개나 고양이
쇼핑몰 사이트에서는 오더메이드 인형을 주문할 수 있으며, 한 달에 한 번 완구와 과자 기프트박스를 선물할 수도 있다
회원 등록을 하지 않아도 전부 무료로 볼 수 있는 SNS 기반 시스템
반려동물 콘텐츠
페코
반려동물
고객 행동 데이터
광고 출고
매출
운영
지원
접속이나 댓글을 분석
2014년에 창업한 종합 펫 기업
등록한 반려동물의 사진을 포스터로 만들어 판매했을 경우
개와 고양이의 살처분, 방치, 학대 근절 활동을 하고 있다
광고비
매출의 일부 기부
클라이언트 기업
주식회사 페코
일반재단법인 크리스텔 비 앙상블

반려동물 관련 정보	기점	정설	여러 서비스에서 정보를 얻는다
		역설	하나의 앱에서 정보를 얻는다

반려동물 훈육법이나 키우는 법에 관한 정보를 공유한다

현재 일본에서 개와 고양이로 대표되는 반려동물 산업계의 대상 규모는 약 1,800만 마리라고 한다. 고령자 수보다는 적지만 15세 미만 아동의 수보다는 많은 규모다.

반려동물의 주인은 훈육법이나 키우는 법 같은 정보를 기본적으로 잡지, 인터넷 검색, SNS 친구, 주치의 등 다양한 경로로 입수하며, 그것이 자신의 반려동물에게 적합한지 아닌지 시행착오를 거듭한다. 그러나 '다른 사람은 개에게 화장실 매너를 어떻게 가르치는가?', '이 혈통의 장모종 고양이는 어떤 기구로 털을 빗겨주면 좋아하는가?' 등 그 반려동물의 특수한 상황을 공유하고 해결하는 커뮤니티가 적으며, 따라서 특정 커뮤니티에 참여하기가 어렵다는 과제가 있었다. 반려동물의 종류가 많고 출생지나 혈통에 따라 사육 조건이 크게 다르다는 점도 해결해야 할 과제였다.

페코PECO는 앱 내에 SNS 기능을 포함하여 다양한 반려동물 훈육법이나 키우는 법에 관한 사진과 동영상을 다른 사람과 공유할 수 있게 함으로써 이 과제를 해결했다. 크리에이터가 사육 전문가와 함께 꼼꼼히 콘텐츠를 만듦으로서 서비스를 시작한 지 1년 반 만에 일본에서만 500만 명의 활성 이용자와 3,000만 건의 페이지뷰를 달성했으며 외국인 이용자도 150만 명에 이른다.

그 밖에 동물병원 검색, 오더메이드 인형 주문, 완구나 간식 구입도 가능해서 앱 하나로 필요한 정보를 손에 넣을 수 있다. 또한 자신의 반려동물을 소재로 아트 포스터를 만들었을 경우, 매출의 일부를 개와 고양이의 살처분·방치·학대 근절 활동에 기부한다. 비영리 단체와 연대해 보호견·보호묘를 지원하는 새로운 기여 방식도 실현했다.

'사람'의 비즈니스 모델 정리

이번 장에서 소개한 사례는 '누구를 어떻게 끌어들였는가?'에 따라
'자원', '사회 과제', '연결'의 세 가지로 분류할 수 있다.

사람

자원

회사 안팎의 자원을 효과적으로 활용한 사례

사회 과제

사회 과제를 해결하기 위해 새로운 이해관계자를 끌어들인 사례

연결

고객의 니즈를 읽고 새로운 연결을 만든 사례

자원을 활용한 기업

- 위리브
- 네이버스
- 팝 팀 에픽
- 고젝
- 미켈러
- 스카우터
- 페코
- 유직 프로그램
- 양키 인턴

'위리브'는 거주 공간에 커뮤니티 매니저라는 역할을 만들었다. '미켈러'는 제조 설비를 보유하지 않고도 연간 약 100종류의 맥주를 제조했다. '스카우터'는 부업으로 이직 에이전트를 하는 시스템을 만들었다.

사회 과제를 해결하는 기업

- 라이프스트로
- 테이블 포 투
- 빅이슈
- 휴머니움
- 소셜 임팩트 본드
- 다이얼로그 인 더 다크
- 굿 잡! 센터 가시바

비영리 단체의 활동에서 사회 과제를 해결하는 사례는 많지만 수익 방법을 찾기 어렵기 때문에 누구에게 투자를 받을 것인가에 대한 창의적 고민이 요구된다. '라이프스트로'는 탄소배출권을 기업에 판매함으로써 수익을 얻고 있다.

사람과 사람을 연결하는 기업

- 이로도리
- 스터디서플
- 미니모
- 키치하이크
- 육아 셰어
- 나나
- 핀둬둬

사람과 사람 사이의 니즈를 연결하는 것도 비즈니스 모델을 만드는 방법이다. '키치하이크'는 요리를 대접하고 싶은 사람과 요리를 먹고 싶은 사람을 연결해준다. '육아 셰어'는 지역 사람들에게 자녀를 맡길 수 있게 한다.

비즈니스 모델 도해를 직접 만들어보자

도해를 쉽게 만들 수 있는 툴킷

지금까지 비즈니스 모델 도해 100개를 소개했다. 비즈니스 모델 도해를 만들어보고 싶은 사람을 위해 도해를 직접 편집할 수 있는 툴킷을 준비했다.

비즈니스 모델 도해 툴킷

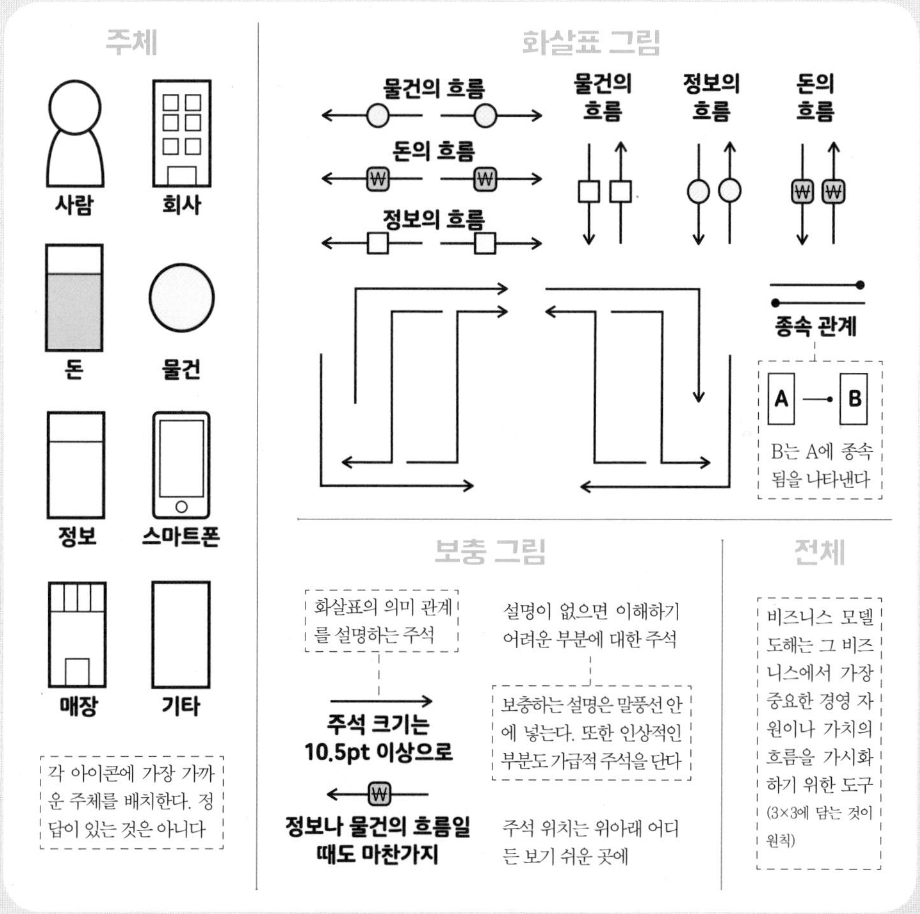

주체
사람
회사
돈
물건
정보
스마트폰
매장
기타
각 아이콘에 가장 가까운 주체를 배치한다. 정답이 있는 것은 아니다
화살표 그림
물건의 흐름
돈의 흐름
정보의 흐름
물건의 흐름
정보의 흐름
돈의 흐름
종속 관계
A
B
B는 A에 종속됨을 나타낸다
보충 그림
화살표의 의미 관계를 설명하는 주석
주석 크기는 10.5pt 이상으로
정보나 물건의 흐름일 때도 마찬가지
설명이 없으면 이해하기 어려운 부분에 대한 주석
보충하는 설명은 말풍선 안에 넣는다. 또한 인상적인 부분도 가급적 주석을 단다
주석 위치는 위아래 어디든 보기 쉬운 곳에
전체
비즈니스 모델 도해는 그 비즈니스에서 가장 중요한 경영 자원이나 가치의 흐름을 가시화하기 위한 도구
(3×3에 담는 것이 원칙)

'비즈니스 모델 도해 툴킷'은 비즈니스 모델 도해를 직접 만들고 싶은 사람을 위해 도해의 구성 요소를 모아놓은 것이다.

이 툴킷은 SNS 등에도 배포되어 있다. 구글 프레젠테이션으로 만든 것이므로 다운로드하면 파워포인트 등을 사용해 직접 편집할 수 있다. 혹은 툴킷 자료를 직접 편집해 쓰지 않아도 참고하여 자신의 비즈니스 모델을 만들어보자.

다시 한 번 설명하는 비즈니스 모델 도해의 특징

직접 도해를 만들어보고 싶은 사람을 위해 한 번 더 이 책의 기본이 되는 비즈니스 모델 도해를 설명하겠다. 비즈니스 모델 도해는 '그 비즈니스는 누가(무엇이) 관계하고 있는가?', 그리고 '어떤 관계에 있는가?'를 알기 위한 도구다.

비즈니스 모델 도해의 특징은 가로 세 칸, 세로 세 칸으로 된 '3×3'의 구조로, 상단·중단·하단에는 각각 의미가 있다. 상단은 '이용자(그 비즈니스의 대상은 누구인가?)', 중단은 '사업(그 비즈니스에 없어서는 안 될 주체는 무엇인가?)', 하단은 '사업자(그 비즈니스의 주체는 누구인가?)'라는 구성을 띠고 있다.

'3×3'의 틀을 설정한 이유는 도해로 그릴 수 있는 정보가 제한되기 때문이다. 정보량을 제한하려면 의도적으로 정보를 줄일 필요가 있다. 정보를 줄이려면 '그 비즈니스에서 무엇이 중요한가?'를 파악해야 한다. 요컨대 3×3 틀 속에 정보를 담는 과정에서 그 비즈니스의 핵심을 우선순위로 정하고 취사선택을 하게 된다.

사실은 이것이 매우 중요하다. 사람이 한 번에 파악할 수 있는 정보는 한정되어 있기 때문이다. 상대에게 좀 더 간단하면서도 쉽게 전하기 위해 3×3이라는 설계를 적용했다. 비즈니스 모델 도해는 상대에게 설명하는 상황을 가정한 것이다. 다시 말해 커뮤니케이션 도구다. 거래처에 설명하기 위해, 상사나 임원에게 설명하기 위해, 투자자에게 설명하기 위해, 서비스나 상품을 사용하는 사람에게 설명하기 위해 등 실제 상황에서 자신의 비즈니스 구조를 상대에게 이해시킬 때 사용해보기 바란다.

제약을 둠으로써 얻을 수 있는 또 다른 이점은 여러 사례를 같은 틀에 담을 수 있다는 것이다. 도해를 3×3의 틀로 만들고 읽는 방법을 깨우치면 다른 비즈니스 모델 도해도 쉽게 이해할 수 있게 된다. 제약은 틀을 만들고, 틀은 자연스럽게 학습을 북돋는 구조다.

비즈니스 모델 도해 활용법

현재 다양한 기업에서 '비즈니스 모델 도해 툴킷'을 사용하고 있는데, 내가 아는 한 다음 세 가지 용도로 활용되고 있다.

① 회사의 기존 사업을 도해한다(홍보·영업·경영 기획 등)

- 홍보에 활용한다(보도자료에 활용 등)
- 투자자용 자료에 넣는다(자금 조달 등)
- 클라이언트용 자료에 넣는다(영업력 강화 등)
- 사내용 자료에 넣는다(품의서 등)
- 기존 사업을 정리하고 가시화한다

② 회사의 신규 사업을 도해한다(경영 기획실·신규 사업 개발실 등)

- 사내에서 새로운 비즈니스 모델을 검토한다
- 타사 사업의 비즈니스 모델을 업계·경쟁자 분석에 활용한다

③ 개인의 공부를 위해 도해한다

그 밖에도 다양한 용도가 있을 것이다. 실제로 사용해보며 자신만의 비즈니스 모델을 만들어보자.

비즈니스 모델 도해 툴킷의 미래

현재 툴킷을 구글 프레젠테이션으로 만들어서 배포하고 있는데, 좀 더 직관적으로, 좀 더 간단하게 편집할 수 있는 툴을 기획하고 있다. 브라우저상에서 편집할 수 있고 그림으로도 출력할 수 있으며 다른 사람의 비즈니스 모델 도해도 볼 수 있게 한다. 또한 태그나 카테고리로 도해를 검색할 수 있으며 다른 사람이 그린 도해를 바탕으로 직접 도해를 편집할 수도 있는 도구다.

이 책에서는 100개의 사례를 도해했는데, 이와 같은 툴을 만들면 1,000개, 1만 개의 비즈니스 모델 도해가 집약된다. 비즈니스 모델 사례가 많을수록 공통점이나 경향을 새롭게 발견할 수도 있고 새로운 비즈니스 모델을 구상하기 위한 재료로 사용할 수 있다. 말하자면 비즈니스 모델을 위한 '깃허브'다.

장래에는 일본뿐만 아니라 전 세계에서 사용될 가능성도 있다. 그렇게 된다면 비언어 커뮤니케이션으로서의 가능성도 확대될 것이다. 비즈니스 모델 도해 툴킷이 비즈니스를 더욱 즐겁게, 더욱 의미 있게 생각할 수 있는 커뮤니케이션 도구가 되기를 바란다.

※비즈니스 모델 도해 툴킷은 현재 한국어 버전은 지원하지 않고 있다. 이를 감안해 편집해서 쓰는 경우, QR코드를 통해 직접 다운받아 이 책의 '비즈니스 모델 도해 설명서'와 '비즈니스 모델 도해 툴킷'을 참고해서 활용해볼 수 있다(단 상업적인 목적의 사용은 금지되어 있다).

맺음말

더 이상 비즈니스는 복잡하고 어려운 것이 아니다

2017년 8월 말, 처음으로 비즈니스 모델 도해를 만들기 시작했다. 미국의 보험 비즈니스 레모네이드가 소개된 기사를 보았는데 그 시스템이 매우 창의적이고 놀라웠다. 이 놀라움을 전해주고 싶다고 생각한 게 도해를 시작한 계기였다.

도해를 SNS에 공개하자 반응이 뜨거웠다. 그때부터 나는 열흘 동안 하루에 하나씩 도해를 공개했다. 그러자 따로 정리해달라는 요청이 올라와서 글쓰기 플랫폼 '노트note'에 도해를 정리해 공개했다. 그 게시물이 트위터에서 일본의 트렌드 4위에 올랐고, 소셜 경제 미디어인 뉴스픽스NewsPicks에서 5,000회 이상 'Pick(뉴스픽스의 공유 및 즐겨찾기 기능-옮긴이)'되었으며, 이튿날에는 출판 의뢰가 들어왔다.

'내가 느낀 놀라움을 전하고 싶다'는 욕구에서 시작된 비즈니스 모델 도해 활동은 많은 분의 공감을 얻어서 책으로 출간되기에 이르렀다. 많은 사람들의 도움이 있었기에 가능한 일이었다. 그리고 이 자리에서 꼭 소개하고 싶은 책이 한 권 있다. 《픽터도해를 활용한 그림으로 배우는 비즈니스 모델》이라는 책이다.

처음에 비즈니스 모델 도해를 만들기 시작했을 때는 무아지경에 빠져 잊고 있었지만, 나중에 '왜 이런 형태로 도해를 했을까?'를 생각하며 되돌아보니 대학원생 시절에 논문을 쓸 때 그 책을 읽었던 기억이 떠올랐다. 비즈니스 모델 캔버스와의 관련성을 보여주면서 특정한 규칙을 사용해 비즈니스 모델을 그림으로 표현한 그 책은 당시 내게 강한 영감을 줬다. 비즈니스 모델 도해와는 규칙이 다르지만, 그 책이 없었다면 이 책은 나오지 못했을 것이다.

사실 이 책에는 약 50명의 집필자가 도움을 줬다. 그들 대부분은 비즈니스 모델 도해를 계기로 만난 멤버다. 원래는 혼자서 시작했지만, 출판을 계기로 '비즈니스 모델 도해 제작위원회'라는 커뮤니티를 만들고 설명회를 네 번 개최하자 뜻을 함께하는 다양한 멤버가 모였다. 비영리 단체, 대기업, 부동산, 증권, 경영 컨설턴트, IR 컨설턴트, 광고 대행사, 공공기관, 건축가, IT, 식품 제조사, 스타트업, 엔지니어, UI 디자이너, 인사 관리자 등 직업과 지위도 다양한 멤버들이다. 각자 본업이 있으면서도 약 반년 동안 이 책의 집필에 힘을 빌려줬다. 그들께 감사드린다.

또한 비즈니스 모델 도해를 올렸던 플랫폼인 노트가 내 인생을 바꿨다고 해도 과언이 아니다. 노트를 운영하는 피스오브케이크piece of cake 여러분에게도 감사의 마음을 전한다. 그리고 노트에 올린 게시물을 발견하고 곧바로 열정적으로 출판을 의뢰한 출판사의 다나카田中 씨에게 이런 멋진 기회를 준 것에 대한 고마움을 전한다.

마지막으로, 주식회사 소로소로そろそろ의 멤버인 사토 준이치佐藤純一 씨, 이시하타 요시카즈石畠吉一 씨, 나가하시 다카시長橋剛 씨에게 고마움을 표하고 싶다. 창업 5년차임에도 불안정한 상태의 내가 원고 집필에 시간을 할애하는 것을 응원해주고 지원해주었다. 가족 같은 멤버들의 지지가 있었기에 내가 하고 싶은 일을 할 수 있었다고 생각한다.

비즈니스 모델 도해 제작위원회 활동은 이곳저곳으로 확대되어서 칼럼 연재나 기업과의 협업 등 다양한 일을 하게 됐다. 비즈니스 모델 도해 제작위원회는 이제 '비즈니스 도해 연구소'로 새롭게 정비했다. '복잡하고 이해하기 어려운 비즈니스를 도해라는 도구로 단순화해서 이해하기 쉽게 만드는 것'을 콘셉트로 삼고 많은 기업과 단체에 도움을 주려고 한다. 책을 읽은 독자 여러분의 비즈니스에도 꼭 도움이 되기를 바란다.

참고자료

참고 서적

《픽터도해를 활용한 그림으로 배우는 비즈니스 모델ビジネスモデルを見える化する ピクト図解》(이타바시 사토루板橋悟, 다이아몬드사)

《지속 가능한 자본주의持続可能な資本主義》(아라이 가즈히로, 디스커버리21)

《밸류에이션의 교과서バリュエーションの教科書》(모리오 아키라, 도요게이자이신보사)

《맛있으니까 잘 팔리는 것이 아니다. 잘 팔리니까 맛있는 요리다おいしいから売れるのではない 売れているのがおいしい料理だ》(쇼가키 야스히코正垣泰彦, 니혼게이자이신문출판사)

《분위기를 만드는 방법空気のつくり方》(이케다 준池田純, 겐토사)

《비즈니스 모델 증후군ビジネスモデル症候群》(와나미 도시히사和波俊久, 기술평론)

참고 기업 & 홈페이지

타임뱅크 (https://timebank.jp/)
빅이슈 (https://www.bigissue.jp/)
페이모 (https://paymo.life/)
지이키노베이션 (https://chiiki-sousei.com/case/products_03.html)
사카나밧카 (https://sakanabacca.jp/)
다이얼로그 인 더 다크 (http://www.dialoginthedark.com/)
양품계획 (https://ryohin-keikaku.jp/news/)
트랜스퍼와이즈 (https://transferwise.com/jp/)
위리브 (https://www.welive.com/)
이로도리 (http://www.irodori.co.jp/own/index.asp)
머드 진 (https://mudjeans.eu/)
리페이지 (http://www.leafagesalads.com/)
글로벌 모빌리티 서비스 (http://www.global-mobility-service.com/)
가마쿠라투신 (https://www.kamakuraim.jp/yui2101/)
블루시드백 (http://blueseedbag.com/)
점프루키! (https://rookie.shonenjump.com/)
스터디서플 (https://studysapuri.jp/)
필 파크 (http://philpark.jp/)
민들레집 (http://tanpoponoye.org/)
프라이탁 (https://www.freitag.ch/ja)
테이블 포 투 (http://jp.tablefor2.org/)
나나 (https://nana-music.co.jp/)
와샤 (http://wassha.com/)
스마트HR (https://smarthr.jp/)
베이케이션 스테이 (https://vacation-stay.jp)
페코 (https://corp.peco-japan.com/)

※ 그 밖에도 책에 실린 기업과 조직의 홈페이지를 참조

끌리는 사업, 남다른 혁신, 지속 가능한 수익을 위한 모든 것

한 장으로 끝내는 비즈니스 모델 100

1판 1쇄 발행 2019년 7월 29일
1판 7쇄 발행 2024년 5월 16일

지은이 곤도 데쓰로
옮긴이 김정환
펴낸이 고병욱

펴낸곳 청림출판(주)
등록 제2023-000081호

본사 04799 서울시 성동구 아차산로17길 49 1009, 1010호 청림출판(주)
제2사옥 10881 경기도 파주시 회동길 173 청림아트스페이스
전화 02-546-4341 **팩스** 02-546-8053

홈페이지 www.chungrim.com **이메일** cr1@chungrim.com
인스타그램 @chungrimbooks **블로그** blog.naver.com/chungrimpub
페이스북 www.facebook.com/chungrimpub

ISBN 978-89-352-1286-6 03320